VdN

Klaus Günzel

Romantikerschicksale

Eine Porträtgalerie

Verlag
der Nation
Berlin

Mit zahlreichen zeitgenössischen Abbildungen

ISBN 3-373-00157-9

1. Auflage 1987

Lizenz-Nr. 400/60/87
LSV 8023
Lektor: Joachim Lindner
Technischer Redakteur: Ingeborg Köhler
Gesamtgestaltung: Manfred Damaszynski
Gesamtherstellung:
Offizin Andersen Nexö, Graphischer Großbetrieb
Leipzig III/18/38
Best.-Nr. 696 890 6
01750

Schattenbeschwörung
Reflexionen über die deutsche Romantik

Versuch einer Annäherung

Zögernd und nicht ohne Bedenken, aber bewegt von der Frage nach unserem eigenen geschichtlichen Werden, entschließen wir uns zu dem Wagnis, die Schatten einer längst vergangenen Kunstperiode und einiger ihrer bedeutendsten Protagonisten aus der Ferne der Zeiten heraufzurufen. Unser Fragen gilt einer Generation, die in den Jahren nach 1770 geboren wird und die unter dem Eindruck einer großen Revolution und ihrer Folgen den eigenen historischen Standort und Auftrag sucht. Die Revolution, die dieses Geschlecht für immer prägt, ereignet sich im Nachbarland. Aber bald erreichen ihre Auswirkungen die jungen deutschen Intellektuellen, die in den Wetterschlägen dieses

Ereignisses eine schicksalhafte Herausforderung erblicken. Seit den Tagen von Luthers Reformation ist in Deutschland keine Generation mehr mit solchen tiefgreifenden Veränderungen konfrontiert gewesen, die in kürzester Zeit die Gesellschaft, das Wirtschaftsleben, die Gefilde des Geistes, der Kunst und der Moral, alle bisher für tragfähig gehaltenen Fundamente der kollektiven und oft auch der individuellen Existenz untergraben, erschüttern und verwandeln. Über den Abstand von nahezu zwei Jahrhunderten hinweg nähern wir uns diesem Geschlecht, das in eine permanente geschichtliche Krise geworfen ist, das in einem fast fünfundzwanzigjährigen Krieg, unter ständigen Truppenaushebungen und Schlachten, unter materiellen und ideellen Inflationen, unter Aufschwüngen und Enttäuschungen die Geburt des bürgerlichen Europa erlebt und in ihm doch nicht den sehnsüchtig erwarteten neuen Menschen zu finden vermag. Die Geschichte der deutschen Romantiker, deren Schatten wir hier heraufbeschwören, ist eine Folge von mächtigen Hoffnungen und ebensolchen Desillusionierungen, gleichzeitig aber auch von Versuchen, jenseits der Ernüchterungen und Niederlagen im Medium der Kunst ein utopisches Vorgefühl des Goldenen Zeitalters zu gestalten, das in Gegenwart und absehbarer Zukunft noch nicht kommen wird.

Die Geschichte der deutschen Romantiker? Schon geraten wir ins Stocken, denn was berechtigt uns dazu, die geistige Avantgarde der nach 1770 Geborenen mit dem Etikett «Romantiker» zu versehen? Sie selbst verstehen sich nie oder doch nur sehr selten als «Romantiker», jedenfalls nicht im Sinne einer genau abgegrenzten Schule. Der kleine Kreis junger Intellektueller, der sich im letzten Jahrfünft des 18. Jahrhunderts in Jena zusammenfindet, wird von seinen zahlreichen Gegnern die «Schlegelsche Clique» genannt, ohne sich selbst unter ein zusammenfassendes Losungswort zu stellen. Erst die Schriftsteller Joseph Görres, Clemens Brentano und Achim von Arnim, die sich einige

Jahre später in Heidelberg versammeln, werden von dem alten, noch in den Traditionen des Klassizismus stehenden Johann Heinrich Voß mit dem Schimpfwort «Romantiker» gebrandmarkt. Einer ihrer einflußreichsten Vertreter, der Dichter Ludwig Tieck, der mit seinen «Romantischen Dichtungen» von 1799 selbst entscheidend an der Namensgebung beteiligt ist, wird Jahrzehnte später mit hörbarem Unwillen die häufige Benutzung des Wortes «Romantik» quittieren: «Nachher freilich ist das Wort mir selbst bis zum Überdrusse gebraucht worden; es wurde dann im katholisierenden Sinne angewendet.» Tieck steht nicht an, sogar die «Odyssee» des Homer und die Dramen des Euripides, ja alles Vortreffliche der Weltliteratur als «romantisch» zu bezeichnen. E. T. A. Hoffmann vernimmt aus den Partituren Mozarts und Beethovens das «musikalische Geisterreich der Romantik».

Bei aller Fragwürdigkeit, die dem Begriff anhaften mag, treten die Jünglinge von Jena doch im Zeichen der von ihnen postulierten romantischen Poesie an, die Friedrich Schlegel in seiner Zeitschrift «Athenäum» als «progressive Universalpoesie» definiert: Sie soll «Poesie und Prosa, Genialität und Kritik, Kunstpoesie und Naturpoesie bald mischen, bald verschmelzen, die Poesie lebendig und gesellig und das Leben und die Gesellschaft poetisch machen, den Witz poetisieren und die Formen der Kunst mit gediegnem Bildungsstoff jeder Art anfüllen und sättigen und durch die Schwingungen des Humors beseelen». Auf die Vereinigung des durch die geschichtliche Entwicklung Getrennten ist es abgesehen, schließlich gar auf den Zusammenschluß der verschiedenen Künste, der Dichtung, der Musik und der Malerei zu Universalkunstwerken, ja auf die Poetisierung der Naturwissenschaften und gleichermaßen auf die Intellektualisierung der Künste. Für Friedrich Schlegel, den richtungweisenden Theoretiker, ist die romantische Kunst die moderne schlechthin, die er den Künsten vergangener Kulturen schroff entgegensetzt. Über vierzig Jahre später nimmt, ohne sich auf seinen deutschen Vordenker zu beziehen, der französische Schriftsteller Stendhal diese Diagnose wieder auf, wenn er ebenso einfach wie bündig konstatiert: «Klassisch ist, was unsern Großeltern gefallen hatte – romantisch, was unserer Generation gefällt.»

Wenn auch Stendhal, der Verfasser von «Rot und Schwarz» und der «Kartause von Parma», darunter eher einen psychologischen Realismus versteht, so zeigt doch seine Reklamation des Romantischen für die Moderne, daß das Phänomen der Romantik nicht auf Deutschland begrenzt ist. In der Tat ergreift die romantische Bewegung – nicht als institutionalisierte Gruppe, aber im Sinne einer weitreichenden Reaktion auf die Herausforderungen des Zeitalters – gegen Ende des 18. Jahrhunderts die jungen Intellektuellen West- und Mitteleuropas, um dann bis in die vierziger Jahre des 19. Jahrhunderts hinein auch die geistige Welt Nord-, Süd- und Osteuropas zu erfassen. In demselben Jahr 1797, in dem Friedrich Schlegel den jungen Tieck im Berliner Salon der Jüdin Dorothea Veit kennenlernt und Novalis an seinem Romanfragment «Die Lehrlinge zu Sais» arbeitet, lassen die englischen Lyriker William Wordsworth und Samuel Taylor Coleridge ihre «Lyrischen Balladen» erscheinen, veröffentlicht aber auch der Franzose Chateaubriand seinen «Essay über die Revolutionen». Während die deutschen Frühromantiker in der thüringischen Universitätsstadt Jena für kurze Zeit ihr Zentrum finden, kommen ihre englischen Kunstgenossen im «Lake District», dem malerischen Seengebiet von Cumberland und Westmoreland, zusammen: «Jenaer Romantik» und «Lake School» sind die Namen, mit denen die Literaturgeschichtsschreibung diese ersten romantischen Zirkel benennen wird.

In England, Frankreich und Deutschland entfaltet sich, von wechselnden und oft widersprüchlichen Standpunkten aus, die Romantik als Versuch einer geistigen Bewältigung der Französischen Revolution und ihrer zunächst noch weitgehend undurchschaubaren Folgen. Während sie in Deutschland schon bald nach dem Sturz Napoleons ihren Scheitelpunkt überschritten und um 1830 ihr definitives Ende gefunden hat, kommt sie in den süd- und osteuropäischen Ländern unter völlig anderen nationalen Voraussetzungen etwas später zum Zuge. In Italien schreibt Alessandro Manzoni seine Hymne auf den Tod Napoleons, in Polen wollen Adam Mickiewicz und Julius Słowacki mit dem Pathos ihrer Dichtungen einen Beitrag zur Unabhängigkeit ihres Volkes leisten, in Ungarn findet der sechsundzwanzigjährige Lyriker Sándor Petőfi im Kampf gegen Habsburg den Tod auf dem Schlachtfeld. In Rußland endet der republikanische Poet Rylejew am Galgen, Alexander Puschkin und Michail Lermontow, die Wortführer der russischen Romantiker, fallen in heimtückisch angezettelten Duellen. Zu jenem Zeitpunkt gehört die Romantik in der deutschen Literatur längst der Vergangenheit an, auch die von ihr beeinflußte Malerei hat den Gipfel schon überschritten. Nur die deutsche Musik steht noch über Jahrzehnte hinweg im Banne romantischen Klangzaubers: in ihr vollendet sich vielleicht am reinsten jenes Unendlichkeitsstreben, aus dem heraus schon die ersten Romantiker die engen Grenzen überschreiten möchten, die ihnen von einer nachrevolutionären Gesellschaft gezogen sind.

Denn auf Grenzüberschreitung, auf die Erweiterung menschlicher Potenzen nach innen und außen hin ist das Streben der Romantiker gerichtet, sowenig sie auch sonst eine geschlossen auftretende Gruppe sind. Romantisch: das hieß noch kurz zuvor soviel wie «irreal», «abenteuerlich», «phantastisch», wie denn auch die zuerst von den Gegnern gebrauchte Charakterisierung «Romantik» durchaus abwertend gemeint ist. Sie soll eine Schar junger Literaten und Künstler diskreditieren, die mit sehr unterschiedlichen Konzeptionen und Werken sich der Dynamik, den Verheißungen und Katastrophen einer neuen Zeit stellen möchten – um schließlich oft genug von ihr verschlungen zu werden.

Am Abend des 14. Juli 1789 trägt Ludwig XVI., der Allerchristlichste König von Frankreich, nur ein Wort als Fazit des soeben abgelaufenen Tages in sein Diarium ein: «Rien.» – «Nichts.» Erst wenige Stunden später, mitten in der Nacht, wird er vom Herzog von Liancourt aufgeschreckt, der schockierende Nachrichten von dem Tag überbringt, an dem sich nach des Königs Meinung nichts ereignet hat: Das Volk von Paris hat das verhaßte Staatsgefängnis, die Bastille, gestürmt, die Gefangenen befreit und das abgeschlagene Haupt des Gouverneurs auf die Spitze einer Pike gespießt. Unter der Parole «Freiheit! Gleichheit! Brüderlichkeit!» entrollt die Revolution ihr Banner, das nicht nur die Emanzipation des französischen Volkes von der Knechtschaft eines bankrotten Feudalsystems anzukündigen scheint. Der Ballhausschwur, das Auftreten Mirabeaus, die Erklärung der Menschen- und Bürgerrechte, die Aufhebung der Klöster, die Abschaffung des Adels, die Rede des Advokaten Robespierre gegen den Krieg, der enthusiastische Impetus der Marseillaise: das sind Signale, die wie Blitze über den Rhein schießen und auch von der deutschen Intelligenz als hoffnungsvolle Zusagen einer neuen Zeit aufgenommen werden.

Das Heilige Römische Reich Deutscher Nation, dessen junge bürgerliche Elite die Sturmzeichen aus dem revolutionären Frankreich verfolgt, ist zu jenem Zeitpunkt ein durchaus noch mittelalterliches Gebilde, das aus über dreihundert Territorialstaaten, Freien Reichsstädten, reichsunmittelbaren und geistlichen Herrschaften mit einem fast ohnmächtigen Wahlkaisertum an der Spitze besteht. Nutznießer der alten Feudalstrukturen sind die nahezu autonomen Landesfürsten und der Adel, dem die Befehlsstellen in Verwaltung und Heer vorbehalten bleiben. Von den 23 Millionen Einwohnern des Reichsgebietes sind fünfundsiebzig Prozent in der Landwirtschaft tätig. Das Bürgertum in den

Freien Reichsstädten reglementiert sich selbst durch anachronistische Zunftordnungen. Nach späteren Schätzungen sind etwa siebzig Prozent der Deutschen Analphabeten.

Dennoch wächst im Umkreis der «aufgeklärten» Höfe, wie etwa in Weimar und Dessau, und vor allem der Universitäten ein Bürgertum heran, das nichts mit dem stagnierenden Patriziat der Reichsstädte zu tun hat. Dieses neue, in den Künsten und Wissenschaften dominierende Bildungsbürgertum ist der Träger der deutschen Aufklärung, die seit der Jahrhundertmitte ein modernes bürgerliches Selbstverständnis wachsen läßt. Der Wolfenbütteler Bibliothekar und Schriftsteller Lessing, der Königsberger Philosophieprofessor Kant, der sachsen-weimarische Generalsuperintendent Herder entwerfen in Theorie und Dichtung ihre klassische Humanitätsphilosophie, die auf die Befreiung aller Menschen von den Fesseln des abgelebten Despotismus gerichtet ist. Die Schriften aufklärerisch gesinnter Autoren finden im Bürgertum, ja sogar bis zu einigen Höfen weite Verbreitung: die Literatur wird zum Forum einer geistigen Selbstbestimmung, die den Glauben an den Fortschritt, auf die Vervollkommnung der allgemeinen Bildung, auf Fürstenerziehung und Philanthropie gründet. Inmitten eines Landes, das überwiegend noch von Analphabeten bewohnt ist, kann so die Literatur zum wichtigsten Medium bürgerlicher Selbstprofilierung und Fortschrittsgewißheit werden. In vielen Städten konstituieren sich Lesezirkel, die auch politische Fragen und Zukunftsperspektiven erörtern. Buchmarkt und Buchhandel entwickeln sich schneller als die meisten anderen Wirtschaftsbereiche, da sie nicht den mittelalterlichen Zunftbeschränkungen unterliegen. Schon tritt der freie Autor als Schöpfer der neuen Literatur hervor, die nicht mehr von Gelehrten und Geistlichen geschrieben wird. Sie vermag ihren Mann in günstigen Fällen zu ernähren: der Schriftsteller Friedrich Heinrich Jacobi, der Urheber des Wortes «Nihilismus», bekommt für seine

Mitarbeit an Wielands «Teutschem Merkur» eine jährliche Zuwendung von 400 Talern, was dem Jahresgehalt eines gutbesoldeten Pastors entspricht. Oft aber muß das Eingreifen eines spendablen Mäzens die früheren sozialen Bindungen ersetzen. Gerade die Romantiker machen als «Pumpgenies» immer wieder von sich reden, wie ihre Biographien von Ludwig Tieck bis zu Richard Wagner erweisen.

Dieses aufgeklärte Bürgertum, das sich gleichsam als lesende, im Raum der Literatur verwirklichende Gesellschaft präsentiert, nimmt die revolutionären Losungen aus dem nahen Frankreich mit unverhohlener Sympathie auf: die ältere Generation distanzierter, die jüngere jedoch mit Begeisterung. Dann aber tritt, mit der Zuspitzung der Geschehnisse, eine folgenschwere Wende ein. Als die Einwohner von Paris die Tuilerien stürmen, Ludwig XVI. die Guillotine besteigen muß und der jakobinische Terror die Errungenschaften der Revolution mit dem Einsatz des Fallbeils zu schützen sucht, beginnt sich der deutschen Intelligenz lähmender Schrecken zu bemächtigen. Zu lange hat man sich der Utopie einer allmählichen Wandlung der Gesellschaft durch humane Pädagogik und Philosophie hingegeben, als daß man jetzt dem Elan der sich überstürzenden Ereignisse gewachsen wäre. Nur einige jakobinische Agitatoren am Rhein und in Süddeutschland und jene jungen Literaten, die sich kurz darauf in Jena als romantischer Zirkel zusammenfinden werden, halten noch den Devisen von 1789 die Treue. Sonst aber fliehen die Angehörigen des Bürgertums, das eben noch von der Befreiung der Menschheit platonisch geträumt hat, dem Ancien régime in die Arme. Überall dort, wo die breiten Volksmassen aufbegehren, rufen verschreckte Bürger die Truppen der Fürsten zu Hilfe, so in Sachsen, Schlesien und im Rheinland. Georg Forster, einer der großen Gelehrten der Epoche, gilt auch dem Bürgertum als vogelfrei, da er sich für den Anschluß der Mainzer Republik an Frankreich einsetzt.

Ratlosigkeit und Verwirrung greifen um sich, als es den verbündeten Armeen der deutschen Führungsmächte Preußen und Österreich nicht gelingt, die schlecht bewaffneten, aber von einer hohen Idee beseelten französischen Sansculottenverbände zu besiegen. Die Orientierungslosigkeit wächst weiter, als sich, nach dem Sturz der Jakobiner, die Folgen der Revolution für die Franzosen selbst zu offenbaren beginnen. Nicht die Freiheit hat gesiegt, sondern das Geld der Bourgeoisie, nicht die Gleichheit, sondern die neuen Privilegien des Großbürgertums, nicht die Brüderlichkeit, sondern der kapitalistische Konkurrenzkampf. Und auch der jüngst noch von Kant für möglich gehaltene ewige Friede ist weiter entfernt denn je: Bald macht der Mann allerorten von sich reden, der als stellungsloser Leutnant mit verschränkten Armen den Pariser Tuileriensturm aus unmittelbarer Nähe beobachtet hat – Napoleon Bonaparte. Mit ihm schlägt der erwartete Friede um in einen über zwanzig Jahre währenden Eroberungskrieg, in dessen Blutströmen und Massengräbern die letzten Hoffnungen versinken. Am 18. Brumaire 1799 macht sich Bonaparte zum Ersten Konsul und damit zum Alleinherrscher der Franzosen, fünf Jahre danach zu ihrem Kaiser.

Nur wenige deutsche Beobachter, zu denen der Philosoph Hegel und später auch Goethe zählen, vermögen hinter dem Triumph der französischen Bourgeoisie und hinter dem Marschtritt der napoleonischen Armeen noch so etwas wie einen sinnvollen Gang der Weltgeschichte zu erkennen. Der junge Dichter Heinrich von Kleist und die meisten seiner Generationsgefährten erleben die in der neuen Gesellschaft aufbrechenden Entfremdungssymptome als undurchschaubares Fatum, da sie sich die Entfremdung des Menschen von den Produkten seiner Arbeit und endlich von seinen Gattungsgenossen noch nicht erklären können. Auch in Napoleon, der das längst untergangsreife Reich der Deutschen zerstört, vermag man nicht den Befreier zu begrüßen, denn er naht als Unterdrücker: Marengo, Austerlitz, Jena und Auerstedt, Wagram heißen die mit Leichen übersäten Stationen seines Siegeslaufs. Der Habsburger Franz II. legt die tausendjährige Krone des alten Reiches nieder und nennt sich fortan nur noch Kaiser von Österreich, das friderizianische Preußen stürzt nach der Doppelschlacht bei Jena und Auerstedt in wenigen Wochen wie ein Kartenhaus zusammen, der Rheinbund als eine Union napoleonischer Satelliten scheint die Diktatur des Korsen über Deutschland für alle absehbare Zukunft zu garantieren. Wahrlich: nur wenige Zeugen vermögen noch, wie Hegel, in dem allgemeinen Zeitensturz den Empereur als «Weltgeist zu Pferde» zu deuten!

Unter dem Druck der Fremdherrschaft kommt es in Preußen zu einem Bündnis der Krone mit den bürgerlichen Schichten, die noch vor zwanzig Jahren in Opposition zu ihr gestanden haben. Mannigfache Reformen in Verwaltung, Erziehungswesen, Justiz und Militär, die Aufhebung der Leibeigenschaft auf dem Lande, die Einführung der Gewerbefreiheit in den Städten werden hauptsächlich von der bürgerlichen Intelligenz befördert und von dieser als Emanzipation des bisherigen Untertanen zum modernen Staatsbürger verstanden. Die Entdeckung der eigenen nationalen Identität und spezifisch deutscher Traditionen, die Rückbesinnung auf die Werte des vaterländischen Erbes und bald auch der Religion scheinen für die Erschaffung eines antinapoleonischen Feindbildes unerläßlich zu sein, führen aber zu einer radikalen Absage an die weltbürgerliche Aufklärung des 18. Jahrhunderts. Gerade an diesem Prozeß, dessen verhängnisvolle Tendenz erst viel später offenkundig wird, sind romantische Dichter und Philosophen entscheidend beteiligt.

Die junge bürgerliche Elite ist es auch, die schließlich große Blutopfer in den Befreiungskriegen bringt: Studenten, Professoren, Gelehrte eilen zu den Fahnen, als Napoleons Grande Armée geschlagen von den Schneefeldern Rußlands zurückkehrt. Aber der flammenden Aufbruchsstimmung des Jahres 1813 und der Vertreibung des Korsen folgt eine neue, noch tiefere Niedergeschlagenheit. Die deutschen Fürsten kündigen das Zweckbündnis auf, das ihnen nur den gallischen Usurpator vom Halse schaffen sollte. An die Stelle der versprochenen Verfassungen treten erneute Willkür, ja sogar die Zurücknahme der nur widerwillig gewährten Reformen. Die Hoffnungen auf nationale Einigung müssen sich mit dem Deutschen Bund begnügen, einer losen Konföderation weiterhin souveräner Landesherren. Der Kongreß, der sich vom September 1814 an so glanzvoll auf den Ballsälen Wiens zur Schau stellt, hat es nicht auf eine Neuordnung der gesellschaftlichen Zustände abgesehen, wohl aber auf die offene Restauration der alten Gewalten. Unter der Ägide des österreichischen Staatskanzlers, des Fürsten Metternich, vereinigen sich die reaktionären Schlüsselmächte Rußland, Preußen und Österreich zur «Heiligen Allianz», die zur Unterdrückung demokratischer und «demagogischer» Bestrebungen nun auch Gedanken aus dem Umkreis der Romantik benutzt, um der zwangsweisen Wiederherstellung der vorrevolutionären Verhältnisse ein ideologisches Alibi zu verleihen. Die Krise, in die die Romantik damit gerät, läßt diese Bewegung mehr denn je in einem widerspruchsvollen, auf keinen einheitlichen Grundgedanken zu bringenden Licht erscheinen. Während einzelne romantische Intellektuelle, wie etwa Friedrich Schlegel oder Adam Müller, sich vor den Karren der Propaganda Metternichs spannen lassen, leisten andere mutigen Widerstand gegen die Demagogenverfolgungen, wie das Beispiel E. T. A. Hoffmanns zeigt.

Als im März 1819 der Student Karl Sand den als russischen Spitzel verdächtigten Lustspieldichter Kotzebue ersticht, greift die Reaktion den spektakulären Zwischenfall nur zu gern auf, um ihn als Vorwand für die brutale Zerschlagung jeder Opposition zu benutzen. Die in Karlsbad unterzeichneten Beschlüsse der deutschen Kabinette funktionieren Gerichtswesen, Polizei und Armee in einem bis dahin nicht bekannten Ausmaß in innenpolitische Machtinstrumente um, schikanieren Universitäten, Burschenschaften und Turnvereine als Keimzellen demokratischer und nationaler Initiativen, verhängen über das öffentliche Leben den permanenten Ausnahmezustand. Die Hoffnungen einer ganzen Generation werden abermals zuschanden: die dramatischen Stürme eines Vierteljahrhunderts scheinen nur einen ebenso monströsen wie sinnlosen Kreis beschrieben zu haben. Nur im abendlichen Aufleuchten der sich ihrem Ende zuneigenden «Kunstperiode», im Spätwerk Goethes, im Schaffen der letzten überlebenden Romantiker, in den Klangwellen der Tonsetzer und im Gedankengebäude Hegels vermag der deutsche Bürger noch so etwas wie Quellen des Trostes zu finden. Erst eine neuerliche Revolution der Franzosen, im Juli des Jahres 1830, wird ihn aus seinen Depressionen wecken.

Die ästhetische Revolution

Vor dem Hintergrund dieses von den meisten unmittelbaren Zeugen als chaotisch erlebten Zeitensturzes rufen wir die Schatten jener Gestalten herauf, die die spätere Literatur- und Kunstgeschichtsschreibung «Romantiker» nennen wird. Obwohl ihnen nur gemeinsam ist, daß sie mit einem neuen künstlerischen Instrumentarium und neuen Konzeptionen auf den Epochenwandel reagieren, in den sie gestellt sind. Denn um eine säkulare Wende handelt es sich in der Tat: die Auswirkungen der Französischen Revolution ergreifen ein noch fast mittelalterliches Agrarland, das wenige Jahrzehnte später, trotz der nach dem Wiener Kongreß einsetzenden Restauration, doch im Begriff steht, das Fundament für die Etablierung der modernen bürgerlichen Gesellschaft zu legen. Kunst und Literatur der Romantiker sind widersprüchliche Reflexe dieser komplizierten Entwicklung und ihrer Konsequenzen.

Schon 1795, kurz nach dem Sturz der Pariser Jakobiner, stellt der dreiundzwanzigjährige Friedrich Schlegel in seiner Schrift «Über das Studium der griechischen Poesie» fest: «Der Augenblick scheint in der Tat für eine ästhetische Revolution reif zu sein.» Hier ist ganz am Beginn und fast noch im Vorfeld der Romantik vielleicht die einfachste Formel gefunden, die trotz aller Schwankungen und gegenläufigen Züge für die gesamte romantische Bewegung gelten darf: sie ist eine ästhetische Revolution. Wenn aber, wie wir gesehen haben, das Intelligenzbürgertum des ausgehenden 18. Jahrhunderts hauptsächlich eine lesende Gesellschaft ist, wenn sich die von ihr vertretene Aufklärung in der Literatur und in deren Lektüre als wichtigstem Medium artikuliert, dann zielt das Wort von der «ästhetischen Revolution» nicht auf ein kostbares, aber abseitiges Reservat am Rande der Zeitgeschichte, sondern in deren Zentrum. Die «ästhetische Revolution» der Romantiker will genau als das verstanden sein, was man fast zwei Jahrhunderte später als «Medien-Revolution» verstehen würde. Sie will das wichtigste Medium des bürgerlichen Selbstverständnisses, die Literatur, umgestalten. Und sie bedient sich dabei, sechs Jahre nach dem Bastille-Sturm, des Begriffes «Revolution».

Die deutsche Romantik ist in geradezu exemplarischer Weise ein Kind der Revolution. Aber die ostentative Hervorhebung des Ästhetischen enthält von Anfang an auch den Keim des späteren Verfalls, der in dem Augenblick einsetzt, als verschiedene Romantiker damit beginnen, ästhetische Prinzipien auf Gebiete außerhalb der Kunst zu übertragen: auf Naturwissenschaften, Medien und Politik. Ja, die ästhetischen Maximen selbst, zu denen die Romantiker sich bekennen und die von Anfang an im Schnittpunkt ihrer Bemühungen stehen, sind sogleich widersprüchlich und in sich ambivalent. Sie stellen, oft kühn und originell, die Deformationen der zeitgenössischen Wirklichkeit in Frage, aber sie lösen sich gleichzeitig so weit von ihr, daß sie auch in ihr Gegenteil verkehrt und demzufolge mißbraucht werden können.

Der Student Ludwig Tieck, der gerade seinen frühromantischen Roman «Geschichte des Herrn William Lovell» unter der Feder hat, schreibt Ende Dezember 1792 an seinen Freund Wackenroder: «Doch leider bin ich in einer Monarchie geboren, die gegen die Freiheit kämpfte, unter Menschen, die noch Barbaren genug sind, die Franzosen zu verachten. Ich habe mich sehr geändert, ich bin itzt nicht glücklich, wenn ich keine Zeitungen haben kann. Oh, in Frankreich zu sein – es muß doch ein groß Gefühl sein, unter Dumouriez zu fechten und Sklaven in die Flucht zu jagen und auch zu *fallen* = was ist ein Leben ohne Freiheit?» Ein Jahr darauf verfaßt Friedrich Schlegel seinen «Versuch über den Begriff des Republikanismus» und setzt sich für den verfemten Revolutionär Georg Forster ein. Stolz darf sein Bruder und Mitstreiter, der Jenaer Professor August Wilhelm Schlegel, zu Protokoll geben: «... wir machen uns keine Feinde, sondern wir haben sie schon – die Feinde jedes Fortschrittes hassen uns, weil wir eine beträchtliche Strecke voraus sind und weil das, was sie getan haben, durch das unsrige vernichtet wird. Wenn man uns unterdrücken könnte, so würde man es von Herzen gern tun. Stellen Sie sich vor, daß die ganze deutsche Literatur in einem revolutionären Zustand ist und daß wir, mein Bruder, Tieck, Schelling und einige andere, zusammen die Bergpartei machen.» Wo gibt es unter den Intellektuellen Deutschlands zu diesem Zeitpunkt, als die Jakobiner gestürzt sind und Bonaparte schon auf dem Vormarsch ist, sonst noch eine Gruppierung, die sich als «Bergpartei» versteht? Diese verwegene Selbstkennzeichnung bleibt auch dann bedeutungsvoll, wenn dabei vorausgesetzt werden muß, daß die «Bergpartei» der Jenaer Romantiker, im Gegensatz zu den französischen Jakobinern, die deutsche Gesellschaft und Kultur lediglich der Guillotine ihrer ästhetischen Kritik ausliefern kann und will.

Die von den Romantikern bewirkte «ästhetische Revolution» schaltet frei mit einer verfestigten Wirklichkeit, löst sie im Medium der Literatur gleichsam in ihre Elemente auf und setzt diese zu neuen wundersamen Gebilden zusammen. Die «romantische Ironie», wie sie sich etwa in Tiecks Komödie «Der gestiefelte Kater» und noch in den Grotesken E. T. A. Hoffmanns zeigt, spielt mit den Realitäten, hebt sie auf und will sie durchsichtig machen. Die Romantiker entdecken das Individuum und die in ihm verborgenen psychischen Abgründe, sie beschäftigen sich mit dem Zusammenleben der Geschlechter und namentlich mit der Emanzipation der Frau in einer patriarchalischen Welt. Sie haben das Gespür für das Kommende, Ungeborene und Werdende. Stets geben sie dem Möglichen vor dem Wirklichen, dem Prozeß vor dem Resultat, der Entwicklung vor dem Ziel den Vorzug. Ein noch nicht zu Ende gedachter Gedanke ist ihnen wichtiger als das Ergebnis dieses Gedankens, eine Frage wesentlicher als die Antwort, das Subjekt interessanter als das Objekt, die Nacht unendlicher als der Tag, das Fragment bedeutsamer als das abgeschlossene Werk, das wie alles Vollendete schon wieder die Gefahr der Verfestigung in sich trägt. Von Tiecks programmatischem «Sternbald»-Roman und des Novalis «Heinrich von Ofterdingen» bis hin zu Hoffmanns «Kater Murr» und Brentanos «Romanzen vom Rosenkranz» ist der Weg der Romantiker mit Fragmenten gesäumt, die aus innerer Notwendigkeit unvollendet bleiben. Das Schweifen in unbekannte Fernen steht hinter den weiten Ausblicken Caspar David Friedrichs, hinter den Aufbrüchen von Eichendorffs Glückssuchern, hinter den ausschwingenden Hornkantilenen Carl Maria von Webers. Denn bald erfaßt das romantische Unendlichkeitsstreben, getreu den Absichten der von den Brüdern Schlegel ausgerufenen «Universalpoesie», auch die anderen Künste.

Aber das romantische Fernweh gilt nicht nur unbekannten Räumen, es gilt auch den vergangenen und kommenden Zeiten. Alle romantische Kunst gipfelt in Utopien, also in der poetischen Vorwegnahme einer fernen Zukunft und des in ihr erhofften Goldenen Zeitalters, das die bourgeoisen Revolutionsgewinnler nicht gebracht haben. Das Mittelalter wird als vorreformatorische Glaubenseinheit gefeiert, gleichsam als Totalität des Humanen, das jenseits der durch die kapitalistische Arbeitsteilung hervorgerufenen Spezialisierung und Entfremdung wiedergefunden werden muß. Daß allerdings das – an und für sich humanistisch konzipierte – poetische Gegenbild des Mittelalters mißverständlich ist und daher zum Mißbrauch geradezu herausfordert, wird sich bald zeigen, als die alten politischen Gewalten auf der Suche nach einem ideologischen Alibi für ihre restaurativen Bestrebungen sind. Die Generation der Romantiker ist als erste mit dem Phänomen der «Entfremdung» konfrontiert, das für sie, über ein halbes Jahrhundert vor dem Auftritt von Karl Marx, noch völlig unerklärbar ist, für das sie aber allegorische Metaphern ersinnen: den Doppelgänger, den Automaten, das aus der Trivialliteratur entlehnte Inzestmotiv.

Auf ihren Streifzügen durch Raum und Zeit machen sie verschollenes Volksgut ausfindig, Märchen, Sagen und Volkslieder, die sie zu sammeln beginnen, womit sie die Bemühungen Herders um eine neue Erkenntnis von Volk und Natur fortsetzen. Arnims und Brentanos «Des Knaben Wunderhorn», die «Kinder- und Hausmärchen» der Brüder Grimm sind nur zwei von vielen Dokumenten dieser Rückbesinnung auf nationale Kulturwerte, die unter dem Druck der napoleonischen Demütigungen im patriotischen Sinne gedeutet werden. Die gefährlichen politischen Folgen dieser Geburt des bürgerlichen deutschen Nationalbewußtseins setzen Europa erst viel später in Angst und Schrekken, denn noch wird die Hinwendung zum Vaterländischen durch die Aufsprengung des nationalliterarischen Horizonts balanciert, da die Romantiker auch die Schätze der anderen europäischen Literaturen den Deutschen in mustergültigen Übersetzungen zugänglich machen: Tiecks Übertragung des «Don Quijote», seine und August Wilhelm Schlegels große Shakespeare-Übertragung, Schlegels und Eichendorffs Calderón-Nachdichtungen bleiben unverlierbare Leistungen und erstaunliche Beispiele für den schöpferischen Nachvollzug von Sprachkunstwerken in einer anderen Sprache.

Inzwischen gerät die «ästhetische Revolution» immer mehr ins Räderwerk der dramatisch abrollenden Zeitereignisse. Seit sich Bonaparte zum Diktator Frankreichs gemacht hat und der Kontinent unter den Stiefeln seiner Soldaten erzittert, muß die «Bergpartei» in der deutschen Literatur begreifen, daß sie auf eine Verwirklichung ihrer Ideale nicht mehr rechnen kann. Während sie die Symptome der Entfremdung und die Expansionspolitik Napoleons irritieren, kommen die Romantiker in eine Krise, die sie bald nicht mehr zu bewältigen vermögen. Der Kreis von Jena zerfällt: der junge Novalis stirbt, Friedrich Schlegel endet schließlich im Lager der neuen «Gegenreformation», sein Bruder August Wilhelm schweift als Begleiter der Madame de Staël unstet über die Landstraßen Europas, der Philosoph Schelling findet erst nach vielen Jahren wieder ein Lehramt in München, Ludwig Tieck kann erst nach einem langen schmerzhaften Prozeß der inneren Umorientierung neuen künstlerischen Boden unter den Füßen gewinnen. Die Wirklichkeit der napoleonischen Besatzung, die Identitätskrise des bürgerlichen Individuums und später auch die Restauration Metternichs lassen sich nicht mehr durch romantische Ironie und anachronistischen Mittelalter-Kult überspielen.

Hier setzt schon sehr früh die Kritik an der neuen Bewegung ein, wie denn überhaupt die Entwicklung der deutschen Literatur und Kunst im ersten Drittel des 19. Jahrhunderts nicht ausschließlich von der Romantik bestimmt ist. Noch leben die letzten Repräsentanten der späten Aufklärung: der einflußreiche Verleger und Schriftsteller Friedrich Nicolai stirbt erst 1811, der Homer-Übersetzer Johann Heinrich Voß gar erst 1826. Ihre abweisenden Stimmen begleiten die Romantik bis weit über deren Höhepunkt hinweg. Auch das Werk des großen Erzählers Jean Paul und die hymnischen Botschaften Friedrich Hölderlins entstehen außerhalb des Bannkreises der Romantik. Schiller schreibt seine reifen Dramen vom «Wallenstein» bis zum «Demetrius»-Fragment unter dezidierter Abwehr romantischen Ideengutes: als er 1805 stirbt, ist der Kreis von Jena längst zerstoben. Das Jahrzehnt seiner engen Zusammenarbeit mit Goethe, später als Krönung der Weimarer Klassik angesehen, ist zugleich das erste romantische Dezennium.

Vor allem aber steht neben den Romantikern, als ihr größter Herausforderer und Antipode, der Dichter und sachsen-weimarische Staatsminister Johann Wolfgang von Goethe. Es ist auch ein Verdienst der ersten Romantiker, daß sie in Goethe nicht nur den überragenden Poeten, sondern die Erscheinung von Jahrhundertrang sehen, in der sich die Strahlungen der Zeit wie in einem Prisma sammeln. Folgerichtig zählt Friedrich Schlegel in einem Fragment, das er im «Athenäum» veröffentlicht, Goethes «Wilhelm Meister» neben der Französischen Revolution und Fichtes Wissenschaftslehre zu den «größten Tendenzen des Zeitalters». Der imposante Versuch, Dichtung, Kunst, Naturwissenschaften und Politik aus einer geistigen Mitte heraus zu gestalten und miteinander zu verflechten, muß die Sympathie der Romantiker finden, deren Bestrebungen ebenfalls auf solche Grenzüberschreitungen gerichtet sind. Aber dann kommt es zu Zerwürfnissen. Goethe erkennt die Gefahren, die aus einem freien Umgang mit den Realitäten erwachsen müssen, und die Anfälligkeit der Vergötzung des Mittelalters für den Mißbrauch durch ideologische Dunkelmänner. Er spricht warnend von «neukatholischer Sentimentalität» und schleudert seine Blitze gegen das «klosterbrudrisierende, sternbaldisierende Unwesen», womit er zwei Schlüsselwerke der Frühromantik an den

Pranger stellt: Wackenroders «Herzensergießungen eines kunstliebenden Klosterbruders» und Tiecks «Sternbald»-Roman. Nach anfänglicher Anerkennung werden ihm auch die Bilder romantischer Maler verdächtig: «Das soll nicht aufkommen!» ruft die Exzellenz grimmig aus und möchte eine der Nebellandschaften Caspar David Friedrichs an der Tischkante zerschlagen. Nach der Lektüre von Arnims Roman «Gräfin Dolores» wäre es ihm lieber, wenn sich sein Sohn «von den Bordellen bis zum Schweinekoben» verirrte, «als daß er in den Narrenwust dieser letzten Tag sich verfinge; denn ich fürchte sehr, aus dieser Hölle ist keine Erlösung!» Auch sein zu Eckermann gesprochenes und später bis zum Überdruß zitiertes Wort, demzufolge das Klassische das Gesunde und das Romantische das Kranke ist, hat seine Wurzel in diesem Zorn, der oft unsachlich aufbraust und überdies einer unfreiwilligen Komik nicht ermangelt, der aber in einem tieferen Sinne motiviert ist und in dem sich ein bedeutsamer Generationskonflikt vielsagend ausspricht.

Goethes, des Weltbürgers und Napoleon-Bewunderers, Verdikte richten sich gegen eine Romantik, die ihre universalistischen Aufbruchsjahre schon verdrängt hat und die nun den Weltgeist des achtzehnten Jahrhunderts durch den Nationalgeist des neunzehnten auszutauschen im Begriffe steht. Diese national gestimmte Romantik, die von Heidelberg ihren Ausgang nimmt, erlebt bald darauf durch den Schwäbischen Dichterkreis, in den Produktionen Ludwig Uhlands, Justinus Kerners, Gustav Schwabs und Wilhelm Hauffs, ihre weiteste Verbreitung im deutschen Volk, allerdings auch schon ihre beginnende Verflachung, die hernach den Begriff «Romantik» zum Klischee entwerten wird.

Aber auch die Erzählkunst eines E. T. A. Hoffmann, der das Phantastische und Groteske zu Gestaltungselementen für Entfremdungssymptome erhebt, ist nicht nach Goethes Sinn, der noch im harmonischen Antikebild Winckelmanns gründet. Und doch vermag gerade Hoffmann, der in die

Kunst entlaufene preußische Kammergerichtsrat, besser als seine Vorgänger die Grunddissonanz auszudrücken, aus der heraus alle Romantik, von den Fragmenten des Novalis bis zur «Schlemihl»-Phantasmagorie Adelbert von Chamissos, von den Allegorien Philipp Otto Runges bis zu den Eismeervisionen Caspar David Friedrichs, von den Klaviersonaten des Prinzen Louis Ferdinand von Preußen bis zum «Tristan» Richard Wagners, aufsteigt: «Welcher Künstler hat sich sonst um die politischen Ereignisse des Tages bekümmert – er lebte nur in seiner Kunst, und nur in ihr schritt er durch das Leben; aber eine verhängnisvolle schwere Zeit hat den Menschen mit eiserner Faust ergriffen, und der Schmerz preßt ihm Laute aus, die ihm sonst fremd waren.»

Universalismus

Die «ästhetische Revolution» tritt mit dem Anspruch auf, nicht nur die Literatur, sondern alle Künste und schließlich sogar die Staats- und Naturwissenschaften mit dem Geist eines romantischen Universalismus zu durchdringen. Die Horizonte der einzelnen Künste und Wissenschaften sollen niedergerissen und sie alle miteinander zu einer organischen Symbiose geführt werden. Wie als eine Bekräftigung dieser Sehnsucht nach der Zurückgewinnung der künstlerischen Totalität fallen die zahlreichen Doppelbegabungen unter den Romantikern auf. Wilhelm Heinrich Wackenroder, der den Kapellmeister Berglinger ersinnt, ist immerhin Schüler Karl Friedrich Zelters, der auch Goethe in musikalischen Fragen berät. Philipp Otto Runge, Caspar David Friedrich und der nazarenische Maler Ferdinand Olivier schreiben Märchen und Gedichte. Clemens Brentano illustriert seine Werke mit beachtlichem Können und nimmt Unterricht bei dem Architekten Schinkel. Seine Schwester Bettine verfertigt Radierungen, Scherenschnitte, Lieder und entwirft sogar ein Goethedenkmal. Wilhelm Grimm schafft die Vorlage für das Titelbild des zweiten Bandes von Arnims und Brentanos «Wunderhorn»-Sammlung. Adelbert von Chamisso und Wilhelm Hauff sind begabte Zeichner. Der bereits halberblindete Justinus Kerner ergötzt sich an seinen skurrilen «Klecksographien». Carl Maria von Weber ist auch ein gewandter Publizist. Robert Schumann schwankt zwischen Musik und Poesie als Lebensberuf. Felix Mendelssohn-Bartholdy versieht seine Reisebriefe mit Zeichnungen, die mehr als nur Talentproben sind. Der Dichter Ludwig Tieck, ein genialer Komödiant und Deklamator, ist nach den Aussagen vieler Zeugen einer der ganz großen Schauspieler seiner Zeit, ohne daß er je die Bühne betritt. Die überzeugendste Manifestation universalen romantischen Kunststrebens stellt die vielgestaltige Begabung E. T. A. Hoffmanns dar, der gleichzeitig Schriftsteller, Komponist, Dirigent, Kritiker, Zeichner und ein couragierter Jurist ist, wie noch sein Grabstein vermeldet: «Kammer Gerichts Rath / ausgezeichnet / im Amte / als Dichter / als Tonkünstler / als Maler ...»

Unter dem Einfluß von Wackenroders und Tiecks Wiederentdeckung der Dürerzeit entfaltet sich schon um die Wende vom 18. zum 19. Jahrhundert die romantische Malerei. Philipp Otto Runge entwickelt in seinen «Tageszeiten» eine verrätselte, aus der Welt des Organischen aufsteigende Symbolik, beschäftigt sich aber auch, die romantische Entdeckung des Individuums nachvollziehend, mit dem Porträt. Caspar David Friedrich stellt seine meditierenden Rükkenfiguren in weite, nach dem Unendlichen hin offene Landschaften, deren Himmel und Hügel, Flußläufe und Eiswüsten, Klosterruinen, Friedhöfe und Waldestiefen zu ergreifenden Spiegelungen für die Schwingungen der menschlichen Seele gesteigert sind. Die nazarenischen Maler, die dem Zug von Tiecks Romanhelden Franz Sternbald nach Rom folgen, gehen früh zugrunde oder enden, häufig zum Katholizismus konvertierend, als sterile Festordner der Heiligen Allianz. Erst spät, schon im Zeichen des Biedermeiers, gelangt die romantische Bildkunst zu höchster Popularität in der Märchen- und Legendenwelt Moritz von Schwinds und noch mehr im Orbis pictus des Holzschnittwerkes von Ludwig Richter, allerdings unter weitgehendem Verzicht auf philosophischen Gehalt.

Seine höchste und unumstrittenste Erfüllung findet das Unendlichkeitsstreben der Romantiker aber im Raum der Musik. Von Wackenroders Tonsetzer Joseph Berglinger bis zu Hoffmanns Kapellmeister Johannes Kreisler werden bereits in der Literatur Musikergestalten zu exemplarischen Identifikationsfiguren, in denen das Leiden des romantischen Künstlers am Auseinanderfallen von Ideal und Wirklichkeit seine gültigsten Ausprägungen findet. Schon der Kreis von Jena möchte Gedanken und Empfindungen, deren Aussprechen bisher nur dem Wort vorbehalten war, in musikalische Klänge fassen, wenn etwa Tieck die Frage aufwirft: «Wie, es wäre nicht erlaubt und möglich, in Tönen zu denken und in Worten und Gedanken zu musizieren?» Und E. T. A. Hoffmann inthronisiert die Musik ganz oben an der Spitze seiner Hierarchie der Kunst: «Sie ist die romantischste aller Künste – fast möchte man sagen, allein *rein* romantisch.»

Welche Spannungsbögen menschlicher Leiden und Seligkeiten leuchten allein auf im Liedschaffen der Romantiker, im Liederkosmos Franz Schuberts, in den aus tiefer Wahlverwandtschaft geborenen Eichendorff-Vertonungen Robert Schumanns! Bis hinein in die Instrumentalmusik reicht die prägende Kraft des romantischen Liedes: bis in Schuberts «Forellenquintett» und sein Streichquartett «Der Tod und das Mädchen», bis in Mendelssohns «Lieder ohne Worte». Das Lied, das oft ein kleines, in sich gerundetes Drama ist, findet seine Steigerung in der Oper, die ihrerseits oft von Liedelementen lebt, wie Webers «Freischütz», aber auch Heinrich Marschners «Hans Heiling», die Opern Louis Spohrs und noch die biedermeierlichen, aus dem Geiste des Liedes schöpfenden Spielopern Albert

Lortzings und Otto Nicolais erweisen. Neben dem Klavier dominieren die Blasinstrumente, die Naturgeheimnisse und menschliche Stimmungen zu magischen Klangsymbolen vereinigen, namentlich das Horn und die Klarinette. Von der «Freischütz»-Partitur Webers bis zum Notturno in Mendelssohns «Sommernachtstraum»-Musik werden immer wieder Hörnerweisen intoniert. Selbst die Bemühungen der Dichter um verschüttete Kunstgüter werden von den Musikern aufgegriffen und auf ihrer Ebene weitergeführt. So verhilft Mendelssohn mit seiner denkwürdigen Aufführung der «Matthäuspassion» am 11. März 1829 in der Berliner Singakademie dem Thomaskantor Bach zu erneuter anhaltender Geltung. Und während die Romantik längst erloschen ist, während Theodor Fontane schon seine kritisch-realistischen Romane schreibt und Wilhelm Leibl seine herben Bauernbilder malt, ist der musikalischen Romantik noch ein jahrzehntelanger Abgesang beschieden: im zarten Glanz der «Magelone»-Lieder von Johannes Brahms, in der dithyrambischen Nachtgeweihtheit von Wagners «Tristan», in der hörnerdurchwobenen Architektur von Anton Bruckners 4. Sinfonie, ja noch im vielfach gebrochenen Abschiedswinken der «Wunderhorn»-Gesänge Gustav Mahlers.

Aber romantisches Denken will die Grenzüberschreitung nach allen Seiten hin und nicht nur die Revolutionierung der Künste. Schon Novalis umkreist in seinen Fragmenten die wechselseitige Durchdringung von Wissenschaft und Kunst. Von «geistiger Physik», «chemischer Musik», «poetischer Physiologie», «physikalischer Geschichte» ist da die Rede: die durch die moderne Arbeitsteilung zerstörte Einheit von Wissenschaft und Kunst, Verstand und Gefühl, Intellektualität und Spiritualität soll wiederhergestellt werden. Bald gibt es eine romantisch intendierte Medizin, die den Patienten durch den Einsatz von Magnetismus und Hypnose mit dem Weltganzen in Verbindung zu setzen und dadurch zu heilen trachtet. Medizin wird als «Heilkunst» verstanden, als eine am Kranken praktizierte Ästhetik, die den ganzen Menschen ins Visier nimmt, nicht nur einzelne von der Krankheit betroffene Organe. Dennoch gerät die romantische Heilkunst bald auf abstruse Irrwege: sie verleiht sich eine religiöse Dimension und bringt die Erbkrankheiten mit der Erbsünde in einen kausalen Zusammenhang.

Doch schon die abenteuerlichen Hypothesen der Naturphilosophen und mehr noch die oft an Hochstapelei grenzenden Manipulationen dubioser «Magnetiseure» zeigen jene Krise an, in die das spekulative Schalten und Walten mit der Wirklichkeit und mit wissenschaftlich noch unerforschten Phänomenen führt. Vollends problematisch wird der romantische Universalismus aber dort, wo er sich der Politik zu bemächtigen beginnt, die er bezeichnenderweise als «Staatskunst» begreift. Die Verherrlichung längst vergangener Gesellschaftszustände und das Unbehagen an der Entfremdung schlagen bei dem Publizisten Adam Müller, dem Verfasser der «Elemente der Staatskunst» und erbitterten Gegner der Stein-Hardenbergschen Reformen, in eine direkte Absage an jegliche Industrialisierung und an jeden geschichtlichen Fortschritt um. So umgibt er das Verhältnis des Gutsbesitzers zu seinem Gut mit theologischen Kategorien, die für ihn, den katholischen Konvertiten, unaufhebbar sind und sich daher auch jeder Veränderung entziehen, mit Begriffen wie «Ehe», «Sakrament», «Heiligkeit». Der Agrarmystiker Müller, dessen rückwärtsgewandte Gesellschaftskritik verhängnisvoll in die Zukunft wirken wird, geht auch im Sommer in einem Schafwollpelz umher, da er sich weigert, maschinell produzierte Baumwollkleidung zu tragen, womit er sich sogar den Spott seines Brotherrn Metternich einhandelt.

Anno 1814, im Gründungsjahr der Heiligen Allianz, erscheint in Heidelberg eine kleine Schrift: «Vom Beruf unserer Zeit für Gesetzgebung und Rechtswissenschaft», verfaßt von dem Berliner Universitätsprofessor Friedrich Karl von

Savigny. Der berühmte Gelehrte, der mit den Brentanos verwandt ist, überantwortet in dem unscheinbaren, aber folgenreichen Publikat den Bodensatz romantischen Geistes der metternichschen Restauration zum freien Gebrauch: die wiederhergestellten vorrevolutionären Zustände werden legitimiert, weil sie historisch gewachsen sind, der Fürstenstaat wird gerechtfertigt, weil er als Krone eines geschichtlichen Organismus erscheint. Fast dreißig Jahre später beruft König Friedrich Wilhelm IV. von Preußen, der sich seinerseits als «Romantiker auf dem Thron» versteht, den Autor jener Schrift zum Minister für Gesetzgebung. Der romantische Universalismus, der einst aufgebrochen war, alle menschlichen Entfaltungsmöglichkeiten zu einer Synthese zusammenzuführen, beschließt seine zeitgeschichtliche Wirkung im Vorzimmer eines Monarchen, der von der Rückkehr ins Mittelalter besessen ist.

Folgen

In der ersten Vorlesung seines Kollegs «Über Transzendentalphilosophie», das der achtundzwanzigjährige Friedrich Schlegel im Wintersemester 1800 zu Jena abhält, sitzt ein um zwei Jahre älterer Hörer, der von des Dozenten Betrachtungen über eine erst noch zu schaffende dialektische Geschichtsphilosophie zutiefst beeindruckt ist: Georg Wilhelm Friedrich Hegel aus Stuttgart. Aber je weiter sich Friedrich Schlegel im Verlauf des nächsten Vierteljahrhunderts von seinen rebellischen Anfängen entfernt und je bedingungsloser er das Knie vor den weihrauchumwölkten Altären der Restauration beugt, desto entschiedener erwächst ihm in seinem einstigen Hörer ein unversöhnlicher Widerpart. Hegel verwirklicht jene von Schlegel ehemals geforderte dialektische Geschichtsphilosophie, deren Bewegungen von der Thesis zur Antithesis und wiederum zur Synthesis fortschreiten. So wird er zum überragenden Kritiker der Romantik, deren subjektives «Wehen und Linienziehen in sich selbst» ihm völlig ungeeignet zur Gewinnung historischer, philosophischer und künstlerischer Objektivität erscheint, wofür er von Kleist bis Hoffmann viele betrübliche Beispiele findet. Wenn in seinem System der Romantik dennoch als Durchgangsstadium ein Platz angewiesen ist, dann nur im Sinne ihrer dialektischen Aufhebung.

Hegels Verurteilungen der Romantik lesen sich fast schon wie lange nach dem Ende der «Kunstperiode» gefällte Richtersprüche. Im Todesjahr Hegels, 1831, schreibt Heinrich Heine in seinem selbstgewählten Pariser Exil die später sprichwörtlich gewordene Prognose nieder: «Meine alte Prophezeiung von dem Ende der Kunstperiode, die bei der Wiege Goethes anfing und bei seinem Sarge aufhören wird, scheint ihrer Erfüllung nahe zu sein.» Schon haben die meisten Romantiker den Schauplatz ihres Wirkens verlassen, schon beginnt sich in Metternichs Deutschem Bund eine neue Opposition zu regen, die auch nach einer neuen, den Forderungen des Tages geöffneten Literatur ruft. Obgleich der Lyriker Heine bis hinein in seine ironisch gebrochene innere Zerrissenheit, bis in seine poetischen Metaphern und Strophenformen der Romantik mannigfache Anregungen verdankt, obgleich er in Bonn noch zu Füßen des alten August Wilhelm Schlegel gesessen hat, tritt er nun als ätzender Kritiker der abgelebten, anachronistisch gewordenen Romantik auf, der er in seinem Pamphlet «Die romantische Schule» den «Heiden» Goethe gegenüberstellt: «Dieser würdevolle Leib war nie gekrümmt von christlicher Wurmdemut; die Züge dieses Antlitzes waren nicht verzerrt von christlicher Zerknirschung; diese Augen waren nicht christlich sünderhaft scheu, nicht andächtelnd und himmelnd, nicht flimmernd bewegt: – diese Augen waren ruhig wie die eines Gottes.» Der von Heine und den Jungdeutschen geführte Kampf gegen eine nicht mehr zeitgemäße, nur noch hemmende Bewegung wird von den Junghegelianern Arnold Ruge und Theodor Echtermeyer mit ihrem polemischen Manifest «Der Protestantismus und die Romantik», das 1839/40 in den «Hallischen Jahrbüchern» erscheint, fortgesetzt und noch verschärft.

Der Literaturhistoriker Rudolf Haym, der 1870 mit seiner «Romantischen Schule» die Romantik-Forschung eröffnet, spricht von seinem Gegenstande bereits aus der Distanz des nicht mehr unmittelbar Betroffenen, «mit Gleichgültigkeit, wie von einem theoretischen Wesen, welches uns nichts mehr anhaben könne», wie er selbst bekennt. In einer Zeit, in der die expandierende Bourgeoisie sich die Macht mit der alten feudalen Obrigkeit zu teilen beginnt und ihre definitive Heimat im Bismarckreich findet, muß es an Verständnis für ein Phänomen fehlen, das vor fast einem Jahrhundert aus der ersten Krise des bürgerlichen Bewußtseins hervorgegangen ist. Aber auf dem Umweg über das Werk Richard Wagners, des direkten Nachfahren der Romantiker, weiß sich das Erbe der Novalis und Hoffmann doch den Zugang zum Bildungskanon des Bürgers im kaiserlichen Deutschland zu verschaffen. Nicht nur das: in der Verbindung einer suggestiv-rauschhaften Tonsprache mit den nordischen Sagenstoffen und den zuerst von Novalis evozierten Erlebnisbereichen von Liebe, Tod und Erlösung gelingt Wagner beinahe die Erschaffung jener «neuen Mythologie», um die sich die Brüder Schlegel vergebens abgemüht haben. Auch in den dionysischen Rhapsodien Friedrich Nietzsches, Wagners einstigem Parteigänger und späterem Kontrahenten, werden romantische Traditionen wieder virulent.

Als um die Jahrhundertwende im Zeichen der «Neuromantik» auch das Interesse breiterer Kreise an der historischen Romantik einsetzt, als philologisch fundierte Ausgaben der Werke Friedrich Schlegels, Hoffmanns, Brentanos und des Novalis zu erscheinen beginnen, als mit einem Male die Bilder Runges und Friedrichs wieder ins öffentliche Bewußtsein treten, öffnet Ricarda Huch mit ihrem zweibändigen Werk «Blütezeit der Romantik» und «Ausbreitung und Verfall der Romantik» weit das Tor zur Erkenntnis einer Epoche, die dreißig Jahre zuvor Rudolf Haym nur noch mit Gleichgültigkeit zu betrachten vermocht hatte. Mit essayistischer Brillanz und hoher poetischer Vergegenwärtigungskunst breitet Ricarda Huch das gleichermaßen zerklüftete und faszinierende Bild einer Bewegung aus, die sie in ihrer Darstellung dennoch zu objektivieren und zu historisieren vermag – damit frühzeitig auch auf die Gefahren einer geschichtslosen Aktualisierung der Romantik verweisend.

Aus den Händen Wagners, Nietzsches und Ricarda Huchs empfängt das 20. Jahrhundert gleichsam das Vermächtnis der Romantiker. In den Werken Hermann Hesses und Hugo von Hofmannsthals, aber auch Franz Kafkas und Walter Benjamins wird es vielgestaltig und wechselvoll weiterwirken. Vor allem wird sich Thomas Mann immer wieder mit dieser Erscheinung auseinandersetzen, von seinem frühen Wagner-Enthusiasmus bis hin zu dem Altersroman «Doktor Faustus», der ohne den Vorangang von Hoffmanns «Kater Murr» undenkbar wäre, und der Rede «Deutschland und die Deutschen», in der der Fünfundsiebzigjährige von dem «Sehnsüchtig-Verträumten, Phantastisch-Geisterhaften und Tief-Skurrilen», dem «hohen artistischen Raffinement», der «alles überschwebenden Ironie», dem «Aufstand der Musik gegen die Literatur» spricht, die allesamt zum Wesen der Romantik gehören, es aber bei weitem nicht erschöpfen. Diese Worte sind bereits mit dem Wissen um den Mißbrauch geschrieben, den der Faschismus, die «deutsche Innerlichkeit» für seine Zwecke ausbeutend, mit der Romantik treibt. Aber auch aus dieser seiner tiefsten Schändung und Pervertierung wird sich das Erbe romantischer Dichtung und Kunst wieder erheben, um im Zeichen neuer menschlicher, gesellschaftlicher, ästhetischer und nicht zuletzt auch ökologischer Konstellationen neu befragt und geprüft zu werden.

Mit den Erfahrungen von Gebrauch und Mißbrauch, Wirkungen und Folgen der deutschen Romantik in späterer Zeit wagen wir es, einige ihrer Protagonisten den Menschen einer anderen Epoche vorzustellen. Das Abenteuer einer solchen Vergegenwärtigung beginnen wir mit der Erkenntnis, daß uns nahezu zwei Jahrhunderte vom Auftreten der ersten Romantiker trennen: eine sehr lange Zeit, die Europa und das Leben seiner Bewohner völlig verwandelt hat. Wir maßen uns an, von Gestalten zu reden, über die wir, trotz allen Gelehrtenfleißes und aller Philologie, bei weitem nicht so gut unterrichtet sind, wie es wohlmeinende Leser vielleicht annehmen könnten.

Denn trotz der historischen Einordnungsversuche, mit denen wir unsere Darstellung begonnen haben, müssen wir fragen: Kennen wir die innere Welt der Romantiker, ihren Alltag, ihre Emotionen und seelischen Befindlichkeiten, ja auch nur alle wichtigen biographischen Details? Auf Schritt und Tritt stößt der Historiker auf Unzuverlässigkeiten und Unsicherheiten in den Überlieferungen, auf Spurenverwischungen und Verluste aller Art. Der gesicherte Bestand an Dokumenten ist höchst lückenhaft: fast das ganze spätere 19. Jahrhundert, das an der Romantik nahezu uninteressiert ist, überläßt gewichtige Lebenszeugnisse und vollständige Korrespondenzen der Vernichtung. Dabei sehen wir von den Elementen ab, die sich ohnehin einer exakten Überlieferung entziehen, die aber für die genaue Kenntnis historischer Persönlichkeiten von Belang wären. Eine einzige Episode mag den Wert dessen, was kaum tradierbar ist, verdeutlichen. Als der dreißigjährige Richard Wagner am denkwürdigen 23. Juni 1843 im Dresdner Opernhaus seinen ersten «Freischütz» dirigiert, flüstert ihm der Cellist Dotzauer beim langsamen Tempo des Beginns der Ouvertüre zu: «Ja, so hat es Weber auch genommen, ich höre es jetzt zum ersten Male wieder richtig!» Vermag damals, siebzehn

Jahre nach Webers Tod, unmittelbare Augen- und Ohrenzeugenschaft noch den lebendigen Traditionsbezug zu bestätigen, so sind für die spätere Nachwelt wichtige Zusammenhänge unwiederbringlich dahin.

Was gäben wir dafür, wenn wir die deklamatorische und mimische Kunst Ludwig Tiecks kennen würden, die doch auch für die Beurteilung des Dichters Tieck durch die Zeitgenossen eine nicht zu unterschätzende Bedeutung hat! Das Flair der Caroline Schlegel-Schelling können wir nur aus den beredten, aber mittelbaren Aussagen der Brief- und Memoirenschreiber erfahren, desgleichen die pianistische Kunst des Prinzen Louis Ferdinand von Preußen, die sensitiv auf den Partner eingestellte dialogische Genialität der Rahel Varnhagen und die komödiantischen Metamorphosen Ludwig Devrients. Dies alles ist verloren für immer, aufbewahrt nur als schwacher Reflex in den lückenhaft erhaltenen Dokumenten, aus denen wir es mühselig und fragmentarisch genug erschließen müssen. Viele Einzelheiten, die unsere Porträts ganz wesentlich korrigieren würden, sind überhaupt unbekannt, ganze biographische Abschnitte bleiben unterbelichtet: so muß sich der Erzähler oft mit Schatten begnügen. Der Erzähler, von Thomas Mann der «raunende Beschwörer des Imperfekts» genannt, muß häufig damit zufrieden sein, wenn er den Konjunktiv beschwören kann. Vor seine Schilderungen müßte er immer wieder ein «vielleicht» oder ein «möglicherweise» oder ein «so könnte es gewesen sein» setzen. Denn er kennt nicht so genau die Epoche, von der er spricht, er kennt sie nicht emotional und empfindungsmäßig, nicht in ihrem unentwirrbaren und kaum rekonstruierbaren Gespinst, das für die Menschen jener Zeit die Luft war, die sie stündlich atmeten.

Gleichwohl trachtet unsere Erzählung nach der Vergegenwärtigung der Historie – mit der Einsicht in die Unwiederbringlichkeit des Verlorenen. Vielleicht kann der Versuch der Schilderung eines Frühlingsmorgens über dem

Schloß von Lubowitz mehr über Eichendorff aussagen als abstrakte Standortbestimmungen, deren Wert wir im übrigen nicht in Zweifel ziehen wollen. Möglicherweise kann die Wiedergabe einer medizinischen Behandlung mit den Methoden des «animalischen Magnetismus» dem Leser einen lebendigeren Eindruck von der romantischen Heilkunst vermitteln als eine sachliche Abhandlung. Unter Umständen wird ein Blick in die kahle Malerstube Caspar David Friedrichs eine nachhaltigere Vorstellung von den Gesetzen geben, die der Künstler an der Staffelei zu verwirklichen sucht, als eine distanzierte ästhetische Studie. Unsere Erzählung will der Romantik etwas von ihrer Farbigkeit und Spannung, von ihrer eigentümlichen Dynamik und provozierenden Unmittelbarkeit zurückerstatten. Daß dies mit unseren eigenen historischen Erfahrungen und von unserem eigenen Standort aus geschieht, ist selbstverständlich. Denn erst im Gespräch der Nachgeborenen mit dem Erbe und in der stets von neuem zu vollziehenden Überprüfung seiner Tragfähigkeit für uns ist produktive Aneignung möglich.

So rufen wir vierzehn Gestalten der deutschen Romantik vor unsere Augen und begegnen ihnen mit unserer aus bruchstückhaftem Wissen schöpfenden Phantasie. Wir richten unser unzulängliches Prismenglas in die Ferne der Zeiten und nehmen die Schatten von Menschen wahr, die ihre von Krisen geschüttelte Epoche erlitten und sie in wundersame künstlerische Abbilder gebannt haben: Ludwig Tieck, der mit immer wieder neuen Repliken auf die schnell wechselnden Stichworte der Zeit antwortet und in immer wieder anderem Habitus auf dem Podium der Literatur erscheint; Friedrich Schlegel, dessen verschiedenartige Gesichter schon die Mitlebenden auf keinen schlüssigen Nenner zu bringen vermögen; Caroline Schlegel-Schelling, deren menschliche und intellektuelle Souveränität von allen Verwünschungen, die ihr gelten, doch nicht verdunkelt werden kann; den früh dahingeschiedenen Novalis, der das

Fragment nicht nur als literarische Ausdrucksform kultiviert, sondern sie mit seinem zeitigen Ende als romantische Lebensform besiegelt; die kleine Jüdin Rahel Varnhagen, die in Brief und Gespräch ihre Partner zu unerwarteten Geständnissen und Herzensergießungen zu stimulieren vermag; Achim von Arnim, der als Dichter und Bauer den «Reichtum himmlischer Gaben» zu bergen sucht; Prinz Louis Ferdinand von Preußen, der als Musiker und General sich nicht entfalten kann, da ihn gerade seine hohe Geburt daran hindert; Caspar David Friedrich, der als Verkündiger der Natur die «Tragödie der Landschaft» entdeckt; Joseph von Eichendorff, der die Leiden an seiner engen Beamtenexistenz hinter den Rühmungen seiner Lieder verbirgt; Carl Maria von Weber, der dem Heimweh und dem Fernweh der Romantiker zur musikalischen Apotheose verhilft; David Ferdinand Koreff, dem als Arzt und Künstler ein Sonett und ein Rezept nur Bekundungen des unteilbaren romantischen Ganzheitsstrebens sind; Ludwig Devrient, dessen proteische Verwandlungskraft die großen Figuren des Welttheaters von Falstaff bis zu Franz Moor zum Ereignis werden läßt; Ernst Theodor Amadeus Hoffmann, bei dem die Seele des Künstlers und das Los des Staatsbeamten in romantischem Zwiespalt liegen und erst spät zu einer inneren Einheit gelangen; Ludwig Richter endlich, in dessen gemütvoller Bilderwelt das romantische Erbe seine weiteste Verbreitung im Volke findet.

Es ist ein seltsamer Gestaltenzug, der sich vor uns aus dem Halbdunkel der Kulturgeschichte löst. Aber vielleicht kann er doch, trotz aller verdämmernden Schattenhaftigkeit, einen fernen Widerschein vom Glanz und Elend einer versunkenen Epoche, vom Zaubergarten der deutschen Romantik aufleuchten lassen!

Ein Dichter in seinen Verwandlungen

Ludwig Tieck

Prolog und Introduktion

Wenn sich am Anfang von Ludwig Tiecks theatralischer Märchengroteske «Der gestiefelte Kater» die Kritiker über das noch gar nicht begonnene Spektakel erbittert streiten und ein Lampenputzer fragt, ob «man die Wache hereinschicken» soll, erscheint der Autor des Stücks auf der Bühne und bittet schüchtern um Gehör. «Er sieht wenig wie ein Dichter aus», kommentiert ein Skeptiker den ängstlichen Menschen, der jedenfalls nicht mit dem geläufigen Klischeebild von einem Poeten zu vereinbaren ist. Mit banger Ahnung sieht er das bevorstehende Fiasko seines Opus voraus, das, ehe der Vorhang emporgerollt ist, schon dem rohen Pochen des Publikums verfällt.

Die burleske Szene gibt einer Urerfahrung Tiecks dramatischen Ausdruck: der Einsicht, seine Werke für eine Öffentlichkeit schreiben zu müssen, die für ihn anonym bleibt und die er, höhnisch und niedergeschlagen zugleich, die «unbekannte Gottheit» nennt. Ob seine literarischen Produktionen, die ihn ernähren sollen, auf die Dauer die Gunst der «unbekannten Gottheit» finden, kann er nicht wissen, wie er schließlich auch bezweifeln muß, ob er dem Bilde gleicht, das sich die Konsumenten des Literaturmarktes vom Poeten zusammengereimt haben: «Er sieht wenig wie ein Dichter aus.» Ludwig Tieck, der auf die verschiedenartigen Stichworte, die ihm von der schnellebigen Epoche in kurzer Folge zugerufen werden, mit immer wieder neuen Repliken antwortet und der in immer wieder anderen Gewandungen das Zeittheater betritt, wird zum Dichter des exorbitanten Phänomens, das wie kein anderes von den Romantikern aufgespürt, erlebt, erlitten und zum ersten Male künstlerisch gestaltet wird – der Entfremdung.

Am 31. Mai 1773 kommt er als Sohn eines Seilermeisters in der Berliner Roßgasse zur Welt. Schon mit vier Jahren sucht der Knabe sich in der Bibel und in Goethes «Götz» die magische Welt der Wörter zusammen. Wenig später erlebt er in Carl Theophil Döbbelins bretternem Komödienhaus in der Behrenstraße die Verwandlungen der Schauspieler in immer wieder andere Gestalten: Die Möglichkeiten menschlicher Metamorphose lassen ihn von da an nicht mehr los. Der Dramenvorleser Tieck wird später zu einer Attraktion von Jahrhundertrang, von den Zeitgenossen einhellig gerühmt – selbst von denen, die dem Dichter Tieck skeptisch gegenüberstehen. Entscheidend ist aber nicht nur die Virtuosität, die diesem Proteus unter den Romantikern die schlackenlose Verwandlung in Romeo und Julia, in Mercutio und Lorenzo an einem einzigen Abend erlaubt, sondern ebenso die Gabe, sich noch unerkannten poetischen Talenten so zu nähern, daß er deren Individualität wie mit einem Zauberstabe zu befreien und deren Schöpfertum zu entbinden vermag. Hier liegt der innerste Kern von Tiecks oft gewürdigter «dialogischer Natur», auch seines ingeniösen Mittlertums zwischen Epochen und Völkern, deren Eigenarten er mit der Sensibilität eines Menschen erspürt, dem die Kunst der Verwandlung und Anverwandlung innerstes Lebensgesetz ist. Auch das Vermögen, auf die schnell wechselnden Stichworte des Zeitalters mit immer neuen Häutungen zu reagieren, hat im Reichtum dieser Verwandlungsmöglichkeiten seine Wurzel.

Der erste Freund, auf dessen Sinnesart sich Tieck mit genialer Einfühlungskraft einzustellen vermag, ist der gleichaltrige Kriegsratssohn Wilhelm Heinrich Wackenroder, mit dem er zu Füßen des berühmten Karl Philipp Moritz sitzt und mit dem er auf der Bühne im Hause des Kapellmeisters Reichardt erste schauspielerische Gehversuche unternimmt. Am Friedrich-Gymnasium auf dem Werder gerät er unter den Einfluß zweier Lehrer, die sich der gewandten Feder des Schülers bei der Niederschrift von Trivialromanen bedienen. Tieck liefert Beiträge zu der Räuberscharteke «Mathias Klostermayer, genannt der bayrische Hiesel» und zu dem Ritterroman «Die eiserne Maske», für den er das Schlußkapitel verfaßt: ohne das grelle Gruselarsenal seines Lehrers Rambach zu bemühen, läßt er den Helden an seinem eigenen Gewissen scheitern. Dem Schriftsteller werden später seine poetischen Anfänge in den Schreckenskammern platter Schauerliteratur gründlich verdacht. Gleichwohl wird er dieser wenig zimperlichen, aber das Handwerk des Erzählers durchaus beherrschenden und am Buchmarkt orientierten Lehre immer eine gewisse Dankbarkeit erhalten.

Das Studium der Theologie, das dem Handwerkersohn einzig offensteht, tritt er von vornherein ohne ernstere Absichten an. Schon in Halle sitzt er öfter im Kolleg des Altphilologen Wolf als in den Hörsälen des Gottesgelehrten. Ausschlaggebend für sein ferneres Dasein, aber auch für die deutsche Literatur des nächsten Dezenniums werden dann die mit Wackenroder in Erlangen verbrachten Sommermonate des Jahres 1793. Zu Fuß ziehen die beiden Freunde durch das fränkische Land und entdecken zwischen Regnitz und Rotem Main die Zeugen einer großen, aber seit langem vergessenen nationalen Geschichte. Während sie auf den Landstraßen Frankens verelendete Bauern, verarmte Handwerker und obdachlose Bettler treffen, treten in Nürnberg die Kunst der Dürerzeit, in Bamberg das «deutsche Rom» Kaiser Heinrichs II. und die Gotik des Veit Stoss, im Schloß zu Pommersfelden das beschwingte deutsche Barock der Fürstbischöfe von Schönborn ins Bewußtsein der beiden jungen Wanderer. Die produktive Anverwandlung der Geschichte und ihre poetische Konfrontation mit der Misere der Gegenwart werden für die ganze Romantik bestimmend bleiben. Mit der Entdeckung der staufischen Kultur, der mittelhochdeutschen Klassik und des Erbes der Lutherzeit verbindet sich noch das Erlebnis der Landschaft, die die Bewegungen der menschlichen Seele in sich aufzunehmen und mit ihnen zu korrespondieren vermag. Als Tieck in der Mondnacht eines fränkischen Dorfes die «schwebenden Töne eines Waldhorns» zu sich herüberschwingen hört, bemächtigt sich seiner ein beglückendes Lebensgefühl, das ihn weit über alle Verengungen der Gegenwart hinwegzutragen imstande ist. Aus dem Dreiklang von Landschaft, Kunst und Geschichte beginnt sich der Geist der deutschen Romantik zu entfalten – ausgelöst und gesteigert durch die Herausforderungen der eigenen historischen Umbruchsituation, in der sich die beiden Jünglinge zu den Werken der nationalen Traditionen und den Zielen der Französischen Revolution gleichermaßen bekennen.

Der Ruf der ihn zugleich bestätigenden und umgestaltenden fränkischen Monate ist so stark, daß Tieck beschließt, das ohnehin nur widerwillig angetretene Brotstudium abzubrechen und die Literatur zum Lebensberuf zu machen. Während er sich in Göttingen intensiv mit Shakespeare-Studien beschäftigt und der Freund Wackenroder die in Franken erfahrene Kunstfrömmigkeit als Gegenwelt zu den verheerenden Folgen des einsetzenden Manufakturkapitalismus in seinen «Herzensergießungen eines kunstliebenden Klosterbruders» zu gestalten beginnt, werden erste Verbindungen zu Verlegern und Redakteuren geknüpft. Kurzerhand kehrt der Einundzwanzigjährige nach Berlin zurück. Der erste Auftritt des Autors Ludwig Tieck auf der Bühne der deutschen Literatur beginnt.

Erster Auftritt

Die Stichworte, auf die hin Tieck zum ersten Male vor das Lesepublikum tritt, werden ihm von den letzten Exponenten der ausgehenden Berliner Aufklärung zugerufen. Noch lebt von dem alten, im Kampf gegen Dunkelmännertum, Orthodoxie und klerikale Bevormundung erprobten Triumvirat der Geister, dem einst auch Lessing und Moses Mendelssohn angehörten, der Verlagsbuchhändler und Schriftsteller Friedrich Nicolai, der freilich längst zum Literaturpatriarchen vergreist ist und den ehemaligen rationalistischen Impetus der Aufklärung zu platter Vernünftelei verkommen läßt. In seinem Verlag erscheint seit Jahren ein Sammelwerk unter dem Titel «Straußfedern», das französische Novellen und Unterhaltungsromane dem anspruchslosen deutschen Bürger leicht bekömmlich und erbaulich darreichen soll. Jetzt sucht Nicolai einen jungen Autor, der die ins Stocken geratene Buchserie weiterführt – und bietet Tieck die Chance, die dieser sucht, um zum ersten Male in die zeitgenössische Literatur eingreifen zu können.

Für den angehenden Literaten, der seit seinen fränkischen Wanderungen einem romantisch gestimmten Kunstverständnis gültigen Ausdruck zu geben sucht, ist das Arrangement mit Nicolai, dem Veteranen der Aufklärung, kein Opportunismus, den ihm spätere Biographen unterstellen.

War es der Aufklärung um die Emanzipation aller Menschen gegangen, so ist auch für den jungen Tieck die Entscheidung für den Beruf des Schriftstellers ein Akt der Emanzipation: Durch ihn hofft er der kleinbürgerlichen Enge des Elternhauses, dem ihm bevorstehenden Status eines königlich-preußischen Pfarramtskandidaten und überhaupt allen traditionellen Ordnungen für immer zu entkommen. Wenn er in der Literatur das ihm gemäße Medium findet, das es ihm erlaubt, die Befreiung der Menschen aus Unmündigkeit und Rückständigkeit zu befördern, so bedeutet für ihn selbst die Wahl des freien schriftstellerischen Berufes bereits die Emanzipation von allen Fesseln, denen er sich durch Herkommen und soziale Rangordnung ausgesetzt sieht.

Aber wo Nicolai längst starr, rechthaberisch und senil geworden ist und das spätfriderizianische Preußen für die beste aller denkbaren Welten hält, setzt sein literarischer Schützling bald Fragezeichen. Dabei benutzt er unbekümmert Formen der gängigen Trivialliteratur: nicht nur, weil sie den Leserkreis der «Straußfedern» am ehesten zu erreichen vermögen, sondern da zu diesem Zeitpunkt eine Trennung der von der Aufklärung verlangten Popularität und einer vom Buchmarkt geforderten massenwirksamen Unterhaltungsliteratur schon kaum mehr möglich ist. Aber hinter der von Tieck bewußt fadenscheinig gehaltenen Fassade des Erbaulichen und Bürgerlich-Honetten beginnen sich Satire, Provokation und der Einbruch des Unverhofften in eine Welt scheinbar festgefügter Ordnungen zu regen. Liest sich eine Geschichte wie «Fermer der Geniale» noch wie eine Parodie auf die Schablonen einer bereits kommerzialisierten banalen Belletristik, so verhöhnen Erzählungen wie «Die beiden merkwürdigsten Tage aus Siegmunds Leben», die erste Großstadtschilderung in der deutschen Literatur, das ans Absurde grenzende Diarium «Ein Tagebuch» und vollends die «Merkwürdige Lebensgeschichte Sr. Majestät Abraham Tonelli» mutwillig und offen bürgerliche Lebensformen und Vorstellungen, die Tieck in ihrer philiströsen Widersinnigkeit teils travestiert, teils monströs übersteigert. Werden die novellistischen Eskapaden der «Straußfedern» zunehmend von Persiflage und bizarrem Sarkasmus bestimmt, so ist Tiecks erster Roman, «Die Geschichte des Herrn William Lovell», vom Bewußtsein der Krise in einer perspektivlos gewordenen Zeit beherrscht, der auch von einer platt und selbstgerecht gewordenen Aufklärung nicht mehr aufgeholfen werden kann.

Es ist kein Wunder, daß sich der junge Autor bald das Mißtrauen und schließlich den offenen Tadel seines literarischen Patrons zuzieht, der es überdrüssig wird, den Verlästerungen seiner Intentionen im eigenen Verlag eine Heimstatt zu bieten. Zum Bruch kommt es, als Tieck den Sohn seines Brotherrn wegen einer entstellenden Ausgabe seiner Werke beim Berliner Stadtgericht verklagt und diesen Prozeß gewinnt. Kaum ein Ereignis vermag das Selbstbewußtsein einer neuen Generation so sinnfällig zu machen wie dieser Triumph eines erst fünfundzwanzigjährigen Schriftstellers über seinen etablierten Verleger, dessen Profitmacherei hier zum ersten Male in die Schranken gewiesen wird! Tiecks gesellschaftlicher und literarischer Geltung tut der lautstarke Schritt kaum Abbruch. Während er prozessiert und über den Ausgang der Affäre noch im Ungewissen ist, debattiert er in den Salons der Henriette Herz, der Rahel Levin und der Dorothea Veit über die Gleichberechtigung der Juden, verhandelt mit Nicolais verlegerischen Konkurrenten, legt sich streitbar mit seinen Kritikern an, schließt Freundschaft mit den beiden jungen Privatgelehrten August Wilhelm und Friedrich Schlegel, heiratet die Hamburger Pastorentochter Amalie Alberti und läßt sich im Schauspielhaus von den seit frühen Tagen bewunderten Mimen Ferdinand Fleck verzaubern, durch den er sich immer wieder auf das eigene innerste Lebensgesetz verwiesen sieht: den Trieb zur Verwandlung.

Tiecks geistige Metamorphosen, die sein Dasein prägen, erinnern in ihrer Vehemenz zuweilen an die zeitgenössischen Verwandlungskünstler, die, fast vor den Augen des Publikums, schnell in ein anderes Habit schlüpfen und sich durch veränderte Stimme und Mimik mit stupender Geschwindigkeit in ein anderes Individuum zu verwandeln vermögen. Die Häutungen des Dichters Tieck präsentieren sich mehrfach nicht nur als eine Aufeinanderfolge von Entwicklungsphasen, sondern als nahezu simultan in Erscheinung tretende Ausdrucksformen ein und derselben Existenz. Während er mit der einen Hand noch den Leuchter der Berliner Rationalisten, wenn auch unter fortwährendem Grimassenschneiden, emporhält, stellt er mit der anderen schon die Laterna magica der Romantiker auf. Während er auf das eine Stichwort, das ihm vom Literaturmarkt her zugerufen wird, als der Schutzbefohlene Nicolais die Bühne betritt, verwandelt er sich auf das andere hin zum Mitbegründer der Romantik, als deren geheimen König ihn die Brüder Schlegel bald expressis verbis feiern. Binnen kurzem wird Tieck als ein künstlerisches und moralisches Chamäleon öffentlich angeschwärzt.

An Gegnern, die ihn der leichtfertigen Gesinnungslosigkeit bezichtigen, fehlt es nicht, wiewohl doch der Wechsel aus dem Lager der Nicolaiiten zur geschmähten Gilde der romantischen Neutöner kaum als Schritt eines Konjunkturritters gedeutet werden kann. Aber Tieck ist selbst unbedenklich genug, den Klüngel der Rezensenten zum Heerlager seiner Feinde zu machen: In dem närrischen Märchenspiel «Der gestiefelte Kater» überantwortet er die Ratlosigkeit einiger der geachtetsten Kritiker angesichts des Wunderbaren, das sich auf der Bühne vollzieht, dem Gespött des Publikums. In der «Denkwürdigen Geschichtschronik der Schildbürger» mokiert er sich über die Philister, die das scheinbar Vernünftige und Zweckmäßige tun, gerade darüber aber dem Nonsens verfallen und so ihr Treiben selbst ad absurdum führen. Mit der beunruhigenden Märchenparabel vom «Blonden Eckbert» gibt Tieck die schockierende Allegorie der Entfremdung des Menschen von der Natur, deren «Waldeinsamkeit» er gestört hat. Ein Jahr später erscheinen die ersten beiden Bände des unvollendet bleibenden Romans «Franz Sternbalds Wanderungen», der durch die Verklärung Alt-Nürnbergs und seiner Meister, aber auch durch die Schilderung der Romfahrt des Helden zum Bekenntnisbuch der romantischen Maler wird. Fast gleichzeitig gibt der Betriebsame die «Herzensergießungen eines kunstliebenden Klosterbruders» des Freundes Wackenroder heraus, der 1798 als erst Fünfundzwanzigjähriger stirbt. Dieser Skizzensammlung, die für die Genesis der romantischen Malerei von ähnlichem Gewicht wie der «Sternbald» ist, läßt Tieck dann noch Wackenroders «Phantasien über die Kunst» folgen. Beide Bände vermehrt er durch eigene Texte, die den Sprachgestus des Dahingeschiedenen so einfühlsam treffen, daß sie von dessen Beiträgen kaum zu unterscheiden sind: Dokumente einer «dialogischen Natur», die hier zum ersten Male produktiv wird.

Das reiche, fast hektische Schaffen des «Königs der Romantik» gipfelt in dem Dreivierteljahr, das er vom Herbst 1799 bis zum Sommer des Jahres 1800 in Jena verbringt. Gemeinsam mit seiner Frau und dem Töchterchen Dorothea siedelt er in die thüringische Universitätsstadt über, die durch die Niederlassung der Brüder Schlegel und ihrer Frauen, durch den jungen Schelling, den Physiker Johann Wilhelm Ritter, den dänischen Naturforscher Henrik Steffens und den Weißenfelser Salinenassessor Friedrich von Hardenberg zum Zentrum der frühromantischen Bewegung geworden ist. Tieck gibt sich der ebenso anspruchsvollen wie auch heiteren Geselligkeit des Kreises hin und sieht in dieser ganz neuen Kommunität das Modell für ein fruchtbares gesellschaftliches Zusammenleben. Im Haus der Schlegels am Löbdergraben liest er, erstmals seine virtuose Deklamationskunst demonstrierend, Komödien von Holberg vor, schmiedet zusammen mit August Wilhelm Schlegel maliziöse Sonette auf literarische Gegner, streitet sich mit dem Philosophen Fichte über Kindererziehung, unterhält die Familie des Buchhändlers Frommann mit parodistischen Kopien bekannter Berliner Schauspieler und ist, wie Dorothea Veit berichtet, der «Liebling aller Leute». Im Jenaer Schloß trägt er Goethe sein Drama «Leben und Tod der heiligen Genoveva» vor und fasziniert den Olympier ebenso durch seine erstaunliche Rezitation als auch durch den pittoresken Zauber seines Trauerspiels, das die Simplizität des alten Volksbuches mit dem Raffinement romantischer Verskunst und Psychologie zu einem höchst schillernden Gebilde vereinigt. «Tieck las mir seine ‹Genoveva› vor, deren wahrhaft poetische Behandlung mir sehr viel Freude machte und den freundlichsten Beifall abgewann», trägt Goethe in seine «Tag- und Jahreshefte» anerkennend ein. Daneben arbeitet er an den essayistischen «Briefen über Shakespeare» und an seiner «Don Quijote»-Übersetzung, an der Thomas Mann noch über hundert Jahre später das «heiter und reich gebildete Deutsch der klassisch-romantischen Zeit, unsere Sprache auf ihrer glücklichsten Stufe» rühmen wird.

Aber der euphorische Rausch des Zirkels von Jena endet jäh. Schon das Treffen der Romantikerfreunde Mitte November 1799 läßt erste Risse in der Phalanx des kleinen Kreises offenkundig werden. Unmittelbar darauf trifft die Nachricht vom Staatsstreich Napoleon Bonapartes ein, der sich, unterstützt von der Bourgeoisie, zum Diktator Frankreichs gemacht hat: die Losungen von 1789 dürfen nicht mehr darauf rechnen, vom Bürgertum realpolitisch eingelöst zu werden. Die Hoffnungen auf die Emanzipation aller Menschen weichen einer allgemeinen Desillusionierung, die auch die romantischen Gesinnungsgenossen von Jena in eine tiefe Krise stürzt. Zu den Hiobsbotschaften von außen gesellen sich die Verwirrungen von innen. Die Zerrüttung der Ehe August Wilhelm Schlegels durch das Verhältnis seiner Frau mit Schelling findet in den zynischen Anspielungen Friedrich Schlegels und in den rachsüchtigen Infamien Dorothea Veits schadenfrohere Kommentare als im meschanten Getuschel der offenen Gegner. Sieht Tieck schon unter diesen Zwistigkeiten die so hochgemut proklamierte «progressive Universalpoesie» der Schlegels für immer in Asche sinken, so tragen ihm ein Sturz vom Pferde und die bald darauf einsetzende erste Attacke der Gicht eine so katastrophale Verschlechterung seiner Gesundheit ein, daß er von nun an ein ständig kränkelnder Mann bleiben wird. In dem halben Jahrhundert, das noch vor ihm liegt, muß er Werk und Wirken einem gichtgekrümmten Körper und nie mehr ganz zu bannenden Schmerzen abringen.

Als Ludwig Tieck im Juli des Jahres 1800 Jena verläßt, weiß er noch nicht, daß der erste große Abschnitt seines literarischen Œuvres bereits nahezu abgeschlossen ist. Vor dem erst Siebenundzwanzigjährigen, der nicht ohne Ernüchterung von den romantischen Gefährten scheidet, liegen lange und bittere Jahre der Krise, des Suchens, der Lähmung seiner Schöpferkraft, ja des drohenden Abstiegs und Verstummens. Am Ende von Tiecks zweitem Auftritt auf der Bühne der Literatur steht nicht die strahlende Apotheose des «Königs der Romantik», sondern weit eher seine Abdankung: bevor noch der Vorhang sich senkt, schlägt sich ein müder, fast ausgebrannter Mann seitwärts in die Kulisse!

Dritter Auftritt

Tiecks nächste große Szene vor der literarischen Öffentlichkeit steht ganz im Zeichen der Krise, die mit dem Abgang von Jena bereits begonnen hat. Schon die nur schleppend vorangebrachte Arbeit an dem Lustspiel «Kaiser Octavianus» signalisiert die Hemmnisse, die sich dem Versuch entgegenstellen, auf dem bisherigen Wege fortzuschreiten. Zwar findet der Dichter erst in diesem Stück die Quellformel für die romantische Poesie: «Mondbeglänzte Zaubernacht, / Die den Sinn gefangenhält, / Wundervolle Märchenwelt, / Steig auf in der alten Pracht.» Aber das immer unzweideutigere Stocken seiner Produktivität zeigt an, daß er diesen Kreis für immer ausgeschritten hat.

Das bedrängende Gefühl der Unsicherheit korrespondiert mit einer auffallenden Obdachlosigkeit, die ihn von Ort zu Ort treibt. Nach einigen in Hamburg verbrachten Monaten wendet er sich nach Berlin und von dort nach Dresden. Im Herbst 1802 übersiedelt er zusammen mit Frau und Tochter, eingeladen von dem Jugendfreund Wilhelm von Burgsdorff, auf das Landgut Ziebingen in der Neumark, das wenig später von dem Grafen Finckenstein erworben wird. Dort knüpft er vertrauliche Bande zu Henriette, der Tochter des Grafen. Die unstandesgemäße Neigung der jungen Komteß zu dem fast schon deklassierten und überdies verheirateten Bohemien wird bald zum ergiebigen Stoff zeitgenössischer Brief- und Memoirenschreiber, manifestiert sich doch in ihr der für viele Romantiker charakteristische Versuch, sich über bürgerliche Lebensformen und -normen hinwegzusetzen. Für Tieck ist die lebenslange, wenn auch bürgerlich nie legitimierte Beziehung zu Henriette nicht nur die menschliche Erfüllung seines Daseins, sondern auch die Wurzel seiner dichterischen Neugeburt, die allerdings erst viele Jahre später sichtbar wird.

Vorläufig aber beherrscht ihn jene eigentümliche romantische Ruhelosigkeit, die ihn häufig für längere Zeit aus seinem Ziebinger Asyl in die Ferne drängt. Er reist durch Süddeutschland und tritt im Sommer 1805 eine Fahrt nach Rom an, wo er von der päpstlichen Kirche am Ort ihrer höchsten Entfaltung derartig enttäuscht wird, daß er von nun an der Anfälligkeit mancher seiner romantischen Freunde für die Faszinationen des katholischen Kultus entschieden entge-

Ludwig Tieck

Ansicht der Stadt Halle

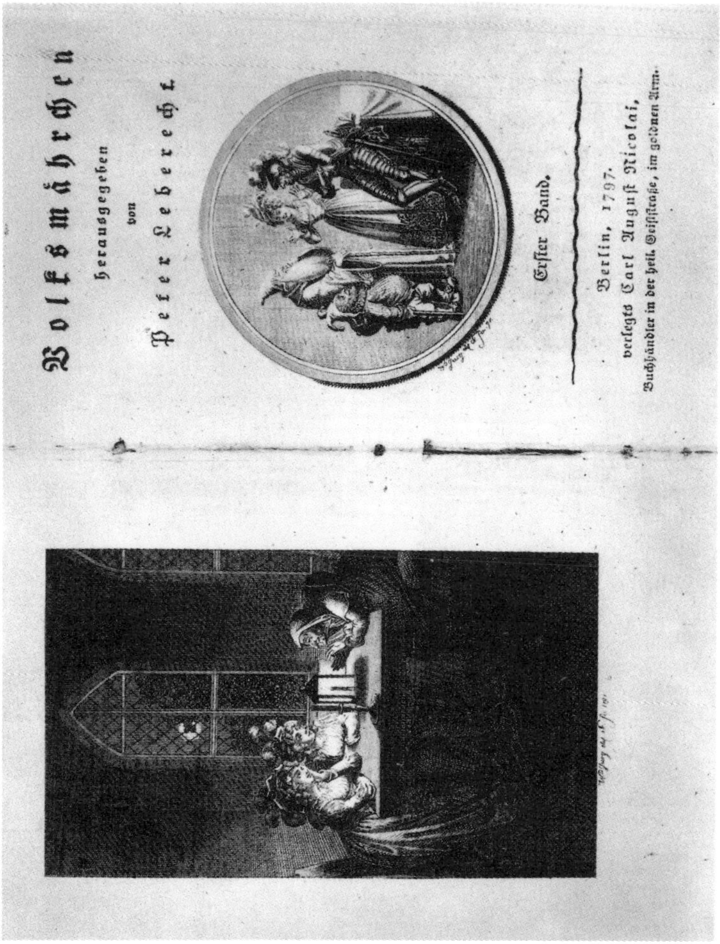

Volksmährchen
herausgegeben
von
Peter Leberecht.

Erster Band.

Berlin, 1797.
verlegts Carl August Nicolai,
Buchhändler in der heil. Geiststraße, im goldnen Arm.

Frontispiz und Titelblatt
der unter dem Pseudonym «Peter Leberecht» erschienenen Erstausgabe
der «Volksmärchen» von Ludwig Tieck, 1797

Ansicht von Jena, um 1820

Abendgesellschaft in einem Berliner Bürgerhaus, 1825

Friedrich Schlegel im Jahr 1811

Friedrich Schlegel im Jahr 1798

August Wilhelm Schlegel im Jahr 1793

gentritt. Denn inmitten des allgemeinen Zeitensturzes und angesichts der Verunsicherungen, die durch die anhaltenden Kriege und die noch undurchschaubaren gesellschaftlichen Veränderungen hervorgerufen werden, scheint der römische Glaube manchen Angehörigen der romantischen Generation ein letztes weltanschauliches Obdach zu bieten. Nach über einjähriger Abwesenheit kehrt der Heimatlose nach Ziebingen zurück, wo ihm seine Frau das eben erst geborene Töchterchen Agnes präsentiert, dessen Vater Tiecks Jugendfreund Burgsdorff ist!

Während das alte Preußen unter den Schlägen der napoleonischen Armeen zusammenbricht, schweift der Dichter wieder über die Landstraßen. Im Sommer 1808 verbringt er in Dresden eine unverlierbare Woche mit Heinrich von Kleist, dessen nachgelassene Schriften er dreizehn Jahre später herausgeben wird. Im Herbst trifft Tieck zusammen mit seiner Schwester Sophie in München ein, wo er, obgleich überall hoffnungslos in der Kreide stehend, ein luxuriöses Hotelleben führt, bei Austern, Spargel und Kaviar das Elend seiner nahezu erloschenen Schöpferkraft zu vergessen sucht, im Hause des königlich bayerischen Philosophieprofessors Schelling dessen Gäste mit dem Vorlesen von Calderón- und Shakespeare-Stücken zu Begeisterungsstürmen hinreißt, dafür aber den Landshuter Juradozenten Savigny ungeniert anpumpt und schließlich durch eine neuerliche Attacke der Gicht monatelang ans Bett gefesselt bleibt. Während ihn die kapriziöse Bettina Brentano pflegt, halten die Zeitgenossen sein literarisches Werk längst für abgeschlossen: der Dichter Tieck scheint für immer zu schweigen.

Er selbst ist sich der Krise, die seine Produktivität lähmt, nur allzu bewußt. Da beginnt er ein Feld zu entdecken, das seiner dialogischen Natur im höchsten Maße entgegenkommt. Tieck, dessen Einfühlungsvermögen in andere Menschen, Völker und Zeiten mit dem ihm eigenen Lebensgesetz der Verwandlung und Anverwandlung zusam-

Philipp Otto Runge:
Vignette zu Ludwig Tiecks «Minneliedern aus dem schwäbischen Zeitalter»,
1803

menhängt, spürt die Mittlerrolle auf, die er wie kaum ein anderer zwischen den europäischen Nationen und weit voneinander abliegenden Epochen zu spielen vermag. Schon die erste Beschäftigung mit Shakespeare und die «Don Quijote»-Übersetzung waren Marksteine auf einem Wege, den Tieck nun mit geradezu missionarischer Entschiedenheit beschreitet und auf dem er einige seiner bleibenden Leistungen vollbringt. Die bereits 1803 erschienenen «Minnelieder aus dem schwäbischen Zeitalter bewirken den allgemeinen Durchbruch zur Erforschung der alt- und mittelhochdeutschen Literatur. Die Herausgabe der Schriften des Novalis und des verkannt in Rom lebenden Malers Müller, der Dichtungen des Minnesängers Ulrich von Lichtenstein, altenglischer und altdeutscher Theaterstücke sind Zeugnisse für Tiecks lebendiges Mittlertum, das fast folgenreicher in die Zukunft wirkt als sein eigenes poetisches Schaffen.

Aber auch da beginnt sich, zunächst noch fast im Verborgenen, eine Wende vorzubereiten. 1811, drei Jahre nach dem Tiefpunkt des Münchner Lotterlebens, entstehen die Märchen «Der Pokal», «Liebeszauber» und «Die Elfen», die gleichsam den Abschied von einer ausschließlich romantisch intendierten Erzählkunst ankündigen. Im «Phantasus», einer Sammlung von Dichtungen seiner ersten Schaffenshälfte, zieht Tieck dann das Fazit seiner bisherigen literarischen Laufbahn: der Weg zu einem neuen Anfang steht offen. Indessen wird er auch im Ausland als einer der Repräsentanten der deutschen Poesie lebhaft gefeiert. Eine Reise nach England, die er ausschließlich Shakespeares wegen dorthin antritt, gibt ihm die Gewißheit seines mittlerweile europäischen Ruhmes ebenso wie ein anschließender Aufenthalt in Paris.

Als bald darauf sein alter Gönner, der Graf von Finckenstein, stirbt, ist seines Bleibens im abgeschiedenen Ziebingen nicht länger. Die Jahre provinziellen Exils und rastloser Weltfahrten sind vorüber. Tieck sucht eine Metropole, fast schon eine eigene Residenz, von der aus er als Schriftsteller und literarischer Präzeptor großen Stils auf seine Zeitgenossen wirken kann. Als er im Juli 1819 gemeinsam mit der Familie und mit Henriette, die an seiner Seite bleibt, aufbricht, um sich in Dresden niederzulassen, ahnt die Öffentlichkeit noch nicht, daß der Sechsundvierzigjährige dabei ist, seinen glanzvollsten Auftritt auf der deutschen Literaturszene anzutreten.

Als der Vorhang sich erneut über den Brettern hebt, die für Tieck die Welt bedeuten, steht auf ihnen nicht mehr das Kapriolen schlagende Enfant terrible der Berliner Salons von ehedem und nicht mehr der romantische Zauberer, der das Kreuz in die Lüfte hält und auf dem gestiefelten Kater reitet, auch nicht der leicht derangierte Bohemien Wiener und Münchner Luxuspensionen: Der beinahe Fünfzigjährige sitzt mit monarchischer Würde inmitten von Festbeleuchtung auf einem imposanten Stuhl, beinahe einem Thron. Der gichtgeplagte Körper zwingt ihn zu Zurückhaltung und stoischer Gravität, während das von zwei jung gebliebenen Augen belebte, leicht aufgeschwommene Antlitz immer mehr an die Physiognomie Napoleons erinnert.

Tieck hält in seinem Domizil am Dresdner Altmarkt, Kreuzgasse 521, ein großes Haus, das ohne die ständigen Zuschüsse aus der Schatulle der Gräfin Henriette so aufwendig gar nicht zu betreiben wäre. Bald nennen die zeitgenössischen Dresden-Führer seine berühmten Leseabende im Kapitel der Sehenswürdigkeiten. Seine phänomenale Vergegenwärtigungskunst der großen Spanier, des geliebten Holberg und namentlich Shakespeares sind künstlerische Attraktionen, die selbst illustre Schauspieler zu einhelliger Bewunderung hinreißen. «Das beste Theater in Deutschland ist jetzt in Ihrem Zimmer, an Ihrem runden Tische, bei 2 Lichtern, das dritte ist noch zuviel», schreibt ihm der gefeierte Pius Alexander Wolff. Durchreisende Fremde schicken Hoteldiener in die Kreuzgasse, um Tag und Stunde der nächsten Vorlesung zu erfahren. Aus Rußland kommen der Dekabristendichter Wilhelm Küchelbecker und der Fürst Shukowski, aus England der Schriftsteller Henry Crabb Robinson und der Historiker Thomas Carlyle, aus Frankreich der Tieck-Übersetzer Ampère und der Romancier Prosper-Claude de Barante, aus Dänemark der Bildhauer Bertel Thorvaldsen und der Märchenerzähler

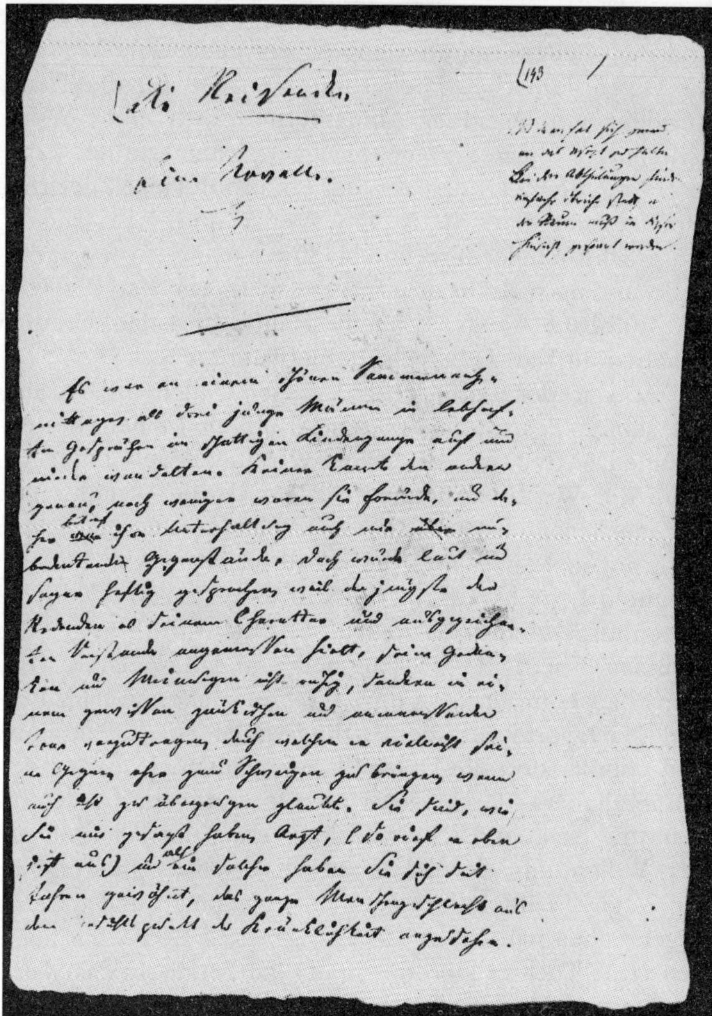
Die Reisenden.
eine Novelle.

Beginn der Novelle «Die Reisenden» von Ludwig Tieck
in der Handschrift des Dichters, 1822

Andersen, aus dem fernen Amerika gar Washington Irving und der «Lederstrumpf»-Cooper. Vor allem aber kommen die vielen deutschen Poeten und Künstler, für die Tiecks Residenz am Dresdner Altmarkt nur noch mit Goethes Haus am Weimarer Frauenplan verglichen werden kann: Jean Paul, Franz Grillparzer, der Philosoph Hegel, der Hofkapellmeister Carl Maria von Weber und viele andere. Junge Schriftsteller sprechen bei ihm ein, die er oft erst entdeckt und nach Kräften zu fördern sucht, wie Karl von Holtei, Willibald Alexis, Wilhelm Hauff, Christian Dietrich Grabbe und Karl Leberecht Immermann.

Tiecks rastloses Mittlertum, das er täglich im Umgang mit seinen Besuchern praktiziert, gipfelt in den weitreichenden Aktivitäten, die für die Wirkung bedeutender Autoren der Weltliteratur mehr leisten als die Bemühungen der meisten anderen Kritiker: er gibt die hinterlassenen Dichtungen Kleists und die Schriften von Jakob Michael Reinhold Lenz heraus, macht Schnabels Roman «Die Insel Felsenburg» wieder zugänglich, setzt die Aufführungen des «Prinzen Friedrich von Homburg» und des ersten Teils vom «Faust» in Dresden durch, schreibt unermüdlich Vor- und Nachworte für die Erstlingswerke von Debütanten und popularisiert die Dramatik von Hans Sachs bis zu den Elisabethanern. Tieck krönt seine Intentionen, die der Erkenntnis fremder Dichter, Zeiten und Zonen gelten, mit der Vollendung der säkularen Shakespeare-Übertragung, die August Wilhelm Schlegel einst begonnen und unfertig abgebrochen hat. Unter Tiecks ingeniöser Redaktion beenden seine Tochter Dorothea und Graf Baudissin das Werk, das trotz aller Mängel und Abhängigkeiten vom Zeitgeist neben der Luther-Bibel eine der bedeutendsten Taten deutschsprachiger Übersetzungskunst bleiben wird.

Daneben wächst sein eigenes literarisches Schaffen, das nun ganz im Zeichen der Prosa steht. Unter dem Eindruck des Verfalls der Romantik in den Jahren der Restauration beginnt der «König der Romantik» von früheren Gewißheiten abzurücken oder sie doch zu relativieren. Tieck entdeckt in biedermeierlichen Bürgerhäusern und auf steril-anachronistischen Adelssitzen einen Lebensstil, dem nur noch die Prosa der realistischen Novelle angemessen ist. Er begründet seine weit in die Zukunft wirkende Novellentheorie und leuchtet in Erzählungen wie «Die Gesellschaft auf dem Lande» oder «Der Alte vom Berge» die dünne Höhenluft aus, in der die soziale Oberschicht, künstlich befriedet von der Polizei Metternichs, ein von Illusionen und Schimären schattenhaft durchgeistertes Dasein verbringt. In den historischen Novellen «Der Aufruhr in den Cevennen» und «Der Hexensabbath» sucht sich Tieck den Fragen zu stellen, die unter den Verhältnissen von Reaktion und Vormärz aktuell geworden sind. In dem Shakespeare gewidmeten Novellenzyklus «Dichterleben» und in der episch ausschwingenden Camões-Erzählung «Tod des Dichters» sinnt er dem Verhältnis des Poeten zu seiner Nation nach. In der bizarren Märchen-Clownerie «Die Vogelscheuche» wendet er noch einmal die Mittel von Groteske und Travestie aus den Tagen der Romantik an, um die vernagelte Welt der Dresdner Pfahlbürger und banausischen Wasserskribenten in ihrer Nichtswürdigkeit, Trivialität und unfreiwilligen Komik zu entlarven.

Als Goethe 1832 stirbt, gilt Tieck als der letzte noch lebende Repräsentant der Kunstperiode, die sich unter dem Wetterleuchten des Vormärz rapide ihrem Ende zuneigt. Ludolf Wienbarg, einer der Sprecher des sich laut zu Wort meldenden «Jungen Deutschland», nennt ihn «einen der letzten Gäste auf dem Maskenball der Poesie». Tieck wird, des Protestes einiger jüngerer Kritiker unerachtet, auf den durch Goethes Tod frei gewordenen Thron erhoben, von dem aus er die deutsche Literaturlandschaft milde und nicht ohne Selbstironie, aber mit der Grandezza des geborenen Komödianten regiert, der auch diese Rolle zu spielen vermag. Als der französische Bildhauer David d'Angers eine monumentale Büste von ihm modelliert, hält der Maler Vogel von Vogelstein die fast symbolische Szene auf einem Bilde fest, das den Dichter in der ihm jetzt gemäßen Haltung thronend zeigt.

Aber schon beginnen am Rande der Szenerie erste Widersacher aufzutauchen, für die Tieck das letzte lebende Monument eines Kunstverständnisses ist, das im Zeichen der einsetzenden industriellen Revolution fragwürdig wird. Es kommt zu Mißverständnissen auf beiden Seiten: die Jungdeutschen attackieren den Dresdner Literatur-Potentaten als den Exponenten einer Zeit, der sie den Kampf angesagt haben; Jupiter Tieck schleudert seine Blitze gegen sie, da er alle geistigen Werte, die ihm die Mitte seines Daseins bedeuten, durch die streitbaren Jünglinge in Zweifel gezogen sieht.

Zu den keineswegs nur literarischen Scharmützeln, die eine weitreichende Generationsablösung markieren und für den Alternden oft nur noch Rückzugsgefechte sind, kommen die zermürbenden Heimsuchungen der Gicht und die wachsende Einsamkeit der späten Jahre. Nach Amalie, der frömmelnden und poesiefernen Ehefrau, gehen die Tochter Dorothea und der Freund Immermann dahin. Nur die fast erblindete Henriette ist noch bei ihm und möchte ihn abschirmen gegen die Herausforderungen einer Zeit, die ihn mit Eisenbahnen, Dampfschiffen und Telegraphen verstört. Tieck fühlt den Königsmantel seinen Schultern entgleiten und sucht ihn nicht zu halten; Abdankung ist er gewöhnt. Neben Arbeiten, die von beginnender Ermattung gezeichnet sind, entstehen aber noch zwei Meisterwerke, die des Dichters Erzählkunst krönen: das heitere Capriccio «Des Lebens Überfluß», in dem der alte Tieck zum letztenmal den Bedingtheiten menschlichen Glücks inmitten einer von außen stets gefährdeten Idylle nachsinnt, und der historische Roman «Vittoria Accorombona», der vor dem Hintergrunde der versinkenden, ganz unromantisch gesehenen italienischen Renaissance das sehr zeitgemäße Thema der Frauenemanzipation aufgreift.

Tieck scheint mit diesem Roman, der 1840 herauskommt, auf dem Gipfel seiner Schaffenskraft zu stehen. Glanz umfließt ihn noch einmal, als er dem Ruf König Friedrich Wilhelms IV. nach Berlin zu folgen beschließt und der Vorhang nach dreiundzwanzig Dresdner Jahren fällt, die für ihn reich an Erfüllung und Ruhm gewesen sind. Aber es ist der Glanz der untergehenden Sonne, in dem er von Dresden Abschied nimmt – fast schon das Finale …

Epilog und Schluß-Tableau

Was folgt, ist keine Galavorstellung mehr, nicht einmal ein einigermaßen solider Auftritt des alten Mimen, sondern nur noch ein langer und matter Epilog. Die Gardine vor Tiecks bisher so faszinierendem Einmanntheater wird nur noch halb geöffnet: durch den schmalen Spalt, den der wenig aufgezogene Vorhang freigibt, sehen wir den greisen Dichter in seiner Wohnung in der Berliner Friedrichstraße über seine Bücher gebeugt sitzen, an warmen Sommernachmittagen jedoch auf der Terrasse von Sanssouci, wo ihm der König einen beschaulichen Landsitz zugewiesen hat. Selbst an warmen Tagen ist er, der immer Frierende, in dicke Tücher eingehüllt. Fröstelnd nimmt er Abschied von einem Dasein, das sich in seinem letzten Dezennium selbst mehr und mehr historisch wird. Noch einmal scheint sich die ironische Sentenz gegen ihren Schöpfer zu kehren: «Er sieht wenig wie ein Dichter aus.»

Auf der Reise von Dresden nach Berlin trifft ihn ein Schlaganfall, der sein Sprechvermögen für Monate behindert. Nach langem Krankenlager glaubt er die alte Vitalität zurückzuerlangen und inszeniert auf der Bühne im Neuen Palais zu Potsdam Dramen des Sophokles und des Euripides, vor allem Shakespeares «Sommernachtstraum» mit der Musik Mendelssohns in einem streng stilisierten Bühnenbild. Doch bereits an der Aufführung seines «Gestiefelten

Katers» beteiligt er sich nicht mehr. Tieck ist müde und beobachtet die Betriebsamkeiten rings um sich her aus wachsender Entfernung.

Seinem königlichen Herrn Friedrich Wilhelm IV. von Preußen, der sich selbst in der opernhaften Pose des «Romantikers auf dem Thron» gefällt, ist er in schier grenzenloser Dankbarkeit ergeben. Die berechtigte Kritik, die des Königs undemokratisches, selbstherrliches und antinationales Regiment zunehmend provoziert, findet beim alten Tieck keine Unterstützung. Während Bettina von Arnim ihre demokratischen und sozialen Forderungen unerschrocken an den Monarchen richtet, ist der Veteran der Romantik seinem Gebieter gegenüber von der «Pflicht der Pietät» erfüllt, sieht er sich zu Schonung und Rücksicht genötigt. Seinem «königlichen Wohltäter» verdankt er in der Tat eine regelmäßige Pension von 1000 Talern, dazu einen Sekretär, einen Diener und die «Sommerresidenz» im Park von Sanssouci. Gleichwohl ist es der Hofstaat eines demissionierten, von den Zeitläuften bereits gestürzten Herrschers im Reiche der Literatur, schlimmer noch: eines Dichters, der sich seit seiner Heimkehr in die Vaterstadt so gut wie ganz ins Schweigen zurückgezogen hat.

Denn die Produktivität des noch in Dresden so schaffensfreudigen, inzwischen siebzigjährigen Autors ist erloschen. «Vittoria Accorombona» bleibt der Schlußstein seines Lebenswerkes. Zwar fördert er noch den Fortgang der Gesamtausgabe seiner «Schriften» und setzt sich für begabte literarische Neulinge ein, aber der Impetus seines eigenen Schöpfertums ist für immer dahin, selbst das so lange heftig umworbene «Buch über Shakespeare» bleibt ein Torso. Noch immer machen ihm alte und neue Freunde ihre Aufwartung, noch immer gilt er als eine poetische Zelebrität – allein einer Zeit, die verweht ist. Als Friedrich Hebbel seine Hand ergreift, ist es ihm, «als ob zwei Jahrhunderte sich begrüßten». Mitunter entzückt der alte Deklamator seine Gäste noch mit einer Lesung, aber schließlich versagen ihm Kraft und Stimme. Zur öden Hofluft, zu einem weiteren Schlaganfall und zu den Drangsalen der Gicht kommt der Tod der letzten Menschen, die ihn noch mit den unvergessenen Zeiten seiner schöpferischen Existenz verbinden: nach August Wilhelm Schlegel, Henrik Steffens und dem Bruder Friedrich schließt auch die treue Henriette die Augen für immer. Einsiedlerisch und verlassen blättert der Fünfundsiebzigjährige in seinen Inkunabeln, als in der Nacht vom 18. auf den 19. März 1848 unter den Fenstern seiner Wohnung in der Friedrichstraße die ersten Schüsse der Revolution fallen, die er zu überhören entschlossen ist.

Hadernd mit dem Schattendasein, dem er am Ende verfallen ist, verbittert durch eine Generation, die sein Werk als ein abgeschlossenes Stück geschichtlichen Erbes wertet, abgestoßen vom Lärm und Tempo der Technik, die ihn zutiefst irritiert, verbringt er die letzten Jahre, deren Düsternis er nicht mehr den vielbewunderten Zauber seiner Persönlichkeit und den anverwandelnden Drang seiner dialogischen Natur entgegenzustellen vermag. Nach zweijährigem, beinahe ununterbrochenem Krankenlager stirbt der nahezu achtzigjährige Tieck am 28. April 1853.

Aber nachdem der nur noch leidende, verkannte und fast schon vergessene Dichter den letzten Atemzug getan hat, rollt der Vorhang vor seinem poetischen Welttheater noch einmal weit auf. Fast ist es, als ob der große Theatrarch der deutschen Literatur nun doch noch den emphatischen Auftritt haben soll, den ihm seine späten Berliner Jahre vorenthielten! Im heiteren Licht des ersten Maientages zieht der Trauerkondukt mit Ludwig Tiecks Totenschrein nach dem Friedhof der Dreifaltigkeits-Gemeinde in Berlin-Kreuzberg. Unmittelbar nach dem Sarge des toten «Königs der Romantik» folgt der Wagen des Königs von Preußen, diesem die Deputationen der Theater, der Akademien und der Universität. Dann aber geben die Häupter des literarischen und wissenschaftlichen Deutschland dem letzten Zeugen der längst vor ihm dahingegangenen «Kunstperiode» das Totengeleit: der uralte Alexander von Humboldt, der Publizist Varnhagen von Ense, die Brüder Grimm, der Germanist Friedrich Heinrich von der Hagen. Für die Angehörigen dreier Geschlechter ist die feierlich-festliche Grablegung der endgültige Abschied von einer Epoche, die Tieck wie kaum eine andere Gestalt von ihren Anfängen bis zu ihrem Ende begleitet hat.

Da ist es kein Wunder, daß für manche Beobachter der Trauerzug imaginäre Züge annimmt. Friedrich Hebbel sieht in seinem schönen Nachruf den Sarg von den «wunderbarsten Phantasiegebilden» umschwebt: dem blonden Eckbert, den luftigen Elfen, dem gestiefelten Kater, die «mit ihrem Schöpfer begraben werden» möchten. Selbst die schon lange ins Pantheon der deutschen Romantik entrückten Generationsgefährten des Toten glaubt der einfallsreiche Zuschauer inmitten des Leichengefolges zu bemerken: den «träumerischen Novalis mit der blauen Blume aus dem ‹Ofterdingen›, Achim von Arnim mit dem Zauberspiegel ..., Clemens Brentano mit dem Daumen der Prager Hexe, Theodor Hoffmann mit dem krausen Lehrbrief des wahnsinnigen Kreisler, Friedrich Fouqué mit phantastisch zugestutztem Schnurrbart und altertümlichen Sporen ..., Zacharias Werner endlich mit dem Templerkreuz».

So entschwinden sie unseren Augen: die Lebenden, die Toten und die dem Tode entrückten Figuren eines großen Erzählers. Langsam schließt sich der Vorhang über dem Trauer-Tableau, der Benefizvorstellung eines Dichters, der die Fähigkeit zu lebenslanger Metamorphose aus der Kraft genialer komödiantischer Verwandlungskunst bezogen hat und der dennoch über allem Wechsel immer der eine Ludwig Tieck geblieben ist: der gleichermaßen skeptische, ironische und in die Weiten mondbeglänzter Zaubernächte ausgezogene Poet aus der Berliner Roßgasse.

Fünf Gesichter
einer romantischen Existenz
Friedrich Schlegel

Der Witzling

Es gibt Dichter, deren äußere Gestalt nur sehr unzulänglich dokumentiert ist, so daß sich die Nachwelt mit vagen, ja dürftigen Vorstellungen begnügen muß. Von einer säkularen Erscheinung wie derjenigen Kleists ist nur ein einziges authentisches Bildnis überliefert, dessen rätselhaftem, fast infantilem Knabenantlitz man den Furor Penthesileas nicht recht zutrauen mag. Ganz im Gegensatz zu ihm ist Goethe der neben Napoleon am häufigsten porträtierte Mensch seiner Zeit überhaupt: von dem dreizehnjährigen Rokokobuben auf dem von Seekatz gefertigten Familienbild bis hin zu Friedrich Prellers Zeichnung, die den Abgeschiedenen auf dem Totenbett zeigt, ist des Dichters äußere Erscheinung in nahezu allen Lebensphasen festgehalten. Im Vergleich zur reichen Porträtgalerie Goethes mutet das knappe Dutzend von Bildnissen bescheiden an, die der Schriftsteller und Kulturphilosophen Friedrich Schlegel wiedergeben. Die erhaltenen Konterfeis sind noch dazu sehr unterschiedlich und oft geradezu gegensätzlich. Einzig die eindrucksvollen Augen weisen alle diese Bildnisse als Darstellungen des einen Friedrich Schlegel aus, dessen kontradiktorische geistige Entwicklung sie exemplarisch spiegeln.

Die großen, von innerem Feuer lodernden und eine noch gar nicht vorhandene Selbstsicherheit suggerierenden Augen geben schon der Physiognomie des Achtzehnjährigen das Gepräge, wie sie Caroline Rehberg, die erste Liebe des Jünglings, mit einer Kreidezeichnung erfaßt. Hinter dem gewinnenden Angesicht mit den ungewöhnlichen Augen, der kühn vorspringenden Nase und dem fast weiblich geformten Mund irrlichtert allerdings schon jener «unbescheidne, kalte Witzling», als der Schlegel, wie er dem Bruder gesteht, auf seine Umgebung wirkt. «Wo ich hinkomme, flieht die gute Laune, und meine Nähe drückt. Am liebsten besieht man mich aus der Ferne, wie eine gefährliche Rarität», heißt es in einem anderen der frühen Briefe, in denen der «Witzling» sich des «bittern Widerwillens» nur allzu bewußt ist, den er – ein «Narr mit Geist» – nicht nur den Philistern einflößt.

Der als Sohn des Generalsuperintendenten Johann Adolf Schlegel am 10. März 1772 in Hannover geborene Geistesabenteurer ist der jüngste Sproß einer protestantischen Familie, die seit über hundert Jahren bedeutende Geistliche, Geschichtsschreiber, Literaturkritiker und Poeten hervorgebracht hat. Auch der Vater Schlegel ist ein musischer Mann, der die deutsche Literatur mit einer Übersetzung der ästhetischen Hauptschrift des Franzosen Charles Batteux und mehreren Sammlungen geistlicher Lieder und weltlicher Gedichte bereichert hat. Aber zum Zeitpunkt der Geburt des Sohnes Friedrich ist der Generalsuperintendent bereits einundfünfzig Jahre alt. Über den kirchlichen Amtsgeschäften sind ihm seine literarischen Ambitionen abhanden gekommen, und der von Anfang an schwer lenkbaren Psyche seines Jüngsten bringt er nur wenig Verständnis entgegen. Mehrere Aufenthalte bei verwandten Pastoren auf dem Lande lassen bei dem Knaben nicht einmal Ansätze einer besonderen Begabung erkennen. Der Versuch einer Kaufmannslehre beim Bankier Schlemm in Leipzig endet mit einem schnellen Fiasko: zeitlebens behält Schlegel ein ambivalentes Verhältnis zum Geld und bleibt, wie die meisten seiner romantischen Gesinnungsgenossen, ein «Pumpgenie».

Heimgekehrt nach Hannover, findet er in dem um vier Jahre älteren Bruder August Wilhelm einen Vertrauten, der als Mitarbeiter an einer Vergil-Ausgabe, als Verfasser einer preisgekrönten Studie «De geographia Homerica» und als literarischer Schützling des Dichters Gottfried August Bürger bereits von sich reden macht. Nur ihm möchte es der Jüngere von nun an gleichtun. Um die humanistische Bildung nachzuholen, die für ein Universitätsstudium unerläßlich ist, erlernt er in knappster Frist die griechische Sprache und eignet sich autodidaktisch ein stupendes Wissen auf dem weiten Felde des klassischen Altertums an. Mit einem Male befreit er sich von der bisherigen Lethargie und setzt bald die bedeutendsten Kenner des Altertums durch seine Kenntnisse in Erstaunen.

Zunächst erwählt sich Schlegel die Juristerei zum Studium, sitzt aber schon an der Göttinger Georgia Augusta auch in den Seminaren der Altphilologen und Historiker. Als August Wilhelm eine Hofmeisterstelle in Amsterdam antritt, geht Friedrich nach Leipzig, wo er – die «gefährliche Rarität» – sich erst einmal dem Luxus und den pikanten Anfechtungen in die Arme wirft, die ihn an der Messestadt faszinieren. Diese Eskapaden sind nur Ausdruck der Unsicherheit, die ihn trotz seines provokant zur Schau gestellten Selbstgefühls erfüllt. Kurzerhand beschließt er, ein «Weltmann» zu werden, findet eine Geliebte in einer reichen Kaufmannsfamilie und versinkt immer tiefer in einem Meer von Schulden. Da beschließt er, diesem Pfuhl zu entkommen und kritischer Schriftsteller zu werden. Der junge Friedrich von Hardenberg, mit dem er sich in Leipzig befreundet und der als der Dichter Novalis bald zu den Mitbegründern der deutschen Romantik zählen wird, feiert in dem gleichaltrigen Studiengenossen schon den «Oberpriester von Eleusis», durch den er «Himmel und Hölle» kennengelernt habe.

Aber Schlegel, der sich in der Rolle eines sprühenden, oft auch zynischen Advocatus Diaboli gefällt, weiß nur zu gut, daß er so ziemlich allen Menschen, mit denen er umgeht, als kalter Witzling erscheint. Schon hat er erste Bewunderer, aber nur wenige Gefährten, die ihn lieben. Schlegel sieht sich durch diese Reaktionen, die er selbst provoziert, gleichermaßen bestätigt und zurückgewiesen: mit wachsender Arroganz antwortet er auf die Abwehr, mit der ihm seine Umwelt begegnet.

Früh erscheint er als oppositioneller Außenseiter, der sich nicht «in ein bürgerliches Joch schmiegen» lassen will. Hier wird er bestärkt durch die um neun Jahre ältere Caroline Böhmer, einer Tochter des Göttinger Orientalisten Michaelis, die, zeitig verwitwet, den konterrevolutionären Terror der Sieger über die Mainzer Jakobinerrepublik am eigenen Leibe erlebt hat. Endlich freigekommen aus preußischer Festungshaft, schwebt sie jetzt in höchster Gefahr, da sie von einem französischen Offizier ein Kind erwartet. Da nimmt sich August Wilhelm Schlegel der gebildeten, mutigen und schönen Frau an und bringt sie nach Lucka bei Leipzig, muß aber rasch zu seinem Hofmeisteramt nach Amsterdam zurückkehren. Immer wieder kommt Friedrich aus dem nahen Leipzig herüber, um sich in langen Gesprächen mit der geächteten Frau seiner eigenen Ausgrenzung aus der bestehenden Gesellschaft bewußt zu werden. Anfang November 1793 hält er Carolines «kleinen Citoyen» im Arm und übernimmt für ihn auch die Patenschaft.

Sein Ziel, kritischer Schriftsteller zu werden, ist in Leipzig unerreichbar, denn seine Schulden «wachsen wie Schneebälle». Im Januar 1794 zieht er nach Dresden weiter, wo er zum ersten Male in seinem Leben wie geblendet vor einer Welt grandioser Kunstschätze steht. In der größten Sammlung von Abgüssen antiker Plastiken nördlich der Alpen formen sich ihm die Ideen, die er in seinen Schriften «Über das Studium der griechischen Poesie», «Vom ästhetischen Wert der griechischen Komödie», «Über die weiblichen Charaktere in den griechischen Dichtern» und «Über die Diotima» mit profunder Kenntnis und mit dem Schwung des genialen Essayisten vertritt. Anknüpfend an den Klassizismus Winckelmanns, aber dessen Leitbild der «stillen Einfalt und edlen Größe» von Anfang an verwerfend, sieht Schlegel in seinem Bekenntnis zum Griechentum einen Beitrag zur längst fälligen ästhetischen Revolution, die für ihn wiederum nur das Vorspiel eines viel weiter ausgreifenden moralischen und allgemein-gesellschaftlichen Umschwungs ist. In der Dichtung der Hellenen erblickt er den vollkommensten Ausdruck einer auf menschliche Harmonie und Freiheit gerichteten «objektiven» Poesie, der er die neuere Literatur seit Dante als die moderne oder «interessante» Dichtkunst entgegensetzt. In Goethe aber erkennt er die Synthese beider Phänomene: die «Morgenröte echter Kunst und reiner Schönheit», hiermit die überragende Bedeutung Goethes nach dessen italienischer Reise als erster Kritiker weithin sichtbar hervorhebend.

Im Sommer 1796 stellt sich die seit Jahren herbeigesehnte Möglichkeit ein, mit dem Bruder zu längerem Beisammensein zusammenzutreffen. August Wilhelm erhält von Schiller die Aufforderung, als Mitarbeiter an den «Horen» nach Jena zu kommen. Nachdem er am 1. Juli 1796 die verfemte Caroline Böhmer geheiratet hat, läßt sich das jungvermählte

Paar in der sachsen-weimarischen Universitätsstadt nieder, wohin ihm bald Friedrich Schlegel folgt. Aber schon seine Ankunft ist von dem beginnenden Streit mit Schiller getrübt, dessen Gedicht «Würde der Frauen» er soeben in einer Rezension dem Gelächter der Leser preisgegeben hat: «solchen Frauen», wie den von Schiller gepriesenen, «ziemte Gängelband und Fallhut». Hinter den literarischen Rangeleien tun sich tiefe Gegensätze auf zwischen dem Dichter der «Glocke», der sich mit der bürgerlichen Gesellschaft auszusöhnen sucht, und den Romantikern, die gerade diese Sozietät höhnisch attackieren. Ein übriges tun die Verleumdungen, die August Wilhelms Frau – von Schiller als «Dame Luzifer» und «das Übel» apostrophiert – vorauseilen, um das Verhältnis zu dem einst bewunderten Dichter des «Don Carlos» für immer zu ruinieren.

Dessen, wie Schlegel sagt, «stilisierten Deklamationsübungen» hält er nun die «hinreißende Beredsamkeit» des Philosophen Fichte entgegen, mit dem er in Jena beinahe kameradschaftlich verkehrt. An ihm bewegt ihn das genetische Denken, das an die Stelle eines statischen Seins das ewig fließende Leben setzt. Der bald darauf von Schlegel mitbegründete romantische Kult des Werdens und des Unendlichen hat hier seinen Ursprung: die Auffassung der Geschichte, der Kunst und eines jeden Menschenlebens als einen Prozeß, bei dem der Weg wichtiger ist als das Ziel, das Werden entscheidender als das Sein.

In einer Zeit, in der die meisten deutschen Intellektuellen von den revolutionären Ereignissen jenseits des Rheins bereits verschreckt sind, hält Schlegel zusammen mit seinem Bruder und der kleinen Gruppe seiner jungen Freunde den emanzipatorischen Idealen von 1789 noch immer die Treue. In der Abhandlung «Versuch über den Begriff des Republikanismus» geht er weit über Kants zuvor erschienene Schrift «Zum ewigen Frieden» hinaus und betrachtet eine republikanische Verfassung und schließlich eine Weltrepublik als das Gebot der Stunde. In dem Essay

«Georg Forster» setzt er sich für den geschmähten Jakobiner und für das verpflichtende Beispiel eines Schriftstellers ein, der sich der Gesellschaft verantwortlich fühlt. In der Studie «Über Lessing» gibt er das fesselnde, wenn auch widersprüchliche Exempel einer ganz subjektiven Aneignung des großen Aufklärers, indem er den Menschen Lessing über dessen Werk stellt: «Er selbst war mehr wert als alle seine Talente. In seiner Individualität lag seine Größe.» In der Rezension von Friedrich Heinrich Jacobis Briefroman «Woldemar» rückt er Obskurantismus und religiösem Überschwang zu Leibe. Mit dem «Salto mortale in den Abgrund der göttlichen Barmherzigkeit», den er Jacobis Roman verübelt, nimmt er ahnungslos jene polemische Wendung vorweg, die wie keine andere Formel auf Schlegels eigenes Spätwerk zutreffen wird.

Vorläufig aber ist der respektlose Witzling noch weit von seinem «Salto mortale in den Abgrund der göttlichen Barmherzigkeit» entfernt. Seine im Verein mit dem Bruder vorgenommenen Exekutionen rückwärtsgewandter Geister sind sogar so rigoros, daß seine Situation in Jena unhaltbar zu werden droht. Entschlossen nimmt er den Auftrag des Schriftstellers und Kapellmeisters Johann Friedrich Reichardt an, für dessen Zeitschrift «Lyceum der schönen Künste» in Berlin tätig zu werden. Während er nach der preußischen Metropole aufbricht, erscheinen in Reichardts Journal die ersten jener Fragmente, die in ihrer geschliffenen Prägnanz, mehr aber noch im Aussparen des gedanklichen Resultats ein literarisches Medium aus der Taufe heben, in dem Schlegel und Novalis eine adäquate Ausdrucksform ihrer frühromantischen Bestrebungen finden. Mit der bewußten Weglassung einer Quintessenz geben diese Fragmente Gedanken gleichsam im Zustand ihrer Entstehung und Entfaltung wieder, in einer unaufgelösten Pointe das Weiter- und Zuendedenken durch den Leser provozierend: «Witz ist eine Explosion von gebundnem Geist.»

Zeigt das von Franz Gareis im Sommer 1798 gemalte Porträt den inzwischen zu einem gewissen Ruf gelangten Meister der Kritik noch ganz im Banne jener «Graekomanie», die auch das Signum seiner Studien über die griechische Dichtung gewesen war, so hält die am 4. März 1798 entstandene anonyme Bleistiftskizze vielleicht am gültigsten den Ausdruck fest, der für den Romantiker Schlegel charakteristisch ist. Die leicht spöttische Miene des «Witzlings» ist einer rigorosen Entschiedenheit gewichen, die durch die verwegene Nase, die durchdringenden Augen und den noch immer sinnlichen, nun aber entschlossener geformten Mund akzentuiert wird. Es ist das Antlitz eines aggressiven, kompromißlosen, auch wohl etwas hochmütigen Denkers – keineswegs das traumverlorene Angesicht, wie es das gängige Klischee mit einem Romantiker assoziieren möchte.

Zusammen mit dem kleinen Häuflein seiner Freunde inauguriert nun Schlegel eine geistige Bewegung, die auf die Bezweiflung aller etablierten weltanschaulichen Systeme und in letzter Konsequenz auch auf den Sturz aller moralischen und gesellschaftlichen Gewißheiten angelegt ist. Gemeinsam mit dem um vier Jahre älteren protestantischen Geistlichen Schleiermacher, in dessen Wohnung er logiert, entdeckt er Spinoza, der der romantischen Sehnsucht nach dem Unendlichen die religiöse, aber durchaus überkonfessionelle Grundierung gibt. Zu den ästhetischen, philosophischen und religiösen Reflexionen gesellen sich Ideen zur Moral, namentlich zur Gleichberechtigung der Frau, zur Partnerschaft der Geschlechter, zu Fragen der Politik und der Gesellschaft: die Romantiker treten von Anfang an mit dem Anspruch auf, alle Gebiete der Wissenschaft, der Kunst und des sozialen Lebens einer Neugestaltung entgegenzuführen.

In dem um ein Jahr jüngeren Ludwig Tieck lernt er einen Dichter kennen, in dem er die sich ausformenden Kennzeichen der romantischen Kunst geradezu leibhaftig inkarniert sieht: die romantische Ironie ebenso wie die zu Stimmungsmalerei und Groteske neigende poetische Phantasie, die Entdeckung verschütteter Werte der nationalen Kunst ebenso wie die Erschließung Shakespeares und des Cervantes für die Deutschen. Wichtiger noch für Schlegel ist die Begegnung mit Dorothea Veit, der Tochter Moses Mendelssohns, die er zum ersten Male im Salon der Henriette Herz sieht. Sie, die äußerlich reizlose, jedoch hochgebildete, leidenschaftliche und opferbereite Jüdin, ist mit dem Bankier Simon Veit verheiratet, einem zwar noblen, aber amusischen und nur seinen Geschäften ergebenen Bankier. Obgleich neun Jahre älter, ist Dorothea fest dazu entschlossen, das von den Romantikern aufgestellte Recht der Frau auf uneingeschränkte Emanzipation zu ihrem eigenen zu machen: fortan will sie nur noch ihrer Liebe folgen, statt eine Versorgungsehe zu führen. Für Friedrich Schlegel möchte sie von nun an als «Magd das Brot ... verdienen» und so ihr Dasein an das seine binden. Das Gefühl, das sie für den emphatischen Geliebten empfindet, kommt einer existentiellen Erweckung gleich und läßt aus der Tochter Moses Mendelssohns eine jener, mit Heinrich Heine zu reden, «Bacchantinnen des Geistes» werden, «die in heiligem Rausch ihrem Gott entgegentaumeln». Ende Dezember 1798 verläßt sie ihre Familie, Anfang 1799 kommt es zur Scheidung ihrer Ehe, aus der Dorothea nur den jüngeren Sohn Philipp in eine ungewisse Zukunft mitnehmen kann.

Der Skandal, den die Affäre erregt, wird zur empörenden Sensation gesteigert, als Schlegel sein Verhältnis mit Dorothea Veit in seinem Roman «Lucinde» verherrlicht, der im Herbst 1799 erscheint. Sinnenlust, Fleischesliebe, aber auch die ostentativ geforderte Erlösung der Frau aus dem vielhundertjährigen «Ozean der Mode und häuslichen Moral» werden mit einer Freimütigkeit und Radikalität vorgetragen, die in der zeitgenössischen deutschen Literatur ohne Beispiel sind. Die vom allgemeinen Sittenkodex erlaubte oder nicht erlaubte Erfüllung der Liebe ist für den couragierten Verfasser Maßstab für die Lebensqualität einer Gesellschaft: an ihm mißt er ihre moralischen Ansprüche und deren reale Einlösung. Das Buch teilt zwar das Schicksal vieler romantischer Romane und bleibt Fragment, wirkt aber in der extremen Verkündung einer neuen, auf die Glückserwartungen des Individuums gegründeten Moral wie nur ganz wenige Dichtungen der Zeit. Schlegel sprengt die traditionelle Romanform, benutzt Briefe, Dialoge, symbolische Reflexionen und steigert seine Sprache immer wieder zu rhythmischer Hymnik. Der Tumult, den das «obszöne Machwerk» erregt, ist ungeheuer. Räsonierende Rezensenten halten sich an die ästhetischen Schwächen des Bekenntnisbuches, das sie mit launigen Kalauern erledigen möchten: «Der Pedantismus bat die Phantasie / Um einen Kuß; sie wies ihn an die Sünde. / Frech, ohne Kraft umarmt er die, / Und sie genas von einem toten Kinde, / Genannt Lucinde.»

Der vollständige Bruch mit seiner Umwelt, selbst mit manchem bisher Wohlmeinenden, ist die Folge. Ausgeschlossen von den bekannten Journalen, gründet Schlegel schon ein Jahr vor der «Lucinde» zusammen mit dem Bruder eine eigene Zeitschrift, die sich von allen bisherigen Blättern fundamental unterscheiden und das Weltbild der ersten Romantiker manifestieren soll: das «Athenäum», dessen erstes Heft im Mai 1798 bei dem Berliner Verleger Vieweg herauskommt. Nicht nur auf ein literarisches Organ ist es abgesehen, sondern auf ein Journal, das eine neue Weltanschauung verkündet. Die Beiträge der Brüder Schlegel sind nur mit den Anfangsbuchstaben ihrer Vornamen markiert, diejenigen der wenigen anderen Mitarbeiter mit beziehungsreichen Pseudonymen wie etwa «Novalis».

In den Fragmenten, die Friedrich gleich für das erste Heft beisteuert, versucht er die Essenz der romantischen Poesie zu geben: «Die romantische Poesie ist eine progressive Universalpoesie. Ihre Bestimmung ist nicht bloß, alle

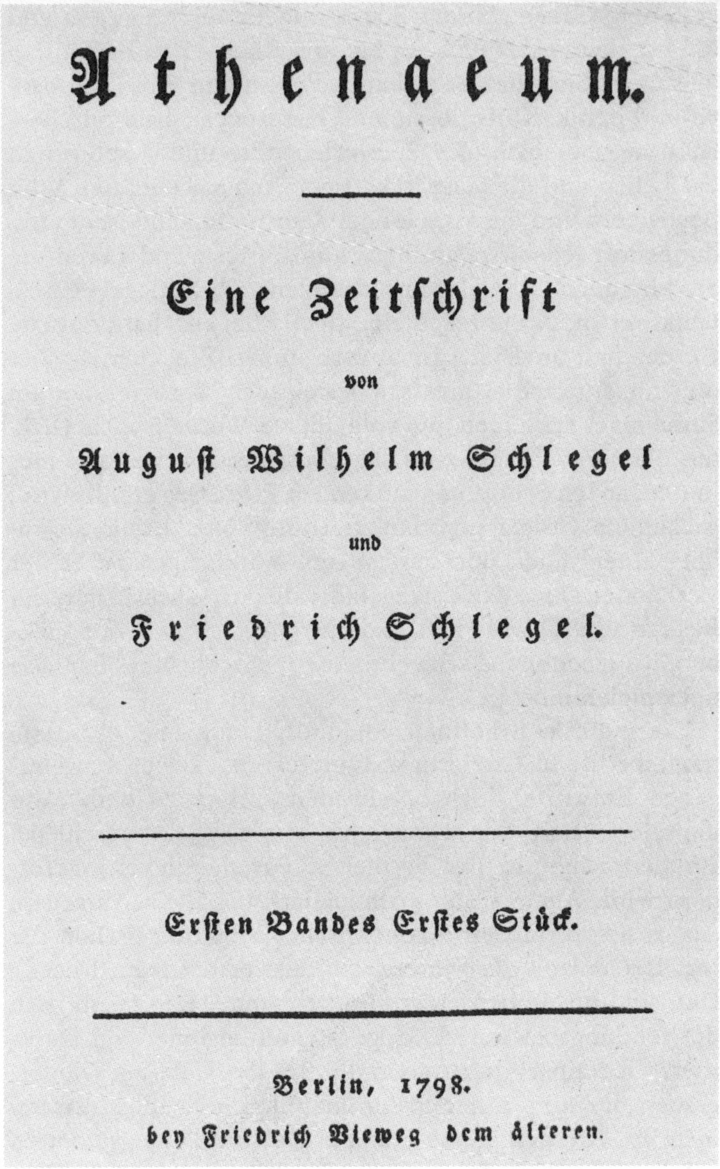

Athenaeum.

Eine Zeitschrift

von

August Wilhelm Schlegel

und

Friedrich Schlegel.

Ersten Bandes Erstes Stück.

Berlin, 1798.

bey Friedrich Vieweg dem älteren.

Titelblatt des ersten Heftes der Zeitschrift «Athenäum», 1798 getrennte Gattungen der Poesie wieder zu vereinigen und die Poesie mit der Philosophie und Rhetorik in Berührung zu setzen. Sie will und soll auch Poesie und Prosa, Genialität und Kritik, Kunstpoesie und Naturpoesie bald mischen, bald verschmelzen, die Poesie lebendig und gesellig und das Leben und die Gesellschaft poetisch machen, den Witz poetisieren und die Formen der Kunst mit gediegenem Bildungsstoff jeder Art anfüllen und sättigen und durch die Schwingungen des Humors beseelen. ...» Schlegels Ganzheitsstreben, das letztlich eine poetische, also harmonische Gesellschaft anvisiert, ist unverkennbar. Zugleich ist aber die romantische Universalpoesie auch «progressiv» im Sinne eines ständigen, nie vollendeten Werdens. Der Dichter, der so gleichsam zum allerhöchsten Vollstrecker eines in der ganzen Schöpfung wirkenden Prozesses erhöht wird, ist keinem Gesetz untertan: frei und voller Ironie gegenüber einer zähen und verfestigten Wirklichkeit ist er der Verkünder eines exzessiven Individualitätsanspruches, der Realität und Gesellschaft kraft der von Schlegel verfochtenen, ins Unendliche schweifenden menschlichen Phantasie überspielen möchte.

Die radikale Erhöhung von Individuum und Phantasie trägt, bei aller Großartigkeit dieses so extrem vorgetragenen Entwurfs, doch bereits den Ansatz zu dem Salto mortale in sich, der schon nach wenigen Jahren Schlegel «in den Abgrund der göttlichen Barmherzigkeit» befördern wird. Auch ist das «Athenäum», bei allem Aufsehen, das es hervorruft, ein ökonomischer Mißerfolg: schon die 1250 Exemplare, die Vieweg von dem ersten Heft drucken läßt, sind nicht abzusetzen. Im September 1799 begibt sich der sendungsbewußte Redakteur, nun begleitet von Dorothea, wieder nach Jena, wo in des Bruders Haus am Löbdergraben die Runde der Frühromantiker vollzählig versammelt ist. In den gemeinsamen Debatten, im vereinten «Symphilosophieren» und in der höhnischen «Vernichtung» der zahlreichen Gegner versuchen sie sich erst jetzt als geschlossene Gruppe zu etablieren. Aber es scheint fast, als ob die auf das Werden und nicht auf das Sein angelegte romantische Universalpoesie gerade dies nicht vertrüge: die Irritationen, die durch die dramatischen politischen Zeitereignisse in den euphorischen kleinen Literatenkreis hineingetragen werden, und die eigenen menschlichen Unzulänglichkeiten führen schnell zu Auflösungserscheinungen. Schon im August des Jahres 1800 wird das letzte Heft des «Athenäums» veröffentlicht. Im Oktober beginnt Schlegel als Privatdozent ein Kolleg über Transzendentalphilosophie, das ein Fehlschlag wird. Die Tendenzen zu Verinnerlichung und Religion, hervorgerufen durch die abgrundtiefe Kluft zwischen romantischem Unendlichkeitsstreben und zeitgenössischer Wirklichkeit, beginnen sich anzukündigen.

«Herr Friedrich mit der leeren Tasche», wie ihn Brentano sarkastisch tauft, geht wieder nach Berlin, wo er erst recht nicht Fuß zu fassen vermag. Seine Vermögensverhältnisse sind zerrütteter denn je, sein Ruf als Schriftsteller ist den meisten verdächtig. Selbst Goethe wird der romantische Extremist bedenklich, dessen Drama «Alarcos» er noch in Weimar aufführt, in dessen Hinwendung zum Unendlichen er jedoch den Weg zum Irrationalismus verhängnisvoll angebahnt sieht. Aber Schlegel ist nicht gesonnen, zu kapitulieren. Im Frühsommer 1802 tritt er mit Dorothea die Reise nach Paris an, wo er, wie genau ein Jahr vor ihm Kleist, einen neuen Anfang zu finden hofft.

Der Konvertit

Aus Friedrich Schlegels drittem großen Lebensabschnitt, der in seinem Übertritt zur katholischen Kirche geräuschvoll kulminiert, sind zwei Porträts erhalten, die beide von Philipp Veit, Dorotheas Sohn aus ihrer ersten Ehe, herrühren. Sie zeigen den katholischen Konservativen bereits jenseits der Schwelle, die ihn künftig von seinem Jugendwerk trennen wird: Veits Kreidezeichnung von 1810 hält den inzwischen habsburgisch gesinnten Geschichtsphilosophen mit geringschätzig vorgeschobener Unterlippe fest, während die Bleistiftzeichnung aus dem Jahr darauf noch bestimmter das Pfäffische hervorhebt und an Carolines Wort denken läßt: «Fast soll er schon fett, bequem und schwelgerisch wie ein Mönch sein.» Aber trotz des feisten Gesichts mit dem wulstigen Doppelkinn zeigen Augen, Nase und Mundpartie an, daß dies keine Vorstudie eines Grütznerschen Klosterbruders, viel eher die Skizze eines geistlichen Exekutors, womöglich eines Inquisitors ist!

Schon auf der Reise nach Frankreich, die er bald darauf in einem denkwürdigen Essay beschreibt, erlebt er deutsche und französische Landschaft, Kunst und Geschichte als den mannigfaltigen Ausdruck einer abendländischen Universalität, hinter der deutlich genug des Novalis Vision einer vorreformatorischen europäischen Einheit lodert. Auf die innere Verbundenheit des Okzidents sind jetzt überhaupt seine Bestrebungen gerichtet. «Europa» ist der programmatische Titel, den er seiner zweiten großen Zeitschrift gibt. Aber auch in Paris, das er feierlich als «Capitale de l'Univers» begrüßt, kann er nicht heimisch werden. Immer wieder wechselt er das Domizil, bis Dorothea im ehemaligen Hause des Barons d'Holbach in der Rue de Clichy als Zimmervermieterin den Lebensunterhalt verdienen muß.

Unter den Pensionsgästen sind der Schotte Alexander Hamilton, der Schlegel im Sanskrit unterweist, und der französische Orientalist Antoine-Léon de Chézy, bei dem er Unterricht im Persischen nimmt: Asien, die «Wiege der Religion», tritt von nun an in Schlegels Denken neben Europa. Beide sucht er in kühnen Konzeptionen als «Osten und Westen der Welt» zu einer antithetischen globalen Unität zusammenzufügen. Schlegel erlernt das Sanskrit mit derselben Vehemenz wie anderthalb Jahrzehnte zuvor das

Griechische. Aus seinen orientalischen Studien geht das erst 1808 erscheinende Werk «Über Sprache und Weisheit der Indier» hervor, mit dem er die deutsche Indologie begründet. In der Pariser Nationalbibliothek macht er alte provenzalische Handschriften ausfindig, auch verschollene mittelalterliche Dichtungen, von denen Dorothea die «Geschichte des Zauberers Merlin» bearbeitet und damit der deutschen Literatur einen daraufhin immer wieder gestalteten Stoff gewinnt.

Unter den Pensionären in der Rue de Clichy finden sich im Herbst 1803 die beiden reichen Kölner Kaufmannssöhne Sulpiz und Melchior Boisserée ein, denen Schlegel ein «hart in Gold» dotiertes Privatissimum über die Geschichte der europäischen Dichtung hält, in dem er – erstmalig überhaupt in der deutschen Literaturgeschichtsschreibung – die poetischen Äußerungen der europäischen Völker als multinationale Einheit zu begreifen sucht.

Gleichwohl fühlt sich der Exulant an der Seine einsam wie der Elefant in der Pariser Menagerie, der «unstreitig nächst mir derjenige» ist, «welcher am wenigsten hier zu Hause gehört». Auch seine Finanzlage bleibt katastrophal. Am 6. April 1804 tritt Dorothea zunächst zur lutherischen Konfession über; unmittelbar darauf geht sie mit Friedrich Schlegel den Bund der Ehe ein. Während sich Napoleon Bonaparte zum Kaiser der Franzosen ausrufen läßt und sich damit die Parolen von 1789 als unrealisierbar herausstellen, reist das vermählte Paar mit den Brüdern Boisserée durch Nordfrankreich und Belgien nach Köln, wo Schlegel eine Professur an der geplanten Universität zu erlangen hofft.

Dort, im alten Zentrum der deutschen Gegenreformation, zeigt sich die Wende des Fünfunddreißigjährigen zum Katholizismus immer unmißverständlicher. Schon die von Schlegel verfaßten Beschreibungen der Gemälde, die die Brüder Boisserée aus säkularisiertem Kirchenbesitz für ihre berühmte Sammlung erwerben, sind katholisch gestimmt. Wieder vollbringt der Unermüdliche in den nächsten Jahren eine bewunderungswürdige Arbeitsleistung. Er hält enzyklopädische Kollegs über die Geschichte der Literatur in der alten und neuen Zeit, über die Entwicklung der Philosophie, über Universalgeschichte, über Propädeutik und Logik, über deutsche Sprache und Literatur. Aber alle diese verzweigten geistesgeschichtlichen Bemühungen weisen schon auf jene Welt hin, zu der sich der «Professeur à l'école supérieure» nun immer offener bekennt: auf die «alleinseligmachende» katholische Kirche. Ist der einstige romantische Rebell von Jena und Berlin müde geworden? Will er sich eine neue und von nun an unaufkündbare geistige Heimat in einer Institution suchen, die in ihrer fast zweitausendjährigen Geschichte ihm wie ein ruhender Pol in der Erscheinungen Flucht dünkt? Schlegel, der im Hause der Äbtissin von St. Marien auf dem Kapitol Quartier genommen hat, vollzieht seine Abdankung als unabhängiger Philosoph coram publico, wenn er in einer seiner Kölner Vorlesungen ausruft: «Die Vernunft vermag auch in ihrer höchsten Verfeinerung sich nur zu einer negativen Idee des Unendlichen zu erheben.» Am 18. April 1808 tritt er zusammen mit Dorothea zum katholischen Glauben über. Da nach dem kanonischen Recht Dorotheas erste Ehe gültig gewesen ist, muß der Bischof von Aachen persönlich eingreifen, um Dorotheas Ehe mit Simon Veit für aufgelöst und ihren Lebensbund mit Schlegel für gesetzmäßig zu erklären.

Daß der schwerwiegende Schritt einen Eklat hervorruft, gegen den alle früheren Skandale Schlegels als Bagatellen gelten, hängt nicht zuletzt damit zusammen, daß er nun sein Werk aus den Tagen der Frühromantik ausdrücklich widerruft, die im «Athenäum» vertretene Weltsicht als Ästhetizismus brandmarkt, dem es «im Innern kein rechter Ernst» gewesen sei, und mit schriller Stimme fordert: «Diese ästhetische Träumerei, dieser unmännliche pantheistische Schwindel, diese Formenspielerei müssen aufhören;

sie sind der großen Zeit unwürdig und nicht mehr angemessen.» Die Selbstdenunziation zahlt sich im Verein mit dem Glaubenswechsel schnell aus: schon wenige Monate darauf wird Friedrich durch die Fürsprache des Bruders August Wilhelm nach Wien berufen, von Metternich «gütig» aufgenommen und am 29. März 1809 als Hofsekretär bei der Armeehofkommission angestellt. Im Stabe des Erzherzogs Karl nimmt er als Publizist am Feldzug des Jahres 1809 teil, hört den Kanonendonner auf den Schlachtfeldern von Aspern und Wagram und zieht sich mit der retirierenden österreichischen Armee nach Ungarn zurück, wo er eine Feldzeitung herausgibt, sich aber auch mit ungarischer Sprache und Folklore beschäftigt.

Nach Beendigung des für Österreich unglücklichen Krieges begründet er in Wien den «Österreichischen Beobachter», das offiziöse Sprachrohr der Regierung Metternich. Vom Februar bis zum Mai 1810 hält er seine Vorlesungen «Über die neuere Geschichte» vor einer «illustren» Hörerschaft, unter ihr «an zwanzig Herzoginnen und Fürstinnen», wie Schlegel nicht ohne Selbstgefälligkeit konstatiert. Daß er dabei seinem aristokratischen Publikum zuliebe häufig die historische Wahrheit entstellt, bemerkt sogar der Polizeispitzel, der die Vorträge von Amts wegen zu überwachen hat.

Mit der Zeitschrift «Deutsches Museum», das der zu neuem Einfluß gelangte Journalist 1812/13 herausgibt, sucht er die nationale Erhebung gegen Napoleon vorzubereiten, dessen verwildertem Cäsarismus er nun das «wahre Kaisertum der Habsburger» entgegensetzt. Im Frühjahr 1812 hält er im Tanzsaal des «Römischen Kaisers» seine vielgerühmten Vorlesungen «Über die Geschichte der alten und neuen Literatur». In tiefschwarzer Gewandung sitzt der beleibte Hofsekretär wie ein Monsignore auf dem Podest hinter einem Tischchen und läßt vor dem Auditorium des Wiener Hochadels seine glänzenden weltliterarischen Phantasmagorien erstehen. «Unten großes Gedränge von

Equipagen, wie auf einem Ball. Sehr brillant», bemerkt der Augenzeuge Joseph von Eichendorff. Aus der «gefährlichen Rarität» ist doch noch ein Weltmann geworden!

Der Diplomat

Schlegels Prälatengesicht kehrt wieder auf den Porträts, die von ihm unmittelbar nach den Befreiungskriegen entstehen. Aber schon die Bleistiftzeichnung Philipp Veits aus dem Jahre 1815 zeigt durch die Eleganz des frühbiedermeierlichen Habits an, daß der gepflegte, hier sogar leicht devot wirkende Herr in der Tat ein Mann von Welt geworden ist. Gebieterisch, durchdringend, fast hoffärtig ist Schlegels Gesichtsausdruck dann auf dem Ölbildnis, das Delphine de Custine 1816 von ihm malt: die schroff in die Stirn gekämmten Haare, die großen, jetzt fast strengen Augen, die kräftige Nase und der Mund, dessen Unterlippe wiederum geringschätzig nach vorn gewölbt ist, lassen vermuten, daß dieser Mann sich im Besitz von Macht und geheimgehaltenem Wissen wähnt. Es ist die Physiognomie eines k. u. k. Legationsrates, deren Solennität durch den weißen Kragen und den dunklen Rock noch erhöht wird. An der linken Brust ist ein Ehrenzeichen angedeutet: Ist es der ihm vom Papst verliehene Christusorden?

Im Gegensatz zu August Wilhelm, der an den Kämpfen des Jahres 1813 als Privatsekretär des schwedischen Kronprinzen teilnimmt, sieht sich Friedrich zunächst «schmachvoll in den Winkel» geschoben, bis dann schließlich auch seine Stunde schlägt. Von Metternich wird er mit Entwürfen für eine künftige deutsche Bundesverfassung beauftragt, die er sich föderalistisch vorstellt. Zugleich gebraucht ihn der österreichische Außenminister, der als erster Politiker seines Landes und einer der ersten Europas die Bedeutung der Presse für die Staatsführung erkennt, als Propagandisten für die Interessen der Donaumonarchie, die

Schlegel mit Bravour in norddeutschen Gazetten, namentlich in dem vielgelesenen «Hamburgischen Correspondenten», vertritt. Er plädiert für die Wiederherstellung des alten Reiches und des altdeutschen Kaisertums und möchte das Rad der Geschichte noch viel weiter zurückdrehen, als es selbst der realistischere Metternich für ratsam hält.

Während des Wiener Kongresses macht er sich zum publizistischen Hauptsprecher der vatikanischen Politik, die er gegen nationalkirchliche Bestrebungen unterstützt. Die Kalesche des päpstlichen Nuntius hält häufig vor seinem Domizil, der Kardinal-Staatssekretär macht ihm seine Aufwartung und bedient sich seiner Feder bei der Restitution der päpstlichen Macht, die auf dem Kongreß von mehreren Seiten her in Frage gestellt wird. Daß Schlegel auch die Wiener Kaffee- und Weinhäuser des öfteren besucht und ihretwegen gar eine Messe im Stephansdom eher verläßt, als es einem mit dem Christusorden dekorierten Hofsekretär ansteht, vermerken zwar die Geheimpolizisten in ihren Berichten, tut ihm aber keinen Abbruch, denn er wird sogar von Metternich in dessen Villa am Rennweg geladen.

Im Herbst 1815 entsendet ihn der Außenminister «zur Bearbeitung der öffentlichen Meinung in Deutschland» an den Bundestag in Frankfurt am Main, wo der Legationsrat Schlegel dem Leiter der österreichischen Gesandtschaft, dem Grafen Buol-Schauenstein, unterstellt wird. Hier aber muß er, dessen genialische Lebensart im Kleinkram täglicher Büroarbeiten kein Genügen findet, den Tiefpunkt seiner ganzen Laufbahn erfahren. Erneute Schulden, in die er sich trotz seiner hohen Besoldung und seiner literarischen Einnahmen stürzt, machen ihn bald der eigenen Gesandtschaft suspekt. Zudem verstrickt er sich in die innerstädtischen Angelegenheiten Frankfurts und tritt für eine Fraktion politischer Klerikalisten ein, was jedenfalls nicht im Sinne seines Wiener Auftraggebers ist. Dem erzkatholischen Metternich geht es um das Haus Habsburg und dessen Einfluß auf die deutschen Angelegenheiten, um Rom nur insofern, als er im Katholizismus für die eigene Politik ein ideologisches Alibi finden kann.

Im September 1818 beendet eine Entscheidung des allmächtigen Ministers definitiv Schlegels wenig glanzvolle Diplomatenkarriere. Für Metternich, den Virtuosen der Macht, ist die Staatskunst kein Tummelplatz für Literaten, die ihm allenfalls als Handlanger willkommen sind. Wohl erhält er Schlegel seine persönliche Sympathie, bedient sich auch weiterhin gelegentlich dessen journalistischer Brillanz und trägt sogar zur Tilgung des in Frankfurt hinterlassenen Schuldenberges bei. Der nunmehr unbeamtete Legationsrat darf noch den Kaiser Franz und den Minister 1819 auf einer Italienreise begleiten, aber im österreichischen Staatsdienst wird er fortan nicht mehr benötigt.

Der Mystiker

Noch einmal, auf der Federzeichnung Schnorr von Carolsfelds aus dem Jahre 1821, präsentiert sich Schlegel mit dem aufgequollenen Gesicht des Klerikers. Dann, auf den letzten Bildnissen, treten die Züge des Schwärmers, des Fanatikers, des Propheten immer krasser hervor. Seine Nichte Auguste von Buttlar, in deren Armen er sterben wird, stellt einen Eiferer und Weissager des göttlichen Weltgerichts dar: auf der Bleistiftzeichnung von 1826 ist es der Zelot, der seine eigene frühere Existenz der Verdammung überantworten möchte, auf dem etwas später entstandenen Gemälde ist es der Seher, der gelassen die Mysterien hinter der zerbröckelnden Fassade einer aus den Fugen geratenen Welt schaut – ohne allerdings auch am Jüngsten Tage auf den Orden an der linken Brust verzichten zu wollen. Immer aber sind es die Augen, die noch diese späten Konterfeis beherrschen: einst herausfordernd und sprühend, jetzt prophezeiend und richtend.

Das letzte Lebensjahrzehnt steht ganz im Zeichen der

Vollendung seines philosophischen und theologischen Werkes – soweit es überhaupt zu vollenden ist, denn das einst von dem Romantiker beschworene, keinen Abschluß duldende Werden ist ihm auch noch in diesen vorgerückten Jahren eigentümlich. Von 1820 bis 1823 gibt er seine vierte Zeitschrift heraus, die «Concordia», die ein Sammelbecken jener frömmlerischen und politisch ambitionierten Wiener Spätromantik ist, wie sie außer Schlegel selbst die Konvertiten Zacharias Werner und Adam Müller repräsentieren. Dennoch erregt die Zeitschrift den Unwillen Metternichs, der hier die eigene restaurative Konzeption durch ins Abstruse und Obskure gesteigerte Empfehlungen kompromittiert sieht. «Wenn dieser Mann nun klagt, daß man ihn von allen Seiten verläßt, daß die, auf welche er am meisten gezählt hatte, sich in excentrische Abwege verlieren, daß man ihm, statt reeller Hülfe, phantastische Vorschläge, statt wirksamer Schriften die Concordia darbietet etc. – verdienen diese Klagen nicht einige Rücksicht?» fragt bekümmert Friedrich von Gentz, des Kanzlers wendiger Chefpublizist.

Tatsächlich werden Schlegels Vorstellungen, die er noch immer wortgewaltig verkündet, immer labyrinthischer. Von seinem Jugendwerk hat er sich längst abgewandt; aus der bald abgebrochenen Gesamtausgabe seiner Schriften bleiben die «Athenäum»-Fragmente und die «Lucinde» ausgespart. Dafür ergeht er sich in zahlenmystischen, telepathischen, natur- und geschichtsphilosophischen Kombinationen und Spekulationen, errechnet vom Auftreten Robespierres an, der ihm jetzt das «Wetterleuchten des Luzifers» bedeutet, das «dritte Weltalter des Heiligen Geistes» und den Beginn des «welthistorischen 900jährigen Sabbats nach dem letzten Weltgericht am Schluß der Weltgeschichte». Schon seit seiner Ankunft in Wien ist Schlegel mit dem aus Polen ausgewiesenen Generalvikar des Redemptoristenordens, Klemens Maria Hofbauer, eng verbunden, der den einen als robustes religiöses Genie, den anderen als Cagliostro der Restauration gilt und von der römischen Kirche später heiliggesprochen wird. Nach dessen Tod findet der zum Spiritualisten gewordene Romantiker in Christine von Stransky, einer zur Mystik neigenden, unglücklich verheirateten Augsburger Arztgattin, eine Partnerin, mit der er einen exaltierten Briefwechsel eröffnet. «Teure Schwester in Christo», «Mittelpunkt meiner Seele» redet er die Leidende an, mit der er sich zu okkulten Gebetsübungen und telepathischen Experimenten vereinigen möchte. Um den späten Schlegel wogt ein von Weihrauch, Erotik und Esoterik unauflösbar gemischter Dunstkreis.

In dieser Zeit wenden sich die letzten Freunde von ihm ab, die ihm noch aus seinen Aufbruchsjahren geblieben sind, unter ihnen der jetzt in Bonn lebende Bruder August Wilhelm, der in einer aufsehenerregenden Stellungnahme den Bruch mit dem einstigen Vertrauten vollzieht. Über dessen Gezänk mit Hegel, dem Friedrich «absoluten Stumpfsinn für alles Göttliche» ankreidet, macht sich August Wilhelm unverhohlen lustig:

«Schlegel predigt gegen Hegel,
für den Teufel schieb' er Kegel.
Hegel spottet über Schlegel,
Sagt, er schwatzt ohn' alle Regel.
Schlegel spannt der Mystik Segel;
Hegel faßt der Logik Flegel.
Kommt, ihr Deutschen, Kind und Kegel,
Von der Saar bis an den Pregel!
Schaut, wie Schlegel kämpft mit Hegel,
Schaut, wie Hegel kämpft mit Schlegel!»

Die ehemaligen «Dioskuren der Kritik» verkommen im gegenseitigen intellektuellen Brudermord.

Und doch! Noch in den verwegensten Doktrinen und Phantasien sind Reminiszenzen an Schlegels frühere humanistische Ziele erkennbar. Noch immer geht es ihm um die Heilung einer in die Abgründe der Entfremdung gestürzten Welt, auch wenn er sich diesen Endzweck aller Geschichte allein als überirdische Erlösung und als Zurücknahme des biblischen Sündenfalls durch das direkte Eingreifen Gottes vorstellen kann. Seine eschatologischen Erwartungen setzen eine Spiritualisierung der Kirche voraus, die vom autoritären Vatikan nicht nur nicht angestrebt, sondern als ketzerisch verdammt wird. So ist es kein Wunder, daß Schlegel sogar in einem Brief an Frau von Stransky der Sorge Ausdruck gibt, er könne mit seinen Ideen bei frommen Katholiken Ärgernis erregen. Erklärt sich von hier aus das merkwürdige Schicksal von Teilen seines Nachlasses, die von einer katholisch gesinnten Gesellschaft bis weit ins 20. Jahrhundert hinein sekretiert bleiben?

Auch in seinen letzten Vorlesungszyklen über die Philosophie des Lebens, der Geschichte, der Sprache und des Wortes äußert er Gedanken, die erst viel später von den Philosophen ernst genommen und zum Gegenstande ihrer Wissenschaft gemacht werden, freilich immer wieder überlagert von seinen esoterisch-verworrenen Geistesgespinsten und einem Predigtton, der nicht mehr auf eine akademische Hörerschaft, sondern auf eine gläubige Gemeinde gestimmt ist.

Im Dezember 1828 kommt der bis zum Ende Ruhelose in Dresden an, um hier seine Vorlesungen über die Philosophie der Sprache und des Wortes zu halten; Dorothea bleibt allein in Wien zurück. Am Rande der Veranstaltungen gibt es ein Wiedersehen mit Tieck, der nicht ohne tiefes Erschrecken die apokalyptischen Visionen des ehemaligen Freundes vernimmt. Beredt verkündigt der ihm die Nähe des Jüngsten Tages: Bald würden die Gestirne die Figur eines Kruzifixes am Himmel annehmen. Auf Tiecks entsetzte Frage, ob er denn wirklich das alles glaube, scheidet Schlegel mitleidig von dem verlorenen Gefährten, «der doch alle Elemente des Glaubens in sich trage, sich zum Glauben selbst nicht erheben könne».

Am Abend des 11. Januar 1829 arbeitet er an einem Vorlesungsmanuskript über das «ganz vollendete und vollkommene Verstehen». Mitten in einem Satz wird er abberufen. Das letzte, in dem begonnenen Satz stehende Wort, das er zu Papier bringt, ist das Wort *aber.* In der Nacht darauf wird er von einem schweren Herzanfall ereilt. Seine Züge, die einst einen Witzling, dann den verwegenen Begründer der Romantik, einen feisten Kleriker, einen eleganten Diplomaten und schließlich einen missionsbesessenen Propheten vorgestellt haben, sind jetzt gräßlich entstellt, wie die Malerin Auguste von Buttlar, die einzige Zeugin seines Sterbens, zu berichten weiß. Erst nachdem ihn der Tod am frühen Morgen des 12. Januar überwältigt hat, ist der Ausdruck von Friedrich Schlegels Gesicht ruhig und ernst.

Lebensgeschichte einer Frau in Verwünschungen

Caroline Schlegel-Schelling

In zweideutigem Ruf

Eine Woche, bevor die noch nicht einundzwanzigjährige Göttinger Professorentochter Caroline Michaelis mit dem Arzt Johann Franz Wilhelm Böhmer vor dem Traualtar steht, spricht ihre Jugendfreundin Therese Heyne, die später eine ihrer gehässigsten Verleumderinnen sein wird, in einem vertraulichen Brief von dem «sehr zweideutigen Ruf», der der Braut vorausgehe. Von «boshaften und unvorsichtigen Streichen» ist die Rede, jedoch auch vom «Anschein der Prüderie»: «... sie hat aber zu viel Eitelkeit, um ohne Falsch zu sein, und zu wenig Welt und Erfahrung, um Toleranz zu besitzen.»

Der Brief mit seinen Anschwärzungen ist wie ein drohendes Wetterleuchten, das jenes Geschick mißtönend ankündigt, unter dem Carolines Leben stehen wird. Kaum eine andere Frau ihrer Generation ist so wie sie eine dauernde Zielscheibe anhaltender Schmähungen, die sie als das «schändlichste aller Geschöpfe» und als «das Übel», als «Dame Luzifer» und als «böser Dämon» apostrophieren. Wie über ein Jahrhundert nach ihrer Geburt ein findiger Redakteur aus den Beschimpfungen, die Richard Wagner zuteil werden, ein «Wörterbuch der Unhöflichkeit» zusammenstellen kann, ließe sich auch aus den Diffamierungen Carolines ein ganzer Index perfider und oft regelrecht abenteuerlicher Verlästerungen kompilieren. Aber merkwürdig: aus den Herabsetzungen, Injurien und frivolen Verdächtigungen wird diese Frau immer wieder aufs neue unangefochten und strahlend hervorgehen, obgleich sie kein einziges Werk der Nachwelt hinterläßt. Keine meßbare Leistung verbindet sich mit ihrem Namen – außer ihrer bewegenden menschlichen Selbstverwirklichung, die im überlieferten Torso ihrer Briefe ein die Zeiten überdauerndes Denkmal finden wird. Auf die Kränkungen der Widersacher und Neider und oft auch der einstigen Freunde antwortet Caroline mit Grazie und Ironie, mit Trauer und Erfahrung im Leiden, auch mit Stolz und Gelassenheit, immer auf dem Wege zur Selbstfindung, die für sie, ganz im romantischen Sinne, ein unendlicher, nie abgeschlossener Prozeß bleibt. Die in den Katastrophen, die über sie hereinbrechen, sich behauptende Frau wird viele Menschen zutiefst beeindrucken, häufig auch irritieren und provozieren. Von ihrer Klugheit, ihrer Souveränität, ihrem Mut und ihrem erotischen Brio schwingt ein Abglanz in den Briefen nach, und noch das von Tischbein gefertigte Porträt, das ein von kastanienfarbenen Locken umspieltes, von Duldertum und Selbstgewißheit gleichermaßen erfülltes Antlitz zeigt, hält einen Schimmer des Faszinosums fest, unter dem Schelling, Carolines dritter Ehegatte, stehen wird, wenn er schreibt: «O etwas der Art kommt nie wieder!»

Von alledem ahnt die junge Frau noch nichts, die an einem Junitag des Jahres 1784 dem Medikus Böhmer die Hand zum Lebensbunde reicht, auch nichts von den Haßtiraden ihrer vermeintlichen Freundin Therese Heyne. Aufgewachsen ist die am 2. September 1763 geborene Frau in einem der glänzendsten Häuser der Universitätsstadt Göttingen: im prächtigen Domizil ihres berühmten Vaters, des Professors Johann David Michaelis, der als Orientalist einen europäischen Namen hat, wiewohl Alexander von Humboldt seinen mit Zoten gewürzten Vortrag tadelt. Behütet vor materieller Bedürftigkeit und vor den Nachstellungen der Studenten, die sich in Göttingen ohnehin gesitteter betragen als anderswo, wächst das Mädchen heran, abgeschirmt von den niederen Ständen und erzogen von Hauslehrern. Einem von ihnen schreibt die Neunjährige mit steiler Kinderschrift ins Stammbuch:

«Schön, schön ist Heldentapferkeit,
Ihr Ruhm steigt himmelhoch:
Doch niebesiegte Menschlichkeit
Unendlich höher noch!»

Der ungelenke Vers steht wie ein Leitwort über dem ferneren Dasein dieses Mädchens, dessen einzige große Lebensaufgabe die Bewahrung der «niebesiegten Menschlichkeit» sein wird.

Caroline liest die Erfolgsbücher der Zeit: Millers «Siegwart», Hermes' «Sophiens Reise von Memel nach Sachsen», Wielands «Oberon», aber auch schon Shakespeare und Milton in der Originalsprache. Mit vierzehn Jahren hat sie ein erstes Herzenserlebnis mit dem Heidelberger Juristen Wilhelm Link. Sechzehnjährig lernt sie den bereits berühmten Schriftsteller Georg Forster kennen, dessen «Reise um die Welt», die Beschreibung seiner mit James Cook unternommenen Weltumseglung, gerade erscheint. Ende September 1783 kommt gar der erst vor einem Jahr geadelte weimarische Geheime Rat Johann Wolfgang von Goethe ins Haus des Vaters. Wenngleich er mit seinem «Werther» eines der vielgelesenen, aber auch umstrittensten Bücher der Epoche geschrieben hat, sind nun doch «alle unsre schnurgerechten Herren Professoren ... dahin gebracht», ihn «für einen soliden hochachtungswürdigen Mann zu halten», teilt Caroline nicht ohne Ironie ihrer in Gotha lebenden Freundin Luise Gotter mit.

Längst aber ist sie in das Alter gelangt, in dem deutsche Bürgertöchter von ihren Vätern einigermaßen standesgemäß unter das Dach einer Ehe gebracht und so auf Lebenszeit versorgt werden. Die Zuneigung des Mädchens zu ihrem künftigen Lebensgefährten spielt dabei kaum eine Rolle. Im bangen Vorgefühl eines solchen Fatums gesteht schon die achtzehnjährige Caroline: «... ich würde, wenn ich ganz mein eigner Herr wäre und außerdem in einer anständigen und angenehmen Lage leben könnte, weit lieber gar nicht heiraten und auf andre Art der Welt zu nutzen suchen.» Zum ersten Male erwacht in ihr ein Vorgefühl des romantischen Individualitätsbewußtseins, bäumt sich das Verlangen nach Verwirklichung der eigenen Persönlichkeit gegen eine barbarische Konvention auf, damit vielleicht die Mißgunst der um ein Jahr jüngeren Therese Heyne auf den Plan rufend. Aber drei Jahre später ist es soweit: sie muß mit dem aus der Nachbarschaft stammenden, um ein Jahrzehnt älteren Berg- und Stadt-Medikus Böhmer den Bund der Ehe eingehen. Resignierend und einigermaßen illusionslos glaubt sie von ihrem jungen Eheglück, «es wird bleibend sein, weils nicht übertrieben ist».

Diese Worte sind schon in Clausthal geschrieben, einem Städtchen im Harz, wo der Doktor Böhmer als Arzt wirkt und wo nun auch seine junge Frau leben muß, ohne sich aber «in die hiesige Form gießen» zu können. Schmerzlich entbehrt Caroline die Entfernung von allen geistigen Anregungen und das Ausgesetztsein in eine Umwelt, die ihr fremd bleibt. Dabei ist ihre Ehe nicht geradezu unglücklich, aber auch nicht glücklich zu nennen. Böhmer ist ein freundlicher, stiller, sehr zurückhaltender Mann und ein geschickter Arzt, der freilich die anspruchsvollen intellektuellen Ambitionen seiner Frau nicht einmal bemerkt. Schon nach einem Jahr bezeichnet sich Caroline als eine «Mistbeetpflanze, die Sonne und Luft nur durch Glas genießt». Die rauhe Harzlandschaft, den kurzen Sommer und den langen Winter erlebt sie als vielsagende Spiegelbilder ihrer frierenden Seele, hiermit das Naturgefühl der Romantiker auf ihre Weise vorwegnehmend: «Mit Trauer seh ich den Schnee, die Scheidewand zwischen mir und der Welt ...» Und immer wieder fragt sie: «Wo liegt außer Grönland soviel Schnee?» Mühsam läßt sie sich von der Botenfrau Bücher heranschaffen, die ihr einen Widerschein der fernen und vielleicht für immer verlorenen Welt hinauf in die Einöde holen sollen: Mösers «Patriotische Phantasien», die «Rheinische Thalia» mit Schillers «Don Carlos»-Fragment, Archenholz' «Reisen durch England und Italien».

Am 28. April 1785 bringt sie ihr erstes Kind zur Welt: das Töchterchen Philippine Augusta, das später der Liebling des Jenaer Romantikerkreises sein wird. Fast genau zwei Jahre danach folgt die kleine Therese. Wiederum ein Jahr darauf stirbt Böhmer an einer Infektion, die er sich bei seiner ärztlichen Tätigkeit zugezogen hat. Das dritte Kind, Wilhelm, wird im Herbst geboren, stirbt aber schon in den ersten Wochen.

Die erst Fünfundzwanzigjährige ist fest entschlossen, die unerwartet zurückerlangte Freiheit zu nutzen und ihr Dasein fortan in die eigenen Hände zu nehmen: «Auf Wunder rechnet man nicht, wenn man sich fähig fühlt, Wunder zu tun und ein widerstrebendes Schicksal durch ein glühendes, überfülltes, in Schmerz wie in Freuden schwelgendes Herz zu bezwingen.» Sie wendet sich zunächst nach Göttingen, verbringt die nächste Zeit im Elternhaus, hat eine Affäre mit dem englischen Prinzenbegleiter Georg Tatter, weist aber alle Werber ab, unter denen sich schon der zweiundzwanzigjährige Student August Wilhelm Schlegel befindet. Nicht auf eine neue bürgerliche Bindung ist ihr Sinn gerichtet, sondern auf eine letztlich überpersönliche Neugestaltung der sie umgebenden, ihre Persönlichkeit unterdrückenden Gesellschaft, mit der sie sich nun nicht mehr arrangieren will. «Wir sind stolze Bettler», schreibt sie schon einige Monate vor dem Pariser Bastillesturm an den Göttinger Bibliothekar Meyer, «und ich kenne noch einige von der Art, lassen Sie uns lieber einmal eine Bande zusammen machen, einen geheimen Orden, der die Ordnung der Dinge umkehrt, und wie die Illuminaten die Klugen an die Stelle der Toren setzen wollten, so möchten denn die Reichen abtreten und die Armen die Welt regieren.»

Solche Äußerungen häufen sich in den beiden Jahren, die Caroline beim Bruder in Marburg verbringt. Der Tod der zweieinhalbjährigen Tochter Therese trägt dazu bei, weiter die Fesseln zu lösen, die sie ohnehin nur noch schwach mit der Welt ihres Herkommens verbinden. Streng und «unparteiisch» geht sie mit sich selbst ins Gericht, unterwirft sich den rigorosesten Gewissenserforschungen und nimmt die Steigerung ihrer Persönlichkeit als Lebensgesetz an: «Hernach wird es wieder besser – man *ist* wieder besser – bis man von Neuem sinkt und sich von Neuem erhebt.» Ironisch, fast höhnisch lehnt sie den Heiratsantrag eines Gothaer Superintendenten ab, der sich ihretwegen sogar von «seiner ehrwürdigen Perücke» getrennt hat. Vor die Wahl gestellt, sich für die «träge Natur» oder für die «reine innere Flamme» zu entscheiden, will sie sich nun nicht mehr «in die gewöhnliche Reihe der Dinge» pferchen lassen.

Im März 1792 kommt sie zusammen mit dem einzigen ihr verbliebenen Kind, der kleinen Auguste, in Mainz an, wohin sie die einstige Jugendfreundin Therese eingeladen hat, die seit einigen Jahren mit dem Schriftsteller Georg Forster in unglücklicher Ehe lebt. Weiß Caroline, daß Therese sie schon längst «boshafter und unvorsichtiger Streiche» bezichtigt hat? Auf ihre Freundschaft rechnet die junge Witwe nicht mehr, die in Mainz nur «unbekannt leben und neben einer gewissen Einsamkeit Vergnügen des Geistes und der Sinne genießen» möchte. Aber der von der falschen Freundin konstatierte «zweideutige Ruf» geht Caroline unsichtbar, jedoch desto wirkungsvoller voraus. Denn kann es nicht nur eine verworfene «Dirne» sein, die die Werbung eines wohlbestallten Superintendenten ausschlägt und dafür lieber unabhängig die «Vergnügen des Geistes und der Sinne genießen» will?

Das schändlichste von allen Geschöpfen

Als sie in Mainz eintrifft, ist die Ehe der Forsters bereits in offener Auflösung: Therese hat ein Verhältnis mit dem Literaten und sächsischen Legationssekretär Ludwig Ferdinand Huber, der auch der Vater ihrer beiden zuletzt geborenen Kinder ist. Die Zerrüttung von Forsters Ehe bewegt Caroline ebenso wie die Vorgänge im nahen Frankreich, deren revolutionärer Feueratem ganz unmittelbar in Mainz zu spüren ist und die in der «Politischen und literarischen Lese- und Konversationsgesellschaft» lebhaft erörtert werden. Kurfürst Friedrich Karl Joseph von Erthal, des Heiligen Römischen Reichs Deutscher Nation Erzkanzler und Vorsitzer des Kollegiums der deutschen Kurfürsten, umgibt sich gern mit der Aura eines aufgeklärten Regenten und hat aus diesem Grunde auch Forster als Bibliothekar berufen. Dennoch hält er seine Untertanen in eiserner Zucht. Die meisten von ihnen sind als Beamte, Handwerker, Geistliche und Bediente auch ökonomisch vom Hof abhängig, der zwei Drittel der Steuereinnahmen des Kurfürstentums verbraucht.

Einen Monat nach Caroline Böhmers Ankunft erklärt Frankreich dem konterrevolutionären Österreich den Krieg, aber noch bleibt es ruhig an der Grenze. Am 14. Juli

1792, dem dritten Jahrestag des Sturms auf die Bastille, wird unter theatralischem Gepränge, das geflissentlich die «Aufrührer» jenseits des Rheins provozieren soll, in Frankfurt dem Habsburger Franz II. die Kaiserkrone aufs gesalbte Haupt gesetzt. Kurfürst Erthal, der sich zu diesem Anlaß eine Galagewandung für 16565 Florin schneidern und mit Juwelen besetzen läßt, lädt die ganze Festgesellschaft nach Mainz ein, wo Caroline, am Straßenrand stehend, fast widerwillig zur Zeugin des Spektakels wird: «Die Zusammenkunft des Deutschen Reichs hat so auch für uns zum Fest werden müssen – ohngeachtet es für unsern bürgerlichen Sinn keins sein konnte.» Am 25. Juli erläßt der Herzog von Braunschweig, Oberkommandierender der verbündeten Armeen, sein berüchtigtes Manifest, das der Stadt Paris «mit einem gräßlichen Ruine» droht, wenn dem französischen Königspaar «die mindeste Beleidigung zugefügt» werden sollte. Mit beispielloser Erbitterung antworten die Franzosen, die zu Tausenden die Waffen ergreifen, um das bedrohte Vaterland zu verteidigen.

In welch «zweideutigem Ruf» Caroline bereits zu Hause in Göttingen steht, läßt die Erwiderung vermuten, die sie dem Jugendfreund Meyer schreibt: «Das rote Jakobiner-Käppchen, das Sie mir aufsetzen, werf ich Ihnen an den Kopf.» Aber dann fährt sie sogleich fort: «Für das Glück der kaiserl. und königlichen Waffen wird freilich nicht gebetet – die Despotie wird verabscheut ...» Am 20. August trifft Goethe im Gefolge des Herzogs von Weimar ein, der als preußischer General mit den Koalitionstruppen nach Frankreich zieht. Dann sieht es so aus, als ob die Kampagne für die Verbündeten tatsächlich so etwas wie ein «Spaziergang nach Paris» würde: in schneller Folge fallen die Festungen Longwy und Verdun. Aber am 20. September wird der alliierte Vormarsch durch den entschlossenen Widerstand der französischen Revolutionsarmee bei Valmy zum Halten gebracht – unausgebildete, schlecht bewaffnete, aber von der Begeisterung für eine große Idee be-

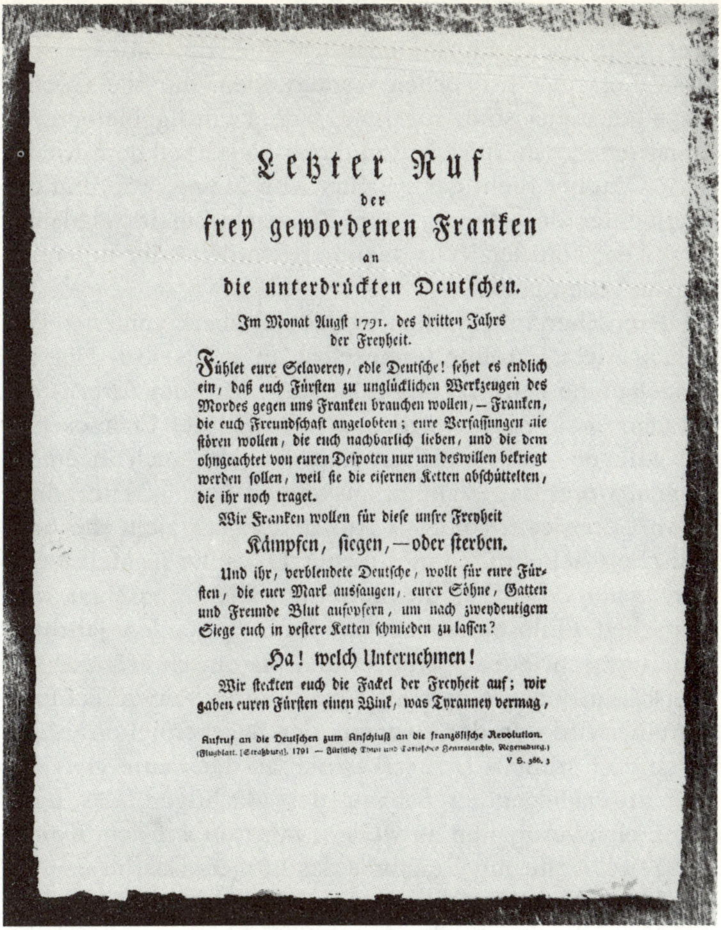

Letzter Ruf
der
frey gewordenen Franken
an
die unterdrückten Deutschen.

Im Monat Augst 1791. des dritten Jahrs
der Freyheit.

Fühlet eure Sclaverey, edle Deutsche! sehet es endlich ein, daß euch Fürsten zu unglücklichen Werkzeugen des Mordes gegen uns Franken brauchen wollen, – Franken, die euch Freundschaft angelobten; eure Verfassungen nie stören wollen, die euch nachbarlich lieben, und die dem ohngeachtet von euren Despoten nur um deswillen bekriegt werden sollen, weil sie die eisernen Ketten abschüttelten, die ihr noch traget.

Wir Franken wollen für diese unsre Freyheit

Kämpfen, siegen, – oder sterben.

Und ihr, verblendete Deutsche, wollt für eure Fürsten, die euer Mark aussaugen, eurer Söhne, Gatten und Freunde Blut aufopfern, um nach zweydeutigem Siege euch in vestere Ketten schmieden zu lassen?

Ha! welch Unternehmen!

Wir steckten euch die Fackel der Freyheit auf; wir gaben euren Fürsten einen Wink, was Tyranney vermag,

Aufruf an die Deutschen zum Anschluß an die französische Revolution.
(Flugblatt. [Straßburg], 1791 — Fürstlich Thurn und Taxissches Zentralarchiv, Regensburg.)
V S. 386, 3

Erste Seite eines Flugblatts,
das die Deutschen zum Anschluß
an die Französische Revolution aufruft,
1791

seelte Sansculotten schlagen das friderizianische Söldnerheer in panische Flucht! Die sich überstürzenden Ereignisse dieser Herbstwochen werden allen, die wie Goethe «dabeigewesen» sind, für immer denkwürdig bleiben. In Eilmärschen nähern sich die Franzosen schnell dem Rhein, am 4. Oktober flieht der Kurfürst von Mainz, während die Regimenter des Herzogs von Braunschweig im Schlamm versinken, von der Ruhr dezimiert werden oder nur noch um ihr Leben laufen.

Den raschen moralischen Verfall der überkommenen Gewalten erlebt Caroline unmittelbar an sich selbst. Der davongelaufene Kurfürst ist für sie nur noch «der Alte»: «Seit 6 Tagen erwarten wir täglich den Einfall der Franzosen – alle Adligen sind geflüchtet und der Alte auch in einem Wagen, wo er das Wappen auskratzen ließ. ... Hier gibt's schon Cocardes tricolores.» Am 21. Oktober zieht die französische Rheinarmee unter General Custine in Mainz ein: zum ersten Male hat die Befreiung aller Menschen, von deutschen Philosophen des zu Ende gehenden Jahrhunderts immer wieder postuliert und platonisch erörtert, auf deutschem Boden eine reale Chance ihrer Verwirklichung! Caroline wird von der Dynamik der Begebenheiten mitgerissen und erinnert sich sarkastisch an den kaum vier Monate zurückliegenden Schwur der Mächtigen, das neue Frankreich vernichten zu wollen, «wo nun auf dem Komödienzettel steht: mit Erlaubnis des Bürgers Custine».

Am 5. November schließt sich Forster der «Gesellschaft der Freunde der Freiheit und Gleichheit» an, vierzehn Tage später wird er Vizepräsident der «Provisorischen Administration», der neuen Verwaltung der befreiten Gebiete zwischen Landau und Bingen. Am 7. Dezember verläßt ihn seine Frau Therese – angeblich, um die Kinder in Sicherheit zu bringen, tatsächlich aber, um sich endlich von Forster zu trennen und mit Huber zu verbinden. Von nun an besorgt Caroline den Haushalt des Vereinsamten, der die kurze Lebensspanne, die ihm noch zugemessen ist, ganz in den Dienst der soeben erlangten Freiheit stellt. Ihr ist nur zu bewußt, daß sie damit das Feuer schürt, in das sie falsche Freunde und heuchlerische Tugendwächter stoßen möchten. «Mde. Böhmer, die Witwe, ist an Forsters Unglück nebst Huber am meisten schuld», denunziert sie der Anatom Sömmering, Forsters früherer Gesinnungsgenosse, bei Thereses Vater, der sie nun seinerseits als das «schändlichste von allen Geschöpfen» und als den «Teufel von einem Weibe» beschimpft. Die Verunglimpfung Carolines als ein «so ganz elendes, aller Achtung unwürdiges Weib» soll gleichzeitig die angebliche Verderberin von Forsters Ehe und die Sympathisantin der Revolution treffen: wie später noch so oft, bedient man sich bei der Diskreditierung seiner Gegner mit Vorliebe moralischer Verdikte. Dabei wissen die eifernden Sittlichkeitsapostel nicht einmal, daß sich Caroline in Mainz tatsächlich einem Mann hingegeben hat, einem französischen Offizier, der Adjutant des Stadtkommandanten ist! Als sie Ende März 1793 die von der Eroberung durch die Preußen bedrohte Stadt verläßt, fühlt sie, daß sie schwanger ist. «Madame Böhmer will nach Göttingen zurückkehren, wie ich ganz sicher weiß – sie hat viel Böses bei uns angerichtet und sich sehr garstig betragen», zetert der Zuträger Sömmering, der auf seine Art bestätigt, daß hoher wissenschaftlicher Rang noch lange keine menschliche Integrität verbürgt.

Am 30. März wird der Reisewagen, in dem Caroline mit der kleinen Auguste und anderen Frauen zu fliehen sucht, in der Nähe von Oppenheim angehalten; alle Insassen geraten, da sie aus Mainz kommen, in preußischen Gewahrsam. Nach strengem Verhör bringt man sie auf die Festung Königstein im Taunus. Während die Brandkugeln der Belagerer das revolutionäre Mainz in Flammen aufgehen lassen, verbringt Caroline hinter Festungsmauern die verzweifeltsten Wochen ihres Lebens. Kommt ihr Zustand ans Licht, ist sie moralisch, ja existentiell für immer zugrunde gerichtet, noch dazu, weil der Vater des Kindes, das sie trägt, ein französischer Besatzungsoffizier ist. Sollte ihre Lage ruchbar werden, ist sie fest entschlossen, freiwillig aus dem Leben zu gehen, da es für das Töchterchen Auguste besser ist, «ganz Waise zu sein, als eine entehrte Mutter zu haben». Gift wird ihr August Wilhelm Schlegel verschaffen, dessen Werbungen sie einst abgewiesen hat.

Im Juni wird sie nach Kronberg gebracht, bleibt aber als Gefangene noch immer den «Räuberformalitäten» ihrer Bewacher ausgeliefert. Endlich, am 5. Juli, wird sie entlassen. Schlegel, der in Amsterdam eine Hofmeisterstelle innehat, eilt herbei, um sie in Sicherheit zu bringen. Auf dem Wege nach Sachsen hören sie von den wilden Orgien des Hasses und der Vergeltung, die die siegreichen Belagerer von Mainz in der inzwischen gefallenen Stadt begehen. Am 3. November bringt Caroline in dem unweit von Leipzig gelegenen Lucka einen Knaben zur Welt, aber das «Kind der Glut und Nacht» stirbt schon nach siebzehn Monaten.

Caroline steht am Nullpunkt ihrer Existenz, als ihr die Heimatstadt Göttingen «in Rücksicht der achtungswertesten Familien, denen sie angehört», den Aufenthalt untersagt. Sie geht mit Auguste nach Braunschweig, wo sich bald auch Schlegel niederläßt. Ist es ein Zeichen von Resignation, als sie mit ihm am 1. Juli 1796 in der Braunschweiger Katharinenkirche vor den Traualtar tritt? Ist es, wie sie später resümiert, tatsächlich nur der Wunsch, «mir und meinem Kinde in meiner damaligen zerrütteten Lage einen Beschützer zu geben»? Legt es das «verworfene Geschöpf» nur darauf an, einen begabten jungen Schriftsteller als Handlanger für ihren erneuten Aufstieg zu mißbrauchen?

Die Dame Luzifer

Eine Woche nach der Hochzeit kommt das Ehepaar Schlegel in Jena an, wo August Wilhelm als Mitarbeiter von Schillers «Horen» ideale literarische Entfaltungsmöglichkei-

Caroline Schlegel-Schelling im Jahr 1798

Nächtliche Beschießung von Mainz, 1793

Ansicht von Weißenfels an der Saale, 1786

Novalis

Sophie von Kühn

Novalis

Julie von Charpentier

Rahel Levin-Varnhagen um 1785

ten zu finden hofft. Für Caroline ist die Stadt «an dem Ufer der reißenden Saale» ein «grundgelehrtes, aber doch recht lustiges Wirtshaus». Bedeutende Wissenschaftler und Dichter – unter ihnen Schiller, der Mediziner Loder, der Chemiker Döbereiner, die Philosophen Fichte und Reinhold, die Theologen Paulus und Niethammer – erheben Jena für einige Jahre zum intellektuellen Zentrum Deutschlands, wozu außerdem noch die engen Bindungen an das nahe Weimar kommen. Höfischer Zwang und kleinbürgerliche Enge fehlen; vielmehr beherrschen Weltoffenheit, Liberalität und das burschikose Treiben der Studenten das Klima.

Die Jahre von Jena werden, trotz mancher Querelen und Verwirrungen, Carolines große Zeit. Und August Wilhelm Schlegel erlebt in der Gemeinsamkeit mit dieser Frau die schöpferischste Phase seines Daseins. Er schreibt für die «Allgemeine Literaturzeitung» etwa 300 Rezensionen, gibt von 1798 an zusammen mit seinem Bruder Friedrich die Zeitschrift «Athenäum» heraus und arbeitet vor allem an seiner Shakespeare-Übersetzung, hierbei assistiert von seiner Frau, die die Korrekturen liest und bei Textvarianten häufig den Ausschlag gibt. Caroline ist bald der faszinierende Mittelpunkt des Kreises junger Literaten und Gelehrter, die sich um die Brüder Schlegel im Haus am Löbdergraben scharen. Sie ist unmittelbar an der Abfassung des programmatischen «Athenäums»-Aufsatzes «Die Gemälde» beteiligt, unterstützt ihren Mann bei der Arbeit an seinen brillanten Kritiken, führt ein entscheidendes Wort in den bewegten Debatten des Romantikerzirkels, diskutiert und korrespondiert mit dem bewunderten Goethe, ergreift für den wegen «Atheismus» gemaßregelten Fichte Partei, weiß zauberhaft vorzulesen und wirkt besonders durch die Ausstrahlung ihrer Persönlichkeit. Von der Sensibilität, dem geistigen Reichtum und den anregenden Impulsen, die von ihrer Konversationskunst ausgehen, werden noch die fragmentarisch überlieferten Briefe der Nachwelt einen Abglanz vermitteln.

Aber August Wilhelm Schlegels «blauäugichte Athene» schweift nicht nur durch die Regionen der Literatur und Philosophie. Als Frau eines vielbesuchten Schriftstellers und bald auch Professors steht sie einem turbulenten, freilich auch einigermaßen bohemehaften Haushalt vor, denn die von den Romantikern praktizierte Lebensform äußert sich besonders in einer gesteigerten Geselligkeit. Oft hat Caroline zehn und mehr Gäste zum Mittagessen zu bewirten, sie reinigt Stuben und Kammern, hat an manchen Tagen bis zu «20 Vorhänge aufzustecken», kümmert sich um die Töchter anderer Professorenfrauen, bereitet Weihnachtsbescherungen vor und muß den empfindlichen, dabei zu ständigen Amouren neigenden Schlegel mit Humor und Raffinement in Ton und Takt halten. Da dessen Einkünfte nicht eben reichlich fließen, muß sie manches Souper buchstäblich herbeizaubern: «Es ist kein Tropfen Wein im Haus.» Dann aber betrinkt sie sich mit dem Schwager Friedrich oder reist nach Weimar, macht dort die Bekanntschaft der Schauspielerin Corona Schröter, läßt sich bei einem Diner im Hause am Frauenplan von Goethe die Speisen vorlegen, scherzt mit Wieland, ist vom «kurländischen Akzent» Herders hingerissen und bekommt nach der Premiere von «Wallensteins Lager» von Fichte «4 Gläser Champagner aufgenötigt».

Nur zu Schiller trübt sich das Verhältnis bald. Hat schon Friedrich Schlegels despektierliche Besprechung des Gedichtes «Würde der Frauen» Schiller konsterniert, so entspricht gerade Caroline nicht im entferntesten dessen weiblichem Ideal, denn sie will sich durchaus nicht damit begnügen, «himmlische Rosen ins irdische Leben» zu flechten, das «Zepter der Sitte» zu führen und der «Züchtigkeit köstliche Blüte» zu hüten. Auf Emanzipation, wenn auch nicht im grundsätzlichen, so doch persönlichen Sinne, ist ihr Streben gerichtet, nicht auf ein ödes Dasein als «züchtige Hausfrau», die die Kinder lehrt, den heimischen Gewinn mehrt und «um die schnurrende Spindel den Faden» dreht! Als nach einer neuerlichen Attacke Friedrich Schlegels gegen die «Horen» Schiller auch dem Bruder August Wilhelm die Mitarbeit an der Zeitschrift kündigt, kommt es zum Bruch. Bald unterstellt der Appellationsrat Christian Gottfried Körner, Schillers Dresdner Freund, Schlegel sei «durch seine Frau» ins Verderben gestürzt worden, die Frau Wilhelm von Humboldts nennt Caroline eine «Schlange», und die Tochter des Jenaer Theologen Döderlein übermittelt ihrem Verlobten gar den folgenden Ratschlag: «Die Schillern läßt Dir sagen, sowie die Schlegeln zum Hause heraus ist, solltest Du alle Türen und Fenster öffnen und dann zwei Pfund Räucherpulver verschießen, damit die Luft von der früheren Bewohnerin gereiniget werde. Ein Pfund Räucherpulver wolle die Schillern selbst dazu geben.» Zum ersten Male wird bei Carolines Erscheinen, wie später noch mehrfach, eine Teufelsaustreibung empfohlen, wenn auch mit ironischer Distanz; in Schillers Umgebung jedenfalls nennt man die Professorin Schlegel nur noch «das Übel» und «die Dame Luzifer»!

Aber auch in dem Kreis, der sich nahezu täglich im gastfreien Schlegel-Haus versammelt, werden Disharmonien unüberhörbar. Als Ende 1798 der erst dreiundzwanzigjährige Friedrich Wilhelm Joseph Schelling als außerordentlicher Professor an die Jenaer Universität kommt, wird Carolines und August Wilhelms Ehe, von Anfang an nur auf dem schwankenden Fundament des gegenseitigen Respekts, aber kaum einer tieferen Bindung errichtet, einer schweren Belastungsprobe unterworfen, der sie nicht standhält. Der junge Schwabe mit dem trotzigen Gesicht, das von markanten Backenknochen, weit auseinanderliegenden Schläfen, einer hohen Stirn und großen klaren Augen bestimmt ist, wirkt auf seine Schüler, aber ebenso auf die um zwölf Jahre ältere Caroline wie ein elementares Wesen, das mit der «Ironie in der Schlegelschen Familie» nicht viel anzufangen vermag. Im breiten, pointiert-pathetischen Schwäbisch spricht der Pfarrerssohn aus Leonberg von der

Natur als von einer «Odyssee des Geistes» und von einem «dynamischen Prozeß» und verkündet redegewaltig die innere Einheit von «Natur», «Materie» und «Kraft». Und Kraft ist es auch, die von ihm ausgeht: «Er ist ... ein Mensch, Mauern zu durchbrechen.» Caroline, die staunend diese Worte niederschreibt, vergleicht ihn mit «echtem Granit», woraufhin Friedrich Schlegel maliziös antwortet: «Aber wo wird Schelling, der Granit, eine Granitin finden? Wenigstens muß sie doch von Basalt sein?»

Noch einmal, im November 1799, ist sie ein strahlender Mittelpunkt, als sich die Romantiker in Schlegels Jenaer Haus zu ihrem Treffen versammeln, das in die Literaturgeschichte eingehen wird. Aber zu diesem Zeitpunkt flirtet August Wilhelm bereits mit anderen Schönheiten, während sein Bruder Friedrich und dessen Lebenskameradin, die aus Berlin herbeigereiste Dorothea Veit, ihre Gehässigkeiten über Caroline auszugießen beginnen, deren Gastfreundschaft sie gleichwohl weiterhin in Anspruch nehmen. Bei Dorothea ist ohne Zweifel das Leiden an der jüdischen Herkunft, an ihrer kurz zuvor vollzogenen Scheidung und an ihrem wenig gefälligen Äußeren im Spiele. Aber hinter den menschlichen Händeln und Aversionen regt sich eine allgemeine Ratlosigkeit, die einige der Gefährten angesichts der Unmöglichkeit einer Verwirklichung ihrer hochgestochenen emanzipatorischen Ziele erfüllt. Schon zeichnet sich bei Friedrich Schlegel die Preisgabe der Philosophie zugunsten der Religion ab, wobei auch bei ihm Neid auf den glücklicheren Schelling ein Motiv sein mag.

Bisher ist Caroline das Ziel von Verleumdungen gewesen, die von offenen Widersachern gegen sie gerichtet worden sind. Jetzt treffen sie die Giftpfeile heuchlerischer Freunde. Dorothea Veit findet nun Carolines Urteile «greulich und lächerlich», unterstellt ihr scheelsüchtigen Haß auf Friedrich Schlegel, prophezeit, sie würde «nun ebenso in Schellings Naturphilosophie und Poesie panschen als vorher in Wilhelms Poesie», ja sie spricht ihr sogar das Recht und die Fähigkeit ab, die Tochter Auguste erziehen zu können.

Die fünfzehnjährige Auguste, der vergötterte Liebling des ganzen Zirkels, stirbt im Juli des Jahres 1800 auf einer Badereise im fränkischen Bocklet an der Ruhr. Der Tod des letzten der vier Kinder, die Caroline geboren hat, stürzt sie in eine qualvolle Krise, die ihr ganzes Sein in Frage stellt: «Ich lebe nur noch halb und wandle wie ein Schatten auf der Erde.» Daß sie nun offen die Verdammungen Dorotheas und Friedrichs treffen, läßt zu dem Schmerz um die Tochter auch noch tiefe Enttäuschung treten, hat sie doch den Schwager und seine verfemte Geliebte hilfsbereit aufgenommen. «Ich habe nun alles verloren, mein Kleinod, das Leben meines Lebens ist hin, man würde mir vielleicht verzeihen, wenn ich auch die letzte Hülle noch von mir würfe, um mich zu befreien, aber hierin bin ich gebunden – ich muß dieses Dasein fortsetzen, solange es dem Himmel gefällt, und das einzige, was ich dafür noch Bestimmtes wünschen kann, ist Ruhe und Übereinstimmung in meinen nächsten Umgebungen.»

In Übereinstimmung aber kann sie mit August Wilhelm nicht mehr leben: der Kreis von Jena ist ausgeschritten. Sie weiß, daß sie ihr Leben nun ganz neu aufbauen muß und daß ihr dieser höchste Einsatz aller ihrer Kräfte nur im Bunde mit Schelling gelingen kann, der ihr gleichermaßen Geliebter und Sohn ist. Am 17. Mai 1803 wird die Ehe, mit Billigung des Herzogs Carl August und durch Vermittlung Goethes, vom Weimarischen Oberkonsistorium geschieden – auch im Einvernehmen mit August Wilhelm Schlegel, der sich schon seit Beginn der Beziehungen seiner Frau zu Schelling viel nobler und toleranter verhalten hat als sein Bruder. Bei späteren Besuchen, die er dem Ehepaar Schelling abstattet, ist er bestrebt, die «Bitterkeit der Erinnerung auszulöschen». Caroline bleibt August Wilhelm trotz aller inneren Entfremdung dankbar verbunden, als sie

Abschied von ihm nimmt und den Reisewagen besteigt, der sie ins schwäbische Murrhardt zu Schellings Eltern bringen soll. Zurück bleibt ein Mann, für den seine besten schöpferischen Jahre mit der Trennung von Caroline vorüber sind, die ihm schon nach dem Tode Augustes ihr Vermächtnis anvertraut hat, ihn dabei vergeblich zur Entfaltung seines eigenen Dichtertums aufrufend: «O mein Freund, wiederhole es Dir unaufhörlich, wie kurz das Leben ist, und daß nichts so wahrhaftig existiert als ein Kunstwerk – Kritik geht unter, leibliche Geschlechter verlöschen, Systeme wechseln, aber wenn die Welt einmal aufbrennt wie ein Papierschnitzel, so werden die Kunstwerke die letzten lebendigen Funken sein, die in das Haus Gottes gehn – dann erst kommt Finsternis.»

Die zweibeinige Schlange

Ende Juni 1803 steht Caroline zum dritten Male vor dem Traualtar, als sie mit Schelling die Ringe wechselt. Sie weiß, daß sie durch die Scheidung von Schlegel und durch ihre neue Vermählung die Verteufelungen eher noch schürt, die schon ihren bisherigen Lebensweg begleiteten. «Sonderbar ist es, daß, *einmal* in die Stürme einer großen Revolution verwickelt, ich es gleichsam jetzt zum zweitenmal werde.» Aber sie nimmt das Schicksal, auch künftig als «Dame Luzifer» zu gelten, auf sich, sie will ihrem Mann die Gefährtin sein, die er braucht, um das eigene Werk vollbringen zu können. Tatsächlich ist es «unter den großen Philosophen nur Schelling», wie noch Karl Jaspers hervorhebt, «für den eine Frau durch ihre Persönlichkeit von entscheidender Bedeutung» wird, «und zwar nicht nur durch erotische Leidenschaft und menschliche Verbundenheit, sondern in eins damit ursprünglich durch ihr geistiges Wesen».

Als das Paar im Herbst 1803 in Würzburg anlangt, wo

Schelling eine Professur an der Universität erhält, ist die Vierzigjährige noch eine blühende Frau, ja ihre Schönheit ist mit ihren Erfahrungen, Leiden und Bewährungen gewachsen. Selbst einige schwere Krankheiten der letzten Jahre und der Verlust Augustes haben dem Glanz ihres kastanienbraunen Haares nichts anhaben können. Als aber Schelling in seinen Vorlesungen Ansichten vertritt, die in dem schon von Kleist argwöhnisch erlebten Zentrum des süddeutschen Katholizismus als Provokationen aufgenommen werden und er schließlich eine offizielle Rüge erhält, suchen seine Widersacher in Caroline die Schuldige. Der Theologe Paulus, schon in Jena einer ihrer Ehrabschneider und jetzt ebenfalls Würzburger Professor, nennt sie eine «Katze» und findet es «recht gut, daß unsere Wohnung durch eine Kirche von der ihrigen getrennt ist, wo nach katholischer Sitte fleißig geräuchert wird».

Alle diese Schmähungen treten aber weit zurück gegen die geradezu grotesken Invektiven, die die ehemaligen Freunde Dorothea und Friedrich Schlegel gegen ihre frühere Gastgeberin ausstoßen. Während sie Schelling als «pfiffigen literarischen Räuberhauptmann und Schinderhannes oder Rinaldo Rinaldini» diffamieren, werden sie nicht müde, immer abenteuerlichere Bilder für die «Frau Luzifern» zu erdenken, die sie den «großen Teufel», «Madame Schwerdtlein» oder gar die «zweibeinige Schlange» heißen. Immer wieder umkreist die Phantasie Friedrich Schlegels, der längst mit der katholischen Kirche sympathisiert und bald zu ihr übertreten wird, alle ihm nur denkbaren Möglichkeiten von Teufelsaustreibungen, die er an Caroline praktiziert sehen möchte: «... Das Kräftigste unter allen ist das sogenannte *Teufelsgeißelchen*, das die besondre Eigenschaft hat, den Satanas, wenn er sich auch in den schönsten Engel verkleidet habe, sobald er davon berührt werde, in seiner ursprünglichen Mißgestalt zu zeigen mit Klauen, Hörnern, Schwanz etc. Das Büchelchen in einem eleganten Teezirkel heimlich der Madame Luzifer unter den *Allerwertesten* geschoben, müßte von erfreulicher Wirkung sein. Sind auch in Würzburg die Kamine weit genug zu einer möglichst schnellen Retirade?» Caroline muß auch die wenigen Jahre, die ihr noch bleiben, unter dem Gesetz verbringen, unter das sie früh genötigt wurde.

Der Aufenthalt in der barocken Prunkstadt im malerischen Maintal wird den Schellings aber nicht nur durch das gegen Caroline entfachte Treiben verleidet. Schon Ende 1804 verbietet der Bischof von Würzburg allen katholischen Theologiestudenten, die Vorlesungen des «Ketzers» zu besuchen, und als die Stadt nach der Schlacht bei Austerlitz eine neue Herrschaft erhält, verweigert Schelling den Eid auf sie.

Die Übersiedlung des Paars nach München, der Hauptstadt des soeben zum Königreich von Napoleons Gnaden aufgestiegenen Bayern, geschieht vor dem dramatisch wechselnden Hintergrund des sich von Jahr zu Jahr, beinahe von Monat zu Monat immer mehr zuspitzenden Zeitgeschehens. In Carolines Briefen ist oft von andauernden Feldzügen, Schlachten, Plünderungen und von der nur noch «scheinbarlichen Ruhe» die Rede. Zwar steht sie noch einmal einem großen Hause vor, das durch Schelling, jetzt Sekretär der Bayerischen Akademie der Wissenschaften, ein geistiger Sammelpunkt Münchens ist, aber ihre eigenen Zimmer richtet sie «nur ganz notdürftig» ein: «... mich dünkt, ich möchte mich nirgends mehr ansiedeln und es ganz buchstäblich nehmen, daß wir nur Pilger sind.» Es taucht Ludwig Tieck auf, der die Gäste des Schelling-Hauses mit seiner Deklamationskunst in Begeisterung versetzt, es stellen sich die irrlichternde Bettina Brentano und der gravitätisch-ridiküle Schicksalsdramatiker Zacharias Werner ein, es kommen die wie eine «Marketenderin» gekleidete Madame de Staël und ihr jetziger Begleiter und Reisemarschall – August Wilhelm Schlegel, der sich «sehr gesund und heiter» gibt! Caroline präsidiert mit der gewohnten Anmut und intellektuellen Superiorität den Gesellschaften, die sie an den Kreis von Jena erinnern mögen. Und doch kann sie den Gedanken nicht mehr abschütteln, daß ihr Leben nur eine Pilgerschaft ist und daß es sich kaum lohnt, noch fest und für die Dauer zu gründen.

Kommt ihr auch die Umgebung von Jena in den Sinn, als sie mit ihrem Mann im August des Jahres 1809 an den Rebenhängen des Neckars vorüberfährt? Wieder drängen sich auf den Straßen Truppen, Verwundete, Pferde und Munitionswagen: erst vor einem Monat hat Napoleon die Österreicher bei Wagram vernichtend geschlagen, schon wieder ist die Landkarte Europas in schnellem Wandel. Das Paar will, abseits des militärischen Getümmels, den Spätsommer in Maulbronn verbringen, wo Schellings Vater das evangelisch-theologische Seminar als Prälat und Abt leitet. Hier, in einem Turm der kleinen, fast vollständig erhaltenen mittelalterlichen Klosterstadt, soll der historische Faust, der im nahen Knittlingen geboren ist, seine Studierstube und Alchimistenwerkstatt besessen haben, in Maulbronn waren Johannes Kepler und in neuerer Zeit Friedrich Hölderlin Schüler.

Einige Regentage verbringen die Schellings fröstelnd hinter «klösterlichen Mauern». Dann unternehmen sie eine mehrtägige Wanderung. Nach ihrer Rückkehr zeigen sich bei Caroline die Symptome der Krankheit, der vor neun Jahren das letzte ihrer Kinder erlegen ist: ein epidemisches Nervenfieber mit Ruhr. An den drei Tagen, die ihr noch zugemessen sind, tut sich, wie Schelling berichtet, «die ganze Schönheit ihrer liebevollen Seele ... noch einmal auf». Dann schwindet sie hin, heiter, gelöst und wohl auch im vollen Bewußtsein ihres Sterbens. Am 7. September 1809, gegen 3 Uhr nachts, schließt im Maulbronner Ephoratshaus Caroline Schelling, geborene Michaelis, verwitwete Böhmer, geschiedene Schlegel, für immer die Augen, noch im Tode ihre vielbewunderte, vielgescholtene Grazie behaltend.

Gleich hinter der Klosterkirche wird sie bestattet. Schelling läßt auf dem Grab einen roten Sandsteinobelisk errichten, auf dem er seiner Gewißheit Ausdruck verleiht: «Gott hat sie mir gegeben, der Tod kann sie mir nicht rauben.» Das bewegendste Denkmal setzt er ihr in einem Brief, der noch einmal den Zauber dieser Frau beschwört, die die Menschen beunruhigt und herausgefordert hat: «Sie war ein eigenes Wesen, man mußte sie ganz oder gar nicht lieben.» So sinnt er diesem «Meisterstück der Geister», diesem seltenen Weib «von männlicher Seelengröße ... mit der Weisheit des weiblichsten, zartesten, liebevollsten Herzens» nach: «O etwas der Art kommt nie wieder!» Und doch wird von dieser Frau, die den Kreis der ersten Romantiker mitgeformt hat wie nur wenige, mehr als nur eine schemenhafte Erinnerung bleiben: noch der Zerrspiegel der Verwünschungen, die ihr gegolten haben, wird auf seine bizarre Weise der Nachwelt den hohen Anspruch dieses Frauenlebens bewahren!

Das Fragment
als romantische Lebensform
Novalis

I

Während der Vorarbeiten zu einer neuen Fragmentensammlung denkt der Jenaer Bergbaustudent Friedrich von Hardenberg über die Kunst nach, eine «große, alles verändernde Idee» in Fragmenten auszudrücken, einen Gedanken nicht als fertiges Resultat, sondern gleichsam in seinem Werden, also «genetisch» aufleuchten zu lassen. Manches, von ihm selbst im Manuskript Durchgestrichene, sei «ganz falsch – manches unbedeutend – manches schielend». «Von dem übrigen ist nur weniges reif zum Drucke – z. B. als Fragment. Das meiste ist noch roh. Sehr – sehr vieles gehört zu *einer* großen höchstwichtigen Idee. ... Durch Fortschreiten wird so vieles entbehrlich.

… Als Fragment erscheint das Unvollkommene noch am erträglichsten.» Mit diesen wenigen Sätzen gibt Hardenberg auch eine lapidare, freilich unbeabsichtigte Deutung des eigenen Lebensschicksals, denn wie bei keinem einzigen seiner romantischen Generationsgefährten werden seine kurze Lebensbahn, sein poetisches Werk und seine vielgestaltigen geistigen Bemühungen im inneren wie im äußeren Sinne ein mehrdeutiges Fragment bleiben.

«Novalis», der Neuland Bebauende, ist das Pseudonym, das sich, einer weitverbreiteten Sitte der Zeit folgend, Georg Philipp Friedrich von Hardenberg zueignet und unter dem er bei der Herausgabe seiner «Blütenstaub»-Fragmente im Jahre 1798 zum ersten Male vor die literarische Öffentlichkeit tritt. Von seinem frühen Tode an wird die Nachwelt, die für mehr als ein Jahrhundert sein literarisches Œuvre nur sehr lückenhaft kennt, zwischen dem Dichter Novalis und dem angehenden sächsischen Staatsbeamten Hardenberg einen reinlichen Trennungsstrich ziehen, als ob sich hier zwei ganz verschiedene Wesen – die romantisch-ätherische Lichtgestalt und der frühvollendete Erdenbürger – sorgfältig voneinander unterscheiden ließen! In Wahrheit ist dies *ein* unteilbarer Mensch, dem auf seiner kurzen Laufbahn die Dichtung keineswegs die wichtigste und schon gar nicht die einzige Möglichkeit seines Strebens nach Selbstverwirklichung bedeutet – und der in seiner ganzen menschlichen und geistigen Existenz, nicht nur als Poet, ein Neuland Bebauender sein möchte.

Beinahe als Lichtgestalt malt ihn der Oberlausitzer Franz Gareis: mit braunem, in Locken, aber keineswegs reich herabwallendem Haar, zwei schwarzen, in weite Fernen gerichteten Augen, die gleichermaßen der genauen Beobachtung und der versunkenen Träumerei fähig zu sein scheinen, einer großen Nase und einem vollen, weichen, sinnlichen Mund, der in einem gewissen Spannungsverhältnis zur sensitiven, nahezu durchsichtigen Blässe dieses Antlitzes steht, auf dem ein ganz zartes Inkarnat aufleuchtet, vielleicht ein erstes Zeichen der sich von ferne ankündigenden, ihn früh auslöschenden Todeskrankheit. Kopf und Fuß des Novalis sind, wie sein Freund Ludwig Tieck überliefert, «etwas zu groß und ohne feinen Ausdruck», als habe die Natur diesem so zeitig Dahingeschiedenen die Organe besonders ausbilden wollen, mit denen er sich an die Erde festklammern könnte, der er so schnell wieder entrissen werden soll. Aber obgleich, Tieck zufolge, die Gestalt des Novalis «groß, schlank und von edlen Verhältnissen» ist, so darf er doch keineswegs ein Riese genannt werden, denn Gareis' Bild zeigt eine fast schmächtige Figur.

Am 2. Mai 1772 kommt er in Oberwiederstedt im Mansfeldischen zur Welt, als zweites von insgesamt sieben Kindern des Freiherrn Heinrich Ulrich Erasmus von Hardenberg und dessen Frau Auguste Bernhardine, einer geborenen von Bölzig. In seiner Kindheit verrät der Knabe zunächst «keinen außerordentlichen Geist», bis im neunten Lebensjahr, durch eine schwere Erkrankung an der Ruhr, sein «Geist auf einmal zu erwachen» scheint, wie später der Bruder Karl bezeugt. Jetzt äußert sich sein hernach oft bewunderter Fleiß in den Unterrichtsstunden, die ihm von Hofmeistern erteilt werden; schon in seinem zwölften Jahr beherrscht er das Lateinische und Griechische. Die Lieblingslektüre von Gedichten und Märchen findet ihre poetische Weiterführung und phantastische Ergänzung in den Spielen mit den jüngeren Brüdern, die Genien des Himmels, des Wassers und der Erde abgeben. Ihnen erzählt der erfindungsreiche Knabe an jedem Sonntag «neue Begebenheiten aus ihren Reichen, die er auf das anmutigste und mannigfaltigste zu ergänzen» weiß. Das heitere Treiben der Kinder wird jedoch durch den Vater, einen Gutsbesitzer und späteren kursächsischen Salinendirektor, in ziemlich engen Grenzen gehalten. Er, der ein strenger, fast hartherziger Mann ist, hat nach seiner Teilnahme am Siebenjährigen Krieg und nach dem Tode seiner ersten Frau eine verarmte Adlige geheiratet und nun längst, im Bewußtsein der

Sündhaftigkeit aller Menschen, seine Heimat im Pietismus herrnhutischer Prägung gefunden. Sein nahezu gewalttätiges Regiment im Sinne eines Christentums, wie er es versteht und züchtigend praktiziert, erlebt viel später Ludwig Tieck, als er den Jugendgefährten Novalis im elterlichen Hause besucht und den drakonischen Freiherrn im Nebenzimmer recht unsanft räsonieren hört. Auf Tiecks bange Frage, was denn vorgefallen sei, erwidert der eintretende Bediente trocken: «Nichts. Der Herr hält Religionsstunde.» Zu ihm, dem asketisch-bigotten Familiendespoten, wird der neue Wege suchende Sohn auch nachmals kaum je ein engeres Verhältnis gewinnen können.

1785 siedelt die Familie nach Weißenfels über, wo der Vater fortan als Direktor der kursächsischen Salinen Dürrenberg, Kösen und Artern amtiert. Zwei Jahre darauf erwirbt er das stattliche Haus «Am Kloster Nr. 94», in dem der Dichter Novalis erste wesentliche Lebenserfahrungen sammeln und auch erste poetische Versuche anstellen wird. Nach einem kurzen Besuch des Luthergymnasiums zu Eisleben läßt der junge Hardenberg sich im Herbst 1790 an der Universität Jena immatrikulieren.

Dort wird ihm die Begegnung mit dem unbesoldeten Professor für Philosophie Friedrich Schiller zum bewegendsten Erlebnis seines ganzen bisherigen Daseins. Als der verehrte Lehrer im Januar 1791 schwer erkrankt, hält der Neunzehnjährige Nachtwachen am Lager des «edlen Dulders»: «Sein Blick warf mich nieder in den Staub und richtete mich wieder auf.» Auf die Bitte des Vaters hin macht sich der wiedergenesene Schiller zum Fürsprecher von Hardenbergs «ernster Vorbereitung zum künftigen Geschäftsleben», dem auch vom Oktober 1791 an die Fortsetzung des Studiums an der Universität Leipzig dienen soll.

In Leipzig schließt er eine der folgenreichsten Freundschaften seines kurzen Lebens: er lernt den nahezu gleichaltrigen Studenten der klassischen Philologie und Philosophie Friedrich Schlegel kennen, der seinem um viereinhalb

Jahre älteren Bruder August Wilhelm in denkwürdigen Briefen von dem neuen Freunde begeisterte Kunde gibt: «Ein noch sehr junger Mensch – von schlanker guter Bildung, sehr feinem Gesicht mit schwarzen Augen, von herrlichem Ausdruck, wenn er mit Feuer von etwas Schönem redet – unbeschreiblich viel Feuer – er redet dreimal mehr und dreimal schneller als wir andre – die schnellste Fassungskraft und Empfänglichkeit.» Schon den Studenten beschäftigt ein Gedanke, der dann zum homerischen Thema seines Denkens und Dichtens werden soll: «... mit wildem Feuer trug er mir einen der ersten Abende seine Meinung vor – es sei gar nichts Böses in der Welt – und alles nahe sich wieder dem Goldenen Zeitalter.»

Sein auf hohe überpersönliche Ziele, auf Menschheitsbeglückung und neue Ideen gerichteter Eifer steigert sich weiter, als der Jüngling nach Ablegung des juristischen Staatsexamens den Sommer des Jahres 1794 im Weißenfelser Elternhaus verbringt. Unruhig hofft er auf eine erste Gelegenheit der Bewährung, nur *«einen Zweck»* erstrebend, der «überall erreichbar» ist, «wo ich tätig werden kann». In den Botschaften, die er an den neugewonnenen Freund Friedrich Schlegel richtet, verbindet er seine ureigensten Glückserwartungen mit denen der Menschheit: «Brautnacht, Ehe und Nachkommenschaft», nach denen er sich sehnt, sollen für «Despotismus und Gefängnisse eine Bartholomäinacht» werden. Der mit den Leitgedanken der französischen Bastillestürmer sympathisierende frischgebakkene Jurist interessiert sich jetzt «zehnfach» für «jeden übergewöhnlichen Menschen – denn eh die Zeit der Gleichheit kommt, brauchen wir noch übernatürliche Kräfte». Sein ganzer Charakter erhält einen «politisch philosophischen Schwung». In dieser enthusiastischen Aufbruchsstimmung durchstreift er gemeinsam mit dem Bruder Karl die Umgebung von Weißenfels, das die beiden Heißsporne scherzhaft «Leucopetra» nennen. Kaum je wird Hardenberg wieder so unbeschwerte Monate verbringen wie in diesem Sommer, in dem die beiden jungen Männer die «Herrn von Weißenfels» spielen, beide in ein Mädchen verliebt sind und in diesem «Duodrama» eifersüchtige Konkurrenten werden, dann aber wieder gemeinsam Punschbowle trinken, jedenfalls keine «traurigen Lamentos» anstimmen und sich nicht zur «Rasse der merseburgischen Stiftsengel» zählen. Der jugendliche Schwung, in den sich gleichwohl immer wieder das eindringliche Fragen nach der eigenen Berufung mischt, nimmt ein Ende, als Hardenberg im Herbst seinen Dienst als Aktuarius beim Kreishauptmann Coelestin August Just, einem erfahrenen sächsischen Verwaltungsbeamten, in Tennstedt antreten muß.

II

Am 17. November 1794, neun Tage nach dem Beginn seiner Tätigkeit am Kreisamt in Tennstedt, reitet Hardenberg zum ersten Male durch das Tor des Gutes von Grüningen, das dem ehemaligen sächsischen Offizier und jetzigen Rittergutsbesitzer Johann Rudolph von Rockenthien gehört. Der Hausherr hat acht Jahre zuvor die Witwe des früheren Eigentümers, Sophie Wilhelmine von Kühn, geehelicht. Zu einem der Mädchen aus ihrer ersten Ehe, der erst zwölfjährigen Sophie, wird der Tennstedter Aktuarius, der sich nach «Brautnacht, Ehe und Nachkommenschaft» sehnt, von einer tiefen, seine bisherige Existenz völlig verwandelnden Neigung erfaßt.

Was Sophie von Kühn für den Jüngling bedeutet, kann später nur mühselig aus seinen fragmentarisch überlieferten Selbstzeugnissen erschlossen werden, die noch dazu oft genug poetisch stilisiert sind. Mitteilungen Außenstehender über Sophie sind selten, der Briefwechsel der Brautleute geht so gut wie ganz verloren. Die Orthographie des sommersprossigen Mädchens mit der kräftig ausgebildeten Nase ist so schlecht, daß sie später treffend als eine «phonetische Wiedergabe des thüringisch-sächsischen Dialekts» bezeichnet wird! «Heute war Hartenberch bey uns es viel weider gar nichts vor», heißt es am 1. März 1795 in Sophiens Tagebuch. Und vier Tage später: «Heute war die Justen noch da es war aber gar nichts den wir haden alle den Schnubfen.» Sonderbarerweise bleibt die inoffizielle Verlobung der beiden Liebenden zehn Tage darauf unerwähnt. Und doch übt das eben erst erblühende Mädchen auf den erwachenden Poeten eine erotische Faszination aus, die so exemplarisch ist, daß ihm die Geliebte als eine das ganze Menschengeschlecht stellvertretende Mittlergestalt erscheint. In seinem Bund mit Sophie sieht er die Harmonie jenes Goldenen Zeitalters vorgebildet, der einst die Menschheit teilhaftig sein wird und als deren erste Priesterin ihn die Braut in die Arme schließt. Noch während des kurzen Liebesfrühlings von Grüningen erweitert sich das individuelle Erlebnis zum Vorgefühl kollektiver Glückserwartungen: «Einst wird die Menschheit sein, was Sophie mir jetzt ist – vollendet – sittliche Grazie ...»

Als Hardenberg am 30. Dezember 1795 zum Akzessisten bei der Salinendirektion im heimischen Weißenfels ernannt wird, liegt Sophie bereits an einem Lungenleiden darnieder, das mit einem Senkungsabszeß an der Leber einhergeht. Mehrere, mit beinahe barbarischen Mitteln an der Leber vorgenommene Eingriffe lassen die anderthalbjährige Leidenszeit zu einem Martyrium für das Mädchen, aber auch für den Bräutigam werden, dessen innige seelische Verbindung mit der Geliebten erst durch ihr qualvolles Siechtum und langes Sterben das Stigma einer mit fast religiöser Inbrunst erlittenen Passion erhält. Neun Tage vor der Erlösung der erst Fünfzehnjährigen verläßt Hardenberg Grüningen «in einer trostlosen Lage» und mit «der fast apodiktischen Gewißheit, daß Sophie nur noch wenige Tage zu leben hat»: «Es ist eine Verzweiflung in mir, deren Ende ich nicht absehe!» Am 19. März 1797, früh um neun Uhr, stirbt Sophie. Einen Monat später, am Karfreitag, scheidet des Dichters Bruder Erasmus an der Tuberkulose dahin. Hardenberg steht an einem Ende: wird er von ihm aus seine Existenz neu aufbauen können?

Seine erste Reaktion auf den Tod Sophies, sein Wunsch des Nachsterbens und der Nachfolge in die jenseitige Welt, geht zunächst mit einem befremdlichen Totenkult einher, wie er so nur in einer Zeit denkbar ist, in der sich ein letzter Hauch entschwindender Empfindsamkeit mit den ersten Schauern der sich ankündigenden Romantik verbindet, die in der erregbaren Seele des sensiblen Jünglings noch gesteigert werden. Bei seinen Besuchen auf Grüningen schließt er sich oft tagelang in Sophiens Zimmer ein. Als eine Schwester der Verstorbenen die Selbstblockade des Vereinsamten durchbrechen und die Stube betreten will, bleibt sie wie von Entsetzen gelähmt an der Tür stehen: Novalis hat «das lange graue Kleid, in dem sie gestorben war, auf dem Bette ausgebreitet, die Haube, die sie getragen, darüber gelegt und ein Taschenbuch, in dem sie zuletzt gelesen, dazu aufgeschlagen ..., um sich den Anblick ihrer lesenden Gestalt zurückzurufen und festzuhalten».

Aber er verharrt nicht lange in diesem Zustande. Denn sein «Zielgedanke», der Geliebten nachzusterben, ist für ihn von Anfang an «echte Aufopferung, nicht Flucht – nicht Notmittel», das hohe Beispiel eines aus der Liebe über das Grab hinaus freiwillig vollzogenen Opfertodes. Wenn er auch vorgibt, nicht länger ein «Ideenwebstuhl» sein und Sophie nachfolgen zu wollen wie einst Orpheus der Eurydike, wenn er auch zu bemerken meint, daß die «organischen Teile» seines Körpers sich zu trennen und «zu ihren Elementen zurückzukehren» beginnen, so wird er doch alsbald von der Hoffnung genährt, «noch hier», also im irdischen Raum, einen stärkenden Blick der Dahingegangenen empfangen zu können, der ihn zu tätiger Neubesinnung ermutigen soll. Zwar hält er am 13. Mai 1797, nach einem Besuch am Grabe Sophiens, das ihn fortan bestimmende Erlebnis fest, das er dann in der dritten der «Hymnen an die Nacht» poetisch verklären wird: «Abends ging ich zu Sophien. Dort war ich unbeschreiblich freudig – aufblitzende Enthusiasmusmomente – das Grab blies ich wie Staub vor mir hin – Jahrhunderte waren wie Momente – ihre Nähe war fühlbar – ich glaubte, sie solle immer vortreten.» Aber schon hier kündigt sich eine Überwindung des Grabes an, die sich bald darauf in «literairischen Plänen» und in der Idee zu einem Journal unter dem Titel «Beiträge zur wissenschaftlichen Geschichte der Menschheit» ausdrückt. Im Tagebuch bekundet sich eine zunächst noch vielfach bedrohte, schließlich aber doch fortschreitende Selbstfindung, die nicht mit Ermahnungen an die eigene Person spart: «Ich fühle mich überhaupt um manchen Schritt vorgerückt. Auch mein Gedächtnis, meine Beobachtungsgabe und mein Ausdruck gewinnt. *Meine Besonnenheit* muß aber noch mehr steigen.» Das Sophien-Erlebnis wird in der Dichtung sublimiert, seinem ferneren Leben aber möchte Hardenberg mit der Verwirklichung neuer Pläne einen Sinn geben.

Schon im Sommer 1795, auf dem Höhepunkte des Liebesbundes mit Sophie, hat er im Hause des Jenaer Professors Niethammer zum ersten Male Johann Gottlieb Fichte gegenübergestanden, mit dessen philosophischen Entwürfen er sich nun intensiv beschäftigt. Unter dem Eindruck des Leidens und Sterbens der Geliebten setzt er sich mit Fichtes Begriff vom Ich auseinander. Jetzt, da sich der Jüngling durch den Tod der Braut nach der Beobachtung seines ehemaligen Tennstedter Vorgesetzten Just «in den Zustand der Freiheit zurückversetzt» sieht, in dem er sich befand, bevor er Sophie kennenlernte, erhalten für ihn Fichtes Ideenexperimente eine geradezu existentielle Bedeutung. Die Befreiung des Subjekts zu ungeahnter Schöpferkraft, die damit verbundene «Erziehung zur Vernunft» führen den Dreiundzwanzigjährigen abermals zur längst vertrauten Vision eines «Tausendjährigen Reiches» der mündig gewordenen Menschheit: «Prinzip der Vervollkommnung in der Menschheit – Die Menschheit wäre nicht Menschheit – wenn nicht ein tausendjähriges Reich kommen müßte. Das Prinzip ist in jeder Kleinigkeit des Alltagslebens, in *allem* sichtbar. Das Wahre erhält sich immer – das Gute dringt durch – der Mensch kommt wieder empor – die Kunst bildet sich – die Wissenschaft entsteht – und nur das Zufällige, das Individuale verschwindet. Es ist der Kampf des Vergänglichen mit dem Bleibenden ...» Im Dezember 1797, ein Dreivierteljahr nach dem Tode Sophies, bezieht der nach neuen geistigen Ufern Suchende die Bergakademie in Freiberg, um mit dem Studium der Naturwissenschaften und der Bergwerkskunde seinem Leben einen aktiven Sinn zu geben, der auf die Welt und die Zukunft gerichtet ist.

III

Als Hardenberg sein Studium an der Bergakademie Freiberg beginnt, genießt die erst vor zweiunddreißig Jahren gegründete Lehranstalt bereits europäischen Ruhm und zieht interessierte Besucher aus vielen Ländern nach Sachsen. Aus dem Professorenkollegium ragt der Bergrat Abraham Gottlob Werner hervor, der Lehrer für Mineralogie und Bergbaukunde ist, wie Goethe korrespondiert und wie dieser die einzelnen Phänomene der Natur als Abglanz und Widerschein einer großen unteilbaren Einheit zu begreifen sucht.

Erst in Freiberg und mit der hier vollzogenen Hinwendung zu den Naturwissenschaften gelangt Hardenberg ganz zu sich selbst. Erst jetzt kann sich sein universalistisches Streben erfüllen, das von nun an einer gegenseitigen Durchdringung von exakten Wissenschaften, Philosophie und Kunst gelten wird. Der Entschluß zur Aufnahme des Studiums ist aber ebenso durch seinen ausgeprägten praktischen Sinn veranlaßt, denn nur weitläufige Kenntnisse, namentlich in den Montanwissenschaften, garantieren eine Karriere im mustergültigen sächsischen Bergbau, was wiederum die Voraussetzung für die Unterstützung des Studienplanes durch den Vater ist.

Von Freiberg aus reitet der inzwischen Sechsundzwanzigjährige hinüber nach Dresden, dessen musisches Klima und anregende Geselligkeit er beglückt genießt. Auf Schloß Siebeneichen bei Meißen wird ihm Dietrich von Miltitz zum nahen Freunde, der, wie Hans Georg von Carlowitz auf Gut Oberschöna bei Freiberg, einer Gruppe junger sächsischer Edelleute angehört, denen es darum geht, den sächsischen Staat zu modernisieren und das verzopfte sächsische Ständesystem aufzuheben. Ihnen gelingt es, Hardenberg für politische Angelegenheiten in seiner nächsten Umgebung zu interessieren. Auch sein Äußeres und sein gewinnendes Wesen, das durch den bereits zur Legende gewordenen Liebesbund mit Sophie von Kühn eine besondere Aura erhält, entfalten eine Ausstrahlungskraft, der sich vor allem Frauen schwer entziehen können. Henriette Mendelssohn, die Schwester Dorothea Schlegels, ist jedenfalls «elektrisiert» von «diesen verklärten Augen» und trägt fortan «einen abgebrochenen Pfeil im Herzen»! Dergleichen enthusiastische Stimmen legen den Grundstein zu der Fabel vom frühvollendeten Orpheus und «heiligen Fremdling», wie sie dann für mehr als ein Jahrhundert das Bild des Novalis bestimmen wird.

Einen «Fremdling» nennt sich Hardenberg allerdings selbst in einem Gedicht, das er der Frau des Freiberger Berghauptmannes von Charpentier zum Geburtstag dediziert. Im Hause dieses berühmten Geologen in der Burgstraße lernt er dessen jüngste Tochter, die zweiundzwanzigjährige Julie, kennen, mit der er sich im Dezember 1798 verlobt. Scheint für die Nachwelt die Diskrepanz zwischen der nur schattenhaft profilierten Sophie von Kühn und ihrer schon von Novalis selbst betriebenen Mythisierung schwer überbrückbar zu sein, so ist des Dichters Neigung zu der grazilen Freiberger Blondine verständlicher und sozusagen nachvollziehbarer. Einigermaßen rätselhaft bleibt es freilich, wie er diese neue Vereinigung mit seiner schicksalhaften Bindung an die «Rose von Grüningen» in Einklang bringt, die ja in seiner Dichtung weiter fortwirkt. Denn während er schon mit der Freiberger Berghauptmannstochter verlobt ist, vollendet er die «Hymnen an die Nacht», in denen die Todesromanze mit Sophie ihre höchste poetische Verklärung findet. Nicht ohne Ironie berichtet Hardenbergs Schwester Sidonie in einem vertraulichen Brief vom 7. Juli 1800: «Daß ich auch von den Männern nicht zuviel verlange, darin hat mich mein Bruder Fritz bestärkt, der mir bekannte, daß er seinen Fall, daß wirklich zwei sehr liebenswürdige Wesen ihn gefesselt hätten, für einzig in seiner Art hielt und daß er außer diesen ganz besonderen Verhältnissen und Umständen jede zweite Verbindung für eine große Versündigung an der ersten hielt.»

Ein Dreivierteljahr vor der Verlobung erscheint in Schlegels Zeitschrift «Athenäum» Hardenbergs Fragmentensammlung «Blütenstaub», die er unter dem Pseudonym «Novalis» veröffentlicht. «Fragmente dieser Art sind literarische Sämereien. Es mag manches taube Körnchen darunter sein: indessen, wenn nur einiges aufgeht!» Die Zuversicht auf die verwandelnde Macht des Wortes steht hinter diesen zugespitzten Sprachsignalen, die Ideen nicht als fertige Denkresultate, sondern in ihrem Werden, in ihrer noch nicht abgeschlossenen Entfaltung formulieren wollen. Immer geht es um die Dialektik von Innen und Außen, von Ich und Welt, von Individuum und Gemeinschaft. «Wir sind auf einer Mission: zur Bildung der Erde sind wir berufen.» Erst dieses Postulat gibt dem berühmten achtzehnten «Blütenstaub»-Fragment, in dem man bald so etwas wie die Quellformel der Romantik erblicken wird, seinen Sinn: «Wir träumen von Reisen durch das Weltall: ist denn das Weltall nicht in uns? Die Tiefen unsers Geistes kennen wir nicht. – Nach Innen geht der geheimnisvolle Weg. In uns oder nirgends ist die Ewigkeit mit ihren Welten, die Vergangenheit und Zukunft.» Die beiden Fragmente stehen nur scheinbar im Widerspruch zueinander: die Entdeckung des «Weltalls in uns» ist nur die Voraussetzung für die «Bildung der Erde» durch uns.

Schon einige Monate später erscheint eine zweite Fragmentensammlung, «Glauben und Liebe oder Der König und die Königin», mit der sich der hochgestimmte Jüngling an das preußische Königspaar wendet, das soeben den Thron bestiegen hat. Aber seine noch von den Traditionen der Aufklärung gespeisten Bemühungen um humanistische Fürstenerziehung stimmen den Adressaten der Schrift, Friedrich Wilhelm III. von Preußen, lediglich «etwas verdrießlich». Als ihm sowohl sein Adjutant Köckeritz als auch der Konsistorialrat Niemeyer die Unverständlichkeit dieser Fragmente bestätigen, wendet sich der Monarch höchst indigniert von diesen politischen Aphorismen ab, die er «abgeschmackt und unsittlich» findet.

Während sich Novalis nahezu gleichzeitig um den unvollendet bleibenden Roman «Die Lehrlinge zu Sais» müht, in den das wundersame Märchen von «Hyazinth und Rosenblüte» eingefügt ist, rücken Naturwissenschaften und Philosophie mehr und mehr in den Mittelpunkt seiner Bestrebungen. Mit den einzelnen wissenschaftlichen Disziplinen beschäftigt er sich exakt: er trachtet danach, die überragenden Leistungen der Forschung seiner Zeit zu erfassen. Und doch ist er auch hier von seinen universalistischen Intentionen geleitet, die Horizonte der einzelnen Teilgebiete aufzusprengen und sie einander durchdringen zu lassen. Ja, er geht noch weiter: er läßt die Wissenschaften mit den Künsten korrespondieren und versucht in originellen Gedankenexperimenten die Wissenschaften zu poetisieren und die Poesie mit dem wissenschaftlichen Denken seiner Epoche zu verbinden. Ins «Allgemeine Brouillon», einer Sammlung aphoristisch-fragmentarischer Gedankensplitter, trägt er immer verwegenere Kombinationen ein, die den

Analogien und geheimen Entsprechungen der Künste und Wissenschaften auf der Spur sind und zu jenem Gemeinsamen vordringen sollen, das hinter ihnen allen steht, sie zum geistigen Universum bündelt und auf ein einheitliches großes Prinzip verweist, vielleicht auf ein verschleiertes Bild zu Sais, dem verborgenen Zentrum der Schöpfung, der Natur und aller menschlichen Entwürfe. Hardenberg möchte die «Basen der geistigen Physik», der «chemischen Anatomie», der «chemischen Musik», der «universellen Arithmetik» erkunden und deutet die Physik als die «Politik unter den Naturwissenschaften»: «Die niedere Physik betrachtet den Stein unter Steinen – wie die gemeine Politik den Menschen unter Menschen – Jene die Felsenbildung – Gebürgsbildung – diese die Staatenbildung.» Hinter diesem ständig umkreisten Ziel der «absoluten Vereinigung des Basses und des Diskants», der «Systole und Diastole des göttlichen Lebens», steht das bange Wissen um die Gefährdung der menschlichen Totalität in einer Zeit, in der ödes Spezialistentum die Schranken zwischen den wissenschaftlichen Disziplinen installiert und schließlich unübersteigbar macht. Dabei gerät der kühne Denkspieler, der sich hier mehr denn je als ein «magischer Idealist» versteht, auch auf Abwege, so wenn er etwa das Phänomen «Gott» in abstrusen mathematischen Formeln auszudrücken versucht. Friedrich Schlegel sieht denn auch in dem Durcheinanderkneten von Naturwissenschaft und Religion nur ein «interessantes Rührei»: Hardenberg, so teilt er dem Berliner Theologen Schleiermacher mit, habe sich merklich verändert, «sein Gesicht ist länger geworden und windet sich gleichsam von dem Lager des Irdischen empor wie die Braut von Korinth». Dennoch steht hinter den ausschweifenden Gedankenexperimenten keine obskure Geisterseherei und schon gar kein unverantwortliches Spiel mit dem menschlichen Erkenntnisvermögen: «Je inniger die gesamten menschlichen Wissenschaften zur Beförderung ihres gemeinschaftlichen Interesses, des Wohls der

Menschheit, zusammentreten und die Philosophie zur Vorsitzerin ihrer Beschlüsse nehmen werden – desto leichter wird jener Druck, desto freier die Brust des Menschengeschlechts werden.»

In der Zeit des angestrengten Nachdenkens über neue Möglichkeiten einer Synthese von Kunst und Wissenschaft tritt ihm der um ein Jahr jüngere Dichter Ludwig Tieck nahe, der aus eigener genauer Beobachtung das Bild des Novalis überliefert, in dem man vergebens nach Zügen eines weltfremden Dunkelmännertums suchen wird: «Er war der gesündeste, frohsinnigste Mensch, der keckste Reiter, unermüdlicher Bergsteiger und Wanderer, schlief fast nicht, indem er praktisch und schreibend immer tätig war ...» In Tieck tritt Hardenberg, der gerade das Wesen des Romantischen als eine «qualitative Potenzierung» der Wirklichkeit definiert, geradezu der Prototyp des romantischen Dichters entgegen: «Ein Kind voll Wehmut und voll Treue, / Verstoßen in ein fremdes Land ...» Er, der Poet, hat in den Zeiten menschlicher Entfremdung und Gottesferne den hohen Auftrag, gleichermaßen Prophet, Erwekker und Erlöser der Menschheit zu sein, der aus dem Chaos eines Zeitensturzes ingeniös schöpfende und formende Gestalter: wo die Philister und ewig Phantasielosen nur Unordnung und Verfall zu sehen vermögen oder daran gar ihr Genügen finden, badet der Dichter sich im «ew'gen Blau», wo er Entwürfe für ein neues Menschenbild schafft und sich als «Verkündiger der Morgenröte», als «des Friedens Bote» und als Herold des «letzten Reiches» verstehen darf. Ganz in diesem Sinne wird dem Novalis die Poesie zur «Gemütserregungskunst», die auf Steigerung der Wirklichkeit bedachte Verfahrensweise des romantischen Künstlers zur «geistigen Operation»: «Diese Operation ist noch ganz unbekannt. Indem ich dem Gemeinen einen hohen Sinn, dem Gewöhnlichen ein geheimnisvolles Ansehn, dem Bekannten die Würde des Unbekannten, dem Endlichen einen unendlichen Schein gebe, so romantisiere ich es.»

In den Tagen der Begegnung mit Ludwig Tieck entstehen auch die ersten der «Geistlichen Lieder» («Was wär ich ohne dich gewesen», «Wenn ich ihn nur habe», «Wenn alle untreu werden»), die bewegende Zeugnisse einer schlichten und überkonfessionellen Religiosität sind. Einige dieser Lieder gewinnen bald darauf eine an alte Choräle gemahnende Popularität, als sie Eingang in die protestantischen Gesangbücher finden, wo sie sich manche Verballhornung und Entstellung gefallen lassen müssen.

Zum gleichen Zeitpunkt, Sommer 1799, vervollkommnet sich Hardenberg aber auch in dem Beruf, in dem er, auf ganz wirklichkeitsnahe und unätherische Art, seine künftige Lebensaufgabe erblickt. Der Geheime Finanzrat Julius Wilhelm von Oppel, dem er einige Wochen lang als Protokollant bei der Inspektion der Salinen zur Seite steht, möchte ihn mit den «Gebirgsuntersuchungen auf Erdkohlen», aber auch mit der speziellen Oberaufsicht «über die ... Erdkohlenwerke, vielleicht auch ... über die bei Dürrenberg anzulegende chemische Fabrik» beauftragen. Diese feste Bindung an die Realitäten seiner Umwelt und seiner Zeit muß man vor Augen haben, wenn man sich Novalis zu vergegenwärtigen sucht, der in den Tagen zwischen dem 11. und dem 14. November 1799 den vollzählig versammelten Romantikerfreunden in Jena seinen Aufsatz «Die Christenheit oder Europa» vorliest. Die anspruchsvollen Debatten der Runde lassen auf dem Höhepunkte frühromantischer Euphorie bereits die baldige Auflösung des Kreises ahnen und finden in der klugen Dorothea Veit, die zusammen mit Friedrich Schlegel nach Jena gekommen ist, eine zunächst noch sehr distanzierte Beobachterin: «Das Christentum ist hier à l'ordre du jour; die Herren sind etwas toll. Tieck treibt die Religion wie Schiller das Schicksal; Hardenberg, glaubt Tieck, ist ganz und gar seiner Meinung; ich will aber wetten, was einer will, sie verstehen sich selbst nicht und einander nicht.»

IV

Immerhin gehört Tieck zu denjenigen Freunden, die vor der Veröffentlichung von Hardenbergs mißverständlicher Phantasmagorie «Die Christenheit oder Europa» warnen, und der junge Schelling, der ebenfalls unter den Zuhörern sitzt, spottet gar:

«Drum, sollt's eine Religion noch geben
(Ob ich gleich kann ohne solche leben),
Könnte mir von den andern allen
Nur die katholische gefallen,
Wie sie war in den alten Zeiten,
Da gab es nicht Zanken noch Streiten,
Waren alle ein Mus und Kuchen,
Täten's nicht in der Ferne suchen ...»

Die Parodie nimmt des Novalis Verherrlichung der vorreformatorischen Glaubenseinheit ironisch aufs Korn, wie sie sprachmächtig und suggestiv, aber zu Fehldeutungen geradezu herausfordernd, den Aufsatz prägt, der erst ein Vierteljahrhundert später gedruckt und dann auch prompt als prophetisches Manifest der Heiligen Allianz verstanden wird. Im Grunde ist der Essay das Dokument einer gewaltigen Desillusionierung: der Enttäuschung über die in der zeitgenössischen Wirklichkeit nicht einlösbaren Verheißungen der Philosophen der Aufklärung und der Bastillestürmer. An die Stelle ihres optimistischen Fortschrittsglaubens tritt nun ein mythisiertes, sich in den Allegorien der Legende artikulierendes Geschichtsverständnis, das gleichwohl noch immer auf einen überpersönlichen, die Glückserwartungen der Menschheit erfüllenden Weltzusammenhang gerichtet ist, sich aber nun nicht mehr in den Postulaten der Aufklärung, sondern in den chiliastischen Hoffnungen eines überkonfessionellen, jedoch katholisch drapierten Christentums kundgibt: die Projektion überholter Gesellschaftszustände in die Zukunft begünstigt den

Gebrauch des Aufsatzes durch die reaktionären Ideologen Metternichs. Dennoch geht es dem ekstatischen Visionär, der sich immer wieder von seiner eigenen poetischen Bildersprache hinreißen läßt, nicht eigentlich um die Restauration der Ecclesia triumphans, wie sie das historische Mittelalter beherrscht hat, sondern weit eher um eine «zweite Reformation», durch die Religion und Politik, Wissenschaften, Künste und Philosophie zum Dienst an einer einzigen großen Idee zusammengeführt werden sollen. Des Dichters Sehnsucht nach der Befreiung der Menschheit aus den Finsternissen einer verengten Gegenwart und nach Frieden, nach Universalität des Geistes, nach der Einigung einer aus den Fugen geratenen Welt und nach der Erneuerung des Goldenen Zeitalters sind unverkennbar, aber die katholisierende Hymnik und der Rückgriff auf längst vergangene Geschichtsepochen werden die restaurative Wirkung der Schrift verhängnisvoll begünstigen.

Ende November 1799, vierzehn Tage nach dem Romantikertreffen von Jena, reist Hardenberg nach der Saline zu Artern, wo er dem Geheimen Finanzrat von Oppel über die Auffindung von Braunkohlen berichtet. Aber während er in seinen Lebensberuf hineinzuwachsen beginnt, geht er gleichzeitig daran, die ersten Seiten seines Romans «Heinrich von Ofterdingen» zu schreiben. Wenn er den Blick von den Blättern seines Protokolls hebt, sieht er den Kyffhäuser, der in dem Traum von Heinrichs Vater eine vielsagende Rolle spielt, und er läßt sich von den «blauen Bergen» um Artern zu einer poetischen Romankulisse inspirieren. In dem Buch, von dem er nur den ersten Teil vollenden kann, will er alles Individuelle und alle Elemente der äußeren Welt ausschalten, aber gerade damit sein Dichterideal gestalten. Wie das Mittelalter in dem Roman keine wirkliche historische Epoche, sondern der mythische Raum einer von Dämmerung und Erwartung erfüllten Welt ist, so ist auch Heinrich kein Poet mit den festen Zügen einer nur ihm eigenen Persönlichkeit, sondern ein Typus, der in die harmonischen Regionen eines märchenhaften Goldenen Zeitalters geleitet werden soll. Heinrichs Suche nach der blauen Blume, die von nun an das Symbol aller Romantik bleiben wird, und mit ihr der Weg zu seinem Dichtertum führt aus dem ersten Teil, in dem Roman und Märchen noch deutlich voneinander abgehoben sind, hinein in Räume, die nur noch sinnbildliche und mythische Dimensionen haben. Die Vollendung dieses zweiten Teils ist Novalis nicht mehr vergönnt. Wäre sie überhaupt zu leisten? Oder muß nicht die radikale Selbstfindung des romantischen Genies in einer geschichtslosen Welt jenseits aller künstlerischen Gestaltungsmöglichkeiten bleiben?

Die schwebenden Allegorien des «Ofterdingen» und der endgültige Abschluß der «Hymnen an die Nacht» werden bezeichnenderweise kontrapunktiert von einer erstaunlichen beruflichen Arbeitslast, die Hardenberg in den letzten anderthalb Jahren, die ihm noch bleiben, bewältigt. Nachdem er am 7. Dezember 1799 vom sächsischen Kurfürsten zum Salinen-Assessor ernannt worden ist, kümmert er sich um die Schwächen der leitenden Beamten, die er zu einem «menschenfreundlichen Benehmen gegen ihre Kollegen und Untergebenen» aufruft, und um das Schicksal des ruinierten Pächters eines Alaunwerkes in Hohenebra, beschäftigt sich mit der Vervollkommnung des Salinenwesens und der Maschinen, stellt Pläne zum rentablen Betrieb der Bergwerke und zum «Gebrauch des Kohlenpulvers beim Salzsieden» auf, legt Etatpläne und einen Bericht zur Fabrikation des «inländischen Düngesalzes» vor, fertigt Protokolle von Sitzungen und Kassenrevisionen an, weist auf die skandalösen Arbeitsbedingungen bei der Herstellung von «Formkohlen» hin, reist ständig zwischen Weißenfels, Artern, Kösen und Dürrenberg hin und her, inspiziert Steinbrüche, Hüttenwerke und Kohlenlagerstätten. In der ersten Junihälfte des Jahres 1800 stellt er im Auftrage Werners und des Oberbergamtes in Dresden zusammen mit dem Bergstipendiaten Haupt ausgedehnte geologische Untersuchungen im Gebiet von Unstrut, Saale, Elster und Pleiße an. Die beiden Gefährten ermitteln auf ihrer über vierzehntägigen Reise «mineralisches Brennmaterial» und bestimmen das «Verhältnis des thüringer Flözkalkes gegen den erzgebirgischen». Sie verzeichnen erstmalig alle geologischen Einzelheiten in dieser Gegend und leisten damit einen Beitrag zur geologischen Karthographierung Sachsens, die beispielhaft für ähnliche Unternehmungen in anderen Ländern wird. Gleichzeitig bewirbt sich Hardenberg um die Stelle eines Amtshauptmanns im Thüringischen Kreise, da er zusammen mit den Freunden Miltitz und Carlowitz auf eine Reformierung der sächsischen Ständeverfassung hinwirken möchte.

Im Sommer 1800 mehren sich gesundheitliche Beschwerden, «Wechselfälle» in seinem Befinden und Depressionen. Im Frühherbst beginnt die Krankheit offen auszubrechen und seine Verwandten in Bangigkeit und Schrecken zu versetzen. Mitte Oktober reist Hardenberg über Siebeneichen und Meißen nach Dresden, wo die Hoffnungslosigkeit seiner Lage schnell zutage tritt. Am 6. Dezember ernennt ihn der Kurfürst zum «Supernumerar-Amtshauptmann» im Thüringischen Kreise. Vierzehn Tage später setzt der Todgeweihte mit bereits ungelenker Hand seinen Namen unter eine Quittung des Geheimen Finanzkollegiums, zu seiner Vereidigung und Verpflichtung kommt es nicht mehr: die fortschreitende Krankheit und bald auch der Tod sind schneller als die Dresdner Bürokraten. Verdüstert wird ihm die Leidenszeit überdies noch durch die Zurücksetzungen, die seine Verlobte, die nahezu mittellose Julie von Charpentier, von den alten Hardenbergs zu erdulden hat. Bevor er am 20. Januar 1801 zum letzten Mal nach Weißenfels fährt, die Stadt seiner Jugend und seines geistigen Erwachens, verschlimmert sich sein Befinden. Charlotte Ernst, die Schwester der Schlegels, sieht ihn noch einmal vor dem Abschied: «... das Sprechen wird ihm sehr sauer, und oft schläft er ein, wo er dann ganz einem Toten ähnlich sieht.»

Ende Januar 1801 ist er wieder zu Hause, wo er auf seine baldige Genesung zu hoffen wagt, da der Husten nachläßt und ihm lediglich eine tiefe Mattigkeit zu schaffen macht, die ihn immer öfter in anhaltenden Schlaf und Halbschlaf gleiten läßt. Allein noch wenige Tage vor seinem Tode ruft er aus: «Wenn ich erst wieder besser bin, dann sollt ihr erst erfahren, was Poesie ist, ich habe herrliche Gedichte und Lieder im Kopfe.» Und noch in einem seiner letzten Fragmente sinnt er der Kunst nach, die Krankheiten «zu benutzen» und in den Stand des Schöpferischen zu erheben. Seiner Umgebung fällt die «unbeschreibliche Heiterkeit» auf, die noch Friedrich Schlegel, der Zeuge seines Sterbens, an ihm wahrnimmt. Am 25. März, gegen neun Uhr am Vormittag, läßt er sich von dem Bruder Karl, mit dem er einst die «Herrn von Weißenfels» darstellte, auf dem Klavier vorspielen, worüber er einschläft. Dann beginnt er zu röcheln, «der Atem setzt ganze Atemzüge aus». Er erwacht nur noch für wenige Augenblicke und «spricht recht irre». Nach zwölf Uhr am Mittag stirbt er, «sanft und ohne alle Bewegung», wie der Bruder Karl im Tagebuch vermerkt. Friedrich Schlegel, der vertraute Freund seit den Tagen von Leipzig, berichtet: «Sein Gesicht war im Tode so unverändert freundlich, als wenn er lebte.» Als Friedrich von Hardenberg, der immer Paradoxien liebte, nach dem Heimgang Sophie von Kühns den Tod suchte, wurde er von ihm gemieden. Jetzt, als er durch den Bund mit Julie und seine hochgesteckten beruflichen Pläne sich dem Leben stellen will, wird er von ihm dahingerafft.

Dem Fragment, dem von Novalis so unübertrefflich benutzten literarischen Ausdrucksmittel, entspricht auch die Lebensbahn seines frühromantischen Meisters, denn vorzeitig, nach erst neunundzwanzig Jahren, ist sie zu Ende. Aber nicht nur im Sinne des viel zu frühen Erlöschens und der fehlenden Vollendung weist das Schicksal dieses Dichters alle Merkmale des romantischen Fragments auf, das ja auch keineswegs nur ein nicht zu seinem Abschluß gebrachtes literarisches Bruchstück ist. Anders als etwa der Aphorismus eines La Rochefoucauld, des großen französischen Moralisten des 17. Jahrhunderts, ist das Fragment der deutschen Romantiker kein auf klare Präzision und intellektuelle Pointierung zugeschliffenes funkelndes Gebilde, sondern viel eher der Versuch, einen zunehmend als verrätselt und mehrdeutig erlebten Weltzustand in seinen vielfältigen Abstufungen adäquat aufblitzen zu lassen – pointiert, jedoch ohne voreilige Antworten auf die Schicksalsfragen der Epoche geben zu wollen –, präzise, aber ohne eine verworrene historische Umbruchsituation vorzeitig auf einen Nenner zu bringen. Von daher kommt dem romantischen Fragment der gleichsam mit der Wirklichkeit experimentierende Impuls, dem Fragen wesentlicher sind als Antworten, dem der Weg wichtiger ist als das Ziel, dem Möglichkeiten bedeutsamer sind als Gewißheiten. Das romantische Fragment beruht auf seiner offenen Form, die einen Gedanken in seinem progressiven Aufleuchten, gleichsam in seiner Entfaltung zeigt und unter Umständen ganz unterschiedlich, ja gegensätzlich zu Ende gedacht werden kann: es bedarf der Ergänzung durch den Leser. In dieser Weise ist des Novalis Leben ein romantisches Fragment zu nennen, denn es ist wie dieses in einem höheren Sinne ebenso unabgeschlossen wie offen. Divergierende und einander widersprechende Wege des Geistes sind in seinem Werk angelegt: progressive und regressive Visionen, rückwärtsgewandte Utopien und chiliastische Hoffnungen auf die Wiederkehr des Goldenen Zeitalters, Versuche einer Poetisierung der Naturwissenschaften und einer Intellektualisierung der Künste. Synthesen bleiben dem unablässig nach Verknüpfung des Getrennten strebenden Novalis fast immer versagt. Sein früher Tod ist auch dafür ein bewegendes Symbol.

Schon am Schluß der «Blütenstaub»-Sammlung definiert der Dichter Fragmente dieser Art als «literarische Sämereien». Auch in diesem Verständnis eines werdenden und noch lange nicht ausgewachsenen Pflänzlings ist ihm das Fragment ein Phänomen, das immer erst in einer noch nicht absehbaren Zukunft zu Ende gedacht und gebracht werden muß. Und in das «Allgemeine Brouillon», das Dokument seines Ringens um eine wechselseitige Durchdringung antagonistischer Bereiche des menschlichen Denkens, notiert er: «Wir sind gar nicht Ich – wir können und sollen aber Ich werden. Wir sind Keime zum Ich-Werden.» Auch in dieser Bedeutung sind der früh an sein Ende gekommene Lebensweg und das literarische Werk des Novalis, des «Neuland Bebauenden», ein einziges großes romantisches Fragment, dem mit innerer Notwendigkeit Reife und Vollendung fehlen, das aber gerade in der verwirrenden Vielfalt seiner hervorbrechenden Keime und Triebe so exemplarisch ist. So erscheint Friedrich von Hardenberg auch auf dem von Franz Gareis gefertigten Bildnis: als versunkener Träumer und strenger Denker, als erwartungsvoller Jüngling und vielleicht schon von der Todeskrankheit gezeichneter zerbrechlicher Mensch – als eine Lichtgestalt, die aus dem Dunkel aufsteigt und dorthin zurückkehrt.

Ein Schlemihl und eine Jüdin
Rahel Levin-Varnhagen

Das große Defizit

Eine siebenunddreißigjährige Frau erwacht an einem Julimorgen des Jahres 1808 in ihrer Wohnung in der Berliner Jägerstraße, gepeinigt von «hemmenden Überlegungen», die sie ihr Schicksal als Frau und Jüdin nach allen Seiten hin illusionslos bedenken lassen. Wieder einmal steht ihr einer jener Abschiede bevor, die ihr bisheriges Dasein verdüstert haben: denn jede Freundschaft und menschliche Bindung ihres Lebens hat die Trennung schon in sich getragen und schien auf die Qual des Abschieds von vornherein angelegt zu sein. Und wie immer, wenn ihr die Menschen zu entgleiten drohen, greift sie nach einer Dichtung Goethes, der alle Daseinsform und -fülle und auch die

Abgründe ihrer eigenen Existenz so einfühlsam auszusprechen vermag. An jenem Morgen liest sie im ersten Teil des «Faust», der soeben bei Cotta erschienen ist, und im «Vorspiel auf dem Theater» findet sie, die sich bereits an der Schwelle des Alters wähnt, in den Worten des Dichters die melancholische Rückschau auf die eigenen, nun schon welkenden Erdentage hinreißend ausgedrückt:

«So gib mir auch die Zeiten wieder,
Da ich noch selbst im Werden war,
Da sich ein Quell gedrängter Lieder
Ununterbrochen neu gebar,
Da Nebel mir die Welt verhüllten,
Die Knospe Wunder mir versprach,
Da ich die tausend Blumen brach,
Die alle Täler reichlich füllten.
Ich hatte nichts und doch genug:
Den Drang nach Wahrheit und die Lust am Trug.
Gib ungebändigt jene Triebe,
Das tiefe, schmerzenvolle Glück,
Des Hasses Kraft, die Macht der Liebe,
Gib meine Jugend mir zurück!»

Wieder hat es der Dichter «auch diesmal» für sie ausgesprochen! Die Berliner Jüdin Rahel Levin, die seit frühen Tagen den «Drang nach Wahrheit» sich zur höchsten Maxime erkoren hat, ohne dabei freilich der «Lust am Trug» als Lebenshilfe immer entraten zu können, steht wieder an einer Scheidelinie ihrer Existenz, als sie beim Lesen von Goethes Versen sich darüber Rechenschaft ablegt, daß ihre Jugend längst zu Ende ist. Die finanziellen Verhältnisse der Familie sind durch die katastrophalen wirtschaftlichen Folgen der preußischen Niederlage von 1806 nahezu zerrüttet. Von den Brüdern wird der unverheirateten Frau das jährliche Einkommen gekürzt, worin sie eine Bedrohung ihrer Unabhängigkeit erblickt. Die Zwistigkeiten mit der Mutter nehmen ständig zu, so daß Rahel deren Wohnung demnächst verläßt und ein bescheidenes Domizil in der Charlottenstraße nimmt. Das Elend in der vom Zusammenbruch gezeichneten preußischen Metropole ist ihr nur ein düsteres Abbild der eigenen hoffnungslosen Lage. Sie ist Jüdin, und sie ist eine Frau, noch dazu eine wenig attraktive und begehrenswerte, inmitten einer hochmütigen Männerwelt: mit diesem «großen Defizit» muß sie ihr Leben hinbringen.

Von Anbeginn leidet sie unter dem Geschick, «ein Schlemihl und eine Jüdin» zu sein. Sie bleibt der Unglücksmensch und Pechvogel der Hebräer. Wie später Chamissos Peter Schlemihl verzweifelt um die Zurückgewinnung seines Schattens kämpft und doch seines Außenseiterschicksals nicht ledig werden kann, muß Rahel um ihre Identität in einer Gesellschaft ringen, in der die Juden ein Pariadasein führen und die Frauen hinter den Herd oder ins Kindbett gebannt bleiben. So doppelt geächtet, vernimmt sie mit Eifer die Rufe einzelner aufklärerisch gesinnter Philosophen zur Befreiung der Juden aus jahrhundertelanger Knechtschaft und die Postulate romantischer Dichter zur Emanzipation des menschlichen Geschlechts: in kaum einer anderen Gestalt verbindet sich das fortwirkende Erbe der Aufklärung mit dem neuen Lebensgefühl der Romantik so eng wie in Rahel Levin, die sich gern als ein «Eckstein der Natur» und in den seltenen Augenblicken inneren Aufschwungs als «die größte Erscheinung dieser Erde» empfinden möchte, die aber nur zu gut weiß, daß sie «keine Grazie» hat und das Verhängnis der «großen Verunglückung» ihrer Geburt bis ans Ende ihrer Tage erdulden muß.

Die Frau, die an einem Julimorgen des Jahres 1808 über Goethes «Vorspiel auf dem Theater» in Tränen glücklich-bitteren Einverständnisses ausbricht, ist der unbehauste Mensch par excellence, der keine Heimat hat. Nicht einmal in die deutsche Sprache, der sie dann neue und bisher unerhörte Schattierungen abgewinnt, ist sie von Anfang an hineingewachsen. Im Hause ihrer Eltern ist ein archaisches

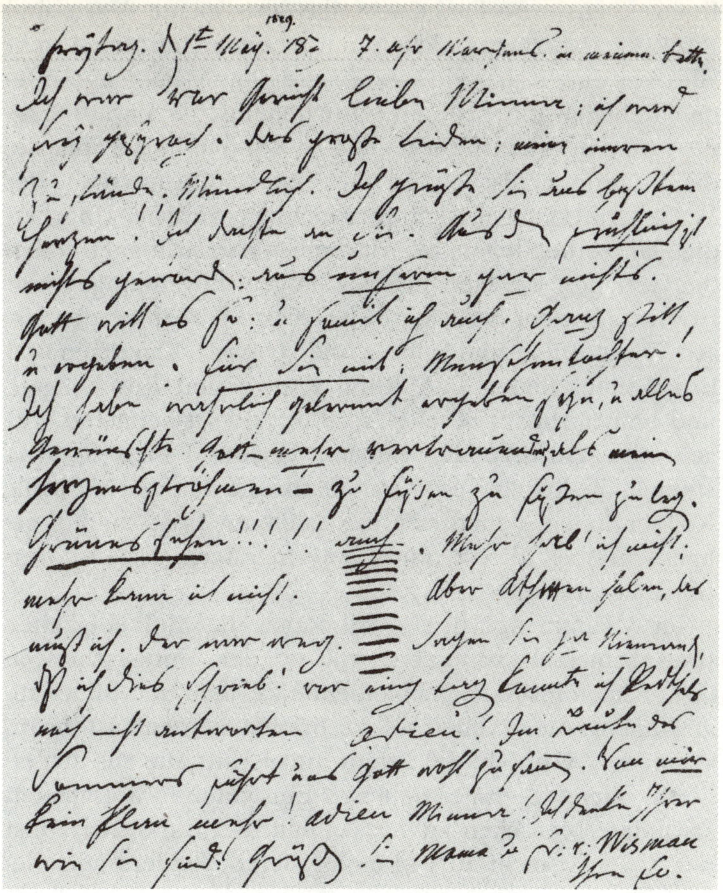

Rahel Varnhagen:
Brief an Wilhelmine von Zielinski,
1. Mai 1829

Judendeutsch gesprochen worden, das erst in den Jahrzehnten beginnender jüdischer Assimilation allmählich ausstirbt. Noch auf der Höhe ihrer schon zu Lebzeiten als unvergleichlich gerühmten Kunst des Briefschreibens bekennt sie dem Dichter Fouqué: «Ich weiß wohl, daß ich

Ihnen lesenswerte Dinge schreibe, aber meine Worte und Ihre! Wie exerzierte Soldaten mit schönen Uniformen steht alles von Ihnen da; und meine, wie die zusammengelaufenen Rebellen mit Knittlen!» Ein rebellischer Impuls trägt die ganze Briefkunst der Rahel – bis hinein in die Sprache, die die prometheischen Grenzüberschreitungsversuche der Verfasserin kaum in sich aufzunehmen vermag. Ungebärdige Hervorhebungen, mehrfache Unterstreichungen sollen die Geständnisse, Herzensergießungen, Enthüllungen und Erwartungen der Schreiberin gleichsam hörbar werden lassen. Diese Briefe sind Schreie und Hymnen, Kanzonen und Eruptionen, Reden und Rufe, Klagen und Rühmungen, und immer wieder beseligt, exaltiert oder stammelnd vorgebrachte Aufrisse der eigenen Person. Rahels Sprache sprengt alle Regeln, jede Grammatik und häufiger noch alle Konventionen, denen sich die zahllosen Brief- und Tagebuchschreiber dieser mitteilungsfreudigen Epoche verpflichtet wissen.

Im Medium des Briefs will Rahel die Mißhelligkeiten ihres Schicksals bändigen, will sie den Enttäuschungen ihrer Schlemihl-Existenz bleibende Zeichen und Bilder abgewinnen. «Mein Leben soll zu Briefen werden!» ist ihr inständigster Wunsch, der darauf hinausläuft, die aus den eigenen Niederlagen gewonnenen Einsichten in Botschaften an andere Menschen zu verwandeln. Denn die Briefkunst der Rahel ist nicht aufs Monologisieren, sondern aufs Gespräch mit dem Partner angelegt, den sie mit ihrem Wort bilden und formen möchte. «Gespräche zu schreiben, wie sie lebendig im Menschen vorgehn», ist ihre Absicht. Bei jedem auch nur flüchtig hingeworfenen Billett versucht sie sich die Physiognomie, den Habitus, das Stimmtimbre des Adressaten vorzustellen, auf den sie einwirken und dem sie sich eröffnen will. Ihre Briefe richtet sie, wie Goethe viele seiner Gedichte, an einzelne, nicht auswechselbare Menschen. Sie ist entschlossen, sich dem Empfänger bis in die verborgensten Nischen ihres eigenen Seins verständlich zu machen, aber auch ihn aus seinen innersten Bastionen zu locken, zum Einbekennen seiner Geheimnisse, zur Beichte zu verführen. In einer Zeit, die dem Menschen bald den Zugang zu seinem Nachbarn und schließlich zu sich selbst versperrt, ist Rahel von dem beharrlichen Willen zu radikaler Kommunikation erfüllt, die sie im persönlichen Gespräch verwirklicht, für das dann der Brief nur eine Fortsetzung mit anderen Mitteln ist.

Die zersetzende Gewalt der Zerstörung zwischenmenschlicher Beziehungen ist ihr nur allzu geläufig. Wo die harmlos dahinlebenden und sich geborgen fühlenden Zeitgenossen am scheinbar heiteren geselligen Gewimmel ihr biederes Vergnügen haben, sieht Rahel hoffmanneske Nachtmahre und Revenants, die ihr aus den Visagen der Bankierstöchter und Legationsratsgattinnen entgegengrinsen: «Gestern unter den Linden befiel mich ein solcher Zustand; fremd, ganz fremd, und ruppig schienen mir Linden, Straßen und Häuser; die Menschen zur Furcht; nicht *einer* ein Gesicht, eine Physiognomie; der albernste, äußerlichste, hölzernste, zerstreuteste Ausdruck, albern-eitle Frauen ... Als aber rückzu ganze Damenfamilien mit uns gingen, Legationsfrauen, Bankierstöchter und -weiber, Baroninnen, Staatsratstöchter, Gesandten-Grafen, und wie ich unter Toten war, in eine verlegene Angst geriet – oder Schläfrigkeit, wie mir das jetzt immer geschieht – nahm ich mir vor, nicht mehr dahinzugehen.»

Die Frau, die den durchdringenden Blick und die rigorose Wahrheitsliebe für solche Beobachtungen besitzt, weiß nur zu gut, daß es keine wirkliche Emanzipation ohne die Entdeckung und Steigerung der Persönlichkeitswerte eines jeden einzelnen Menschen geben kann. Assimilation und Emanzipation der Juden, Befreiung der Frau aus dem Zustande der Unmündigkeit gipfeln für Rahel in der Förderung und Entfaltung der Individualität, ja in der Erschaffung des einen, ganzen, vollständigen Menschen, der sich aus dem Scherbenberg seiner moralischen und sozialen

Verkümmerung neu und schön erheben soll. Nirgendwo ist die sensible, immer wieder gedemütigte und schon an den Kümmerlichkeiten und Beschwernissen des eigenen Körpers lebenslang leidende Berliner Jüdin dem romantischen Streben nach menschlicher Totalität so nahe wie in ihrer radikalen Sehnsucht nach Überschreitung der ihr von der Gesellschaft und sogar von der Natur gesetzten Grenzen. Uralte Vorstellungen regen sich auf dem Grunde von Rahels Träumen, ferne Erinnerungen an jene Androgynen, als die sich die Griechen ihre Ahnen vor der Trennung in Mann und Frau dachten und von denen ein dunkles Verlangen nach Wiedervereinigung der voneinander geschiedenen Wesen durch die alten Mythologien geistert. Dem Jugendgefährten Brinckmann möchte Rahel gleichermaßen Freundin und Freund sein, und als sie die schöne Pauline Wiesel, die Geliebte des Prinzen Louis Ferdinand, kennenlernt, sinnt sie darüber nach, welch ein Meisterstück der Natur doch entstehen müßte, wenn sich ihr Geist mit dem berükkenden Leib der Kurtisane verschmelzen ließe!

Der «vollständigste Mensch» aber ist ihr Goethe, in dem sie das Humanitätsideal leibhaftig verkörpert findet, zu dem auch sie sich mit allen Fasern ihres Wesens bekennen kann. Er ist ihr nicht nur ein großer Dichter, sondern mehr noch Seelenarzt, Lebensbürge, «Schutz der Erde». Er ist ihr der Garant für die unendliche Fülle des Daseins und der Prophet einer unerschöpflichen Lebensqualität, die er verkündet. Und während sie selbst dem «großen Defizit» ihres Seins zunächst nur mühsam Worte abzuringen vermag oder gar in ihrer Qual verstummt, gab ihm ein Gott, zu sagen, was auch sie, Rahel Levin, leidet ... In ihm und seinem Werk kann sie sich wiederentdecken: wie an dem Julimorgen des Jahres 1808, als sie in des Dichters Jugendfeier im «Vorspiel auf dem Theater» die Erinnerung an die eigenen Anfänge so wahlverwandt in Worte gefaßt sieht.

Über den Anfängen lastet ein fast noch mittelalterliches Dunkel, aber wie bei jedem Beginn und in jeder Jugend sind da auch Hoffnungen, Entwürfe und Träume. In Berlin werden Juden noch nach der Handelsordnung von 1716 gleich dem «strafbaren Totschläger, Gotteslästerer, Mörder, Dieb, Ehebrecher, Meineidigen oder den sonst mit öffentlichen groben Lastern und Sünden Befleckten und Behafteten» behandelt. Nur Geld vermag die Tore des Gettos aufzustoßen: «les juifs de Frédéric le Grand», wie sie Rahel später nennen wird, können für gute Dukaten und Silbertaler königliche Schutzbriefe und mit ihnen das Recht auf Niederlassung und Betreibung eines Geschäfts in Berlin erwerben. Auch Levin-Markus, der Kaufmann und Bankier in der Spandauer Straße, ist ein Schutzjude Friedrichs II. In jener Zeit, als der Philosoph Moses Mendelssohn den Berliner Juden das Licht der Aufklärung angezündet und sie zur Integration in die deutsche Kultur, jedoch unter Bewahrung ihres mosaischen Glaubens, aufgerufen hat, läßt sich der Juwelenhändler Levin von Chodowiecki malen: stämmig, selbstbewußt, erfolgsgewohnt präsentiert er sich auf dem Bild, das seinem Status ein imposantes Denkmal setzen soll, obwohl er doch von der Gleichberechtigung mit den Christen noch weit entfernt ist. Sein tyrannischer Wille ist das eiserne Gesetz, dem die Familie sich zu fügen hat. Seiner ältesten Tochter, der am 19. Mai 1771 geborenen Rahel, zerbricht er, wie sie es später ausdrückt, «jedes Talent zur Tat ..., ohne solchen Charakter schwächen zu können». Rahel hat mit dieser Formel ihr Hamlet-Naturell treffend bezeichnet: ein Pastellbild zeigt schon die Vierzehnjährige mit weit geöffneten, melancholisch beiseite blickenden Augen, das schmale Köpfchen gesenkt unter dem modischen Schäferhut.

Genau über die Zeit, in der dieses erste Porträt entstanden ist, schreibt Rahel später: «... sie können's mir gar nicht vergessen, daß ich zu meinem vierzehnten Jahre witzig war; denn sie hassen mich, weil sie mich fürchten; sie fürchten mich, weil sie mich für klug halten (ihr gewöhnlich Wort); sie wissen aber nicht, daß ich einen verständigen Gedanken im Kopf habe ... und nun ist ihnen jeder Blick aus meinen unglücklich-tiefliegenden Augen zuwider und verdächtig.» Die, wie sie sich selbst immer wieder nennt, «Falschgeborene» steht von Anfang an zwischen zwei Fronten: während die nichtjüdische Umwelt sie als einen Menschen zweiter oder gar dritter Klasse behandelt, wird sie ebenso von den orthodoxen Wortführern des konservativen Judentums gedemütigt, die jeden Versuch einer Annäherung an den Zeitgeist als Abfall vom alten Glauben brandmarken. Denn das junge Mädchen findet kein ausschließliches Genügen mehr an der Talmudwelt der Väter, in der sie sich zu einem öden und hoffnungslosen Dasein verdammt sieht. Ständig befragt sie sich selbst und die sich eben mächtig entfaltende deutsche Philosophie und Literatur nach den Möglichkeiten einer Selbstbestimmung. Als sie die Schriften Fichtes liest, nimmt sie die Botschaft von der Befreiung des «Ich» wie einen tröstlichen Ruf auf, der ihr ganz persönlich gilt: «Du bist nicht allein!»

Als 1789 der Vater stirbt, schlägt Rahels große Stunde. In einem Dachstübchen des Elternhauses beginnt sie ihre Freunde zu empfangen: ihr erster, an äußerem Aufwand sehr karger und bescheidener «Salon» tut sich auf. Nicht jeden Abend wird Tee gereicht. Der einzige Luxus, von dem die Runde lebt, sind die Gespräche, zu denen sich hier Angehörige der verschiedenen Stände zusammenfinden, die sonst streng voneinander geschieden sind. Es kommen Rahels jüdische Altersgefährten, die Töchter und Söhne Moses Mendelssohns und der spätere philanthropische Arzt David Veit, dem sie bald ihre ersten Briefe schreiben wird. Es kommen die Schwestern Sara und Marianne Meyer, die später dem Freundeskreis Goethes angehören. Es kommen die jungen Brüder Humboldt, die es von ihrem «Schloß

Langeweil» in Tegel fort in den anregenden Kreis treibt. Es kommen der schwedische Legationssekretär Karl Gustav von Brinckmann, der durch seine endlosen Briefe fast berüchtigt ist, und der preußische Kammerreferendar Wilhelm von Burgsdorff, ein Freund Ludwig Tiecks. Es kommen der sporenklirrende Dichter Fouqué, der noch republikanisch gesinnte Friedrich Schlegel und der junge Theologe Friedrich Schleiermacher, der mit gepflegtem Organ die Religion den «Gebildeten unter ihren Verächtern» annehmlich zu machen versucht. Etwas später taucht auch der Hofhistoriograph Johannes von Müller auf, dessen quäkendes Falsett mit dem soignierten Predigtton Schleiermachers fatal kontrastiert. Der bereits berühmte Jean Paul liest aus seinen Romanen und trifft in Rahel «die einzige Frau, bei der ich ächten Humor gefunden». Ein Mittelpunkt ist bald der Kriegsrat Friedrich Gentz, dessen ebenso bedenklichen wie genialisch-brillant hingeworfenen Reden die schon damals berüchtigte Käuflichkeit seiner Feder kaschieren sollen: Rahel wird gerade diesem schillernden Meteor und glänzenden Äquilibristen unter den deutschen politischen Schriftstellern besondere Sympathie entgegenbringen und ihm einige ihrer erotischsten Briefe schreiben, ohne ihn allerdings mit ihrer unbestechlichen Kritik zu verschonen.

Sie alle bekommen von der kleinen Jüdin ihre «Dachstubenwahrheiten» zu hören, auch der Prinz Louis Ferdinand, der, in unablässigen Hader mit dem Haus Hohenzollern und besonders mit dem König verstrickt, in der Freundin und ihrer ingeniösen Runde mehr als nur einen menschlichen und geistigen Ausgleich für das Hofleben findet, das er nur noch im Alkohol zu ertragen imstande ist. Mit ihr kann er sich über Goethes «Egmont», über seine Amouren, über seine Trunksucht streiten, und wenn er den «schmerzlichen Stößen» der Seelenfreundin nicht länger gewachsen ist, flieht er ans Klavier, auf dem er den romantischen Zwiespalt seines Daseins besser hörbar zu machen vermag als mit dem Wort. Die Geliebte seiner letzten Jahre, die bildschöne Pauline Wiesel, ist vielleicht überhaupt Rahels vertrauteste Freundin, in deren burschikoser Natürlichkeit und weiblichem Charme sie die schaffende Natur geradezu personifiziert sieht.

Denn obgleich der glänzende Kreis, der sich fast anderthalb Jahrzehnte lang bei ihr einfindet, und ihre Briefe sie in der gebildeten Welt Deutschlands fast zu einer Institution werden lassen, leidet die «Falschgeborene» unter ihrem, wie sie meint, abstoßenden Aussehen, wobei sie diesen angeblichen physischen Mangel viel zu übertrieben registriert und damit zeitweise zu einem sie lähmenden Trauma steigert. Sie sieht sich selbst als ein von Anfang an ältliches Mädchen, das «keinen hübschen Zug im Gesichte», «keine zu lobende Proportion am Körper» hat. Sie empfindet sich als «eklig» und «unansehnlicher als häßlich», ja sie geht in einigen Stunden des Selbstabscheus sogar so weit, sich die «innere Grazie» abzusprechen.

Ihre allesamt mißratenen Herzenserlebnisse bestärken sie in diesem deprimierenden Bewußtsein, das in manchen Augenblicken der Krise in verletzten Stolz umschlägt. Das Verlöbnis mit dem Grafensohn Karl von Finckenstein, dem Bruder von Tiecks Lebensgefährtin Henriette, scheitert am Widerstand der gräflichen Familie, aber auch an den jämmerlichen Schwächen dieses hilflosen Aristokraten, der den sittlichen Maßstäben Rahels nicht gewachsen ist. Bei einem Aufenthalt in Paris lernt sie im Frühjahr 1801 den Hamburger Kaufmann Wilhelm Bokelmann kennen, der von den Franzosen seiner markanten männlichen Schönheit wegen *«le beau Kelmann»* genannt wird. Rahel schreibt ihm leidenschaftliche Briefe, aber auch diese Beziehung versandet schnell. Ein Jahr später verlobt sie sich in Berlin mit dem spanischen Gesandtschaftssekretär Don Raphael d'Urquijo, dessen maßlosen Egoismus und rasende Eifersucht sie schon nach zwei Jahren nicht mehr erträgt. Obwohl sie ihn noch immer liebt, beendet sie ein Verhältnis, das der Entfaltung ihrer Persönlichkeit nur hinderlich sein kann. Noch in der späteren Erinnerung wird sie immer wieder ihre freiwillige Trennung von d'Urquijo, ihre «gemordete Jugend» durchleiden: «… da packt' ich mordgewaffnet mein eigen Herz, mit meiner Hand; und ging; wie aus dem Leben. Denn ich wußte, es war wie zu einem schwarzen Tod: und schrieb selbst: ich *wähle* die Verzweiflung, die ich nicht kenne! Es war ein langes Morden. Und es entstand eine *Wüste*, die schrecklicher als Schmerz, Riß und Vermissen des Geliebten ist.»

Alle diese Liebesverbindungen sind gescheiterte Versuche, sich als Frau bestätigt zu sehen und einer perspektivlosen sozialen Situation zu entkommen. Aber trotz der wachsenden Enttäuschungen will sie, die inzwischen die Mitte der Dreißig erreicht hat, Menschen bilden, erziehen und zur Erkenntnis ihrer selbst führen. In ihrem schlichten Salon sieht sie Poeten, Künstler und Diplomaten, die über ein neues Menschenbild und eine neue Ästhetik, über Goethe und Adam Smith, über die Entdeckung der indischen Kultur und des deutschen Mittelalters, über Aufklärung und Romantik diskutieren – nur nicht über im eigentlichen Sinne politische Fragen, da dies die Einheit des heterogen zusammengesetzten Kreises sprengen würde. Indessen überschreiten die Armeen Napoleons die Alpen und den Rhein, sie marschieren durch Italien, Süddeutschland und Böhmen. Im Frühherbst des Jahres 1806 sind sie schon bedenklich nahe. Noch hat Rahel nicht die Hiobsbotschaft vom Tod des Prinzen Louis Ferdinand im Gefecht bei Saalfeld verwunden, als sie am 24. Oktober die ersten französischen Chasseurs in die Jägerstraße sprengen sieht. Das alte Preußen geht unter – und mit ihm Rahel Levins erster Salon, dessen Gäste bald in alle Winde zerstoben sind.

In den Jahren der Ungewißheit, die dem jähen Ende von Rahels geselligem Kreis folgen, beherrschen sie Angst vor dem nahenden Alter und vor dem wirtschaftlichen Ruin. In diesen Tagen des Schwindens aller Sicherheiten und der schwermütigen Erinnerungen an ihre dahingeschwundene Jugend widmet sie sich um so ernster und hingebungsvoller der Niederschrift ihrer Briefe und Tagebücher, die zu immer sensitiveren und plastischeren Spiegelungen ihrer seelischen Zustände werden – bis hin zur Beschreibung des Wetters, das die Bewegungen von Rahels Psyche ebenso zu reflektieren vermag wie die Landschaft: «Mittwoch um halb 7 Uhr abends, bei augenblicklich hellem Wetter; der Himmel ist blau und kalt, Schneewolken ziehn drüber hin», oder: «Gewitterhitze, alle Abend Kälte: gutes Weinjahr, prächtiges Korn; welches jetzt reif ist und göttlich duftet. Alles lebt und strömt in der grünen Natur.» Im «Grünen» der Natur und in den menschlichen Gedanken, aber auch in den Dichtungen Goethes findet sie die seltene Übereinstimmung mit sich selbst, wie an jenem Julimorgen des Jahres 1808, als sie sich beglückt den Versen des «Faust» überlassen kann.

In dem um vierzehn Jahre jüngeren Karl August Varnhagen von Ense trifft sie auf einen noch ganz unfertigen, aber hoffnungsvollen und in ihrem Sinne bildsamen Menschen, den sie einige Jahre später heiratet. Eine leidenschaftliche Liebe bindet sie nicht an ihn, jedoch der Glaube an einen humanistisch gesinnten jungen Mann, der erst durch sie zum liberalen Demokraten und progressiven Publizisten geformt wird. Passionierter, aber ebenso im tiefsten Grunde bereits mütterlich ist ihr Verhältnis zu dem märkischen Junkersproß Alexander von der Marwitz, einer kleistisch zerrissenen Natur, die klassische Kultur und romantischen Individualismus, konservative Bindung an die alte feudale Ständehierarchie und die unstete Suche nach neuen Lebensformen zu keiner Synthese zu bringen vermag. Rahel nennt ihn zärtlich ihr «Faserkind» und begünstigt seine Neigung zu Henriette Schleiermacher, der Frau des berühmten Theologen.

Während er, der jüngere Bruder des reaktionären Adelsfrondeurs Ludwig von der Marwitz, in Steins und Hardenbergs Reformen, die Preußen zu einem zeitgemäßen Staat umgestalten sollen, nur «ein Gewebe von moderner eleganter Dummheit, Unwissenheit, Lügenhaftigkeit und Schwäche» sehen will, hofft Rahel auf die Herstellung der Rechtsgleichheit der Juden mit den anderen preußischen Untertanen. Der Wunsch geht 1812 mit dem «Edikt über die bürgerlichen Verhältnisse der Juden» in Erfüllung, das aber bald nach den Befreiungskriegen wieder zurückgezogen wird. Auch sonst nimmt die «kleine Patriotin» eifrigen Anteil an der Erneuerung Preußens: schon im Winter 1807 sitzt sie unter den Zuhörern, vor denen Fichte seine «Reden an die deutsche Nation» hält.

Im Juli 1812 veröffentlicht Varnhagen in Cottas «Morgenblatt für gebildete Stände» anonym Bruchstücke aus Briefen Rahels, die sich mit Goethe beschäftigen. Zum ersten Male wirken Äußerungen von ihr in die Breite und Weite. Obgleich ihr Name nicht genannt ist, beginnt mit diesem Druck die überpersönliche Ausstrahlung einer Schriftstellerin, die den Brief in den Rang eines Kunstwerks erhebt.

Als im Frühjahr 1813 Varnhagen, Marwitz und andere Freunde zu den Fahnen eilen, um am Volkskampf gegen die napoleonische Fremdherrschaft teilzunehmen, versucht Rahel, dem «unnatürlichen Krieg» durch die Flucht in das zunächst noch neutrale Österreich auszuweichen. Sie, deren Verlobter Varnhagen sich freiwillig einem russischen Korps unter dem Obersten Tettenborn anschließt, bejaht uneingeschränkt den Aufbruch aller Schichten des deutschen Volkes gegen den Empereur und seine rheinbündischen Satelliten. Von Anfang an aber irritiert sie die Entfesselung eines ungezügelten, fast schon pathologischen

Nationalismus, der auch antijüdische Züge trägt, und sie meint, der losbrechende Sturm müsse sich gegen Napoleon, jedoch nicht gegen das französische Volk richten. In Prag, wohin sie für die Dauer eines Jahres flüchtet, sieht sie die Verwundeten auf den Straßen im Platzregen liegen: niemand kümmert sich um sie, die Lazarette vermögen den Andrang nicht zu fassen. Rahel löst eine Bewegung aus, die Ärzte, Verbandsmaterial, Lebensmittel und Kleidung für die Unglücklichen organisiert. Sie weiß die jüdischen Bankiers von Berlin und Wien zu beträchtlichen Hilfeleistungen zu veranlassen, sie sammelt in den Salons und auf den Straßen Geld, opfert ihre eigenen spärlichen Notgroschen und steht wochenlang Tag und Nacht in den Spitälern, in denen Franzosen ebenso aufgenommen werden wie Preußen, Österreicher und Russen. «Nun sind wir ruhig, aber in ganz Deutschland, in Holland, überall hiebt und schießt man in Menschen, in weiches, schmerzfähiges Fleisch, in Adern und Gebein. Man nimmt, darbt, mißhandelt ...» Gegenüber ihrem Engagement für die Opfer des Krieges treten die Begegnungen mit Ludwig Tieck, Brentano und Carl Maria von Weber beinahe in den Hintergrund. Im Winter wird sie von einer Rheumaattacke für Wochen niedergeworfen. Aber sie ist glücklich über die ihr in Prag zuteil gewordene Bewährung der Menschlichkeit inmitten von Barbarei: «Also doch *ein*mal eine *Fürstin*!»

Das Wiedersehen mit Varnhagen im Sommer 1814 wird durch die Nachricht vom Tode des Freundes Marwitz im Gefecht bei Montmirail verdüstert. Aber Rahel ist nun entschlossen, Varnhagen zu heiraten und so vielleicht die letzte Chance zu nutzen, ihrer jüdischen Schlemihl-Existenz zu entkommen. Als sie sich jedoch am 27. September 1814 in Berlin evangelisch taufen läßt, die christlichen Vornamen Antonie Friederike annimmt und mit Varnhagen vor den Traualtar tritt, stürzt sie dieser Schritt nur um so tiefer in die seit vielen Jahren schwelende Identitätskrise. Frau von Varnhagen, wie sie sich fortan nennt, wird bis in

Rahel Varnhagen um 1817

Achim von Arnim

Bettina Brentano, mit Arnims «Wintergarten» im Arm, 1809

Heidelberger Schloßhof, 1820

Gutshaus Wiepersdorf

Prinz Louis Ferdinand von Preußen im Jahr 1806

Pauline Wiesel

Der Tod des Prinzen Louis Ferdinand von Preußen bei Saalfeld, 10. Oktober 1806

die Stunde ihres Sterbens hinein das Stigma der «Falschgeborenen» an der Stirn tragen. Als sie unmittelbar nach Übertritt und Hochzeit ihren Mann, der in den preußischen Staatsdienst aufgenommen worden ist, auf den Wiener Kongreß begleitet, ist sie von den zynischen Wortbrüchen und niederträchtigen Kabalen zutiefst schockiert, mit denen die glänzend aufgetakelten Staatsmänner des Ancien régime, unter ihnen Gentz, im Namen des Christentums ihre «Heilige Allianz» konstituieren. «Pfui, Christen!» ruft sie angewidert aus, fühlt sich durch die Taufe weder verändert noch erneuert und unterschreibt ihre Briefe weiterhin mit «Rahel».

Beichtmutter und Menschenmagnet

Varnhagens Diplomatenkarriere ist kurz: zu offenkundig hat er sich mit jenen liberalen Kräften solidarisiert, die eine demokratisch-soziale Erneuerung und nationale Einigung Deutschlands erstreben, als daß er nicht den Dunkelmännern am Berliner Hof verdächtig werden müßte. Drei Jahre lebt er gemeinsam mit Rahel als preußischer Geschäftsträger im badischen Karlsruhe, dann wird er ohne Angabe von Gründen abberufen. Vor dem sich rapide verfinsternden politischen Horizont, des Verbots der Burschenschaften, des Beginns der Demagogenverfolgungen und antisemitischer Pogrome, die auch in Berlin und Karlsruhe angezettelt werden, sucht Rahel in den Schriften des französischen Theosophen Louis-Claude de Saint-Martin, in den Sinngedichten des deutschen Barockdichters Angelus Silesius und vor allem immer wieder im Werk Goethes Trost und Ermutigung. Schon im September 1815, noch vor dem dreijährigen Intermezzo im Großherzogtum Baden, ist Rahel in Frankfurt von Goethe für eine Sternstunde lang besucht worden. Wiewohl sie dem vergötterten Dichter nur ratlos und verwirrt entgegengetreten ist, hat sie in dieser vielleicht denkwürdigsten Stunde ihres Lebens ihr «Adelsdiplom» und ihren «Ritterschlag» erhalten!

Als sich die Varnhagens im Oktober 1819 für immer in Berlin niederlassen und im Haus Französische Straße 20 ihren alsbald im ganzen intellektuellen Europa berühmten Salon eröffnen, werden die geräumigen, hellblau tapezierten Zimmer binnen kurzem zu einem Zentrum nicht nur der Berliner Goethe-Verehrung. Im politisch und kulturell zersplitterten Deutschland entsteht hier neben Goethes Haus am Weimarer Frauenplan und Ludwig Tiecks Domizil am Dresdner Altmarkt ein dritter geistiger Sammelpunkt, der vom Abendlicht des letzten Jahrzehnts der «Kunstperiode» bestrahlt ist.

Auch jetzt ist das Interieur einfach, sozusagen demonstrativ prunklos und keineswegs erlesen: der Glanz, der sich hier ausbreitet, kommt ganz von den Gesprächen der Menschen, die sich unter der Ägide Rahels und ihres geschäftigen Mannes versammeln. Mit dem Blick hinaus auf die Straße oder auf die Bäume im Garten treffen sich zwei Generationen – die alternden Exponenten einer scheidenden Epoche, die, je mehr sie ihrem Ende zugeht, sich als das Zeitalter Goethes versteht, und die ungestümen Sprecher des jungen Geschlechts, das die immer unüberbrückbareren Widersprüche der Restaurationsära nicht lange mehr hinnehmen wird. Rahel stellt die Begegnungen, die sie fortwährend stiftet, unter ein Goethewort: «Freunde, Gleichgesinnte, nur herein!»

Die beiden Brüder Humboldt finden sich wieder ein, neben Henriette Herz die letzten Überlebenden aus den Tagen des Dachstübchens in der Jägerstraße: Wilhelm, der desillusionierte Politiker aus den schon legendären Zeiten der gescheiterten Reformen, und Alexander, der ergraute Weltwanderer. Die Müdigkeit des mürrischen Franz Grillparzer verfliegt im Gespräch mit der alternden, «von Krankheit zusammengekrümmten, etwas einer Fee, um nicht zu sagen einer Hexe ähnlichen Frau». Nur selten taucht der Schauspieler Ludwig Devrient auf, den Rahel bewundert; der hier servierte Tee und die gedämpfte, an Kammermusik erinnernde Atmosphäre sind nicht nach dem Sinn des unstet schweifenden Zechers! Es erscheinen der Fürst Pückler, der junge jüdische Rechtsphilosoph und Hegel-Schüler Eduard Gans, der noch unbekannte Historiker Leopold Ranke und die temperamentvoll-behende, rastlos Pläne schmiedende Bettina von Arnim, deren Verhältnis zu den Varnhagens heikel bleibt, die aber Rahel auf dem Sterbebett pflegen wird. Und es kommen zu Dutzenden durchreisende Fremde, um noch das Flair der schon sagenhaften «Beichtmutter» zu verspüren. Was tut es, wenn der beflissene Varnhagen allabendlich hinter Rahels Stuhl steht, in ein leise hervorgezogenes Taschenbuch ihre Sentenzen notiert, als handle es sich um die Weissagungen einer Prophetin, und damit immer wieder das gedämpfte Gewitzel der Augenzeugen herausfordert? Mit dem Rahel-Kult, den er begründet, wird er den Wortführern des Jungen Deutschland zum Leitstern für ihre Idee der Frauenemanzipation verhelfen!

Der einundzwanzigjährige Studiosus Heinrich Heine pendelt hin und her zwischen dem «Café Royal», in dem er noch den Kammergerichtsrat Hoffmann mit den «ewig vibrierenden Gesichtsmuskeln» bechern sieht, und dem Salon in der Französischen Straße, wo er in Madame Varnhagen eine «Patronin» findet, die das Igenium des jungen Dichters sogleich entdeckt. Mit dem Sohn eines jüdischen Düsseldorfer Handelsmannes verbindet sie zudem ein gleiches Schicksal: bis hin zu dem Versuch, durch die christliche Taufe dem «tausendjährigen Schmerz» der Vorfahren zu entkommen. Rahel erkennt auch ihres Schützlings Hang zu einer gewissen schillernden Arroganz und mutwillig über die Stränge schlagenden Anmaßung. Sie verschont ihn nicht mit ihren «Dachstubenwahrheiten» und nimmt ihn so in ihre Schule, als wäre er ihr eigener Sohn: «Heine muß wesentlich werden, und sollte er Prügel haben.» Der Sänger des «Buchs der Lieder» und des «Romanzero» wird der «geistreichsten Frau des Universums» die mütterliche Zuneigung, produktive Hilfe und strenge Zucht nie vergessen. Für ihn, der gleichsam aus ihren Händen das Erbe der deutschen Romantik entgegennimmt, es zum europäischen Ereignis werden läßt und gleichzeitig überwindet, bleibt Rahels Salon «das Vaterland».

Der «Menschenmagnet» ungezählter Gäste, die «Beichtmutter» einer sich zur Rüste neigenden Zeit steigert in ihren späten Jahren die Sprache ihrer brieflichen Selbst- und Zwiegespräche zu letzter poetischer Kraft und oft bestürzender Spontaneität. Ihr alter Grundsatz «Mein Leben soll zu Briefen werden» gipfelt mehr und mehr in einem dezidierten literarischen Gestaltungswillen, der mit gelegentlichen Plänen zur Veröffentlichung der Briefe einhergeht. Die Leser, die ihre Botschaften untereinander austauschen und weitergeben, begreifen, was dann für ein ganzes Jahrhundert wieder vergessen wird: diese unscheinbare, nach wie vor um ihre Identität ringende Frau ist keineswegs der «Blaustrumpf der Salons» oder nur eine betriebsame Randfigur der Kulturgeschichte, sondern eine der großen Schriftstellerinnen deutscher Sprache. Mehr denn je sind ihre Briefe und Tagebücher «Lichtstreifen und Glutwege», vibrierende Mitteilungen einer bebenden Seele, die, indem sie sich sprachlich zu äußern versucht, gleichermaßen auszusparen und lapidar-expressive Metaphern zu finden vermag. Aus den Trauergesängen und Gedenkreden, die 1832 Goethes Tod bewirkt, könnte man Anthologien zusammenstellen. Das bündigste und schönste Epitaph aber setzt ihm Rahel in ihrem Tagebuch: «Milder als Mairegen sind Kinderküsse. Rosenduft, Nachtigallton, Lerchenwirbel, – Goethe hört's nicht mehr. Ein großer Zeuge fehlt. –»

Hinter den Ermutigungen, die sie ihren Besuchern angedeihen läßt, hinter der Ausstrahlung, die ihre Freunde bezaubert, lassen sich Schwermut und Ungewißheit nicht beschwichtigen. Hinter der scheinbar souveränen und heiteren Weisheit ihres Alters muß Rahel weiter den Kampf Schlemihls um den Schatten führen. Zu den Identitätskrisen der Jüdin, die ihrem Schicksal auch durch die Taufe nicht entrinnen kann, kommen die peinigenden Zweifel, ob sich die mächtig aufschießenden sozialen Konflikte des beginnenden Maschinenzeitalters durch den humanistischen Individualismus der klassisch-romantischen Epoche lösen lassen. Angeregt durch die Schriften des französischen utopischen Sozialisten Saint-Simon gelten die Gedanken der Greisin immer beharrlicher dem Glück «aller Menschen», das nicht im Salon, sondern nur auf der Straße gewonnen werden kann. Wie ihr Ahnherr Moses sieht Rahel von ferne das Gelobte Land: aber sie, Kind einer sinkenden Zeit, wird es nicht mehr betreten.

Als sie, die seit Jahren Kränkelnde, sich Anfang März 1833 zum Sterben niederlegt, nimmt sie ihr jüdisches Schicksal ausdrücklich an: «Welche Geschichte! eine aus Ägypten und Palästina Geflüchtete bin ich hier, und finde Hülfe, Liebe und Pflege von euch! ... Was so lange Zeit meines Lebens mir die größte Schmach, das herbste Leid und Unglück war, eine Jüdin geboren zu sein, um keinen Preis möcht' ich das jetzt missen.» Am 7. März 1833 stirbt Antonie Friederike Varnhagen von Ense, die auch für die Nachwelt «Rahel» bleiben wird, im endlich schmerzvoll erlangten Einverständnis mit ihrer Bestimmung. Schon anderthalb Jahre zuvor hat sie sich selbst ihren Nekrolog geschrieben: «Wenn ich sterben muß, denke: sie hat alles gewußt: weil sie alles kannte; nie etwas war, nichts beabsichtigte, und alles durch Nachdenken siebte, und in Zusammenhang brachte; sie verstand Fichte; liebte Grünes, Kinder; verstand Künste, der Menschen Behelf. Wollte Gott helfen in seinen *Kreaturen.* Immerdar; ununterbrochen; und dankt ihm für diese ihre Beschaffenheit. ‹Das war dem alten Drachen seine gute Seite.›»

Preußisches Dichterleben
Ludwig Achim von Arnim

Eine denkwürdige Begegnung

Am 15. Dezember des Jahres 1805 reitet der Prinz Louis Ferdinand von Preußen zusammen mit seinem Adjutanten Nostitz von Erfurt nach Jena hinüber. Er steht noch ganz unter dem Eindruck der Nachrichten aus Austerlitz, wo Napoleon dreizehn Tage zuvor die verbündeten österreichisch-russischen Armeen zerschmettert hat. Wie nur wenige Zeitgenossen sieht er das Unheil seinen Lauf nehmen, das binnen kurzem auch sein preußisches Vaterland ereilen wird. Zaudernd hat sich sein König der antinapoleonischen Allianz ferngehalten und so ihre Niederlage mitverschuldet. Preußen ist isoliert und ohne schlagkräftige Bundesgenossen.

Am Abend des verhangenen Dezembertages tafelt der Prinz im Jenaer Schloß mit dem Herzog Carl August von Weimar, dessen Favoritin Caroline Jagemann und deren Bruder, mit Goethe und dem Dichter Achim von Arnim. Wie später der weimarische Herzog berichtet, wird die ganze Nacht über um die Wette getrunken: «Goethe blieb nichts schuldig, er konnte fürchterlich trinken.» Man weiß nicht recht, ob Galgenhumor oder Verzweiflung das Gelage anfacht. Auf dem Höhepunkt der Zecherei erhebt sich Arnim, neben dem Prinzen der einzige Preuße in der Runde, trinkt Louis Ferdinand Glück, Sieg und «ein schönes Reich im Süden zu», ja er trägt ihm seine Dienste an, «wo er mich brauchen könnte». Vielleicht ist es der reichlich genossene Wein, der ihn zu dem plötzlichen Entschluß bestimmt, vielleicht ist es auch die ihn beflügelnde vaterländische Gesinnung, die so bedeutungsvoll an der Entstehung der Volksliedersammlung «Des Knaben Wunderhorn» beteiligt ist, für deren dritten Band er erst wenige Stunden zuvor aus einem alten Jenaer Kodex Abschriften angefertigt hat.

Als aber Arnim am nächsten Morgen aus seinem Rausch erwacht, ist er unsicher. In dem Brief, den der Ernüchterte gleich darauf dem Freunde Brentano schreibt, kann er sich nicht mehr genau erinnern, aus welchem dunklen Drange heraus er dem Prinzen das überraschende Anerbieten unterbreitet hat: «Vielleicht war es der Kerl, der hinter mir steht nach Deiner Ansicht und mir zuweilen aus den Augen sieht; nun laß ich es ruhig seinen Gang gehen.» Arnim weiß, daß seine preußische Heimat keine Verwendung für ihre besten Söhne hat und sie seit jeher am falschen Ort verderben läßt oder in die Ferne treibt. Und so ist ihm nur zu bewußt: «Der gute Wille des Prinzen hat auch keinen freien Spielraum. Vielleicht ist das Ganze nur ein leeres Spiel, daß ich mich nicht verwundern soll, warum die Wolken Tag und Nacht ziehen.» In der Tat bleibt die Zusammenkunft des Dichters mit dem Hohenzollernsproß völlig folgenlos. Arnim ist schon drei Tage später entschlossen, nicht ins Hauptquartier der Armee zu gehen, verbringt das Weihnachtsfest bei seinem alten Gönner Reichardt in Giebichenstein bei Halle und reist nach Berlin weiter, von wo aus er schreibt: «Übrigens suche ich die Zeitgeschichte von mir abzublasen wie den Dampf einer fremden Pfeife.»

Das Schicksal Preußens erfüllt sich schon während der nächsten Monate: die Stimmen seiner Dichter, der Arnim und Kleist, will es nicht hören, und Louis Ferdinand stirbt kaum ein Dreivierteljahr nach dem euphorischen Jenaer Abend einen sinnlosen Schlachtentod. Arnim kann ihm nur noch einen lyrischen Nachruf widmen: «Wer's mit dem Blut bewähret, / Der ist ein Prinz vom Blut ...» Zwei Söhne Preußens, zwei romantische Künstlerindividualitäten, werden von der Obrigkeit ihres Heimatlandes in die Rollen von Einzelgängern gedrängt. Der eine von ihnen, Offizier und hochbegabter Musiker, endet vor der Zeit als einer der ersten Toten des Krieges, der von Anfang an ein hoffnungsloser Waffengang ist. Der Dichter Arnim wird ihn um fast ein Vierteljahrhundert überleben, um aber schließlich, sein preußisches Poetenschicksal resümierend, bekennen zu müssen: «... meine Werke haben mit dem Himmelreiche gemeinschaftlich, daß die wenigsten hinein mögen.»

Erste Buhlschaft mit der Poesie

Preußische Kühle ist früh um ihn. Am 26. Januar 1781 kommt er in Berlin zur Welt. Kaum drei Wochen darauf stirbt im Kindbett die Mutter, an deren Todestag der Knabe auf die Vornamen Carl Joachim Friedrich Ludwig getauft wird. Der Vater, Joachim Erdmann von Arnim, kümmert sich kaum um ihn und um den zwei Jahre älteren Bruder. Die Erziehung liegt in den Händen der strengen Großmutter. Arnims frühe Jahre vergehen, wie sich der Dichter später erinnert, in der «trüben, gepreßten Luft einer zwangvollen Kinderstube».

Auf dem Joachimsthalschen Gymnasium zeigt sich die auffallende geistige Wachheit des Knaben, in dessen Abiturzeugnis der Rektor Meierotto anmerkt: «Der einzige Vorwurf, den Lehrer ... je ihm machen mußten, war der, er sei zu fleißig, er verbinde zu viel.» In seinen Aufsätzen kündigen sich die Eigenschaften des kommenden Schriftstellers an, etwa sein zutiefst preußischer Hang zum Didaktischen. Der Beruf des Dichters, Deuter und Dolmetsch der Geschichte zu sein, zum ersten Male ausgesprochen in der Abiturrede «Das Wandern der Künste und Wissenschaften» von 1798, wird Arnim bis hinein in seine poetischen Meisterwerke beschäftigen.

Während des in Halle begonnenen Universitätsstudiums stehen zunächst die Juristerei und mehr noch die Naturwissenschaften im Mittelpunkt seiner Bestrebungen. Schon 1799 veröffentlicht er in Ludwig Wilhelm Gilberts berühmten «Annalen der Physik» ein gutes Dutzend wissenschaftlicher Abhandlungen, die ihm sogleich die Aufmerksamkeit geachteter Gelehrter eintragen, ja er legt sogar ein Buch mit dem Titel «Versuch einer Theorie der elektrischen Erscheinungen» vor. Als er aber ein Jahr darauf mit dem Bruder nach Göttingen geht, um seine Studien fortzusetzen, tritt die Wende ein. An die Stelle der Naturwissenschaften rückt die engagierte Beschäftigung mit Literatur und Kunst, die um so bedeutsamer ist, da der Jüngling als ein vielversprechender Physiker gilt. Aber in einer Zeit der einsetzenden Spezialisierung der Wissenschaften vermag er den ganzen Menschen nur noch in der Kunst wiederzufinden – im Gegensatz zu Novalis, der noch die Grenzüberschreitung zwischen Wissenschaft und Kunst suchte.

In Göttingen lernt er den rheinländischen Kaufmannssohn Clemens Brentano kennen, der an der Universität als Studiosus philosophiae immatrikuliert ist. Selten ist für die deutsche Literatur das Zusammentreffen zweier junger musisch disponierter Menschen von solcher prägenden Kraft gewesen, wie sie vom ersten Augenblick ihrer Gesinnungsverwandtschaft an das lodernd-lockende, italienisch temperierte Spielmannsnaturell Brentanos mit der männlich-gelassenen, auf Systematik und Kontinuität gerichteten märkischen Individualität Arnims verbindet: noch für die Nachwelt werden beider Namen unzertrennlich bleiben. Spätestens vom Beginn dieser über anderthalb Jahrzehnte dauernden Sternenfreundschaft an treibt Arnim «mit der Poesie Buhlschaft». Davon legt der Roman «Hollins Liebeleben» Zeugnis ab, in dem vom Untergang eines wertherisch scheiternden jungen Mannes erzählt wird. Trotz aller Schwächen des Jugendwerkes, das noch dazu mit Entstellungen und Veränderungen von der Hand eines Freundes erscheint, ist das Buch eine überzeugende Talentprobe des jungen Autors, der sich von nun an den Dichternamen «Achim» zulegt.

Als der Roman bei dem Göttinger Verleger Dieterich herauskommt, befindet sich sein Verfasser zusammen mit dem Bruder bereits auf der großen «Kavalierstour», wie sie die Lehrjahre junger Adliger abzuschließen pflegt. Über Dresden, wo Arnim den bewunderten Tieck besucht, geht es über Regensburg nach Wien, wo die Arbeit an dem zweiten Roman, «Ariels Offenbarungen», beginnt. Überhaupt läßt sich der junge Dichter, der erst jetzt ganz zu sich selber findet, nicht von dem ursprünglichen Zweck der Reise, der Befestigung aristokratischen Standesdenkens, leiten. Vielmehr nutzt er sie zur inneren Befreiung und zur Erweiterung seiner poetischen Welt.

Die beglückende Vereinigung äußerer Eindrücke mit seinem erwachenden Dichtertum gipfelt in dem Wiedersehen mit Brentano Anfang Juni 1802 in Frankfurt. Zum ersten Male steht er Bettina, der Schwester des Freundes, gegenüber, die neun Jahre später seine Frau wird. Dann besteigt er zusammen mit dem «Vertrauten» ein Marktschiff, das sie auf dem Rhein bis nach Bingen führt. Begleitet vom Gesang der Schiffer, von vielen «frohen Menschen», von Komödianten und Bänkelsängern erleben die beiden Jünglinge das bunte Gewimmel des einfachen Volkes, die folkloristische Unmittelbarkeit und scheinbare Leichtfüßigkeit pittoresker Randfiguren der Gesellschaft. In ihrer spontanen Lust an Tanz und Gesang ist noch jene pralle Lebensfülle anzutreffen, die Rationalismus und städtische Zivilisation haben verdorren lassen. Die beiden Gefährten stellen sich schon in ihrem äußeren Habitus auf die teils malerischen, teils zerlumpten Typen ringsumher ein: sowohl der braungebrannte, schwarzlockige Brentano, der an einen Zigeuner gemahnt, als auch der blonde Arnim, der alles andere als ein brandenburgischer Edelmann zu sein scheint. Noch spät wird sich Bettina an das verlotterte Aussehen des auf dem Rhein dahinfahrenden Gastes aus Preußen erinnern: «So schlampig in seinem weiten Überrock, die Naht im Ärmel aufgetrennt, mit dem Ziegenhainer, die Mütze mit halb abgerißnem Futter, das neben heraus sah.»

Am Ufer gleiten an ihnen Burgen, Rebenhügel und Fluren vorüber, die bereits ein Jahr zuvor Heinrich von Kleist als den «schönsten Landstrich von Deutschland», als einen «Dichtertraum» gefeiert hat. Bei Bingen sehen die Freunde den Mäuseturm über dem Rhein und die Rochuskapelle über der Stadt aufsteigen. Bei Rüdesheim blickt Arnim von einem Turmfenster aus den Strom hinauf, während Brentano im Turm steht und auf der Gitarre spielt. Beglückt, fast berauscht erleben die Freunde das Treiben der Weinbauern und Rheinschiffer und den Glanz einer von Geschichte und Kunst geformten Landschaft als Spiegelungen ihrer nach Schönheit und menschlicher Vervollkommnung dürstenden Seelen. Es ist die Stimmung, die Brentano bald darauf in einem Vierzeiler poetisch verewigen wird: «Es setzten zwei Vertraute / Zum Rhein den Wanderstab, / Der braune trug die Laute, / Das Lied der blonde gab.» Und es ist die Stimmung, aus der heraus der Plan zu «Des Knaben Wunderhorn» erwächst, zu der Sammlung alter deutscher Lieder, die noch ganz jenseits späteren kommerzialisierten Rheinkitsches der von der Industrialisierung bedrohten

Volkskultur eines der schönsten Denkmäler setzen wird. Als die Freunde «an der fliegenden Brücke zu Koblenz» herzzerreißenden Abschied nehmen, haben sie schon darüber nachzudenken begonnen, wie sie die von den Gebildeten vergessenen Schätze bergen und so einer Erneuerung der deutschen Nationalliteratur ungeahnte Kräfte erschließen können.

Es folgen noch einige Besuche bei Bettina Brentano und ihrer um fünf Jahre älteren Freundin, der Dichterin Karoline von Günderrode. Dann geht es zusammen mit dem Bruder weiter auf die «Kavalierstour». Aber während sie im Reisewagen durch die Schweiz fahren, kann der junge Poet die Eindrücke nicht vergessen, die ihn für lange Zeit mit Brentano verbinden werden. Ihm trägt er in beschwingten Briefen seine Pläne zur Gründung einer Druckerei für das Volk, einer Sprach-, Dicht- und Sängerschule und einer Sängerherberge vor. «Die Erinnerung an unsre Rheinreise ist mir eine kräftige Riechbüchse, wenn es in der Gegenwart stinkt.» Erst jetzt ist der spröde Märker ganz zum Romantiker geworden, der weiß, «daß eine gewaltige Dichtung durch die ganze Natur weht, bald als Geschichte, bald als Naturereignis hervortritt, das der Dichter nur in einzelnen schwachen Widerklängen aufzufassen braucht, um ins tiefste Gemüt mit unendlicher Klarheit zu dringen.»

In Coppet am Genfer See macht er die Bekanntschaft der Madame de Staël. Bürgerkriegsähnliche Zustände, die die Schweiz erschüttern, fördern die Erzählung «Aloys und Rose», die zugleich des Dichters Haltung gegenüber den zwiespältigen Folgen der Französischen Revolution spiegelt. Denn den Sieg der neufränkischen Bankiers und Fabrikanten über die Ideen von 1789 kann er bald darauf in Paris studieren. Die Brüder Arnim werden sogar dem Ersten Konsul Napoleon Bonaparte vorgestellt, was der Freund Brentano zu Hause kopfschüttelnd im Journal liest. Im Juni 1803 reisen sie über Boulogne nach London weiter, wo sie anhaltender Geldmangel über ein Jahr lang an der Heimreise hindert. Als Arnim an einer lebensgefährlichen Leberentzündung erkrankt ist, trifft die Nachricht vom Tode des Vaters ein. Erst nach allmählicher Genesung und einer befreienden Geldsendung durch die Großmutter treten die Arnims im Spätsommer 1804 die Rückfahrt an. Als sie im Herbst wieder zu Hause sind, stellt sich heraus, daß das vom Vater hinterlassene Vermögen bescheiden ist und die von ihm vererbten Güter hoch verschuldet sind. Aber Arnim ist jetzt entschlossen, seine mit Brentano schon lange ausgetragenen Pläne in die Tat umzusetzen: die «Buhlschaft mit der Poesie» soll ihm Lebensberuf werden!

Die Wunderhornisten

Im Spätsommer 1804 trifft Brentano von Heidelberg aus in Berlin ein und nimmt sogleich bei Arnim im Levischen Haus hinter dem neuen Packhof Quartier. Zwölf Tage später fahren die beiden Kameraden ins neumärkische Ziebingen zu Tieck, der ein Jahr zuvor mit seinen «Minneliedern aus dem schwäbischen Zeitalter» als erster romantischer Dichter eine Sammlung mittelalterlicher deutscher Poesie herausgegeben hat. Ihm legen sie den Plan für ein «Volksliederbuch» vor, das allmählich Gestalt annimmt. Im Februar 1805 unterbreitet Brentano genaue Vorschläge für das gemeinsame Unternehmen: «Es muß sehr zwischen dem Romantischen und dem Alltäglichen schweben, es muß geistliche, Handwerks-, Tagewerks-, Tageszeits-, Jahrzeits- und Scherz-Lieder ohne Zweck enthalten.» Arnim geht sofort auf die Anregungen des Freundes ein: «Über das Volksliederbuch, denke ich, sind wir lange einig, nicht ohne Dich und mit keinem andern als mit Dir möchte ich es herausgeben.» Ende Mai kommt Arnim bei dem Gefährten in Heidelberg an, wo nun binnen weniger Wochen die schon gesammelten Textvorlagen zum ersten Band von «Des Knaben Wunderhorn» zusammengestellt werden. Im

Des Knaben Wunderhorn

Alte deutsche Lieder

L. Achim v. Arnim. Clemens Brentano.

Heidelberg, bey Mohr u. Zimmer.
Frankfurt bey J. C. B. Mohr
1806.

Titelblatt des ersten Bandes der Erstausgabe
von «Des Knaben Wunderhorn» von Achim von Arnim
und Clemens Brentano, 1806

August überwacht Arnim in Frankfurt die Drucklegung. In der zweiten Septemberwoche erscheint der Band, vordatiert auf das Jahr 1806 und versehen mit einer Vignette, die einen auf ungesatteltem Pferd dahinsprengenden Knaben zeigt, das Wunderhorn durch die Lüfte schwingend.

Arnim steuert einen Essay «Von Volksliedern» bei, in dem er mit dithyrambischen, aber doch recht verschwommenen Worten gleichsam die Fahne für die Erneuerung des verschütteten deutschen Erbes schwingt: «Sei diese Fahne auch nicht gestickt mit Trophäen, vielleicht nur das zerrissene Segel der schiffenden Argonauten oder der versetzte Mantel eines armen Singers, wer sie trägt, der suche darin keine Auszeichnung, wer ihr folgt, der finde darin seine Schuldigkeit, denn wir suchen alle etwas Höheres, das Goldne Vlies, das allen gehört, was der Reichtum unsres ganzen Volkes, was seine eigene innere lebende Kunst gebildet, das Gewebe langer Zeit und mächtiger Kräfte, den Glauben und das Wissen des Volkes ...»

Schon der Aufsatz enthüllt auch die Grenzen des weit konzipierten Vorhabens. Bald werden die Kritiker auf die nationale Beschränkung der Anthologie, auf die Nivellierung und Harmonisierung sozialer Widersprüche, auf die Mythisierung des Volksbegriffs, auf Umdichtungen, Verschmelzungen, ja Einschwärzungen von Liedern hinweisen, die ausschließlich Arnims und Brentanos Eigentum sind. Alle diese gewiß nur zu berechtigten Vorhaltungen können am Rang und an der säkularen Bedeutung des Werkes nichts ändern, das vielleicht überhaupt erst durch die Mißachtung aller Philologie und wissenschaftlichen Akkuratesse seinen unmittelbaren poetischen Reiz und seine frische Farbenpracht erhält. Hier ist es namentlich Arnim, dem jede Historisierung fremd ist. Während sich Brentano häufig in virtuoser Archaisierung gefällt, kommt es Arnim nicht auf die Konservierung oder künstliche Nachahmung alter Texte an. Vielmehr geht es ihm um den Brückenschlag zwischen den überlieferten Liedern und den Lesern der Gegenwart, um die Regeneration der modernen Poesie aus dem Geiste einer großen Tradition. Wenn je die Romantik weiter von der ihr so oft zur Last gelegten Flucht in die Vergangenheit entfernt ist, so ist sie es hier im «Wunderhorn», dessen erster Band, kaum ein Vierteljahr vor der Schlacht bei Austerlitz erschienen, die Deutschen zu nationaler Besinnung rufen soll.

Die Renaissance der vaterländischen Kultur kommt den «Wunderhornisten» aus bisher wenig beachteten Randzonen der Gesellschaft: fahrende Musikanten, Bänkelsänger, Handwerksburschen, Studenten, Landsknechte und Vagabunden sind die Bewahrer der alten Lieder. Dazu durchmustern Arnim und Brentano Hunderte von Einblattdrucken und Gesangbüchern, Hochzeits- und Leichenpredigten, Meistergesängen und Notensammlungen, Chroniken und Meßbüchern, Almanachen und Handschriften. Die meisten ungenauen und gelegentlich sogar dezidiert falschen bibliographischen Nachweise für die einzelnen Texte sind bewußt darauf angelegt, die wissenschaftliche Auseinandersetzung mit dem dargebotenen Stoff ad absurdum zu führen oder die Gepflogenheiten des exakten Quellenbelegs zu parodieren. Hinter Angaben wie etwa «In der Spinnstube eines hessischen Dorfes aufgeschrieben», «Altes Musikbuch» oder «Eingesandt» verbergen sich zuweilen Mystifikationen und die Freude an der romantischen Ironie, auch wohl der Spaß der Herausgeber an der Verwirrung selbst wohlmeinender Freunde, etwa der Brüder Grimm, die denn auch auf dergleichen ironische Vexierspiele unwillig reagieren, obgleich sie am zweiten und dritten Band der Sammlung mitarbeiten.

Schier unerschöpflich ist der kaleidoskopische Wechsel in der Aufeinanderfolge der Lieder, die ganz bewußt auf jede Systematisierung verzichtet: da steht das Liebeslied neben der Bänkelballade, der Gassenhauer neben dem Choral, «Ein feste Burg ist unser Gott» neben dem «Tabakslied», «Komm, Trost der Nacht, o Nachtigall!» neben der

«Großen Wäsche». Auf pulsierende Buntheit, auf ein fast shakespearisches Gewimmel menschlicher Typen, Stände, Torheiten, Situationen, Konflikte, Verhaltensweisen, Höhen und Tiefen ist die scheinbar zufällige, jede Kategorisierung und Katalogisierung verwerfende Komposition gerichtet. Da sind der Prophet Jesaia und der feuerbesprechende Zigeuner, die klosterscheue Jungfrau und der vorlaute Ritter, der Rattenfänger von Hameln und der arme Tamboursgesell, der Bettelvogt und das fahrende Fräulein, der vortreffliche Stallbruder und der Schweizer, dessen Trauern «zu Straßburg auf der Schanz» anging. Die «Romanze vom großen Bergbau der Welt» wechselt mit der «Husarenbraut», das «Marienwürmchen» steigt auf, bevor der «Verlorne Schwimmer» drunten im Wasserschlosse sein nasses Grab findet, und gleich nachdem Antonius von Padua seine Fischpredigt gehalten hat, stimmen die «Wunderhorn»-Sänger das «Lied von der Schlacht bei Sempach» an.

Zwar melden sich gleich nach Erscheinen des ersten Bandes die Kritiker zu Wort. So spricht der alte Johann Heinrich Voß, der ebenfalls in Heidelberg lebt, von «zusammengeschaufeltem Wust, voll mutwilliger Verfälschungen» und denunziert das «Machwerk» als «heillosen Mischmasch von allerlei buzigen, truzigen, schmuzigen und nichtsnuzigen Gassenhauern, samt einigen abgestandenen Kirchenhauern». Aber der Erfolg ist doch sofort mächtig und tief: die Sammlung wirkt, ganz nach den Intentionen der Herausgeber, schnell auf die Lyriker der Epoche zurück. So findet Eichendorff, der sich in Heidelberg den Freunden zugesellt, in der Klang- und Bilderwelt des «Wunderhorns» das lyrische Instrumentarium für das eigene Schaffen. Von Uhland bis Storm, von Zelter bis Mahler sind deutsche Dichtung und Musik eines ganzen Jahrhunderts ohne die fortzeugende Kraft dieser einzigartigen Blütenlese nicht zu denken.

Die geplante Fortführung verzögert sich durch die in schneller Folge hereinbrechenden militärischen und politischen Katastrophen. Während er mit Brentano Material für weitere Bände zusammenträgt, sieht Arnim dunkle Wolken über Preußen aufziehen. Aus wachsender Sorge und dem drängenden Bewußtsein heraus, daß er zu Hause gebraucht wird, stellt er sich an jenem Dezemberabend des Jahres 1805 dem Prinzen Louis Ferdinand zur Verfügung. Aber Preußen hat für ihn keine Verwendung, wie es auch den dringenden Mahnungen des Prinzen kein Gehör schenkt. Wenigstens schreibt Goethe, mit dem Arnim an diesen ernsten Tagen viel zusammen ist, eine lobende Besprechung des ersten «Wunderhorn»-Bandes. Ein kurzer Aufenthalt in der Heimat bestärkt ihn in der Skepsis gegenüber dem Wankelmut der preußischen Obrigkeit: «Viele so wie ich haben mehr von unserer Regierung erwartet, sie schimpfen daher.» In Göttingen wird er vom Ausbruch des so lange erhofften, aber schlecht vorbereiteten Krieges überrascht. An die durchmarschierenden Soldaten Blüchers verteilt er Kriegslieder, die er auf eigene Kosten drucken läßt. Für eine patriotische Zeitschrift, die er plant, schreibt er einen Aufsatz, in dem er seine Forderungen an den König von Preußen formuliert: «Das ganze Volk muß aus einem Zustande der Unterdrückung durch den Adel zum Adel erhoben werden.» Der Dichter ist vom gleichen Geist erfaßt, aus dem heraus bald darauf die preußischen Reformpolitiker wirksam werden.

Aber der Appell bleibt unveröffentlicht, wie auch Heinrich von Kleists Rufe ungehört verhallen. Arnim sieht die Königin Luise in panischem Schrecken durch Göttingen fahren, er vernimmt die Nachricht vom Tode Louis Ferdinands bei Saalfeld und vom Zusammenbruch der preußischen Armee bei Jena und Auerstedt. Mit Verwundeten gelangt er nach Prenzlau, erlebt am 29. Oktober die Kapitulation der Festung Stettin mit und folgt dem entflohenen Hof nach Königsberg. Aber auch dort wird er nicht benötigt: sein Aufsatz «An die Pommern und Märker», mit dem er seine Landsleute zum verzweifelten Aufstand gegen die napoleonischen Besatzungstruppen ermuntern will, kommt zu Arnims Lebzeiten in keine Druckerpresse. Deprimiert sucht der von allen zurückgewiesene Dichter sein persönliches Glück und verliebt sich in die kapriziöse Tochter eines Königsberger Kommerzienrates, wird aber von ihr nicht erhört. Erst im Januar 1808 ist er wieder in Heidelberg.

Dort kommt es in einem «großen luftigen Saal» des «Faulpelz», einer, wie Eichendorff berichtet, «ehrbaren, aber obskuren Kneipe am Schloßberg», noch einmal zu einer engen Lebens- und Werkgemeinschaft mit Brentano, deren wichtigste Frucht der zweite und dritte Band des «Wunderhorns» ist. Eng gestaltet sich der Umgang mit dem knorrigen Joseph Görres, der gerade seine «Teutschen Volksbücher» herausgegeben hat. Die beiden Freunde verhalten sich nach Eichendorffs Zeugnis zu Görres «wie fahrende Schüler zum Meister, untereinander aber wie ein seltsames Ehepaar, wovon der ruhige, mild-ernste Arnim den Mann, der ewig bewegliche Brentano den weiblichen Part» übernimmt. Aber bereits der «Zeitung für Einsiedler», mit der Arnim seine Bemühungen um eine Erneuerung der deutschen Dichtung aus dem Geiste der Volkspoesie fortsetzen möchte, bleibt der Erfolg versagt: nach dem schnellen Ende des Blattes läßt er ihre Beiträge unter dem Titel «Tröst Einsamkeit» in Buchform erscheinen. Da ruft ihn ein strenger Brief seiner kranken Großmutter zurück, die ihm und dem Bruder gegenüber nicht mit Vorwürfen spart: «Ihr erwerbet nichts, lebet mit Kosten, statt obgl ihr wohl feil in euren Eigenthum leben könntet; warum wohnet ihr nicht wenigstens auf euren Güthern? lernet daruf die landwirthschafft, um nach etlichen Jahren Euch selbst, wie andere Edelleuthe, damit beschäfftigen zu können.» Als Arnim Ende 1808 zur Heimkehr nach Berlin rüstet, ist ihm nicht leicht ums Herz, er sitzt auf seinen «Kasten und Koffern herum, als ob ich darein wurzeln möchte». «Aller Ingrimm ist vorüber, und jetzt möchte ich hierbleiben.» Aber nach

Hause ins Preußische kann er zwei unverlierbare Schätze mitnehmen: seinen indessen fest begründeten Ruf als Schriftsteller und die wachsende Neigung der Schwester seines engsten Freundes – Bettinas!

Überflüssig und unbefreundet

Die Novellensammlung «Der Wintergarten» erscheint 1809 in Berlin und ist Bettina gewidmet, wie denn auch eine Radierung von Ludwig Emil Grimm das dunkelhaarige Mädchen zeigt, das den ihr von Arnim zugeeigneten Band wie ein Kind an der Brust birgt. Das Buch fügt in Rahmengespräche, die an Boccaccios «Dekameron» erinnern sollen, «curiose Geschichten» ein, für die der Verfasser seine Vorlagen in mittelalterlichen Chroniken und barocken Romanen ebenso findet wie in einer Rede des Generals Blücher. Auch der Roman «Armut, Reichtum, Schuld und Buße der Gräfin Dolores», der ein Jahr später herauskommt, verwebt Novellen und Lieder in eine reich abgestufte Erzählhandlung, die ein Frauenschicksal vor dem Hintergrund der Zeitgeschichte seit dem Beginn der Französischen Revolution schildert.

Auf die Literatur sieht sich Arnim immer wieder zurückverwiesen. Denn seine Bemühungen um eine Stelle im Staatsdienst scheitern an seinem noch immer provokant zur Schau getragenen Außenseitertum, an dem der Kultus- und Unterrichtsminister Wilhelm von Humboldt Anstoß nimmt: «Auch an den Achim v. Arnim, den Wunderhornmann, der wirklich in Dienst gehen will, habe ich gedacht. Allein er hat so grobe Streitigkeiten mit Voß und Jacobi und geht in solcher Pelzmütze und mit solchem Backenbart herum und ist so verrufen, daß nicht daran zu denken ist.» Auch die am 18. Januar 1811 von Arnim aus der Taufe gehobene «Christlich-Teutsche Tischgesellschaft» soll der patriotischen Erneuerung Preußens dienen. Dichterfreunde wie Brentano und Kleist, Professoren wie Fichte und Schleiermacher, aber ebenso Regierungsbeamte und zweifelhafte Publizisten wie Adam Müller finden sich in regelmäßigen Abständen zusammen, um über die öffentlichen Angelegenheiten zu diskutieren. Ist der satzungsgemäße Ausschluß aller Franzosen, bedingt durch die verhaßte Besatzungsmacht, immerhin noch verständlich, so gibt sich in der ausdrücklichen Disqualifizierung von Frauen und Juden ein unleugbarer reaktionärer Zug zu erkennen, der auch gegen die Reformedikte der Regierung Hardenberg gerichtet ist. Zwar befinden sich die Hypotheken, die auf Arnims Gütern lasten, hauptsächlich in den Händen jüdischer Geldverleiher. Dennoch kann dieser Umstand seinen Antisemitismus nicht rechtfertigen – auch dann nicht, wenn er selbst wenigstens für die Aufnahme von getauften Juden plädiert.

Im Schatten dieser von vornherein getrübten und wenig glücklichen Gründung erblüht dem von Gläubigern bedrängten und von der Obrigkeit immer wieder zurückgesetzten Dichter doch eine vom Glanz des Liebesbundes mit Bettina erhellte Zeit. Das ihm von der Großmutter vererbte Vermögen ist bescheiden, die auf ihn und den Bruder gekommenen Güter sind verschuldet und noch dazu in einem ruinösen Zustand. In seinem «wüsten Staatszimmer», das er im Hause des Geheimen Postrats Pistor in der Mauerstraße bewohnt, befinden sich nur Bücher, ein Schreibpult und eine Elektrisiermaschine. Dennoch erhält er das Jawort der Frankfurter Kaufmannstochter in einem ihrer bewegendsten Briefe: «Sei von mir geliebt, sei mein, sei getrost. Bettine.» Die Tage des endgültigen Zusammenfindens erinnern noch einmal an die unbeschwert-überschwengliche Zeit vom Rhein und vom Neckar. Am Abend des 4. Dezember 1810 verloben sie sich unter freiem Himmel in einem Berliner Hof. Am 11. März 1811 heiraten sie heimlich in der evangelischen Waisenhauskirche. Am Abend besucht Arnim seine ihm soeben angetraute Frau, die beim nichtsahnenden Schwager Savigny wohnt. Wie Arnim später selbst berichtet, nimmt er scheinbar Abschied, poltert die Treppe hinunter, «als ob ich schwer beschlagne Hufeisen trüge», und wirft die Tür laut zu. Dann zieht er die Stiefel aus und ist «in drei Sprüngen in Bettinens Zimmer, das mit Rosenstöcken und Jasminen verziert» ist. Ein erstes Domizil findet das Paar im Garten des gräflich Vossischen Palais in der Wilhelmstraße.

Im gleichen Jahr erscheint das Doppeldrama «Halle und Jerusalem», das Erinnerungen an die Studentenzeit in Halle und die Bearbeitung einer Tragödie des Barockdichters Andreas Gryphius zu einer vieldeutigen romantisch-theatralischen Revue verschränkt, deren beide Teile durch die Gestalt des Ewigen Juden Ahasver miteinander verbunden sind. Aus der 1812 herauskommenden Novellensammlung ragt die Erzählung «Isabella von Ägypten, Kaiser Karl des Fünften erste Jugendliebe» hervor, in der die mythisch-phantastische Sphäre der Zigeuner mit der auf Macht, Gewalt und Profitstreben beruhenden Welt des Erzherzogs und späteren Kaisers Karl V. reizvoll verknüpft ist.

Gleichwohl bleiben des Dichters weitere Schicksale von einer anhaltenden Glücklosigkeit verdüstert, die er von nun an nie wieder völlig bannen kann. Ein Meisterwerk wie «Isabella von Ägypten» muß er selbst so teilnehmenden Freunden wie den Brüdern Grimm gegenüber verteidigen. Die erste große Reise, die er zusammen mit Bettina unternimmt, bringt eine schmerzliche Abkühlung des Verhältnisses zu Goethe: bei einer Gemäldeausstellung kommt es zwischen dessen Gattin Christiane und Frau von Arnim zu einem vielbeschwatzten Streit, der den Arnims auf Jahre hinaus das Haus am Frauenplan verschließt. Die schnell aufeinanderfolgenden Geburten der Kinder tragen zum häuslichen Glück bei, aber der inzwischen über Vierzigjährige kann den ihm gemäßen Platz in Preußen nicht finden. Als der Befreiungskampf gegen Napoleon beginnt, stiftet er das Honorar für seine soeben erschienene «Schaubühne» zur Anschaffung von Kanonen des Berliner Landsturms, dem er als Hauptmann beitritt. Schon im Sommer verfügt der mißtrauische König die Auflösung dieser Bürgerverbände, wogegen der Hauptmann von Arnim vergeblich protestiert. Die Übernahme der Redaktion des «Preußischen Correspondenten» vermag ihn nicht zu entschädigen, da sie ständige Konflikte mit der Zensur heraufbeschwört. Immer wieder gehen seine Gedanken zu dem freiwillig aus dem Dasein geschiedenen Freund Kleist zurück, dem er sich nicht nur literarisch nahe verwandt fühlt.

Dazu wird das Leben in Berlin für die sich rasch vergrößernde Familie zu teuer. Wirtschaftliche Gründe zwingen ihn, dem Rat der Großmutter zu folgen, mit den Seinen aufs Land zu ziehen und von nun an das vernachlässigte Gut Wiepersdorf selbst zu verwalten. «Wie aber auch jeder Mensch nicht bloß innerlich etwas erstrebt, sondern auch äußerlich eine Bestätigung seines Daseins sucht, so fühle ich mein Wirken, wenn ich selbst wirtschafte, würdig, einflußreich und belohnend; es verknüpft sich mit der Welt meiner Gedanken, während ich mich in Berlin jeden Augenblick als überflüssig finde und fast als unbefreundet.» Im April zieht der sich überflüssig und unbefreundet fühlende preußische Poet Achim von Arnim nach Wiepersdorf, um Landmann zu werden und von da an nur noch zu kurzen Aufenthalten in die Hauptstadt zurückzukehren.

Pflüger und Dichter

Arnims Rückzug auf das Gut, das im Ländchen Bärwalde unweit von Jüterbog liegt, ist nicht ohne Resignation und vor allem nicht ohne Bitterkeit. Der im 18. Jahrhundert erbaute Herrensitz ist, wie Wilhelm Grimm berichtet, «inwendig ziemlich verfallen» und so verschuldet, daß Arnim kaum die Zinsen abtragen kann. Die Knaben wachsen wie die Bauernkinder auf und «laufen in Kitteln, deren Zeug die Bettine selbst gewebt». Wilhelm Grimm erzählt dem Bruder Jacob von Bettinas Haushaltung und von ihren Kochkünsten, daß sie «aber keine Lust an diesem Wesen» habe, «daher wird ihr alles sauer und ist doch in Unordnung». Während sich Arnim, der geborene Märker, schnell auf den ländlichen Arbeits- und Lebensrhythmus einzustellen vermag, leidet Bettina unter dem Verlust des ihr gemäßen Großstadttreibens und mehr noch unter den Grobschlächtigkeiten der bäuerlichen Wirklichkeit: «1tens hat Stolzenhain den ganzen Backofen voll Pflaumen verbrennen lassen, 2tens haben die Schweine auf Deinem Gurkenbeet eine Mahlzeit gehalten und sind noch mit den Gurken im Maul verjagt worden. Ich ließ hierauf den Stolzenhain kommen und sagte ihm, er solle ein für alle Mal der Frau Amtmann verbieten, die Schweine heraus zu lassen. 3tens hat der Glaser allen Kitt ganz dick (was Du kaum glauben wirst) bloß auf meine Fenster verschmiert und etwas weniges auf Deine, als sie nun wieder eingehenkt wurden, fiel ein Glas heraus, dann hat der Wind auch wieder eins im roten Zimmer herausgejagt ...»

Kein Wunder ist es, daß Bettina schon von 1817 an in Berlin bleibt und nur noch gelegentlich nach Wiepersdorf kommt. Die Nachwelt hat der räumlichen Entfernung zwischen den beiden Ehegatten einen der schönsten und fesselndsten Briefwechsel deutscher Sprache zu danken, der gerade auch dort, wo er Spannungen und Gegensätze zwischen den Partnern widerspiegelt, diesem ungewöhnlichen Lebensbund ein über die Zeiten hinweg bleibendes Denkmal setzt.

Oft genug ist in diesen Briefen mehr von Kinderkrankheiten, Zahlungsschwierigkeiten, Prozessen, schadhaften Ställen und untreuen Dienstboten als von Literatur die Rede. Arnim weiß, daß er weder als Dichter noch als Staatsbürger gebraucht wird, und widmet sich mit ganzem Einsatz dem gutsherrlichen Dasein: «Was soll ich viel von mir hören lassen, die Welt mag mich nicht hören.» Dabei schreckt er auch vor schwerer körperlicher Arbeit nicht zurück, die er bei Wind und Wetter im Freien vollbringt. Eine gute Ernte, zufriedenstellende Schafwollpreise und die geordnete Fütterung des Viehs sind ihm jetzt notgedrungen wichtiger als die Fehden der literarischen Parteien. Die ihm zustehenden feudalen Herrschaftsrechte, etwa die Patrimonialgerichtsbarkeit, nimmt er wahr, während er nicht müde wird, die Folgen der kapitalistischen Entwicklung in der Landwirtschaft zu kritisieren. Aber ihm ist auch bewußt, daß der Untergang des Adels, dem er selbst angehört, nur noch eine Frage der Zeit ist. Der Dichter, der zum Bauern geworden ist, befindet sich nun dort am meisten im Einklang mit sich selbst, wo er die großen und einfachen Phänomene eines patriarchalischen Daseins erfahren darf: «Wenn ich über dem Dampfe der Braupfanne stehe, daß mir in Dunst und Wohlgeruch die ganze Welt wie im Morgennebel steht, und über die bessere Einrichtung der Flüsse nachdenke, welche diese Brauwelt befruchten, es hat etwas von einem Schöpfer.»

Über der Pflugschar des Gutsherrn und Bauern verstummt aber die Feder des Dichters nicht. Soweit ihm die Mühen des Feldbaus und die wirtschaftlichen Sorgen noch Kraft und Zeit lassen, betätigt er sich auf dem Felde der Dichtung. Gleich in der ersten Wiepersdorfer Zeit entsteht die endgültige Fassung seines epischen Hauptwerkes, des Romans «Die Kronenwächter», mit dem er seinem Verständnis vom Amt des Poeten als eines Deuters der Geschichte Ausdruck verleiht. Mit dem abgeschieden schreibenden Dichter ist der in die großen Abläufe der Natur gestellte Pflüger vielsagend kontrapunktiert. Seiner segensvollen «Tätigkeit, die sich zur Erde wendet», entspricht das Wirken des Poeten, der «die irdisch entfremdete Welt zu ewiger Gemeinschaft» zurückführen soll. Der Pflugschar des Bauern kommt auf ihre Weise die Schreibfeder des Dichters gleich: sie setzt das Werk des Bauern, das der Erde gilt, im Geistigen fort. Das Bildnis vom Landmann und vom Poeten, die beide Pflüger sind, ist das großartige Doppelporträt, das Arnim von sich gibt, der in seiner Wiepersdorfer Einöde ein der Erde und dem Geist gleichermaßen verpflichtetes Dasein führt.

Wie für ihn die Ernte der irdische Abglanz des «Reichtums himmlischer Gaben» ist, so sucht er auch in der Historie nach geheimen Entsprechungen für Gegenwart und Zukunft. In dem Roman hütet der Orden der Kronenwächter die Hohenstaufenkrone, die im Zeitalter der beginnenden Restauration nicht nur für Arnim das Symbol der versunkenen und wiederherzustellenden Herrlichkeit des Reiches ist. Aber die Kronenwächter sind nur verschrobene Relikte eines untergehenden Rittertums, finster, gewalttätig und einem Femebund ähnlicher als einer auf Erneuerung bedachten Bruderschaft: «so wirken alte Kräfte in der Zeit», wird Hugo von Hofmannsthal die düstere Vereinigung charakterisieren. Doch die lähmende geistige Windstille der Jahre nach den Befreiungskriegen, die Erstarrung des öffentlichen Lebens in der frostigen Friedhofsruhe der Metternichzeit, auch wohl eine gewisse Ratlosigkeit bei der künstlerischen Verwirklichung der dem Roman zugrunde liegenden Idee hindern die Vollendung des Werkes. Es bleibt bei diesem ersten Band, der gleichwohl zu den überragenden Schöpfungen Arnims zählt.

Ohne angemessenes Echo bleibt auch sein in Wiepersdorf entstandenes novellistisches Schaffen, dessen innere Verschränkung von fast schon surrealer Groteske und engagierter Zeitkritik erst sehr viel später verstanden wird. Im «Tollen Invaliden auf dem Fort Ratonneau» erzählt Arnim mit kleistischer Prägnanz das absonderliche Schicksal des Soldaten Francœur, der durch die opferbereite Liebe seiner Frau von furiosem Zerstörungswahn geheilt wird. In den «Majoratsherren» ersteht das ridikül-phantastische Bild einer Gesellschaft, in der weder das anachronistische Erbfolgedenken der versinkenden Feudalschicht noch die bourgeoise Geldgier der alten Jüdin Vasthi eine menschliche Zukunft verbürgen können. Auch die verzweigte publizistische Tätigkeit Arnims, der in diesen Jahren zahlreiche theatergeschichtliche, literaturkritische und politische Aufsätze verfaßt, erreicht keinen größeren Leserkreis. Selbst gegen nahe Freunde muß sich der indessen nahezu ganz vereinsamte Dichter zur Wehr setzen: «Doch genug vom poetischen Firlefanz, meine Werke haben das mit dem Himmelreiche gemeinschaftlich, daß die wenigsten hinein mögen.»

Das Wort ist das bittere Fazit eines preußischen Poeten, der noch zu Lebzeiten fast vergessen ist. Trotz des Schweigens und der Verständnislosigkeit, in die hinein er schreibt, wächst noch immer das Werk. Ungeachtet der Versuche Bettinas, ihn aus seiner Wiepersdorfer Verlassenheit zurück in die literarische Geschäftigkeit der Berliner Salons zu locken, bestellt der Pflüger und Dichter weiter seine Felder. Als sie ihn wegen seines, wie sie meint, Eigenbrötlerdaseins rügt, weist er sie ruhig, aber mit Nachdruck zurecht: «Schimpfe nicht auf mein armes Gut bei den Leuten und verhöhne es nicht, es tut mir weh, ich habe keine Eitelkeit darauf, aber ich weiß doch, daß Gras und Bäume grün und der Himmel blau ist ... Darum ist es auch nicht recht, wenn Du Bärenhäuterfreuden die großen Ereignisse nennst wie Erntefeste, um die sich das Leben dieser Erde in seinen großen Erscheinungen wendet.»

Noch immer eignet dem kaum Alternden die männlich schöne Gestalt, das «kräftige Auftreten auf den Erdboden und dies heitere, feste Ausblicken in die Welt hinaus, wie wenn sie einem dienen müßte», das schon die Bewunderung eines Freundes in den lange verklungenen Tagen von Heidelberg gefunden hat. Erst in den letzten Lebensmonaten leidet er an der Gicht, die wohl eine Folge der bei jedem Wetter betriebenen bäuerlichen Arbeit ist. Immer öfter gehen seine Gedanken in die Vergangenheit zurück, als gelte es nun, Rückschau auf die Ernte seines Lebens zu halten. Auch an die Menschen, die ihm nahegestanden haben, erinnert er sich häufig: an Brentano, der jetzt in weiter räumlicher und geistiger Ferne den ehedem mit dem «Herzbruder» verfochtenen Zielen abschwört; an Kleist, der seit zwei Jahrzehnten in seinem einsamen Grab am Kleinen Wannsee liegt; an den Prinzen Louis Ferdinand, der vor fast einem Vierteljahrhundert einen sinnlosen Tod für Preußen gestorben ist …

Am 21. Januar 1831, fünf Tage vor seinem fünfzigsten Geburtstag, den er mit Bettina in Berlin zu verbringen gedenkt, hat Arnim in Wiepersdorf einige Nachbarn zu Gast. Mitten im Gespräch verläßt er die Runde, geht ins Nebenzimmer und nimmt das Buch zur Hand, dessen eindrucksvolle Hindeutung auf die deutsche Kunst vergangener Jahrhunderte dereinst auch am Beginn seines eigenen Weges gestanden hat: Ludwig Tiecks «Sternbald». Der Nervenschlag trifft ihn, als er traum- und erinnerungsverloren in dem Buch blättert. In straffer Haltung, aber mit dem Bekenntniswerk der Romantiker in der Hand, stirbt der Preuße Achim von Arnim, wie es der alte Freund Görres in seinem schönen Nachruf an ihm rühmt – «wie ein Soldat, der lautlos niederstürzt».

Meteor im Zwielicht
Prinz Louis Ferdinand von Preußen

1772

Der Hohenzollernprinz, der in seinem kurzen, gleich einem Meteor emporsteigenden und wieder verlöschenden Leben das gefeierte wie verlästerte Enfant terrible seiner Familie sein wird, ruft schon in seinen ersten Tagen einen Eklat hervor, den allerdings die Berliner Zeitungen ihren Lesern vorenthalten. Am 18. November 1772 kommt er als viertes Kind des Prinzen August Ferdinand und dessen Gattin, einer geborenen Markgräfin von Brandenburg-Schwedt, im Schloß Friedrichsfelde zur Welt, dem gleichen Schloß, um das sich fast zwei Jahrhunderte später der Tierpark von Berlin ausbreitet. Zehn Tage nach der Geburt des Prinzen erscheint König Friedrich II., um bei der

Taufe seines Neffen zu Gevatter zu stehen. Als ihm die Ansprache des Hofpredigers Peltre zu lange dauert, läßt der königliche Freigeist sein Patenkind kurzerhand hinausschaffen, ohne daß der Täufling des Sakraments teilhaftig wird: der erschrockene Geistliche kann weder dessen Haupt mit Wasser benetzen noch die vorgeschriebene Taufformel sprechen!

Sieben Jahre nach diesem Vorfall sitzt der solchermaßen noch gar nicht in die Gemeinschaft der Christen aufgenommene Knabe unter den Gästen, die sich zur Taufe seines Bruders, des Prinzen August, in Friedrichsfelde versammelt haben. Wieder ist der König zugegen, der den siebenjährigen Louis Ferdinand vor den Altar ruft: «Mein kleiner Mann, als ich dich über die Taufe hielt, hat der Prediger eine so lange Rede gehalten, daß ich dich wegschickte, ehe sie zu Ende war. Dies Unrecht muß ich heute wieder gutmachen.» Womit der «Alte Fritz» ihm das ganze geweihte Wasser aus dem Becken über den Kopf gießt. Der durchnäßte Prinz gibt eine «sehr heitere und artige Antwort» und wird, wie seine Schwester berichtet, von dem sarkastischen Monarchen «wegen seiner Geistesgegenwart und Tapferkeit belobt».

1792

Der zwanzigjährige Louis Ferdinand ist, wie ihn ein halbes Jahrhundert später Theodor Fontane besingt, «sechs Fuß hoch aufgeschossen» und wie «ein Kriegsgott anzuschaun». So zieht er, begleitet von einem Kammerdiener, vier Lakaien, einem Koch, einer Küchenfrau, einem Küchenjungen, vier Packknechten, einem Schirrmeister, drei Reitknechten und zwei Kutschern, zusammen mit der preußischen Armee wider die revolutionären Franzosen über den Rhein, wo er, wie er den Eltern schreibt, zum ersten Male die «Musik der Kanonen» hört. «Sie hat in mir nur den Wunsch rege werden lassen, unsere Feinde mir noch näher anzusehen, eine Hoffnung, die ich im Herzen trage und die um so süßer ist, als ich sie mit allen braven Preußen, die nur den Gedanken des Sieges haben, teile.» Schon jetzt fällt der an Tollkühnheit grenzende Wagemut des Prinzen auf, für den der Krieg ein prickelndes Abenteuer ist, das ihn aus der höfischen Untätigkeit befreien soll.

Eine Woche, bevor der alliierte Vormarsch bei Valmy zum Stehen kommt, begegnet ihm an einem Vorposten der sachsen-weimarische Staatsminister Goethe, der in der Suite seines Herzogs als Beobachter an dem Feldzug teilnimmt. Obgleich der Rittmeister von Puttkammer, der den Husarenposten befehligt, strikte Order hat, jede Bewegung zu vermeiden, verlangt Louis von ihm den sofortigen Angriff. Schwankend «zwischen seiner Pflicht und zwischen dem Respekt vor einem königlichen Prinzen» bittet der Husarenoffizier Goethe um seine Vermittlung, der sich folgendermaßen an den kecken Hohenzollernsproß wendet: «Man erzeigt mir soeben die Ehre, mir einigen Einfluß auf Ihre Hoheit zuzutrauen, deshalb ich um geneigtes Gehör bitte.» Es gelingt ihm in wohlgesetzter Rede, den Prinzen zur Zurücknahme seines Ansinnens zu bewegen, der daraufhin mit einigen freundlichen Worten von dannen sprengt. Einige Tage darauf, als Regen, Ruhr und Hunger die preußischen Truppen zu dezimieren beginnen, hört Goethe auf freiem Feld den blaublütigen Draufgänger unter dem Gelächter seiner Kameraden die köstlichsten Rezepte aus einem Kochbuch vorlesen: schon muß die Imaginationskraft ausgehungerter Soldaten die fehlende Feldküche ersetzen!

Im Frankfurter Winterquartier fällt zum ersten Male die eminente musikalische Begabung des Prinzen auf. Beim Benefizkonzert eines bedürftigen Musikers tritt der Prinz als Pianist auf und erntet großen Erfolg. Dergleichen Begebenheiten, die auch seiner Selbstlosigkeit und Bonhomie ein glänzendes Zeugnis ausstellen, machen ihn schnell zum populären Tausendsassa, der bei hessischen Bauersfrauen Eierkuchen bäckt, der aber auch, ohne je den Umgang mit Geld gelernt zu haben, unbedenklich Schulden macht und jede pekuniäre Verpflichtung unterschreibt, die ihm gerissene Geldsäcke vorlegen. Früh präsentiert er sich in einem für das Haus Hohenzollern ganz untypischen, aber faszinierenden Gewirr von Märchenprinz, Schlachtenheld, Musenfreund und Glücksritter, für den im strengen Gefüge seiner Dynastie kein Platz vorgesehen ist.

Als im Sommer 1793 die verbündeten Armeen unter dem General von Kalckreuth das revolutionäre Mainz belagern, bleibt ein verwundeter österreichischer Soldat zwischen den Feuerlinien liegen. Niemand trifft Anstalten, ihn zu retten. Da stürzt sich Louis Ferdinand in den Kugelhagel, nimmt den Österreicher auf die Schultern und trägt ihn aus der Schlacht. Zwei Tage später wird er von einem Geschoßsplitter am Oberschenkel verwundet: gerührt ernennt der König den Einundzwanzigjährigen zum Generalmajor. Am 22. Juli fällt Mainz, der Racheterror der konterrevolutionären Sieger ergießt sich über die wehrlose Stadt. Vor dem Haus des Citoyens Forster, den die Mainzer als ihren Abgesandten nach Paris geschickt haben, läßt der Prinz eine Wache aufstellen – keineswegs aus Sympathie für den Jakobiner, sondern aus Respekt vor dem bedeutenden Gelehrten, dessen Hab und Gut er vor Plünderung und Vernichtung bewahren möchte. Jedoch kursieren von da an Gerüchte, die den Prinzen jakobinischer Gesinnungen verdächtigen. Zwar bleibt Louis der Welt des Ancien régime verhaftet, aber er gilt fortan als der exzentrische Außenseiter seiner Familie, die ihm kein sinnvolles Wirkungsfeld zuzuweisen vermag.

Der inzwischen siebenundzwanzigjährige Prinz reist inkognito nach Hamburg. Hinter ihm liegen triste Jahre im lippischen Lemgo und im Weserland, wo er ein Regiment der untätigen preußischen Observationsarmee befehligte. Hinter ihm liegt die zerstobene träumerische Hoffnung auf die polnische Königskrone, aber auch die erste Begegnung mit dem verehrten Beethoven, der von Louis Ferdinands pianistischen Künsten überrascht war: er «spiele gar nicht königlich oder prinzlich, sondern wie ein tüchtiger Klavierspieler».

Doch das waren wenige Lichtpunkte im sinnlosen Einerlei eines müßigen Garnisonsalltags. Während der junge General Napoleon Bonaparte wie ein Komet aufsteigt und sich bald zum Alleinherrscher Frankreichs erhebt, muß der im provinziellen Abseits kaltgestellte Prinz Jagd auf desertierte Grenadiere unternehmen und die obligaten Schlägereien zwischen seinen Soldaten und den ansässigen Bürgern schlichten.

Jetzt aber in Hamburg will er das Dasein genießen und sich von den Debatten mit Künstlern, Schriftstellern und Politikern unterschiedlichster Richtungen anregen lassen – unbekümmert darüber, daß seine Schulden inzwischen astronomische Ausmaße erreichen. Obwohl er unter falschem Namen in der Hansestadt logiert, weiß doch bald jeder, wer der schlanke Herr im eleganten französischen Frack ist. Der konversiert ganz unbefangen mit den als «Demokraten» verschrienen Professoren Unzer und Büsch, mit dem politischen Publizisten Johann Wilhelm von Archenholz, ja sogar mit Pierre Parandier, der als Geheimagent des französischen Konvents in Hamburg lebt. Er verkehrt im Salon der Madame Matthiessen, deren Mann überzeugter Republikaner ist, läßt sich von dem Schriftsteller Antoine de Rivarol mit der französischen Literatur vertraut machen, besucht die Vorlesungen des Chemikers Liebes und nimmt Stunden bei dem Fechtmeister Durocher. Zum bleibenden Gewinn der Hamburger Monate gehört die Bekanntschaft mit dem böhmischen Pianisten und Komponisten Jan Ladislav Dussek, in dessen Klaviersonaten sich die Spukwelt der musikalischen Romantik verheißungsvoll ankündigt. Dussek wird von da an als Kompositionslehrer und Kammervirtuose den Prinzen bis in dessen letzte Lebenstage begleiten. In die Sphäre der Tonkunst hinein reicht auch die Liaison mit einer hübschen Holländerin, Frau von Steen, der er einen teuren Flügel schenkt. Stolz berichtet Louis Ferdinand seiner Schwester, daß er hier «über allem Rangesvorurteil» lebt und jeden Zwang verachtet.

Unterdessen schreibt der preußische Geschäftsträger Eilbriefe nach Berlin, in denen er über den Lebenswandel und die Schulden des Prinzen berichtet. Der indignierte Friedrich Wilhelm III., der aus der «heftigen Einbildungskraft», dem «feurigen Kopf» und dem «Leichtsinn» seines Cousins längst «unangenehme Folgen» für die Dynastie erwachsen sieht, schickt den Obristen Christian von Massenbach an die Alster, um den Außenseiter der Familie auf die Festung Magdeburg bringen zu lassen. Nachdem Massenbach einen Teil der dringendsten Hamburger Schulden beglichen hat, gelingt es ihm endlich, den heftig widerstrebenden Neffen Friedrichs II. aus einer Stadt zu schaffen, «in welcher er sich mit Matrosen herumgeboxt hat». Auf der Heimreise vergeht dem Obristen Hören und Sehen ob der skandalösen Reden, die er von Seiner Königlichen Hoheit anhören muß. Louis nennt den König «einen Feldwebel, einen Stiefeletten-Sergeanten, einen Uniform-Schneider, einen Menschen ohne Phantasie, ohne Genie» und sinnt, während er sich in historischen Gleichnissen ergeht, über den Sturz des «geistesschwachen» Monarchen nach, dessen schöne Gattin, die Königin Luise, er dann heiraten werde! Entsetzt droht Massenbach mit Ketten und Banden und den Kasematten von Küstrin. Als sie in Magdeburg ankommen, stellt sich heraus, daß der Prinz sogar seinen Schwarzen Adlerorden in Hamburg «vermöbelt» hat. Beim Festungskommandanten, dem Feldmarschall Kalkstein, muß er sich nun täglich melden.

1800

An einem Maienabend steigt Louis Ferdinand die schmale Treppe zum Mansardenzimmer eines Hauses in der Berliner Jägerstraße empor, in dem Demoiselle Rahel Levin seit fast einem Jahrzehnt ihren bekannten Salon unterhält. Als der Prinz den kargen Raum betritt, in dem für die Dauer der abendlichen Gespräche bei bescheidenem Gebäck und Tee alle Standesunterschiede getilgt sind, erheben sich die Anwesenden. Ihnen fallen die Verstörtheit und der düstere Ernst auf, die das Gesicht des erlauchten Neuankömmlings verfinstern. Aber in der Konversation mit der kleinen Jüdin hellt es sich bald auf, denn von ihr bekommt Louis offenherzige, geradezu schonungslose Worte gesagt, die «über allem Rangesvorurteil» stehen. Zum ersten Male hat er die Gewißheit, daß er als Mensch ernst genommen wird, ja daß es die vom Willen zur Wahrhaftigkeit besessene Frau darauf abgesehen hat, erst einen Menschen aus ihm zu bilden. «Wissen Sie, wer jetzt noch meine Bekanntschaft gemacht hat?» schreibt sie unmittelbar nach der ersten Begegnung, «Prinz Louis. Den find' ich gründlich liebenswürdig. Er hat mich gefragt, ob er mich öfter besuchen dürfe, und ich nahm ihm das Versprechen ab. Solche Bekanntschaft soll er noch nicht genossen haben. Ordentliche Dachstuben-Wahrheit wird er hören.»

Ungeniert und ganz ohne Herablassung plaudert der Prinz über seine Familie und deutet immer wieder an, daß ihm zur Ausfüllung des hohen Ranges, den ihm seine Geburt zugewiesen hat, jede Gelegenheit fehlt. Als die Rede auf Bonaparte kommt, richtet Louis Ferdinand gegen den französischen Usurpator besonders den Vorwurf, «daß er

Prinz Louis Ferdinand von Preußen am Klavier

die Freiheit untergrabe», was aus dem Munde eines Prinzen zu hören seine Gesprächspartner ebenso sonderbar wie sympathisch anmutet. Schließlich ergreift er den Hut und schickt sich zum Fortgehen an, als er auf der Treppe seinen Schwager, den musikbegeisterten Fürsten Radziwill, trifft, der ihn wieder in Rahels Salon zurückführt. Nun setzt er sich ans Klavier; bewegt lauschen Rahel und Radziwill, an das geöffnete Fenster gelehnt, den Klängen, mit denen er die ihn erfüllenden Spannungen, seine sich in die Uferlosigkeit des Gefühls weitende Sehnsucht ergreifender und genialer zu artikulieren vermag als mit dem Wort. Die Uhr zeigt halb eins, als der Prinz in seinen Wagen vor dem

Haus in der Jägerstraße steigt, das fortan durch seine regelmäßigen Besuche eine außerordentliche Anziehungskraft erhält.

Dabei bekommt er dort unentwegt «Dachstuben-Wahrheiten» zu hören, die mit seinen Launen, Bizarrerien und Liebeswirrnissen unnachgiebig ins Gericht gehen, aber an seiner Lebenshaltung nichts zu ändern vermögen. Zu Rahel unterhält er bald ein vertrauliches Freundschaftsverhältnis, das den furiosen Auf- und Abschwüngen seiner Liebesaffären nicht unterworfen ist. Immer wieder schlichtet die Seelenkennerin und «Beichtmutter» zwischen den intimen Freundinnen ihres Schützlings, ruft sie den zu Schwärmerei und innerer Zerrissenheit neigenden Hohenzollernsproß zu Selbstdisziplin und Verantwortungsbewußtsein auf, sucht sie den Tatenlosen auf die Welt des Geistes und vor allem auf die Beschäftigung mit dem Werk Goethes zu verpflichten.

Tief ist er in seine Schulden verstrickt, die sich zum Zeitpunkt seiner ersten Bekanntschaft mit Rahel bereits auf fast 200000 Taler belaufen. Beinahe noch unentwirrbarer ist er der Macht des Eros verfallen. Nach dem fehlgeschlagenen Versuch, die vermögende Prinzessin Wilhelmine von Kurland zu heiraten, kommt es mit der sechzehnjährigen Henriette Fromme, der Tochter eines verstorbenen Fabrikanten, zu einer nicht lange anhaltenden Bindung, aus der zwei Kinder hervorgehen. Mit Henriette verbringt er einen Teil des Jahres auf seinem Gut Schricke bei Magdeburg: «Jettchen haucht meinem musikalischen Genie Seele ein und lindert die Langeweile meines Aufenthalts.» Aber die Eheschließung mit dem bürgerlichen Mädchen scheitert nicht nur an dem Standesunterschied, der das Paar trennt, sondern gleichermaßen an einer neuen Leidenschaft, in die Rahel, die «moralische Hebamme», immer wieder klärend und helfend eingreifen muß.

Im Salon der Freundin lernt Louis die um fünf Jahre jüngere Pauline Wiesel kennen, die den Berlinern als die Fleisch gewordene «antike Freimütigkeit», ja als «wahrhaftige Erscheinung der weiblichen Urgestalt» gilt. Pauline, die Tochter eines preußischen Geheimrates und einer französischen Emigrantin, lebt von einer Rente, die sie einem ihrer früheren Geliebten, einem russischen Grafen, verdankt. Mit einundzwanzig Jahren ehelicht sie den fratzenhaft häßlichen, mit einem zersetzenden Verstand begabten Kriegsrat Wiesel, der auch nach der Hochzeit einsam in Gastwirtschaften haust und sich einen perversen Spaß daraus macht, seine Frau an spendable Lebemänner zu verkuppeln. Geistig ist diese strahlende Kokotte der klugen Rahel weit unterlegen. Den Bildhauer Friedrich Tieck, der in Ton modelliert, spricht sie mit «Sie kleener Töpper!» an, und die honetten Bürger schicken ihre Kinder aus dem Zimmer, wenn sie mit exzessiver Offenherzigkeit Kostproben aus ihrer erotischen Biographie zum besten gibt. Wenn die Wiesel einen suggestiven Reiz gerade auf Intellektuelle ausübt, so deshalb, weil sie ihre Schönheit bewundern und in ihrer Sinnenlust alles das exemplarisch verwirklicht sehen, was seit Friedrich Schlegels «Lucinde» die Gemüter bewegt. Selbst Friedrich von Gentz, der sonst meist abwertende Zyniker, verfällt ins Schwärmen: «Sie kömmt mir immer wie eine verbannte Göttin vor, die nächstens doch wieder in den Himmel aufgenommen und zu Jupiters Rechten gesetzt werden muß.»

Es ist kein Wunder, daß der Prinz, in dem die Zeitgenossen Achill und Adonis vereinigt sehen, dem Zauber dieser «verbannten Göttin» erliegt und Henriette Fromme von nun an nur noch als Mutter seiner Kinder betrachtet. Das stürmische Zueinanderfinden Louis Ferdinands und der charmanten Kurtisane wird nicht nur zum Stadtgespräch, sondern auch zum Gegenstand diplomatischer Geheimreporte und des königlichen Zorns, der in dem nahen Verwandten nur einen ungehorsamen Nestbeschmutzer sieht. Für den Prinzen ist der Liebesbund mit Pauline das Elementarereignis seines Lebens: «Wie soll ich das Gefühl nennen, was ich für Dich empfunden – nur stürmisch, zu stürmisch ist es – und doch fühle ich auch auf einer andern Seite, daß die Liebe nur wirklich, wie es in einer von den Elegien von Goethe steht, Glück ohne Ruhe ist.»

Glück ohne Ruhe ... Denn Ruhe oder gar dauernde Erfüllung vermag dieser friedlose Geist auch bei Pauline Wiesel nicht zu finden. Zwar kann er von sich sagen: «Mein Körper versagt mir keine meiner Phantasien.» Doch im Hintergrunde seiner erotischen Aufschwünge lauert die Verzweiflung: die Depressionen angesichts seines tatenlosen Daseins, die Niedergeschlagenheit über den Verfall Preußens, das immer mehr zum Spielball napoleonischer Großmachtpolitik hinabsinkt. Diese Hoffnungslosigkeit steigert seinen Liebesrausch, in dem er oft genug nur das Elend des eigenen und des allgemeinen Schicksals zu vergessen sucht. Auch erwacht er häufig aus seinen Exaltationen, wenn er erkennen muß, daß er Pauline intellektuell überfordert und in romantischer Übersteigerung ihr eine geistige und moralische Vollkommenheit zuschreibt, die sie nicht besitzt. Desillusionierungen bleiben ihm nicht erspart, wenn er, an Pauline denkend, Rahel gesteht: «Sie fällt mir nie ein, wenn ich Fortepiano spiele, bei meinen edelsten Stimmungen und Ideen!» Und doch scheint das ungezügelt schweifende Auf und Ab seiner kühnen Klangkombinationen auf dem Klavier auch von seinem letztlich unerfüllt bleibenden Ringen um diese Frau geprägt zu sein, von der er sich trotz seiner periodisch auftretenden Ernüchterungen nie mehr lösen kann.

In Berlin trifft, aus Weimar kommend, Madame Germaine de Staël ein, die Tochter des ehemaligen französischen Finanzministers Necker und gefeierte Verfasserin des Romans «Delphine». Sie nimmt im Hotel «Stadt Paris» Quartier und wird sogleich zum Geburtstagsball der Königin Luise eingeladen, die sie mit folgenden Worten anspricht: «Ich hoffe, Madame, Sie merken, daß wir genügend guten Geschmack haben, um durch Ihre Anwesenheit in Berlin geschmeichelt zu sein.» Dabei ist die illustre Schriftstellerin überzeugte Republikanerin und von Napoleon aus Frankreich vertrieben. Unbestechlich registriert sie die Standesunterschiede im sozialen Leben Berlins. «Die beiden Klassen der Gesellschaft – die Gelehrten und die Höflinge – sind vollkommen voneinander geschieden», schreibt sie nach Hause. «Das Ergebnis ist, daß die Gelehrten die Konversation nicht pflegen und die mondäne Gesellschaft unfähig ist, zu denken.» Oder noch krasser: «Die Denker bewegen sich in himmlischen Gefilden, und auf der Erde findet man nur Grenadiere.» Ihre Tochter Albertine ohrfeigt auf einem Kinderball den Kronprinzen, den nachmaligen Friedrich Wilhelm IV., und nennt ihn einen Rotzbalg.

Es ist nur folgerichtig, daß die geistvolle französische Emigrantin schnell die Aufmerksamkeit des «berühmten Prinzen Louis» auf sich zieht und auch ihm ihre Sympathie nicht versagt, obwohl sie seine Neigungen zu ausschweifenden Zechereien und ein «gewisser *ton de corps de garde*» irritieren, den auch die Jüdin Henriette Herz bezeugt. Eines Tages erscheint er früh um acht zu Pferde vor ihrem Fenster und teilt ihr in höchster Erregung mit, daß der Herzog von Enghien, ein Mitglied des Hauses Bourbon, auf Geheiß Napoleons in der badischen Stadt Ettenheim verhaftet, unter flagrantem Bruch des Völkerrechts nach Frankreich verschleppt und dort im Schloßgraben von Vincennes exekutiert worden ist. Als sie es ablehnt, die Botschaft zu glauben, und meint, «daß nur die Feinde Frankreichs solche Gerüchte verbreiten», schickt ihr Louis Ferdinand den «Moniteur», die offiziöse französische Regierungszeitung, die am 21. März das «Todesurteil gegen einen *gewissen Louis d'Enghien*» bekanntgibt. Unmittelbar darauf erhält die bestürzte Schriftstellerin von dem Prinzen einen Brief, der mit den Worten beginnt: «Ein gewisser Prinz Louis von Preußen läßt Frau von Staël fragen ...»

Mitte April bekommt sie im Hause der Fürstin Radziwill, Louis Ferdinands Schwester, die Nachricht von der bedrohlichen Erkrankung ihres Vaters. Überstürzt reist sie ab, dem Prinzen aber wird sie über seinen frühen Tod hinaus ihre hohe Achtung bewahren: bis hinein in ihr berühmtes Deutschland-Buch, in dem dann ihre Würdigung des Toten der Zensur zum Opfer fällt.

Zwei Wochen nach ihrer Abreise erklingt im Konzertsaal des alten, von Langhans erbauten Schauspielhauses am Gendarmenmarkt Louis Ferdinands Klavierquintett c-Moll op. 1, in dem sich das schwärmerische Melos der musikalischen Frühromantik und der Geist Beethovens verbinden. Unter den Mitwirkenden sind einige der besten Instrumentalisten Berlins: des Prinzen Freund und musikalischer Berater Dussek, der Cellist Bernhard Romberg, der Bratschist Franz Xaver Semler. Im Zuschauerraum hat, an der Seite des allmächtigen Theaterdirektors Iffland, der renommierteste Gast des Abends Platz genommen – der Dichter Friedrich Schiller. Zwei Tage später, nach den Ovationen, die ihm bei einer Aufführung der «Braut von Messina» bereitet werden, ist Schiller bei Louis in dessen Haus an der Weidendammer Brücke eingeladen. Der Dramatiker aus Weimar hat selbst um einen weißen Burgunder gebeten, ohne freilich zu ahnen, daß er sowohl in dem Prinzen als auch in dem Historiker Johannes von Müller trinkfeste Partner hat. Am späten Abend verläßt er die Runde mit schwerem Kopf, aber auch in dem beglückenden Bewußtsein, in Berlin verständnisvolle Freunde zu haben.

Mehr und mehr stehen die Zeichen der Zeit auf Sturm. Während in Paris der einstige Artillerieleutnant Napoleon Bonaparte seine pompöse Kaiserkrönung vorbereitet und so den alten Dynastien Europas die spektakulärste Herausforderung zumutet, verharren die Kabinette des Kontinents in selbstmörderischer Uneinigkeit und schlotternder Angst vor dem Usurpator, den sie gleichzeitig verachten und fürchten. Louis Ferdinand, der die unheilvolle Rolle seines zaudernden Königs durchschaut, reist nach Wien, um die Möglichkeit einer preußisch-österreichisch-russischen Allianz zu erkunden und mit allen seinen Kräften zu fördern. Aber er fährt in strengem Inkognito und ohne offiziellen Auftrag, im Widerstreit zwischen der Hoffnung auf eine Wende der verwickelten internationalen Beziehungen und dem Wissen um die Entschlußlosigkeit seines Monarchen.

An der Donau, wo man ihn mit Ehren überhäuft, findet er im Grafen Cobenzl, dem Vizekanzler, einen verständnisvollen, wenn auch vorsichtig lavierenden Bundesgenossen, der allerdings nur zur Preisgabe der österreichischen Neutralität bereit ist, wenn Preußen seine abwartende Haltung aufgibt und sich mit allen Konsequenzen der antinapoleonischen Koalition anschließt. Die Ironie des Schicksals will es, daß sich die beiden potentiellen Verbündeten bei einem Diner näherkommen, das der französische Gesandte in seinem Palais für den Prinzen gibt. Einigermaßen beunruhigt muß Cobenzl erleben, daß dem Gast aus Berlin der reichlich genossene Wein zu schaffen macht und er nur mit Schwierigkeiten einen Trinkspruch ausbringen kann, in dem er die Musik mit dem Krieg vergleicht. Am Abend trifft er den inzwischen wieder Nüchternen in seiner Loge im Theater in der Leopoldstadt, wo sie den Gedanken einer Entente nach allen Seiten hin durchspielen.

Die Musik gibt den beziehungsvollen Hintergrund für

diese diplomatischen Sondierungsversuche ab, denn in Wien sieht der Prinz den bewunderten Beethoven wieder. Als aber der Meister während einer musikalischen Soiree, die eine Gräfin für Louis gibt, beim anschließenden Essen an den Tisch der Bedienten verwiesen wird, verläßt er hocherhobenen Hauptes die Gesellschaft. Der Prinz versucht die ihm sehr unangenehme Zurücksetzung des Komponisten auf seine Weise auszugleichen: einige Tage später gibt er ein Bankett, bei dem er Beethoven und jene dünkelhafte Gräfin unmittelbar an seiner Seite Platz nehmen läßt. Kurze Zeit darauf widmet ihm der Meister, der in Louis den «tüchtigen Klavierspieler» schätzt, sein 3. Klavierkonzert c-Moll op. 37: *«Composé et dedié A Son Altesse Royale Monseigneur le Prince Louis Ferdinand de Prusse par Louis van Beethoven.»*

Auch noch die Heimreise nach Preußen steht im Zeichen von Beethovens Musik. Bei dessen Gönner, dem Fürsten Lobkowitz, hört der Prinz in dem nordböhmischen Schloß Raudnitz über ein halbes Jahr vor ihrer Wiener Uraufführung die Eroica. Wie die Augenzeugen berichten, lauscht er dem Werk mit «gespannter Aufmerksamkeit», die sich von Satz zu Satz steigert. Als der Kapellmeister den Taktstock niederlegt, bittet er um eine Wiederholung. Und nachdem die Sinfonie abermals verklungen ist, läßt sie der Prinz zum dritten Male spielen. Gehen ihm, während er sich von den Klängen des Trauermarsches über sich selbst hinaus gesteigert fühlt, düstere Vorahnungen durch den Sinn? Spürt er, daß ihm nur noch eine kurze Frist zugemessen ist und daß alle seine Bemühungen, auch diejenigen seiner Österreichreise, umsonst sein werden?

Denn weiterhin schwankt der König von Preußen zwischen Furcht und Unentschlossenheit: des Prinzen Denkschrift über seine Wiener Gespräche verstaubt ungelesen im Schreibtisch eines Berliner Kabinettsrates. Preußen bleibt der antinapoleonischen Koalition fern, die der Empereur an einem Dezembertag des Jahres 1805 auf den Höhen von Austerlitz vernichtet. Allein, schutzlos, jedes Verbündeten beraubt, steht Preußen nun dem sieggewohnten Eroberer gegenüber.

Sommer 1806

Louis ist am 3. August, dem Geburtstag des Königs, zur Tafel im Charlottenburger Schloß geladen. Friedrich Wilhelm III. ergeht sich in bangen Reden über die politische Lage und tadelt des Prinzen «Kriegslust». Dessen Erwiderung ist ebenso aufsässig wie illusionslos: «Aus Liebe zum Frieden nimmt Preußen gegen alle Mächte eine feindliche Haltung an und wird deshalb von einer Macht einmal schonungslos überrannt werden, wenn dieser der Krieg gerade recht ist. Dann fallen wir ohne Gnade und vielleicht auch noch gar ohne Ehre.»

Louis Ferdinands Entschlossenheit zum Krieg ist damals schon nicht mehr nur von militärischem oder politischem Kalkül bestimmt. Seit der Zermalmung der österreichisch-russischen Armee weiß er, daß Preußen auf keine nennenswerten Alliierten mehr rechnen darf, daß es aber den Waffengang gegen Frankreich allein nie gewinnen kann. Im Sommer 1806 glaubt er nur noch an einen Verzweiflungskampf, ohne Hoffnung auf Sieg. Klarsichtiger als viele andere sieht er das Ende des alten Preußen voraus, das durch die Beschränktheit seiner Oberschicht, durch wuchernde Inflation und durch ein nur noch anachronistisches, wenn auch legendenumwobenes Söldnerheer nicht mehr zur inneren Erneuerung fähig ist. Trotz dieser Einsichten, trotz langer Debatten mit dem Reichsfreiherrn vom Stein bleibt der Prinz aber an dieses alte Preußen gebunden, denn er ist kein «Jakobiner», als den ihn seine Gegner verunglimpfen möchten. Das bedeutet nicht, daß er gegen begrenzte Reformen wäre, aber er ist nicht dazu imstande, mit aller Entschiedenheit dafür einzutreten oder sie gar durchzusetzen.

Im Zwielicht der Übergangszeit, in der er lebt, gehemmt

auch durch seine Herkunft, findet er keine sinnvollen Entfaltungsmöglichkeiten. Halb Märchenprinz, halb Don Quijote, verbraucht er sich in Liebeshändeln, Manöverstreichen und Kasinogelagen, bei denen er, wie die Fama meldet, innerhalb einer Nacht zwölf Flaschen Champagner leert. Aber hinter allen diesen forcierten Ausschweifungen steht der Überdruß einer romantisch übersteigerten Individualität, bei der eine geheime Lust an Selbstverderben und Tod unterschwellig mit im Spiele ist. Er kann, wie Rahel später resümiert, «den Grundwillen, die Grundwünsche seines Wesens nicht gewaltig genug vor seinen Geist führen», so daß kein «einiges Handlen daraus entstehen» kann.

Neben den Gewissenserforschungen vor Rahel, den erotischen Verstrickungen mit Pauline Wiesel und den Gesprächen mit dem Freiherrn vom Stein steht in diesem letzten Sommer die Tonkunst im Zentrum: Louis bereitet einige seiner Kompositionen zum Druck vor, in denen der tragische Dualismus seiner Seele Ausdruck findet. Das Klaviertrio Es-Dur op. 3 läßt die Übergangsstellung hörbar werden, in die auch die Musikgeschichte den Prinzen verweist. Noch ist die Abhängigkeit von der klassischen Sonatenform unangefochten, noch sind nach bewährtem Muster Exposition und Reprise um einen weit abgestuften Durchführungsabschnitt gruppiert. Aber die ostentative Steigerung des seelischen Ausdrucks, die Verarbeitung der Themen und überhaupt die auf verschlungene Metamorphosen gerichtete geisterhafte Verwandtschaft des thematischen Materials reichen tief hinein in romantisches Neuland. Das Klavierquartett f-Moll op. 6 steht ebenfalls im Spannungsfeld von klassischer Tradition und romantischer Neuordnung, weshalb denn auch Robert Schumann in Louis Ferdinand den «Romantiker der klassischen Periode» sehen wird. Mit dem Vorbild beethovenscher Formenstrenge korrespondiert hier fesselnd der Klangzauber eines ausschwingenden Gefühls, dem Chromatik und Modulation wichtiger sind als formale Gestaltung. Gerade dieses Werk wird noch die nächste Komponistengeneration beschäftigen: zwei Themen aus dem Klavierquartett benutzt Franz Liszt über vier Jahrzehnte nach dem Tode des Prinzen in seiner *«Elégie sur des motifs du Prince Louis de Prusse»*.

Mitten in die Selbstverständigungsversuche der Augusttage des Jahres 1806 fliegt der zündende Funke. Durch eine Indiskretion wird am Berliner Hof bekannt, daß Napoleon in vertraulichen Verhandlungen den Engländern die Rückgabe Hannovers anbietet, das er doch eben erst im Vertrag von Schönbrunn den Preußen zugebilligt hat. Am 9. August, sechs Tage nach der wenig festlichen Feier seines Geburtstages, befiehlt Friedrich Wilhelm III. die Mobilmachung.

Oktober 1806

Bald darauf ist der Prinz mit seiner Suite auf dem Wege von Jena nach Rudolstadt, um dort das Kommando der preußisch-sächsischen Avantgarde zu übernehmen. Hinter ihm liegen die Auseinandersetzungen der letzten Wochen: die verwegene Denkschrift, in der er zusammen mit Gleichgesinnten dem königlichen Kabinett Unfähigkeit und dem Monarchen selbst, nur mühsam verklausuliert, Beschränktheit vorgeworfen hat, worauf ihm Friedrich Wilhelm und Luise die Abschiedsaudienz verweigert haben; die Abschiedsbesuche in Dresden und beim Fürsten Lobkowitz im nordböhmischen Eisenberg. Louis weiß, daß der so lange sehnsüchtig erstrebte Entscheidungskampf mit Napoleon in dem für Preußen ungünstigsten Augenblick losbricht. Er tritt den Waffengang tapfer, aber in einer Hoffnungslosigkeit an, die er, von der augenblicklichen Situation ausgehend, verallgemeinernd auf Leben und Zeit überträgt und nur seinen Briefen an Rahel anzuvertrauen wagt: «Was ist dieses erbärmliche Leben – nichts, auch gar nichts! Alles Schöne und Gute verschwindet, erhaben ist das Schlechte, und die traurige Erfahrung reißt unbarmherzig alle schönen Hoffnungen von unseren Herzen. So muß es in diesem Zeitalter sein, denn so erstarben auch alle schönen menschenbeglückenden Ideen. Nur das Erbärmliche blieb, nur dieses siegt – warum also was beklagen, wenn im Kleinen geschieht, woran ein ganzes Zeitalter leidet!»

Der hamletische Pessimismus und Lebensekel solcher Geständnisse steht in unentwirrbarem Widerspruch zu der im gleichen Brief geäußerten Meinung, daß der Geist der Armee trefflich sei, und auch zu dem idealisierten Porträt, das Josef Grassi noch in Dresden von dem «Kriegsgott» Louis Ferdinand malt. In Jena gibt es eine letzte Begegnung mit Goethe. Gehen dabei des Prinzen Gedanken zurück zu dem Treffen vor einem Dreivierteljahr, als ihm der Dichter Achim von Arnim ein «schönes Reich im Süden» zugetrunken hat? Der Glaube an die Zukunft ist ihm längst abhanden gekommen, als er am 8. Oktober in Stadtilm das Kommando der Avantgarde des Korps Hohenlohe antritt, obgleich der Obrist Massenbach nicht zu Unrecht davon abgeraten hat, dem todesbereiten Draufgänger das verantwortungsvolle Amt zu übertragen.

Am Abend des gleichen Tages quartiert er sich auf der Heidecksburg bei Rudolstadt ein. Im Grünen Saal des Schlosses rührt er den Hausherrn, den Fürsten Ludwig Friedrich, und dessen Familie durch sein Klavierspiel, dem auch der alte Freund Dussek, der Vertraute noch dieser letzten Tage, bewundernd lauscht. Am 9. Oktober erhält er den Befehl, seine Verbände im Raum Rudolstadt zu konzentrieren. Als sich abermals die Nacht über das Saaletal senkt, sieht der Prinz von den Fenstern der Heidecksburg her französische Biwakfeuer in der Tiefe lodern. Noch einmal hängt er am Klavier seinen freien musikalischen Phantasien nach. Die Fürstin von Schwarzburg-Rudolstadt verabschiedet sich von ihm: «Sie haben jetzt auf einem anderen Klavier zu spielen, Prinz.» Seine Antwort ist kurz: «Ja, lauter Dissonanzen.»

Daß die Bemerkung vielleicht auch eine Aufforderung enthält, sich auf den Kampf vorzubereiten, kommt ihm nicht in den Sinn. So wird er am nächsten Morgen beim Frühstück, das er in Saalfeld einnimmt, vom Ausbruch des Gefechtes überrascht. Als er die ersten fliehenden Preußen und Sachsen durch die Stadt laufen sieht, schwingt er sich aufs Pferd, um die wankenden Reihen zu sammeln. Aber schon der zweite Angriff der französischen Kavallerie zersprengt die eigene Reiterei und schlägt sie in wilde Flucht. Noch sehen davonrennende preußische Soldaten den Prinzen mit dem Todesmut der Verzweiflung fechten, die Aufforderung eines französischen Wachtmeisters zur Kapitulation mit einem Streich des Säbels beantworten, sein Pferd beim Sprung über eine Hecke stürzen …

Die Berichte der Augenzeugen über seinen Tod sind widersprüchlich. Während des Prinzen Adjutant Nostitz den Sterbenden auf seinem eigenen Pferd aus dem Getümmel des Kampfes gebracht haben will, berichtet der französische Wachtmeister Guindey von den beiden tödlichen Streichen, die er angeblich Louis Ferdinand beigebracht hat. Andere erzählen von einem Sturz vom Pferd, nach dem sich der Prinz noch zu Fuß verteidigt haben soll. Ein preußischer Husar macht eine Schußwunde für den Tod seines Herrn verantwortlich. Der französische Stabsarzt Gallernat, der den Leichnam am nächsten Morgen untersucht, gibt sechs Wunden durch Säbelhiebe zu Protokoll, von denen einer durch den Hinterkopf ins Gehirn gedrungen ist und ein anderer das Brustbein gespalten hat.

Noch während Louis vor dem Altar der Saalfelder Johanniskirche aufgebahrt ist, beginnen sich Legenden um ihn zu ranken. Nicht nur der Hauptmann Hermann von Boyen, der später einer der engsten Mitarbeiter Scharnhorsts bei der preußischen Heeresreform sein wird, sieht im frühen Tod dieses Idols der Armee ein böses Omen und ein in seinen moralischen Folgen verhängnisvolles Ereignis. Nur Friedrich Wilhelm III. nimmt die Nachricht mit Gelassen-

Entwurf zu einem Denkmal
für Prinz Louis Ferdinand von Preußen
von Karl Friedrich Schinkel,
1821

heit auf, der er in seiner zu Verkürzungen neigenden Diktion Ausdruck gibt: «Hat wie ein toller Mensch gelebt, ist wie ein toller Mensch gestorben, die Scharte nur klein, muß aber ausgewetzt werden.» Schon vier Tage nach diesem gehässigen und wenig verständnisvollen Nekrolog findet Preußens selbstgewisses Heer, ganz wie es der Prinz vorausgesagt hat, bei Jena und Auerstedt ein ruhmloses Ende.

Die Säbelhiebe, die den Prinzen Louis Ferdinand um die Mittagsstunde des 10. Oktober 1806 bei Saalfeld niederstrekken, bekräftigen lediglich jenen Zeitensturz, den er selbst geahnt hat. Durch seine Herkunft schon in jungen Jahren an die Spitze der zerbröckelnden gesellschaftlichen Pyramide seines Vaterlandes erhoben, ausgezeichnet durch reiche Gaben, an deren freier Entfaltung er nicht zuletzt durch seine Geburt gehindert wird, vermag er keine Möglichkeit einer vernünftigen Selbstverwirklichung zu finden. Im Dämmerlicht der Übergangszeit, in das er gestellt ist, kann dieser Meteor nicht strahlen, höchstens verglühen und früh verlöschen. Im Grunde ist er eine vielfach in sich gebrochene romantische Künstlerindividualität, wovon der Nachwelt noch ein Dutzend seiner eigentümlich improvisatorischen musikalischen Kompositionen künden wird. Mit vielen seiner romantischen Generationsgefährten verbindet ihn auch sein auffallender, freilich zuweilen genialischer Dilettantismus, der sogar seine militärischen Unternehmungen, bis zu seiner letzten Lebensstunde, beherrscht. Was bleibt, ist das noch in seinen Irrtümern exemplarische Bild eines Unvollendeten, eines an der geschichtlichen Stunde und an sich selbst Gescheiterten, eines – wie ihn die sensible Rahel nennt – tragisch «Vielverworrenen».

Verkündiger der Natur
Caspar David Friedrich

Es drängt sich alles zur Landschaft

In seinem Romanfragment «Die Lehrlinge zu Sais» erzählt Novalis von einem «Verkündiger der Natur», der in die Geheimnisse der Schöpfung eindringt und seine Erkenntnisse schließlich in «große bunte Bilder» zu fassen vermag: «Den Sternen sah er zu und ahmte ihre Züge, ihre Stellungen im Sande nach. Ins Luftmeer sah er ohne Rast und ward nicht müde, seine Klarheit, seine Bewegungen, seine Wolken, seine Lichter zu betrachten. Er sammelte sich Steine, Blumen, Käfer aller Art und legte sie auf mannigfache Weise sich in Reihen. Auf Menschen und Tiere gab er acht, am Strand des Meeres saß er, suchte Muscheln. Auf sein Gemüt und seine Gedanken lauschte er sorgsam.

Er wußte nicht, wohin ihn seine Sehnsucht trieb. Wie er größer ward, strich er umher, besah sich andre Länder, andre Meere, neue Lüfte, fremde Sterne, unbekannte Pflanzen, Tiere, Menschen, stieg in Höhlen, sah wie in Bänken und in bunten Schichten der Erde Bau vollführt war … Nun fand er überall Bekanntes wieder, nur wunderlich gemischt, gepaart, und also ordneten sich selbst in ihm oft seltsame Dinge.»

Die Parabel liest sich wie ein vorweggenommenes, dichterisch überhöhtes Porträt des Malers Caspar David Friedrich, der, als Novalis an seiner Allegorie arbeitet, gerade als junger Künstler aus Kopenhagen in seine Heimatstadt Greifswald zurückkehrt. Keiner seiner Generationsgefährten wird so wie er zwischen dem von Naturferne bedrohten Menschen und der Schöpfung wundersame Brücken von Farbe und Licht schlagen. Friedrich spricht stets mit «Andacht und Glauben» von der Natur und gestaltet sie in seinen Gemälden mit «wunderbarer, unnachahmlicher Eindringlichkeit», ganz im Sinne des frühromantischen Dichters Novalis: «Die ursprünglich günstige Anlage eines solchen natürlichen Gemüts muß durch unablässigen Fleiß von Jugend auf, durch Einsamkeit und Stillschweigen, … durch kindliches, bescheidnes Wesen und unermüdliche Geduld unterstützt und ausgebildet sein.»

Einsamkeit und Stillschweigen beherrschen sein ganzes Leben. Des Malers Selbstbekenntnisse, soweit sie überhaupt auf die Nachwelt gelangen, sind lückenhaft und spröde, zuweilen auch mehrdeutig. Kaum eines seiner Bilder ist datiert oder auch nur signiert, was später zu den abenteuerlichsten Um- und Fehldatierungen, ja zu Neuzuschreibungen und Aberkennungen seiner Urheberschaft führt. Friedrich, der Meister der doppelbödigen Allegorien, ist zugleich ein Mensch der Selbstverhüllung und des Zurücktretens hinter das Werk, das mehr noch als seine schriftlichen Zeugnisse vieldeutig ist. So enthält auch die Biographie des Künstlers keine romanträchtigen Schicksalskurven: geradezu radikal ordnet sie sich dem Werk unter. Caspar David Friedrichs Lebensgeschichte läßt sich darum nur als eine Folge von Bildern Caspar David Friedrichs erzählen. «Man sah ihn fast nie unter Menschen», berichtet sein vielleicht vertrautester Freund, der Dresdner Arzt und Maler Carl Gustav Carus, «er brütete in seinem stark beschatteten Zimmer fast fortwährend über seinen Kunstschöpfungen.»

In seinem grün getünchten, schmucklosen Atelier, das mehr dem Inneren einer Gruft als einer Künstlerwerkstatt gleicht, steht er meditierend vor der Staffelei, darum ringend, daß das äußere Bild mit dem inneren zum beseelten Symbol verschmilzt. Kaum läßt sich ein kargerer Raum denken als diese schlichte Stube, in der die faszinierendsten Landschaftsbilder der Zeit entstehen: das «Kreuz im Gebirge» und der «Mönch am Meer», die «Zwei Männer in Betrachtung des Mondes» und «Huttens Grab», der «Abendstern» und die «Lebensstufen», die böhmischen Mittelgebirgslandschaften und die ins Visionäre erhobenen Ruinen- und Seestücke. Das puritanisch anmutende Zimmer, an dessen Wänden Reißschiene, Lineal und Dreieck hängen, ist ein Raum der Askese und der Kontemplation. Das einfache Bett erinnert die Besucher an eine Totenbahre. Das rechte Fenster ist durch einen Laden fest verschlossen, das linke im unteren Drittel durch eine Holzkonstruktion abgedeckt, so daß nur eine sparsame und nüchterne Helligkeit den Entstehungsprozeß der Bilder begleitet, die ihre Lichtströme ausschließlich der inneren Schau des Künstlers verdanken.

In dieser abweisenden Kammer wird er zum Erfüller der Worte, die sein Freund und pommerscher Landsmann Philipp Otto Runge im Februar 1802 niederschreibt: «Bei uns geht wieder etwas zugrunde, wir stehen am Rande alter Religionen, die aus der katholischen entsprangen, die Abstraktionen gehen zugrunde, alles ist luftiger und leichter als das Bisherige, es drängt sich alles zur Landschaft, sucht etwas Bestimmtes in dieser Unbestimmtheit ... Ist denn in dieser neuen Kunst – der Landschafterei, wenn man so will – nicht auch ein höchster Punkt zu erreichen, der vielleicht noch schöner wird wie die vorherigen?» Caspar David Friedrich, der menschenscheue und schweigsame Maler aus dem Norden mit dem «melancholischen Ausdruck in seinem meist bleichen Gesicht», geht den hier gewiesenen Weg und wird mit allen sich daraus ergebenden Konsequenzen zum «Verkündiger der Natur». Er entdeckt in den Chiffren der Landschaft einzigartige Spiegelbilder für die Schwingungen der Seele und verwandelt sie in seinem malerischen Werk zu Gleichnissen vom Werden und Vergehen des menschlichen Lebens.

«Mein Begräbnis»

Am 5. September 1774 kommt er als das sechste von zehn Kindern des Seifensieders und Lichtgießers Adolph Gottlieb Friedrich und dessen Frau Sophie in Greifswald zur Welt, das seit dem Westfälischen Frieden zu Schweden gehört. Im Haus Lange Straße 28, unweit der Nikolaikirche, wächst er auf, früh geprägt von der strengen Rechtlichkeit der vielköpfigen Handwerkerfamilie. Zu Hause herrscht der Geist eines pietistisch gestimmten Luthertums, das den Knaben für sein ganzes Leben formt. Seine auf Luthers Wort und auf den Choral gegründete Religiosität findet für ihn ihre Entsprechung in den Naturgewalten, so, wenn der Zehnjährige das Toben der Gewitter über dem Meer beobachtet oder in einem nahen Eichenwald den Blitz uralte Bäume zerspalten sieht. Früh ist auch der Tod um ihn: mit sieben Jahren verliert er die Mutter, mit dreizehn wird er im Wallgraben von dem Bruder Johann Christoffer vor dem Ertrinken gerettet, der dabei selbst das Leben einbüßt. Als Sechzehnjähriger steht er am Sterbebett der Schwester Marie, die das Fleckfieber dahinrafft. Aber Kreuz, Tod und

Gruft sind ihm nicht Zeichen des unwiderruflichen Endes, sondern Symbole eines neuen Beginns, der den Menschen in den ewigen Kreislauf der Natur zurückführt. Friedrich wird später Friedhofstore und Abteipforten immer wieder malen, durch die Tote einem neuen und herrlicheren Leben entgegengetragen werden. Seine Haltung sucht er in einem bezeichnenden Sinnspruch auszudrücken:

«Warum, die Frag' ist oft zu mir ergangen,
Wählst du zum Gegenstand der Malerei
So oft den Tod, Vergänglichkeit und Grab?
Um ewig einst zu leben
Muß man sich oft dem Tod ergeben.»

Ein wüster, aber imposanter Zeuge der Vergänglichkeit ist ihm die unweit von Greifswald gelegene Klosterruine Eldena, die einen ganzen Motivkreis seines späteren Schaffens bestimmt. Auf die pommersche Landschaft und ihre Altertümer wird er von dem Zeichenlehrer Johann Gottfried Quistorp hingelenkt, der ihn mit der düster-melancholischen Bardenpoesie Ossians und der Legendenwelt des dichtenden Propstes Gotthard Ludwig Theobul Kosegarten bekanntmacht. Unter Quistorps behutsamer Anleitung entfaltet der junge Friedrich sein Zeichentalent, ohne daß er zunächst viel mehr als eine Disposition für solide Handwerklichkeit erkennen läßt. 1794 bezieht er die Kunstakademie in Kopenhagen, wo er, dem Kanon der üblichen Ausbildung folgend, vom Freihandzeichnen zum Zeichnen nach dem Gips und nach dem Modell aufrückt. Bleibende Anregungen erhält er von dem Landschaftsmaler Jens Juel und besonders durch die im englischen Stil angelegten sentimental-romantischen Landschaftsgärten, die er in eigenen ersten Skizzen festzuhalten sucht.

Nach vierjährigem Studium verläßt er die dänische Residenz, kehrt für wenige Monate ins heimische Greifswald zurück und läßt sich im Oktober 1798 in Dresden nieder, um «in der Nähe der trefflichsten Kunstschätze und umgeben von einer schönen Natur» sein Glück als Maler zu finden. Als Künstler ist er noch immer ein Suchender, als Mensch ist er bereits durch Herkommen und frühe Erfahrungen geprägt. In der ersten Dresdner Zeit genießt er noch den Verkehr mit den Malerkollegen, die oft seinen kauzigen, zum Eigenbrötlerischen neigenden Witz belachen. Dann zieht er sich mehr und mehr in «Einsamkeit und Stillschweigen» zurück, wird immer ungeselliger und ist bald, wie ihn die Frau seines Freundes Kügelgen nennt, der «Unpaarste aller Unpaaren». Auch für diese immer wieder konstatierte scheinbare Misanthropie wirbt er in einem Aphorismus um Verständnis:

«Ihr nennt mich Menschenfeind,
Weil ich Gesellschaft meide.
Ihr irret Euch,
Ich liebe sie.
Doch um die Menschen nicht zu hassen,
Muß ich den Umgang unterlassen.»

Dabei ist der junge Mann durchaus erfolgreich. Schon auf der Dresdner Akademieausstellung von 1799 ist er vertreten. Er zeichnet in der freien Natur Bäume und Pflanzen, Felsen, Flußläufe und Wolken, die später in seinen Gemälden wiederkehren. Mit seinen Radierungen und Aquarellen, seinen in lavierten Federzeichnungen und Sepiablättern ausgeführten Prospekten- und Vedutenbildern, die zunächst noch in der Tradition der Dresdner Landschaftsschule stehen, findet er oft Käufer. Dann bringt die Begegnung mit seinem Landsmann Philipp Otto Runge den Durchbruch zu einem neuen Landschaftsempfinden, das er im Bekenntnisbuch der jungen Malergeneration, in Ludwig Tiecks «Sternbald», mit zwingender Deutlichkeit ausgesprochen findet: «Ich will nicht Bäume und Berge abschreiben, sondern mein Gemüt, meine Stimmung, die mich in dieser Stunde regiert, diese will ich mir selber festhalten und den übrigen Verständigen mitteilen.»

Landschaftsmalerei nicht mehr als topographische Raum- oder Hintergrunddarstellung, sondern als vielschichtige Möglichkeit für die künstlerische Gestaltung seelischer Regungen und weltanschaulicher Sinngehalte! Schon die nach dem ersten Aufenthalt auf Rügen entstehenden Sepiablätter lassen den steinigen Strand mit der untergehenden Sonne, die Seeufer mit ihren Fischerbooten und die Steilküste von Stubbenkammer zu Räumen werden, die mit den Stimmungen und Überzeugungen ihres Schöpfers korrespondieren. 1803 beginnt Friedrich einen ersten Zyklus, der die menschlichen Lebensalter im Spiegel der Tages- und Jahreszeiten deutet. Zwei Jahre später gewinnt er durch Goethes Fürsprache die Hälfte des von den Weimarer Kunstfreunden ausgesetzten Preises. Die nächste Reise in die alte Heimat, unternommen im Sommer 1806, bringt dann die endgültige Befreiung aus den Fesseln des Hergebrachten: bald wird er die Ölmalerei als das ihm gemäße Medium entdecken.

Dennoch ist die Selbstfindung des Malers Caspar David Friedrich ein eher qualvoller psychischer und künstlerischer Prozeß, der von den in der Jugend gewachsenen Depressionen erfüllt ist. Je bewußter er die ihm eigenen Möglichkeiten verwirklicht, desto radikaler zieht er sich aus den geselligen Zirkeln zurück. Nur am frühen Morgen oder am späten Abend nach dem Untergang der Sonne geht er allein oder in der Begleitung eines Freundes hinaus, um zu beobachten und zu zeichnen. Die eingesammelten Zeichennotizen werden dann, oft erst nach Jahren, in der strengen Klausur der Werkstatt zu bedeutungsträchtigen Landschaftsallegorien vereinigt. Fast will es scheinen, als ob des Künstlers Leben nun ganz vom sich mächtig entfaltenden Werk aufgenommen und aufgehoben würde. Mit dreißig Jahren zeichnet er die Sepia «Mein Begräbnis». Das später verschollene Blatt zeigt auf dem Friedhof ein offenes Grab, dabei ein Kreuz mit der Inschrift: «Hier ruht in Gott C. D. Friedrich».

Wiederholt bricht er im Laufe der nächsten Jahre von Dresden aus auf, um die Landschaften zu durchstreifen, die, künstlerisch gesteigert und beseelt, auf seinen Bildern wiederkehren werden. Einige Male besucht er die Verwandten in Greifswald, sieht Eldena wieder, steht am Meeresufer und blickt hinaus in die Weite der See. 1807 und 1808 werden ihm die gestaffelten Hügelketten und ausschwingenden Fluren der nordböhmischen Mittelgebirgslandschaft zum Erlebnis. Im Sommer 1810 tritt er mit dem Malerfreund Georg Friedrich Kersting seine Riesengebirgswanderung an, deren erstes, in seiner Kunst fortwirkendes Ereignis der Besuch der Klosterruine auf dem Oybin im Zittauer Gebirge ist. Wenige Tage später erreichen die beiden Freunde das Riesengebirge, wo Friedrich gleichsam seine Urlandschaft findet, deren Tal- und Höhenwellen den vertrauten Meereswogen beziehungsvoll antworten. Im Juni 1811 zieht er mit dem Bildhauer Gottlieb Christian Kühn durch den Harz. Alle diese Touren sind Fußwanderungen, die viel vom romantischen Reiz des Aufbruchs in unbekannte Fernen haben. Mehr aber sind sie Arbeitsreisen, von denen der Künstler einige hundert Skizzen mit nach Hause bringt, deren akribische Stein- und Baumstudien, Ausblicke und Weitblicke für die großen, im Atelier entstehenden Bildkompositionen genutzt werden.

In den Jahren um 1807 beginnt Friedrich Ölbilder zu malen. Noch ist bei dem Gemälde «Ausblick in das Elbtal», das vermutlich dieser frühen Phase angehört, der Farbauftrag behutsam, dünn und fast aquarellartig. Aber bereits das «Kreuz im Gebirge», geschaffen für den Altar in der Hauskapelle des Grafen von Thun-Hohenstein in Tetschen, ist ein Meisterwerk. Vor einem unermeßlichen, von den Strahlen der untergehenden Sonne verklärten Himmel erhebt sich ein von Fichten umsäumter Hügel, auf dem der gekreuzigte Christus der scheidenden Sonne zugewendet ist.

Friedrich selbst gibt eine Deutung des Bildes: «Es starb mit Jesu Lehre eine alte Welt, die Zeit, wo Gott der Vater unmittelbar wandelte auf Erden. Diese Sonne sank, und die Erde vermochte nicht mehr zu fassen das scheidende Licht. Da leuchtet vom reinsten edelsten Metall der Heiland am Kreuz im Golde des Abendrots und widerstrahlt so im gemilderten Glanz auf Erden ... Immergrün, durch alle Zeiten während, stehen die Tannen um das Kreuz, wie die Hoffnung der Menschen.»

Als das Bild fertig ist, stellt es der Meister öffentlich in seiner Werkstatt aus. Vor einem mit schwarzem Tuch verhangenen Tisch, auf dem das Gemälde in einen nach Friedrichs Angaben geschnitzten und vergoldeten Rahmen gestellt ist, versammeln sich die Besucher und bestaunen das Altarbild, das in der traditionellen christlichen Kunst nicht seinesgleichen hat. «Es ergriff alle, die ins Zimmer traten, als beträten sie einen Tempel», berichtet die Frau des Malers Gerhard von Kügelgen. Aber nicht alle Betrachter sind überzeugt oder gar ergriffen. Der Kammerherr Friedrich Wilhelm Basilius von Ramdohr sieht in Friedrichs Lösung den frevelhaften Versuch einer Profanisierung des sakralen Andachtsraumes, für den ja das Bild bestimmt ist. Wütend, aber mit der Hellsicht des Gralshüters, dem vor der Zukunft seiner heiligsten Güter bange wird, attackiert er das Werk in der «Zeitung für die elegante Welt»: «In der Tat, es ist eine wahre Anmaßung, wenn die Landschaftsmalerei sich in die Kirchen schleichen und auf die Altäre kriechen will.» Vehement melden sich Friedrichs Freunde, die Maler Kügelgen und Ferdinand Hartmann, zu Wort: nicht nur, um ihrem Gefährten zu Hilfe zu kommen, sondern um die Ansprüche der neuen romantischen Kunst gegen einen steril gewordenen Klassizismus zu verteidigen.

Unmittelbar nach dem «Kreuz im Gebirge» malt Friedrich sein extremstes Bild: den «Mönch am Meer». Auf einer schmalen weißen Sandbank steht ein einsamer Mönch, der versonnen hinaus auf das dunkelgrüne, fast schwarze, nur von einigen Wolkenkämmen bewegte Meer blickt. Über dem grenzenlosen Ozean erhebt sich, vier Fünftel des Bildes einnehmend, ein apokalyptischer Himmel. Aus einem finsteren Rundhorizont wächst diese Himmelswand auf, wird im Zentrum von treibenden Wolken aufgerissen, mündet ganz oben in die Finsternis des Horizonts und endet nicht mit dem Rahmen des Bildes: unabsehbar scheinen dieser Himmel und dieses Meer zu sein, das einem Abgrund gleicht. Heinrich von Kleist, der in seinen «Berliner Abendblättern» dem Gemälde einen Aufsatz widmet, will es bei der Betrachtung des Bildes vorkommen, als ob ihm «die Augenlider weggeschnitten wären».

Die einzige Senkrechte in der Endlosigkeit der Horizonte und Horizontalen ist der beinahe winzige Kapuziner, der verloren in die Unermeßlichkeit von Himmel und Meer schaut. Er ist der Fixpunkt in der Unendlichkeit, das Wesen, mit dem allein sich der Bildbetrachter identifizieren kann.

Ist der einsame Mönch der Maler selbst, handelt es sich hier um eines der auch später wiederkehrenden verschlüsselten Selbstbildnisse Friedrichs? Gewiß ist dies die Situation des Menschen, der aus innerer Versenkung heraus schöpferisch wird: nur der vermag dieser Wasser- und Himmelswüste zu begegnen, der sich ihr stellt und sie gestaltend bewältigt. Durch den winzigen Menschen, der der Übermacht der Elemente gegenübersteht, erhält das Bild fast eine tröstliche Feierlichkeit.

Ebenso wie der «Mönch am Meer», der sich im inneren Einverständnis mit seiner Verlassenheit befindet, geht Friedrich in den nächsten Jahren seinen Weg unbeirrt weiter. Um 1810 hat er den Zenit seines zeitgenössischen Ruhms schon erreicht. Die patriotischen Bilder, mit denen er seine Sympathien für die liberalen Reformer in Preußen und für den antinapoleonischen Befreiungskampf der Deutschen kundgibt, verschaffen ihm für wenige Jahre sogar eine gewisse Popularität: Gemälde wie die «Grabmale alter Helden», «Hermanns Grab» und namentlich der «Chasseur im Walde» sind Zeugnisse des Bemühens, aus der Abgeschiedenheit der asketischen Malerwerkstatt auszubrechen und sich nationalen Zielen zu verbinden. Das Selbstbildnis in Kreide, entstanden um 1810, zeugt von dieser Ambivalenz des zurückgezogenen Schaffenden, den es bei aller Absonderung doch zu Gemeinschaft drängt. Von den beiden Augen über dem vollen Backenbart, dem sensibel geschwungenen Mund und der kräftig ausgebildeten Nase blickt das eine, auf der hellen Seite des Gesichtes befindliche «Tagauge» wach hinaus ins Leben, während das andere, das «Nachtauge» auf der dunklen Gesichtshälfte, Visionäres wahrzunehmen scheint.

1816 wird Friedrich zum Mitglied der Dresdner Akademie ernannt, aber ein Lehramt bleibt ihm vorenthalten. Die Freundschaft mit dem Arzt Carl Gustav Carus kann ihn nicht darüber hinwegtäuschen, daß die Verlorenheit seines «Mönchs am Meer» auch um ihn wächst. Mit der Isolation mehren sich die visionären Züge in seinem Werk. Schon in dem 1817 vollendeten Gemälde «Greifswald im Mondschein» erhebt sich die Silhouette der Vaterstadt wie eine aus Licht gewebte Fata Morgana jenseits der Fischernetze über dem Horizont – wie die Erfüllung des Bibelwortes: «Denn wir haben hier keine bleibende Stadt, sondern die zukünftige suchen wir.» Dennoch wendet sich Friedrich nicht mönchisch-asketisch vom Leben ab. Am 21. Januar 1818 läßt er, der «Unpaarste aller Unpaaren», sich vor dem Altar der Dresdner Kreuzkirche mit Caroline Bommer trauen, einem schlichten Bürgermädchen aus der Nachbarschaft.

«Die gescheiterte Hoffnung»

Caroline schenkt ihm während der nächsten Jahre drei Kinder: 1819 und 1823 die Töchter Emma und Agnes Adelheid, 1824 einen Sohn, dem der Lutheraner Friedrich nach dem protestantischen Schwedenkönig die Vornamen Gustav Adolf gibt. 1820 zieht die Familie in eine größere Wohnung, in das Haus An der Elbe 33, in dem bald darauf auch der Schüler und Malerfreund Johan Christian Clausen Dahl Quartier nimmt, ein aus Norwegen gebürtiger Landschafter. Gerade im Vergleich mit den Bildern Dahls wird die Besonderheit von Friedrichs Kunst deutlich. Während sich der norwegische Hausgenosse mit der realistischen, innerhalb dieser Grenzen meisterlichen, aber auch vordergründigen Wiedergabe der Natur begnügt, wird die Landschaft bei Friedrich zusehends von symbolischen und seelischen Bezügen durchdrungen. Dennoch bleibt seine Seh- und Malweise realistisch, so daß die wirklichkeitsverbundene deutsche Landschaftsmalerei des 19. Jahrhunderts an ihn anknüpfen kann. Zugleich wird aber die Bildwelt des Romantikers zur Trägerin einer reichen, häufig schwer zu erschließenden Lebens- und Glaubenssymbolik, durch die sie erst ihre ergreifende Poesie und Spiritualität gewinnt.

Noch 1818 mißt ihn die «Wiener Zeitschrift für Kunst, Literatur, Theater und Mode» an Salvator Rosa und Claude Lorrain: «Jetzt aber muß man ihn zu den besten Landschaftsmalern zählen, die je gelebt haben.» Vergleichsweise heiter und gelöst sind auch die Bilder, die Friedrich in dieser Zeit malt. Das Gemälde «Kreidefelsen auf Rügen», das aus der Erinnerung an die mit Caroline unternommene Hochzeitsreise in die alte Heimat hervorgeht, zeigt zwei männliche Gestalten, von denen die eine in altdeutscher Tracht versonnen hinaus aufs Meer blickt, während die andere, der Wanderstab und Biedermeierzylinder entglitten sind, vorsichtig über den Rand der Böschung hinab in die drohende Tiefe späht. Ist es ein doppeltes Selbstporträt des Malers, der hier seiner träumerischen, der Weite des Meeres zugewandten Künstlerexistenz und seinem bürgerlichen, freilich immer an Abgründen balancierendem Dasein Ausdruck geben möchte? Links im Bild sitzt eine rot gekleidete Frau, die mit ausgestreckter Hand auf Erde und Blumen, also auf das Hiesige, weist und vielleicht vor der Felsen- und Meerestiefe warnen will. Dic beiden Bäume, deren Zweige sich einander zuneigen, und die unten aufragenden Gesteinsblöcke rahmen das Hochzeitsbild herzförmig ein.

Aber bereits der zum gleichen Zeitpunkt gemalte «Wanderer über dem Nebelmeer» schlägt den Bogen zurück zu jener romantischen Ergriffenheit, die den «Mönch am Meer» vor der Unendlichkeit der Natur erfüllt hat. Ein Wanderer steht, mit dem Rücken gegen den Bildbetrachter, auf dem Felsgipfel des Vordergrundes und schaut auf die Gebirgslandschaft hinaus, die aus Nebelschwaden auftaucht: mit dem Blick auf die elementare Szenerie Rückschau auf das eigene Leben haltend. Will der Meister mit den Rückenfiguren, die von da an in seinen Bildern häufig wiederkehren, die «Verlorenheit des Individuums» vor der «Schauerlichkeit der Natur» gestalten, wie sie hundert Jahre später der Expressionist Oskar Kokoschka vor Friedrichs Bildern in der Dresdner Galerie erleben wird? Oder tritt hier nicht die Natur vielmehr als letztes Refugium des sich selbst entfremdeten Menschen in Erscheinung, als Ort der Zuflucht und der zurückgewonnenen Übereinstimmung mit sich selbst? Die «Frau vor der untergehenden Sonne» ist wie ein Gefäß, das die heilenden Kräfte der Natur in sich aufnimmt. Bei der «Frau am Fenster», einem Rückenbildnis Caroline Friedrichs, ist die dunkle Atelierstube hin zur heiteren Elblandschaft geöffnet. Das Paar, das «Auf dem Segler» dahinfährt, ist zu einer visionären Stadt unterwegs, die fern im Dunst des Horizonts wie eine Verheißung auftaucht. Die drei Figuren, die den «Mondaufgang am Meer» beobachten, ragen – gleichermaßen Fremdlinge und Vertraute der Natur – hinein in die am Himmel aufleuchtende Lichtschale, die auf der Meeresoberfläche einen stillen Widerschein findet.

Die männliche Gestalt auf diesem Bild trägt altdeutsche Tracht, die Kleidung der seit den Karlsbader Beschlüssen verfolgten Burschenschafter, mit deren patriotischen und liberalen Ideen Friedrich sympathisiert. Im Jahre 1819, als von der Metternich-Polizei die planmäßige Jagd auf demokratisch gesinnte Professoren und Studenten eröffnet wird, malt der Künstler «Zwei Männer in Betrachtung des Mondes»: der Ältere steht, gestützt auf den Wanderstab, in tiefer Andacht vor dem aufgehenden Mond, während der Jüngere ihm brüderlich die Hand auf die Schulter legt. Die beiden Männer, wieder in altdeutschen Gewändern, sind einen steinigen Bergpfad hinaufgeschritten. Nun halten sie inne, umgeben von Geröll, Gestrüpp und einer halb entwurzelten Eiche, und stehen in stiller Versonnenheit vor der schwebenden Mondesscheibe, deren rötlich-brauner Dämmerschein zwischen den beiden Menschen und den Erscheinungen der Natur eine nach innen gewandte Verbundenheit stiftet. «Die machen demagogische Umtriebe», erläutert Friedrich nicht ohne Ironie seinen Besuchern die beiden einsamen Wanderer, die in der Abgeschiedenheit einer mondbeglänzten Landschaft mit sich selbst in Einklang kommen.

Auch die Gestalt auf dem Bild «Huttens Grab» trägt altdeutsche Kleider. Inmitten einer gotischen Kirchenruine, für die das Kloster auf dem Oybin den äußeren Rahmen leiht, steht ein Burschenschafter vor einem Sarkophag, in dessen Wand die Inschriften: «Jahn 1813», «Arndt 1813», «Stein 1813», «Görres 1821», «D ... 1821» und «Scharnhorst» eingelassen sind. Allein, gestützt auf seinen Degen, hält der ehemalige Freiheitskrieger Zwiesprache mit dem vor dreihundert Jahren gestorbenen Dichter Ulrich von Hutten, einem Ahnherrn der nationalen Bewegung, deren Anhänger jetzt in die Kerker geworfen oder, wie der Publizist Görres, ins Exil getrieben werden. Dabei ist der Impuls, aus dem heraus Friedrich das Bild malt, durchaus in die Zukunft und nicht auf die Wiederbelebung der Vergangenheit gerichtet: die geborstene Kirchenruine und die zertrümmerte Statue der «Ecclesia» deuten das Ende des Mittel-

Caspar David Friedrich in seinem Atelier

Caspar David Friedrich: Das Kreuz im Gebirge

Caspar David Friedrich: Das Eismeer

Caspar David Friedrich: Die Lebensstufen

Schloß Lubowitz bei Ratibor, 1790

Joseph von Eichendorff um 1832

Aus dem Leben eines Taugenichts. Lithographie zur 2. Auflage von Eichendorffs Novelle, 1842

Das Landhaus Carl Maria von Webers in Hosterwitz,
Dresdner Straße 22

alters an. Das neben Huttens Totenschrein aufwachsende Grün, der Fichtenzweig über der Szene und der freie Himmel holen gleichsam die Natur ins Innere des zerfallenen Gotteshauses.

Doch in der Geistesferne der Restaurationsära und der in katholisierendem Nazarenertum versandenden Kunst ist kein Platz mehr für Friedrichs stimmungsvolle und verrätselte Metaphorik, die durch die patriotische Gesinnung des Künstlers außerdem mit dem Odium des Unzeitgemäßen und Verdächtigen behaftet ist. 1822 fragt das Wiener Journal, das ihn noch vier Jahre zuvor laut gerühmt hat: «Sind dies wirklich noch Landschaften, oder was ist es?» Zwei Jahre später wird der Fünfzigjährige noch zum Professor der Kunstakademie zu Dresden ernannt, aber die Leitung der durch den Tod Johann Christian Klengels vakant gewordenen Landschaftsklasse erhält er nicht. Schon suchen ihn Krankheit und Hypochondrie heim. Da beginnt er mit der Arbeit an seinem frostigsten, unnahbarsten Gemälde, dem «Eismeer».

Vom Vordergrund des Bildes aus türmt sich stufenartig das Eis zu einer kalten Architektur des Grauens und der äußersten Verlassenheit auf. Kein Mensch kann hier überdauern, kein organisches Leben in diesen Zonen gedeihen. Ein Schiff liegt unter den Eisschollen begraben, die sich über ihm zu einem Monument des Endes aufschichten: seine höchste Spitze ragt als ein stummes und doch beredtes Memento mori hinein in den azurblauen Himmel. In der ersten Fassung dieses Bildes, die später verlorengeht, trägt das Schiff den beziehungsreichen Namen «Hoffnung». Ist es eine Metapher auch für die gescheiterten Hoffnungen des Malers Caspar David Friedrich? Denn immer enger und unentrinnbarer schließt sich um ihn in diesen Jahren der Ring aus Eis und Schweigen. Nicht einmal ein Mönch am Meer ist mehr da, der der Trostlosigkeit der Elemente standzuhalten vermöchte.

In den Jahren nach 1830 wird er von den Rezensenten fast nur noch als unverständlich geschmäht oder überhaupt nicht mehr erwähnt. Selbst dort, wo ihm allenfalls ein Lob gezollt wird, fällt es fast schäbiger aus als die bösartigsten Verrisse, wenn etwa eine Wiener Zeitschrift konstatiert: «Einzelne Blätter von Prof. Friedrich und Emmeline Messerschmidt sind sehr brav gemalt.» Auch die Besucher im Atelier bleiben aus. Einer der letzten Getreuen ist der russische Staatsrat und Dichter Fürst Wassili Andrejewitsch Shukowski, der auch mehrfach Bilderkäufe und finanzielle Zuwendungen durch den Petersburger Hof erwirkt. Einmal noch kommt ein Gast, der künstlerisch zwar in einem ganz anderen Boden wurzelt, der aber die Genialität des Dresdner Meisters sogleich erkennt: der französische Bildhauer David d'Angers, dem Carus bei dem menschenscheu gewordenen Freund Eingang verschafft. «Das ist ein Mensch, der die Tragödie der Landschaft entdeckt hat», ruft der Franzose bewundernd aus, als er vor den romantischen Naturdeutungen des Deutschen steht, dessen Kunst er damit auf die vielleicht knappste und treffendste Formel bringt.

Doch eine solche bedeutsame Würdigung wird in diesen späten Jahren zur Ausnahme. Zu den Mißachtungen und Zurücksetzungen, denen er jetzt ausgesetzt ist, kommt wachsende wirtschaftliche Not. Schon die «Eismeer»-Vision von 1823/24 kann er nicht mehr verkaufen. Langsam, aber mit unaufhaltbarer Gewalt, der der Alternde nichts mehr entgegensetzen kann, zerstört sein verbittertes und mißtrauisch gewordenes Gemüt auch den Körper, so daß die physischen Leiden sich mehren. Seine Frau bezichtigt er grundlos, aber hartnäckig der ehelichen Untreue. Erste Anzeichen eines Hirnleidens irritieren die Seinigen und die wenigen Freunde, von denen der Arzt Carus vergeblich auf den Kranken einzuwirken sucht. Keine fixe Idee hingegen ist des Künstlers Erkenntnis seiner inneren und äußeren Verlassenheit, der er in einer Reihe teils höhnischer, teils verzweifelter Aphorismen rigorosen Ausdruck gibt: «Armer Teufel, du mühst dich vergebens ab, um dich zu erhalten! Erkennst du denn noch immer nicht, daß die Zahl deiner Gegner Legion ist, denen kein Mittel zu schlecht ist, weder einem Menschen zu schaden noch (ihn) zu begünstigen, wenn es ihr Vorteil erheischt? ... Und wer ihrem Willen sich nicht fügen will, den verfolgt man mit Spott und Verachtung oder, wenn es geratener ist, mit scheinbarer Nichtbeachtung und Verleumdung, und sollte auch dies nicht helfen, so wird zu dem zweischneidigen Schwert, dem Hunger gegriffen.»

Doch noch bis in die Zeit nach seinem sechzigsten Lebensjahr wächst Caspar David Friedrichs Werk. Die verinnerlichte Melancholie, das Erbteil aus frühen Kindheitstagen, gibt dieser Bilderwelt auch weiterhin und noch verstärkt das Gepräge, und die Natur erscheint jetzt mehr denn je zuvor als Stätte der Zuflucht und Geborgenheit. Das Gemälde «Riesengebirge» («Vor Sonnenaufgang») zeigt die noch schlafende Natur, in der Berge, Täler und Lüfte sanft bewegt ineinander überzugehen scheinen: ein allmähliches Erwachen entfaltet sich von den dunklen Hängen des Vordergrundes über die Braun-, Blau- und Rosatöne naher und immer fernerer Hügelketten bis hin zum Goldglanz des Himmels.

Am häufigsten aber malt er jetzt Abendstimmungen. Für ihn ist der Abend nie nur ein Abschluß gewesen, wie es auch der Winter und der nahe Tod nicht sind: nur eine notwendige Durchgangsstufe der Heimkehr, Sammlung und Ruhe, der ein Neubeginn folgen wird. Im Zeichen des Abends faßt Friedrich die Motive zusammen, die sein Lebenswerk getragen haben: auf einem zwischen 1830 und 1835 entstehenden Ölbild ragt die Klosterruine Eldena vor dem Riesengebirge auf. Die beiden Gegenden, die geographisch weit voneinander abliegen, gehören für den Maler Friedrich eng zusammen und lassen sich jetzt als Symbole einer unteilbaren Heimat unter einem abendlichen Himmel vereinigen. Im «Großen Gehege» von 1832 ersteht die Übergangslandschaft des Herbstes. Über den Gerinnseln und Sandbänken des Vordergrundes liegt ganz schwach das herbstliche Licht eines Abendhimmels, der über der Wetterbank des Horizonts groß und rein aufsteigt. Der Schimmer der himmlischen Heimat spiegelt sich von fern in dem von kleinen Inseln durchsetzten Fluß, auf dem sich ein einsamer Kahn verirrt zu haben scheint.

Auch die «Lebensstufen» haben einen abendlichen Himmel zum Hintergrund. Vorn, auf einer kleinen Landzunge, sind fünf Gestalten zu sehen: ein kleines Mädchen und ein Knabe, der ein schwedisches Fähnchen emporreckt; ein größeres Mädchen, das sich den Kindern schwesterlich zuneigt; ein Herr in Bratenrock und Zylinder; schließlich ein alter Mann in schwer herabwallendem Mantel und altdeutschem Barett, den Wanderstab in der Rechten. Den fünf Figuren sind fünf Schiffe draußen auf dem Meer gleichnishaft zugeordnet. Rechts vorn ist der dunkle Schatten eines umgestülpten Bootes wahrnehmbar, das gleichermaßen der Totennachen Charons oder ein Sarg sein könnte. Seine Spitze deutet genau auf den alten Mann, der dem Kreise der Jüngeren nicht mehr anzugehören scheint. Mit greisenhaft kurzen, aber bestimmten Schritten entfernt er sich aus der Runde der Lebenden und wendet sich wohl dem Postschiff auf dem Meer zu, das ihn vielleicht übersetzen wird ... Der alte Mann ist eines der chiffrierten Selbstbildnisse Friedrichs, der sich hier zum letzten Male als Rückenfigur porträtiert – auf dem Wege nach der endgültigen Heimat.

Der Abend und der Herbst nicht als Untergang, sondern als Übergang: am schönsten und tröstlichsten gestaltet der Alternde diesen ihn immer nachhaltiger beschäftigenden Gedanken in dem Bild «Der Abendstern», das drei junge Menschen auf dem Heimweg von einem Spaziergang zeigt.

Auf dem Rücken eines dunklen, einem Sturzacker gleichenden Hügels gehen sie nach Hause, zu ihrer Linken die Silhouette der Stadt Dresden, die Friedrichs irdische Heimat geworden ist. Schon beginnt die Finsternis hereinzubrechen, nur droben am Himmel leuchtet noch ein Glutstreifen des bereits fernen Sonnenlichtes. Die herbstliche Kühle läßt die junge Frau und das Mädchen eng zusammenrücken. Der Knabe läuft voraus und wirft mit einer Geste freudigen Willkommens und Wiedersehens die Arme in die Luft: sie scheint sowohl der Stadt im Hintergrund als auch dem Himmel zu gelten. Zugleich ist aber diese Gebärde eine spontane Bekundung jugendlicher Lebenslust. Und genau zwischen dem fast ausgelassen wirkenden Knaben und dem Turm der Kreuzkirche beginnt, hoch droben über dem nächtigen Wolkenstreif, der Abendstern zu funkeln. Über dem Bild liegt wie ein ferner Gruß der Abglanz eines Wortes des frühromantischen Dichters Novalis: «Wo gehn wir denn hin?» – «Immer nach Hause.»

Im Juni 1835 lähmt ein Schlaganfall die linke Hand des Künstlers. Ein Kuraufenthalt im böhmischen Teplitz vermag ihm nur zeitweilige Besserung zu bringen. Seine Produktivität ermüdet; das begonnene Ölbild «Rast bei der Heuernte» bleibt ein Torso. Mit den Geschichten, die seine Bilder erzählen, endet im Grunde auch die Geschichte von Friedrichs Leben. Noch entstehen einige Zeichnungen und Sepiablätter: eine «Eule in gotischem Fenster», eine «Eule am Grab», noch einmal die Abtei Eldena und einige böhmische Landschaften. Aber sein Werk, soweit es zur Malerei der Epoche einen unverwechselbaren Beitrag geleistet hat, liegt abgeschlossen hinter ihm. Der Rest seines Daseins ist von den Qualen der künstlerischen Sterilität und vor allem der seelischen und körperlichen Leiden beherrscht. Noch im März 1840, sieben Wochen vor dem Ende, besucht ihn der russische Dichter und Mäzen Shukowski, der in seinem Tagebuch notiert: «Zu Friedrich. Traurige Ruine. Er weinte wie ein Kind.» Am 7. Mai 1840 ist er erlöst. Während ihn wenige Nekrologe als ein Kuriosum von vorgestern beiläufig erwähnen und nur seine Mildtätigkeit rühmen, wird sein Sarg durch die Pforte des Trinitatisfriedhofs in Dresden-Johannstadt zur letzten Ruhe getragen. Wie oft ist er durch solche Tore geschritten, wie oft hat er sie gemalt! Weit über ein Menschenalter ist es her, daß er sein eigenes Begräbnis gezeichnet und ein Kreuz mit der Inschrift versehen hat: «Hier ruht in Gott C. D. Friedrich.»

Die Tragödie der Landschaft

Mit der Grablegung beginnt eine lange Zeit des Vergessens. Zwar erscheint ein Jahr nach seinem Tode noch die Schrift «Friedrich der Landschaftsmaler», herausgegeben von dem Schüler und Gefährten Carus, aber dann ist sich eine Generation, die anderen Zielen zustrebt, schnell einig darin, das Erbe des Künstlers als abseitig und überholt zu bewerten. Die monumentalen Kunstgeschichtsdarstellungen des 19. Jahrhunderts von Franz Kugler bis zu Anton Springer bezichtigen ihn «abstrakter, formloser Einfälle» oder kennen nicht einmal mehr seinen Namen.

Ein halbes Jahrhundert nach Friedrichs Tod stößt der norwegische Kunsthistoriker Andreas Aubert bei Studien für eine Biographie seines Landsmannes Johan Christian Clausen Dahl auf den Verschollenen. Er reist nach Berlin, aber in der Nationalgalerie sind Friedrichs Bilder unbekannt. Aubert fährt nach Dresden weiter, jedoch im Direktionszimmer der weltberühmten Sammlung erhält er die gleiche Auskunft: «Es gäbe keinen Maler, wie er ihn schildere, in Deutschland.» Der Norweger wird zornig und herrscht den Galeriedirektor an: «Seid ihr Deutschen denn völlig verrückt geworden? Ich kann in Dahls Briefen Friedrichs Leben verfolgen, ich kenne aus diesen Briefen die Bildtitel und Bildinhalte, die Dahl bewunderte. Und ihr Deutschen bestreitet mir das Dasein dieses Künstlers und sagt mir, ich irre!» Der Lärm der beiden Kontrahenten läßt die Angestellten auf den Fluren aufhorchen. Endlich klopft ein alter Galeriediener an die Tür: «Ich bitte um Verzeihung, daß ich störe, aber ich höre, daß die Herren von Friedrich sprechen. Herr Direktor! Wir haben Friedrich in der Galerie! Als ich vor vierzig Jahren hier eintrat, hing Friedrich noch, die Bilder sind im Magazin, ich kann sie den Herren zeigen.» Überrascht folgen die beiden Gelehrten dem ergrauten Faktotum nach dem Speicher, wo nun Aubert fassungslos ausruft: «Da haben wir ja alles, was ich aus Dahls Briefen kenne. Da sind die ‹Zwei Männer, die den Mond betrachten›, da ist das Paar der Hünengräber im Herbst und im Schnee, da ist die Rast bei der Heuernte!»

Der Bericht, auf den sich unsere Erzählung beruft, mag anekdotisch zugespitzt sein. Dennoch vermag er einen Eindruck von der Vergessenheit, in der sich Friedrichs Werk gegen Ende des 19. Jahrhunderts befindet, und zugleich auch von der Dramatik zu vermitteln, mit der sich seine Wiederentdeckung vollzieht. Denn mit einem Male tritt nun die Bildwelt dieses Malers mächtig und folgenreich ins Bewußtsein der Nachgeborenen: schon bei der großen Berliner Jahrhundertausstellung von 1906, die die Tendenzen der deutschen Kunst zwischen 1775 und 1875 imponierend vorstellt, sind Friedrichs und Runges Bilder das herausragende Ereignis. Von da an wächst die Wirkung des noch kurz zuvor Vergessenen: über geschäftsbeflissene Trivialisierung triumphiert sein Werk ebenso wie über völkisch-faschistischen Mißbrauch, um schließlich, weit über die geläufigen Grenzen der Rezeption von Kunst hinaus, zahllose Menschen zu bewegen. In den siebziger Jahren unseres Jahrhunderts drängen sich vor der Londoner Tate Gallery, vor der Hamburger Kunsthalle, vor dem Dresdner Albertinum, vor dem Nationalmuseum für moderne Kunst in Tokio Tausende, um sich von den wundersamen Phantasmagorien eines deutschen Romantikers ergreifen zu lassen.

David d'Angers Wort von dem Mann, «der die Tragödie der Landschaft» entdeckt hat, ist zur Stelle, wenn man sich die ungewöhnliche Ausstrahlung von Friedrichs Werk unter völlig anderen historischen, gesellschaftlichen und kulturellen Bedingungen zu erklären versucht. Es entsteht in einer Zeit, in der die Industrialisierung eben einsetzt und Landschaft und Natur erst fast unvermerkt, dann immer unaufhaltsamer zu zerstören beginnt. Friedrichs Bilder halten Meer und Gebirge, Wald und Luft in diesem Augenblick fest – und doch liegt schon die Wehmut des Abschieds und der Vergänglichkeit über ihnen. Auch in diesem Sinne entdeckt der Maler die «Tragödie der Landschaft», wird er zum Verkündiger einer Natur, der sich seine Rückenfiguren meditierend, betrachtend oder ekstatisch zuwenden. Er entdeckt die Landschaft als einen Raum, dessen der Mensch nicht nur biologisch, sondern auch seelisch zu seiner Erfüllung bedarf. Caspar David Friedrich hat, bei aller scheinbaren Traumversunkenheit, sehr wohl einen klaren Blick für die sozialen Auseinandersetzungen der Epoche: noch über die Dresdner September-Unruhen des Jahres 1830 berichtet er nicht ohne Sympathie mit den Aufständischen in einem langen Brief seinen Brüdern. Das wache Empfinden für einen bevorstehenden Zeitensturz steht hinter dem «Kreuz im Gebirge» und hinter dem «Mönch am Meer», hinter der «Gescheiterten ‹Hoffnung›» und hinter «Huttens Grab». Und noch die still ausgebreiteten böhmischen Mittel- und Riesengebirgslandschaften sind ergreifende künstlerische Manifestationen jenes bedrohten Lebensgrundes, der dem Schutz des Menschen anvertraut ist.

Im Lied das Leid
Joseph von Eichendorff

Da lauschen alle Herzen,
Und alles ist erfreut,
Doch keiner fühlt die Schmerzen,
Im Lied das tiefe Leid.

Die schlichte letzte Strophe des «Wehmut» genannten Gedichtes, 1815 dem Roman «Ahnung und Gegenwart» eingefügt und ein Vierteljahrhundert später von Robert Schumann aus wahlverwandtem Geist vertont, faßt wie in einem Fokus die Strahlenbündel der poetischen Welt des Freiherrn Joseph Karl Benedikt von Eichendorff zusammen. Da ist das Lauschen aller Herzen, da ist von der Freude aller Kreatur die Rede. Aber das Lauschen aller Herzen auf den scheinbar fröhlichen Gesang des Dichters vermag nicht seine Schmerzen zu erfühlen, «im Lied das tiefe Leid» zu vernehmen. Schon die erste Strophe des Gedichts benutzt eine der von Eichendorff so oft gebrauchten «als ob»-Wendungen: «Ich kann wohl manchmal singen / Als ob ich fröhlich sei, / Doch heimlich Tränen dringen, / Da wird das Herz mir frei.» Auf das «als ob» kommt bei diesem Poeten alles an. Wie kaum ein anderer Meister der deutschen Sprache ist Eichendorff imstande, Freude zu spenden, seine Leser und Hörer mit den Verheißungen von Frühlingsglanz und Morgenrot, Waldhornklang und Waldesrauschen, mit den Seligkeiten von Aufbruch, Wanderschaft und Heimkehr zu beglücken. Keiner kann so wie er die weiten Fernen einer Landschaft aufleuchten, die Ströme blitzen, den Wald rauschen, alle Geschöpfe träumen lassen. Eichendorff ist der große Rühmer der Welt, die er in ihren dauernden Erscheinungsformen – in Berg und Wald, in Strom und Quell, in Mensch und Blume, in Nachtigall und Lerche, in Klang und Farbe – nicht müde wird zu feiern. Doch von den Beglückungen, die des Dichters schimmernde Frühlingsmorgen und Sommernächte zu stiften vermögen, wird immer wieder vorschnell auf sein immerwährendes Hochgefühl, auf seine ungebrochene Heiterkeit und noch unter Tränen lächelnde Naivität geschlossen.

Denn alle diese unbeschwerten, gelegentlich sogar harmlos anmutenden Verse klingen eben nur so, «als ob» der Dichter fröhlich sei. Hinter der Lust am grünen Wald steht schon die Ahnung des Abschieds von ihm; in das träumerische Rauschen der Erde mischt sich «linde Trauer»; selbst die Erinnerung an das heimatliche Schloß auf «stiller Höh» ist nicht frei von Ruhelosigkeit und von der Furcht vor dem «geheimen Singen», das – keineswegs nur verklärend – aus dem Bewußtsein aufsteigt. Auch die Rückkehr in die Heimat, von Eichendorff so oft besungen, endet erst im ewigen Vaterland, das jenseits menschlicher Gefährdungen und Irrtümer beginnt: «Nun ruh zum letzten Male aus, / Wenn du erwachst, sind wir zu Haus.» Wehmut, das Gefühl von der Doppeldeutigkeit und dem Trug der Welt, Entfremdungsangst und Klage sind den Tag- und Nachtträumen des Freiherrn von Eichendorff stets beigesellt. Aus solchem «Zwielicht» erwachsen einige seiner schönsten Gedichte: «Dämmrung will die Flügel spreiten, / Schaurig rühren sich die Bäume, / Wolken ziehn wie schwere Träume – / Was will dieses Graun bedeuten?»

Erst aus der Grundspannung von Daseinsfreude und Daseinsschmerz heraus wird der verarmte Baron aus dem Oberschlesischen zum Dichter. Er, der als preußischer Staatsbeamter ein nüchternes Leben prosaischer Pflichterfüllung führt, entfaltet seine lockende Magie der Farben und Klänge an der Scheidelinie zwischen Wirklichkeit und Utopie. Er verwandelt die Landschaft seines Herkommens, die Lubowitzer Höhen und Odertäler, in eine poetische Landschaft, die es in dieser Stilisierung nie gegeben hat, die es aber fortan kraft der Verse dieses Dichters immer geben wird. Er setzt seinem preußischen Kanzlistendasein die frohgemute Aufbruchstimmung seines Taugenichts entgegen. Er trifft das «Zauberwort», durch das die Welt zu singen anhebt. Er, der eine fast anonyme Existenz im Inkognito des Bürokraten führen muß und sich nicht die geringste Boheme-Attitüde erlauben möchte, feiert wandernde Musikanten und fahrende Sänger. Sie läßt er Lieder anstimmen, die sich bald von ihm, ihrem Schöpfer, zu lösen beginnen und noch zu seinen Lebzeiten von der Nation als Volkslieder aufgenommen werden. Sechs Jahre vor Eichendorffs Tod schreibt Bismarck an seine Braut aus Berlin: «Weißt du, daß der Mensch noch lebt? Wohnt hier im Kadetten-Corps ...»

Der Lebensgang dieses Dichters, der seine besten Jahre in einem ungeliebten Brotberuf verbringen muß, erinnert an keines seiner klangzauberischen Lieder. Und doch schwingen die berückenden Verschränkungen seiner Strophenformen auch durch sein Leben, allerdings in Gestalt von imaginären Gegenwelten und Gegenbildern. So mag einer seiner berühmtesten und schönsten Verse gleichsam den Cantus firmus für die Erzählung seines Lebens abgeben – und damit die Grundmelodie eines Liedes, dem bei aller Beglückung, die es zu erwecken vermag, das tiefe Leid in der Tiefe dieses Dichterschicksals unveräußerbar beigegeben ist.

Da lauschen alle Herzen

Am 10. März 1788, in einer klirrenden Frostnacht, kommt Joseph von Eichendorff auf Schloß Lubowitz, nur wenige Kilometer von der oberschlesischen Stadt Ratibor entfernt, zur Welt. Er selbst wird fast ein halbes Jahrhundert später die näheren Umstände seiner Geburt in seiner fragmentarischen Erzählung «Unstern» humoristisch beschreiben, dabei den Beginn des ersten Buches von Goethes «Dichtung und Wahrheit» parodierend: «... die Konstellation war überaus günstig. Jupiter und Venus blickten freundlich auf die weißen Dächer, der Mond stand im Zeichen der Jungfrau und mußte Schlag Mitternacht kulminieren.» Aber die glückliche Stellung der Gestirne wird versäumt, und der Dichter fährt unter komischem Wehklagen fort: «Eine lumpige Spanne Zeit! Und doch holt sie keiner wieder ein, das Glück ist einmal im Vorsprung, er im Nachtrab, und es ist schlecht traben, wenn man vor lauter Eile mit der einen Hand in die falschen Ärmel gefahren und mit der andern, um keine Zeit zu verlieren, sich die Beinkleider halten muß.» Die späte Schilderung ist eine ironische Überhöhung, aber hinter dem burlesken Lamento verbirgt sich die Einsicht des Dichters in die anhaltende Glanzlosigkeit seines Lebens. Der Titel der Erzählung, «Unstern», ist ein Leitwort der Biographie Joseph von Eichendorffs.

Vorläufig aber weiß der Knabe von alledem noch nichts. In der Geborgenheit des Schlosses Lubowitz wächst er an der Seite des um zwei Jahre älteren Bruders Wilhelm auf. Das Schloß ist erst durch die Mutter, einer geborenen von Kloch, in die Familie gekommen und wird von dem Vater, Adolf Theodor Rudolf von Eichendorff, mehr schlecht als recht regiert. Die katholischen Eltern hängen im Grunde noch dem österreichischen Kaiserhaus an: Schlesien ist vor einem knappen halben Jahrhundert von Preußen okkupiert worden, das die neue Provinz überhaupt erst seit dem Ende des Siebenjährigen Krieges als einigermaßen festen Besitz betrachten darf. Katholische Gläubigkeit und österreichischer Lebenszuschnitt werden auch dem heranwachsenden Knaben mit auf den künftigen Weg gegeben. Erst Jahrzehnte darauf wird er österreichische Liebenswürdigkeit und Courtoisie mit preußischer Nüchternheit und Gewissenhaftigkeit zu einer nur notdürftigen inneren Synthese verbinden können.

Unverlierbar vor allem bleibt ihm die Landschaft seiner Kindheit, die, zu einer romantischen Ideallandschaft stilisiert, seinen Dichtungen die lockenden Nähen und Fernen, die ausschwingenden Höhen und bergenden Täler schenken wird. Früh blickt er von dem Höhenrücken, auf dem das elterliche Schloß liegt, hinab ins Odertal, besucht er die malerischen Wassermühlen an rauschenden Bächen, durchstreift er den alten Buchenwald, die bunten Wiesen und wogenden Ährenfelder. Von der Schloßterrasse aus sieht er den Kirchturm des Dorfes Zawada aufragen, kann er über die bewaldeten Hügel von Pogrzebin hinweg ganz in der Ferne die blauschimmernden Beskiden gewahren. Sein bevorzugter Aufenthalt ist der Hasengarten, ein zwischen Schloß und herrschaftlicher Brauerei gelegenes Wäldchen, wo er zum ersten Male die wundersamen Geschichten von der schönen Magelone und der Pfalzgräfin Genovefa liest: alte Mären, die von Liebesleid und Heimweh wissen, die aber von dem gut aufklärerisch gesinnten Hofmeister bald konfisziert werden.

Immer wieder wird ihn die Erinnerung an diese scheinbar heile Welt der Kindheit und Jugend beschäftigen, die er zur wunderbaren Welt seiner Lieder und Erzählungen potenziert. Der spätere Verlust von Lubowitz, verursacht durch die allgemeine wirtschaftliche Entwicklung, das ökonomische Unvermögen des Vaters und innerfamiliäre Querelen, steigert noch den Hang zur Verklärung der eigenen Vergangenheit. Während der sorgfältigen Vorarbeiten zu seinen Gedichten gedenkt er des Schlosses und der Fluren seiner Kindheit, wobei diese Notizen dann oft die Überwältigung Eichendorffs durch die Kraft der Erinnerung erkennen lassen und in rhythmische Prosa, ja sogar in Verse übergehen: «Das uralte Lubowitz. Lage des Schlosses und Gartens. Hasengarten. Tafelzimmer mit Spieluhr. Allee. Buxbaumgänge. Kaiserkronen. Nelken. Aussicht über die Oder nach den blauen Karpaten und in die dunklen Wälder links. Damalige Zeit und Stilleben. Wie der Papa ruhig im Garten spazierengeht, der Großpapa mit keinem König tauschen möchte. Oft seh ich alter Mann noch in Träumen Schloß, Garten verklärt von Abendscheinen und muß aus Herzensgrunde weinen. Erwarten des Postboten am Lusthause, während draußen in Frankreich die Revolution schon ihre Tour beginnt. Das Tal lag noch wie eine sel'ge Insel unberührt vom Sturm der neuen Zeit. ... Garten, Bäume erzählen dem jungen Dichter heimlich Geschichten, die er dann muß wieder weiterdichten. Wer wäre nicht einst auch Robinson gewesen in unserer gedruckten Bücherzeit. Wir alle sind, was wir gelesen, und das ist unser größtes Leid. Jetzt aber ist alles anders dort. Fremde Leute gehen in dem alten Garten, es kennt mich dort keiner mehr.»

An das patriarchalisch-altfränkische Leben, Feiern und Wirtschaften der von den großen Städten abgeschiedenen Gutsbesitzerfamilie wird sich noch der Greis im verklärenden Rückblick erinnern: an die von «ungeheurem Lärm, Freudenschüssen und abenteuerlichen Jägerlügen» begleiteten Jagden, an pittoreske Fahrten zum Jahrmarkt in der Landstadt, an die auf «bedrohlich elastischem Fußboden» des Wohnzimmers veranstalteten winterlichen Tanzvergnügungen, denen die Verwalter- und Jägerfrauen nur «in der offenen Nebentüre Kopf an Kopf» gedrängt ehrerbietig zusehen dürfen. Noch nach Jahrzehnten ruft er sich die schönen und schweren Sommernachmittage zurück, an denen der Gutsnachbar mit den Seinen zu Besuch kommt, während unten in den Tälern die «Kornfelder leise Wellen» schlagen und in der «fast unheimlich schwülen Gewitterstille» es niemand bemerkt oder beachtet, «daß das Wetter von Westen» bereits aufsteigt und «einzelne Blitze schon über dem dunklen Waldeskranze» hin und her zucken. Einmal taucht zwischen den Getreidefeldern ein Offizier vom Büntingschen Kavallerieregiment auf, der die Nachricht von der Enthauptung Ludwigs XVI. überbringt. Entsetzen und Trauer bemächtigen sich der ganzen Familie, der Knabe aber sieht nach den Bergen hinüber, «wie in Ahnung der neuen Zeit».

Die «schwüle Gewitterstille» und «einzelnen Blitze» sind Naturbilder, die der Dichter später für die sich anbahnenden gesellschaftlichen Veränderungen und Katastrophen benutzt: ein für ihn kennzeichnendes Verfahren. Die Nachrichten von der Revolution der Franzosen mögen ihn dunkel beunruhigen. Die Sorgen des Vaters gelten viel eher dem desolaten ökonomischen Zustand seiner bereits völlig verschuldeten Besitzungen. Schon sechs Jahre vor Josephs Geburt hat der zur Verwaltung unfähige Freiherr das Stammgut Krawarn verkaufen müssen, das anderthalb Jahrhunderte lang Eigentum der Familie gewesen ist. Der Bankrott wird von da an die Eichendorffs ständig bedrohen und zu Beginn des neuen Jahrhunderts zur Zwangsversteigerung eines Gutes nach dem anderen führen.

Doch das sind zunächst nur ferne Schatten, die in der Rückschau das Kindheitsparadies von Lubowitz nur um so strahlender erscheinen lassen. «Da lauschen alle Herzen» auf die Klänge einer musikdurchdrungenen, unvergeßlichen Landschaft, auf erste, der schönen Madame Hahnemann in Ratibor geltende Liebeswerbungen des Jünglings und nicht zuletzt auch auf die bizarren Späße des Kaplans Ciupke, der der bevorzugte Spielkamerad der Brüder Eichendorff ist. Auch noch die Zeit im Breslauer Matthias-Gymnasium und St.-Josephs-Konvikt ist ausgezeichnet durch Lustbarkeiten, Theaterfreuden, erste poetische Versuche und durch die Ferienmonate in Lubowitz. Aber im Frühjahr 1805 vermerkt das mittlerweile begonnene Tagebuch lakonisch: «die hundert und einfältigen Abschiedsvisiten abgelaufen.» Die beiden unzertrennlichen Brüder ziehen zum ersten Male in die Fremde, um in Halle ihr Universitätsstudium aufzunehmen.

Und alles ist erfreut

Die Stadt Halle, die eine der bedeutendsten deutschen Universitäten besitzt, ist ein frühes Zentrum der ersten Romantiker gewesen: fast anderthalb Jahrzehnte vor dem Eintreffen der Eichendorffs hat sich bei dem Studiosus Ludwig Tieck auf seinen Wanderungen durch das Saaletal das romantische Landschaftserlebnis weitreichend und beziehungsvoll angekündigt. Jetzt aber erhalten die beiden Neuankömmlinge aus dem Schlesischen, Joseph von Eichendorff und sein Bruder Wilhelm, die Romantik bereits als ein Stück geistigen Erbes vermittelt, wenn sie im Kolleg des Naturphilosophen Henrik Steffens sitzen, der – hinreißend improvisierend – «in allen Erscheinungen des Lebens die verhüllte Poesie» verherrlicht. Der Abstand von einer halben Generation, der Eichendorff vom Beginn der Romantik trennt, bestimmt sein Verhältnis zu dieser geistigen Bewegung, zu der er sich von nun an ganz entschieden bekennt, deren Hang zum ästhetischen Überspielen der Wirklichkeit er jedoch kritisch bewertet. Am häufigsten ist er in den Vorlesungen des Theologen Schleiermacher und des Altphilologen Friedrich August Wolf anzutreffen, fast ebensooft aber auch in dem bescheidenen Brettertheater zu Lauchstädt, in dem Goethe mit seiner Weimarer Truppe gastiert. Im September unternimmt der Dichter, dem unsere

Daniel Nickel
Karikatur des jungen Eichendorff
aus seinem Tagebuch

Literatur ihre schönsten Wanderlieder danken wird, die einzige ausgedehnte Fußreise seines Lebens, die ihn gemeinsam mit dem Bruder über den Harz bis nach Hamburg und Lübeck führt. Von einer Anhöhe bei Travemünde aus sieht er zum ersten Male die offene See, deren Anblick ihn mit tiefem Schrecken erfüllt: «Unermeßlich erstrecken sich die grauslichen Fluten in unabsehbare Fernen.» Das romantische Erlebnis des Meeres verbindet ihn mit dem ganz ähnlich gestimmten Landschaftsempfinden des Malers Caspar David Friedrich.

Im August des Schicksalsjahres 1806 sind die Brüder wieder im vertrauten Lubowitz, wo sie bei ihrer Ankunft von der Dienerschaft mit Böllerschüssen und Trompetengeschmetter begrüßt werden: es ist die Rückkehr in die Heimat, die dem Jüngling nicht nur in einem vordergründigen topographischen Sinne, sondern in einer tiefen existentiellen, fast schon religiösen Bedeutung Heimat ist und bleiben wird. Aber die Fortsetzung des rechtswissenschaftlichen Studiums verlangt neuen Abschied. Da Napoleon nach seinem Sieg über Preußen die Universität Halle geschlossen hat, brechen die Eichendorffs im Frühjahr 1807 nach Heidelberg auf. Das Tagebuch hält die einzelnen Stationen der Fahrt fest und zeigt, wie innig sich der Neunzehnjährige bereits mit der Bildwelt der Romantiker vertraut gemacht hat. In Nürnberg notiert er: «Mit Ehrfurcht schritten wir über diesen (auch durch Tiecks Sternbald) klassischen Boden, und es war, als müßte überall ein Ritter mit wehendem Helmbusch die Straße herabgesprengt kommen.» In heller Mondnacht geht es durch das von Blüten wie verschneite Neckartal. Um die vierte Morgenstunde des 17. Mai fahren die beiden «rüstgen Gesellen» durch das Triumphtor in Heidelberg ein: «Alles schlief noch. Nur Studenten, wie überall gleich zu erkennen, durchzogen mit ihren Tabakspfeifen schon die Straßen.»

Bereits zuvor hat Eichendorff Gedichte geschrieben, sogar eine «Naturgeschichte» mit eigenen Illustrationen. Aber erst die Stadt zu Füßen der malerischen Schloßruine am Neckar bringt den Durchbruch zur eigenen, ganz individuell geprägten Dichtung. Als er im Auditorium des um zwölf Jahre älteren Joseph Görres sitzt, der gerade ein Kolleg über Kosmologie hält und seine «Teutschen Volksbücher» zur Herausgabe vorbereitet, ist er von der Wortmächtigkeit und rigorosen Wahrheitsliebe dieses «Propheten» fasziniert, der, «in Bildern denkend und überall auf den höchsten Zinnen der wildbewegten Zeit weissagend, mahnend und züchtigend», seine Hörer aufrüttelt. Was Sprache vermag, wird Eichendorff erst in den Vorlesungen dieses Mannes deutlich, dessen Rede durchaus monoton ist, «fast wie fernes Meeresrauschen schwellend und sinkend», der aber neue geistige Welten aus dem Chaos erstehen läßt: es ist «wie ein prächtiges Gewitter, hier verhüllt Abgründe, dort neue, ungeahnte Landschaften plötzlich aufdeckend, und überall gewaltig weckend und zündend fürs ganze Leben ...»

Im Vergleich zur elementaren Ursprünglichkeit von Görres mutet das schwärmerische Novalis-Epigonentum des Grafen Otto von Loeben, der unter dem Pseudonym «Isidorus Orientalis» eine Fortsetzung des «Heinrich von Ofterdingen» vorbereitet, wie romantische Dichtung aus zweiter Hand an. Eichendorff erliegt auch nur vorübergehend den artifiziellen Sirenenklängen dieses allzu geschmeidigen, wenn auch formgewandten Imitators, der aber dazu behilflich ist, daß in der «Zeitschrift für Wissenschaft und Kunst» zum ersten Male Gedichte des Fremdlings aus Schlesien unter dem Namen «Florens» erscheinen können. Arnim und Brentano lernt er wohl zunächst nur aus der Ferne kennen, jedoch spielt das von ihnen herausgegebene «Wunderhorn» die Rolle eines Geburtshelfers bei der Auffindung des eigenen, dem Volkslied nahekommenden Tones. Im ersten «Wunderhorn»-Band findet er das Gedicht «Müllers Abschied», in dessen zweiter Strophe es heißt: «Da unten in jenem Tale / Da treibt das Wasser ein Rad.»

Bald darauf wird ihm Eichendorff in schöpferischer Umgestaltung erneut und endgültig Eingang ins Volk verschaffen: «In einem kühlen Grunde / Da geht ein Mühlenrad ...» Als er nach einjährigem Aufenthalt Heidelberg verläßt, ist das Neckartal wieder von Blüten übersät. «Und alles ist erfreut», so will es dem Jüngling scheinen, über den Zusammenklang einer dionysischen Landschaft mit der Aufbruchsstimmung in den Herzen der Menschen. Heidelberg hat ihn verwandelt und zugleich in dem bestärkt, was er seit der Kindheit als unveräußerlichen poetischen Besitz in sich trägt.

Die kurze Kavalierstour, die er mit dem Bruder nach Paris unternimmt, kann ihm kaum bleibende Anregungen geben, auch nicht die im Winter 1808/09 verbrachten Monate in Berlin, wo er dem «herrlichen Brentano» nähertritt. Die Beziehungen zu den Eltern werden einer langjährigen Belastung unterworfen, als sich der Einundzwanzigjährige in Luise von Larisch verliebt, ein verarmtes Adelsfräulein vom Nachbargut in Pogrzebin, obwohl er im Interesse des ruinösen Familienvermögens einer begüterten Gräfin den Vorzug geben soll. Der ökonomisch hoffnungslose Zustand der väterlichen Besitzungen verlangt das Fortkommen der Brüder im Staatsdienst, dem die Ablegung der erforderlichen Prüfungen in Wien dienen soll. Im Spätherbst 1810 nimmt Eichendorff Abschied von Lubowitz – und schreibt das Gedicht, dem er den beziehungsreichen Titel «Abschied» gibt: «O Täler weit, o Höhen ...» Das Lied, das zu seinen populärsten zählen wird, ist bereits getragen von den unverwechselbaren Farben und Klängen der aus dem Volksgesang gespeisten Kunst dieses Dichters. Weite Täler, Höhen, «schöner, grüner Wald», «grünes Zelt»: diese lyrischen Beschwörungen evozieren keine bestimmte, sondern eine allgemeine romantische Ideallandschaft, die jeder Leser und Hörer mit seinen eigenen Vorstellungen verbinden kann, was zur künftigen Beliebtheit dieser und ähnlicher Verse nicht wenig beitragen wird. Für Eichendorff hat die

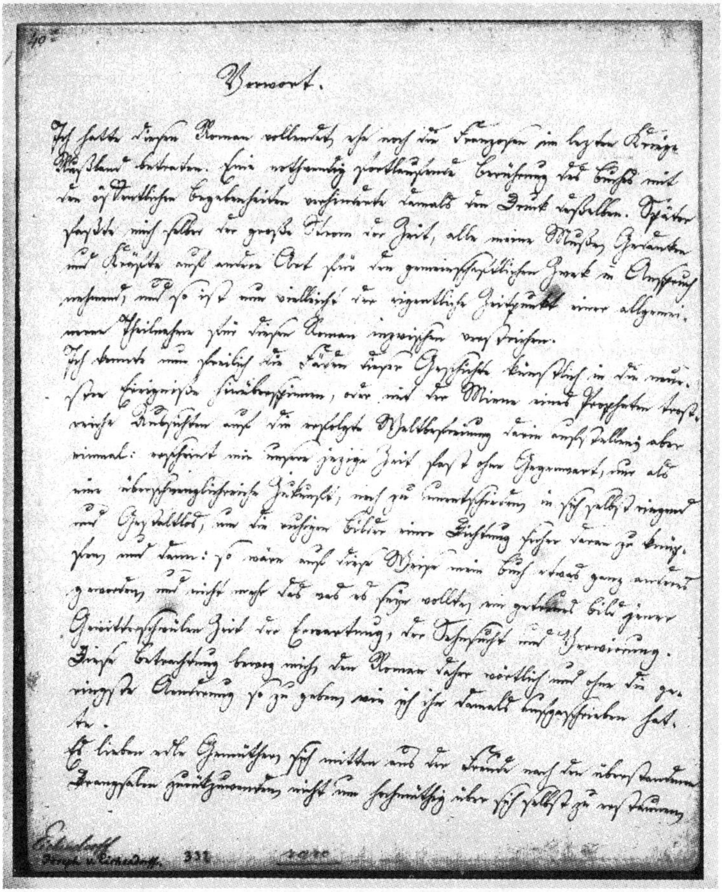

Vorwort.

Ich hatte diesen Roman vollendet, ehe noch die Franzosen im letzten Kriege Deutschland betraten. Eine notwendig fortlaufende Beziehung des Buches mit den öffentlichen Begebenheiten verhinderte damals den Druck desselben. Später

Beginn von Eichendorffs Roman «Ahnung und Gegenwart» in der Handschrift des Dichters, 1815

andächtige Feier des heimischen Waldes gleich einen dreifachen Sinn. Der Wald ist ihm die grüne, blinkende Heimat von Lubowitz, von der er nun Abschied nehmen muß, er ist ihm aber auch eine Stätte des Friedens im Sausen der «geschäftgen Welt», und er ist ihm letztlich ein Bild für das Geborgensein in der ewigen Heimat. «Und mitten in dem

Leben / Wird deines Ernsts Gewalt / Mich Einsamen erheben, / So wird mein Herz nicht alt.»

Geborgenheit wird ihm im Laufe der nächsten Jahre nicht zuteil. Hungernd und frierend schlägt er sich durch die Wiener Jahre, die aber durch reichlich genossene Theaterwonnen und die eigene planmäßige literarische Arbeit überstrahlt werden. Er besteht das Referendarexamen, muß jedoch alle Hoffnungen auf eine Anstellung im österreichischen Staatsdienst begraben. Zeugnis dieser permanent mißlingenden Suche nach einem tragfähigen Lebensberuf ist der Roman «Ahnung und Gegenwart», der seinen Helden nur den Ausweg in eine metaphysische Innerlichkeit oder in unbestimmte Fernen offenläßt, der aber durch die eingefügten Gedichte kostbar bleibt. An den Befreiungskriegen nimmt Eichendorff als Lützower Jäger, später als Offizier der Landwehr teil. Im April 1815 heiratet er, bei demonstrativer Abwesenheit der Eltern, Luise von Larisch, die ihm noch im gleichen Jahr den ersten Sohn schenkt. 1816 beginnt er als Referendar bei der Regierung in Breslau seine lange und glücklose Beamtenlaufbahn, erfüllt vom Heimweh nach Lubowitz, auch wohl nach Heidelberg und Wien.

Doch keiner fühlt die Schmerzen

Mit dem Ende von Eichendorffs Jugend- und Wanderjahren sinkt seine Existenz in ein graues, fast schon an Anonymität grenzendes Inkognito zurück: mit diesem Wort wird er von nun an sein bürgerliches Dasein kennzeichnen. Ist die Nachwelt über die Frühzeit dieses Poeten so gut unterrichtet wie über die Jugend nur ganz weniger deutscher Dichter, so muß sie sich bei dem Mann und Greis mit einem beinahe Unbekannten begnügen. Seine unscheinbare, nirgendwo Aufsehen erregende Gestalt verschwindet geradezu im Aktenstaub der Kanzleien und in der Kleinwelt der Familie.

Alle Versuche, in Österreich oder in Bayern ein Amt zu finden, schlagen fehl. Denn der Katholik Eichendorff wird im protestantischen Preußen häufig zurückgesetzt. Schon das Thema der Abschlußarbeit, die er bei der großen juristischen Staatsprüfung im Jahre 1819 verfassen muß, ist ein Fallstrick, mit dem man seine Loyalität erproben will: «Über die Folgen von der Aufhebung der Landeshoheit der Bischöfe und der Klöster in Deutschland.» Dabei bleibt sein katholisches Glaubensverständnis, in das er von Anfang an mit selbstverständlicher Gelassenheit hineingewachsen ist, frei vom verbohrten Eiferertum des Konvertiten Friedrich Schlegel. Was er von den in Mode gekommenen Übertritten zur katholischen Kirche hält, spricht er mit auffallender Distanz, ja mit unverhohlener Abneigung aus: «Wir wollen ... auf die Konversion einiger durch die Musik, die Pracht des äußeren Gottesdienstes bekehrter protestantischer Jünglinge keineswegs ein besonderes Gewicht legen.» Mit einigen lutherischen Geistlichen ist er eng befreundet, und später werden zwei seiner Kinder evangelische Ehepartner heiraten, ohne daß es je zu Spannungen zwischen ihnen und dem Schwiegervater kommt.

Ein bornierter katholischer Zelot ist Eichendorff also nicht, wenn sich auch in den literarhistorischen Studien seiner letzten Lebensjahre gelegentlich einige inquisitorische Töne melden. Dennoch muß er sich fortwährend Hintansetzungen durch die preußische Obrigkeit gefallen lassen. 1821 wird er zum «katholischen Rat» bei der Regierung in Danzig ernannt, wo er einerseits die Rechte der katholischen, besonders auch der polnischen Minderheit wahrzunehmen sucht, andererseits aber die Ansprüche des preußischen Staates zu vertreten hat. Ein Lichtblick im zermürbenden Einerlei des Alltags ist die Freundschaft mit dem Oberpräsidenten Theodor von Schön, der einst dem Kreis der Reformer angehört hat. Mit ihm zusammen wirkt der Dichter am Wiederaufbau der Marienburg mit, des am

Ufer der Nogat gelegenen ehemaligen Sitzes der Hochmeister des Deutschen Ritterordens. 1824 folgt er dem Oberpräsidenten als Regierungsrat nach Königsberg. Sieben Jahre danach kommt er als «Hilfsarbeiter» ans Kultusministerium nach Berlin, wo er zunächst unter dem Minister Altenstein, der ebenfalls ein früherer Reformpolitiker ist, ein leidliches, wenn auch glanzloses Auskommen findet.

Inzwischen sind alle schlesischen Güter bei Zwangsversteigerungen verlorengegangen. Im Familienbesitz bleibt lediglich das nordmährische Lehngut Sedlnitz, das Eichendorff im Auftrage der Erbengemeinschaft verwaltet. Der endgültige Verlust der Heimat, die mit dem Konkurs verbundenen Demütigungen und die Perspektivlosigkeit des Brotberufes steigern noch die poetische Verklärung der Landschaft seiner Kindheit und Jugend im gleichzeitig wachsenden literarischen Werk. Seine musikalisch intendierte Kunst der ebenso schlichten wie magischen Gestaltung landschaftlicher Räume gipfelt in den Versen und Erzählungen dieser Jahre. Durch die grandiosen Bögen, die er zwischen seinen Wanderern und ihren fernen Zielen schlägt, erhalten Eichendorffs Landschaften ihre Weite, durch die grünen Wälder und blitzenden Flüsse ihre Breite, durch die nahen und fernen Täler ihre Tiefe, durch das Licht des Mondes und den Reigen der Sterne ihre Höhe. Die aus Weiten und Breiten, Tiefen und Höhen gewobenen Landschaften sind durchflutet von Klängen und Gesängen – nicht nur der Menschen, sondern aller Geschöpfe und Wesen, die unter dem lösenden Wort des Dichters zu singen beginnen. «Schläft ein Lied in allen Dingen, / Die da träumen fort und fort, / Und die Welt hebt an zu singen, / Triffst du nur das Zauberwort.» 1837 gibt Eichendorff eine erste umfassende Sammlung seiner Gedichte heraus, von denen einige schnell in den Liederschatz der Deutschen eingehen. «Doch keiner fühlt die Schmerzen», aus denen sie oft genug aufgestiegen sind.

Die Grundspannung seines Wesens – Trauer und

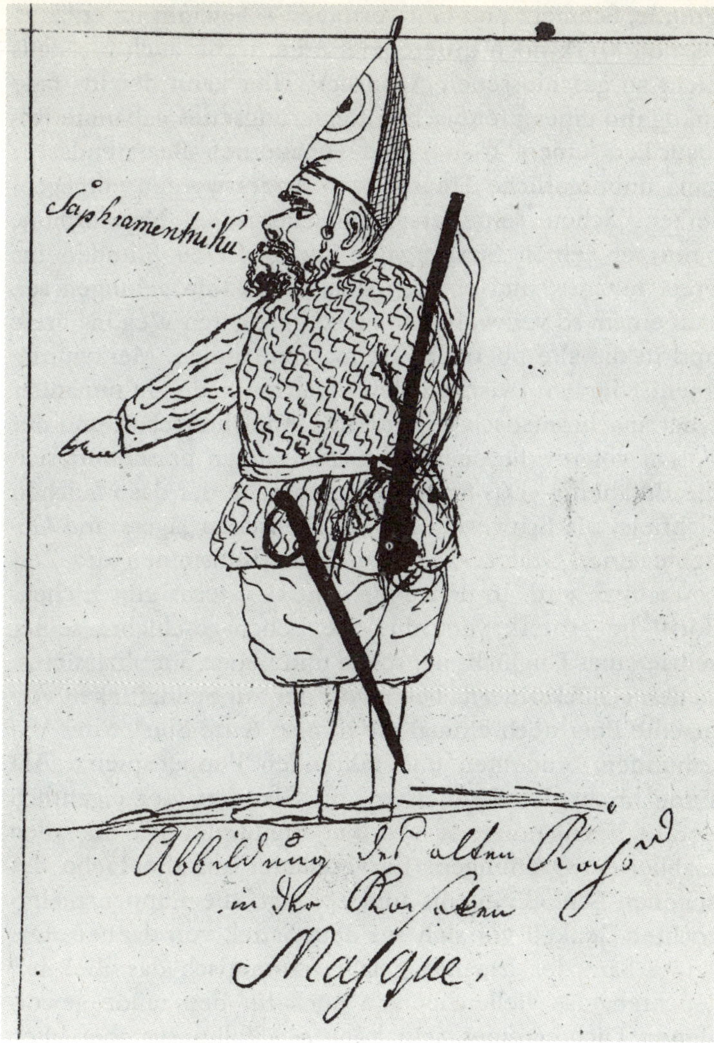

Der alte Koch in der Kosakenmaske
Karikatur des jungen Eichendorff aus seinem Tagebuch

Freude, Schmerz und Gottvertrauen – gewinnt im erzählerischen Werk noch differenzierteren, wenn auch meistens nicht so geschlossenen Ausdruck. Hier kann der ins fade Inkognito eines preußischen Regierungsrates gebannte Romantiker seinem tristen und subalternen Beamtendasein ganz unbürgerliche Träume vom Anderswerden entgegensetzen. Schon seine erste Novelle, «Das Marmorbild», nennt er «einen Spaziergang in amtsfreien Stunden ins Freie hinaus», und er fragt sich, ob es ihm gelungen sei, «auf einem so verzweifelten Spaziergang den Weg ins Freie und in die alte poetische Heimat» zu finden. Merkwürdig unentschieden zwischen der Einsicht in die Inhumanität einer anachronistisch gewordenen Adelsherrschaft und der Furcht vor revolutionären Veränderungen präsentiert sich die Erzählung «Das Schloß Dürande», in der das Mädchen Gabriele, die Schwester eines plebejischen Jägers und Geliebte eines Grafen, zwischen den Mühlsteinen der Zeit zermahlen wird. In dem Fragment «Unstern» gibt Eichendorff die grotesk verschlüsselte Lebensgeschichte seiner selbst, eines Unglücksmenschen und neuen Simplizissimus. In den «Glücksrittern» beschwört der zur Seßhaftigkeit verurteilte Poet noch einmal die ihm so teure Sphäre der Vagabunden, Studenten und fahrenden Puppenspieler. Am Ende bricht der Rittmeister von Klarinett, der eigentlich der herumzigeunernde Musikus Siglhupfer ist, mit allen etablierten Ordnungen. Er verzichtet auf die Liebe des schönen Schloßfräuleins und sprengt, die Puppenspielertochter Denkeli vor sich auf dem Sattel, von dannen. Der letzte Satz der Erzählung läßt träumerisch das Ziel aufleuchten, das vielleicht auch noch für den müde gewordenen Dichter eines sein könnte: «Siglhupfer aber blieb fortan in den Wäldern selig verschollen.»

Bleibende Gestalt erhält Eichendorffs schimmernde Welt der Vagabunden und Glücksjäger durch die Novelle «Aus dem Leben eines Taugenichts», in der die Geschichte von dem Müllerburschen, dem «Gott will rechte Gunst erweisen», schwebend zwischen Märchen und realistischer Erzählung vorgetragen wird. Zwar greifen keine überirdischen Mächte ein, um dem Taugenichts zu seinem Glück zu verhelfen, aber die von ihm durchwanderte romantische Ideallandschaft, in der sich sein Liebesbegehren erfüllen kann, ist ein Garten Eden, der den unlösbaren Widersprüchen von Eichendorffs Gegenwart weit entrückt bleibt. Hier ist kein Platz für die Philister, die nur unterwegs «vom Buttermarkt zum Käsemarkt» sind, und auch nicht für die sozialen Dissonanzen der Epoche. Der Taugenichts, ein anderer Hans im Glück und erklärter Anti-Philister, verachtet diejenigen, die ihr stumpfes Dasein durch krämerhaft erkaufte Sicherheiten zu befestigen suchen. Er entrinnt jeder bürgerlichen Sekurität und jedem Anschlag auf seine Unabhängigkeit.

Trotzdem gewinnt er am Ende seine Aurelie, die keine Gräfin, sondern ein Waisenkind ist, so daß durch den heiteren Goldglanz des Schlusses dem herrschenden Ständesystem nicht zu nahegetreten werden muß: «Sie lächelte still und sah mich recht vergnügt und freundlich an, und von fern schallte immerfort die Musik herüber, und Leuchtkugeln flogen vom Schloß durch die stille Nacht über die Gärten, und die Donau rauschte dazwischen herauf – und es war alles, alles gut!» Die Poesie der Erzählung geht mit einer leisen, aber unüberhörbaren Ironie einher: erst ihrem augenzwinkernden Charme gelingt die dichterische Aufhebung der Wirklichkeit für die Dauer von hundert makellosen Prosaseiten.

Aber die Wirklichkeit, mit der es der Geheime Regierungsrat von Eichendorff am Berliner Kultusministerium zu tun hat, läßt sich nicht aufheben und endlich nicht einmal mehr ertragen. Seine Stellung wird vollends unhaltbar, als der ihm wohlwollende Altenstein von dem Minister Eichhorn abgelöst wird. Im Jahre 1844 scheidet der Dichter aus dem Staatsdienst, versehen mit einer mäßigen Pension – aber ohne Orden. Die einzige Auszeichnung seines

Lebens wird er neun Jahre später nicht vom preußischen Monarchen, dem «Romantiker auf dem Thron», sondern vom König von Bayern erhalten!

Im Lied das tiefe Leid

Kaum ist der Sechsundfünfzigjährige seiner beruflichen Fesseln ledig, scheint sich seiner wieder die alte Ruhelosigkeit zu bemächtigen. Zunächst reist er für längere Zeit nach Wien, wo er Grillparzer und Stifter, zwei verwandte Naturen, kennenlernt und zum ersten Male einen Begriff von der Popularität erhält, die er inzwischen im ganzen deutschen Sprachraum genießt. Diese Beliebtheit, die ihn zum «Liederkönig unter den deutschen Dichtern» erhebt, überrascht und irritiert ihn zuweilen, wenn er in der literarischen Gesellschaft «Concordia» mit wahren Ovationen empfangen wird oder wenn ihn im Musikvereinssaal zweihundert Männerstimmen mit seinen Liedern in zeitgenössischen Vertonungen begrüßen. Als um die Jahreswende 1846/47 Clara und Robert Schumann an die Donau kommen, hört Eichendorff in einer Matinee seine Gedichte in den kongenialen Kompositionen des sächsischen Meisters, der nicht nur die volksliedhaften Intentionen, die berückenden Klangfarben und rhythmischen Schattierungen dieser Verse, sondern ebenso auch «im Lied das tiefe Leid» hörbar zu machen vermag. Nach dem Ende des Konzerts meint der bescheidene Poet zu Clara Schumann, «Robert habe seinen Liedern erst Leben gegeben». Dem ältesten Sohn Hermann, seinem späteren ersten Biographen, schreibt er gerührt: «Was man in der Jugend wünscht, hat man im Alter vollauf.»

Gleichwohl sind schon in jenen Jahren an der schnellen Verbreitung seines Werkes manche Mißverständnisse beteiligt, die sich bald zu eklatantem Mißbrauch steigern. In den bürgerlichen Gesangvereinen fällt es den Philistern anheim, denen es der Dichter gewiß nicht zugedacht hat. Während überall in deutschen Landen Liedertafeln vielstimmig «In einem kühlen Grunde» und «O Täler weit, o Höhen» intonieren, bleibt vom «tiefen Leid» in diesen Liedern oft nur noch verquollene Sentimentalität übrig. Während sich der «Taugenichts» die bürgerlichen Bücherschränke erobert, wird schon das Wort vom «ewigen Sonntag bei Eichendorff» laut, muß sich die Geschichte von der heiter-romantischen Weltfahrt des Müllerburschen zu des deutschen Spießers Sonntagnachmittagslektüre degradieren lassen, die inmitten der expandierenden kapitalistischen Arbeitswelt den Weg zum Glück als mühelos erscheinen läßt. Schon ist die Verengung von Eichendorffs poetischem Heimatverständnis zu einem vordergründigen, schließlich nationalistisch und landsmannschaftlich verzerrten Heimatbild im Gange, das ein Dreivierteljahrhundert nach des Dichters Tod im apodiktischen Wort eines hohen Nazifunktionärs karikaturistisch gipfeln wird: «Der Wälder sind viele im weiten Deutschen Reich, aber es gibt nur einen deutschen Wald, den des Josef Freiherrn von Eichendorff.»

Die Demontage seiner poetischen Welt zu auswechselbaren Versatzstücken und Formeln, ja der Beginn einer verlogen-feiertäglichen Nachahmung seiner Gedichte durch routinierte Goldschnittlyriker bleibt von dem Alternden nahezu unbemerkt. Nach dem Aufenthalt in Wien wohnt er abwechselnd in Danzig und Berlin, von wo ihn der Ausbruch der Barrikadenkämpfe im März 1848 vertreibt. Im Mai des nächsten Jahres erlebt Eichendorff in Dresden den Beginn der Straßenschlachten zwischen den aufständischen Sachsen und eilig herbeigeholten preußischen Truppen. Verstört eilt der greise Romantiker zurück nach Berlin, wo indessen «Ruhe und Ordnung» wiederhergestellt sind. Die Zeitgenossen halten ihn in seiner Revolutionsangst nicht zu Unrecht für einen Konservativen.

Seine in dieser Zeit entstehenden literaturgeschichtlichen Abhandlungen, die er später in seiner «Geschichte der poetischen Literatur Deutschlands» zusammenfaßt, enthalten in der Tat prononciert konservative Ansichten, die sich in manchen Aspekten bedenklich den Geschichtskonzeptionen metternichscher Ideologen nähern. Zuweilen zeigt sich Eichendorff hier gleichsam als romantischer Kritiker der Romantik, wenn er etwa die ausschließlich ästhetische Rebellion der frühromantischen Intellektuellen verurteilt. Dergleichen Verdikte fällt er freilich nicht aus der demokratischen Perspektive des nach Paris ausgereisten Heinrich Heine, sondern von einem klerikal-restaurativen Standpunkt aus. Über die Heilsgewißheiten des Obskurantisten, der seine Zeit nicht mehr versteht, siegt dennoch immer wieder die Souveränität des Schriftstellers – vor allem dort, wo er in seine Aufsätze glänzend geschriebene Essays über Poeten einstreut, die ihm persönlich vertraut waren.

Über den rückwärtsgewandten Theoretiker gewinnt noch immer der Dichter und Menschenfreund die Oberhand. Ein Konservativer ist er wohl, ein Reaktionär aber nicht. Selbst die Revolution von 1848, vor der er doch soeben geflohen ist, verdammt er nicht ganz. «Das Pöbelregiment ist dumm, das Säbelregiment noch dümmer», schreibt er kurz nach der Niederschlagung des Volksaufstandes an seinen alten Freund, den Oberpräsidenten von Schön. Erstaunlichstes Zeugnis dieses Triumphes eines großen Dichters über den verschreckten Landadeligen ist das Märchen «Libertas und ihre Freier», das zu Eichendorffs Lebzeiten nicht mehr erscheint. An der Fesselung und Arretierung der strahlenden Frau Libertas, der Inkarnation der Freiheit, sind der alte Polizeistaat und die neuen Großindustriellen gleichermaßen beteiligt, die ebenfalls als märchenhaft-allegorische Gestalten auftreten. Mit den Stilmitteln der romantischen Märchengroteske, wie sie Tieck und E. T. A. Hoffmann schon vor Jahrzehnten erprobt haben, gelingt dem «letzten Ritter der Romantik» eine künstlerisch schlüssigere Entlarvung der rückständigen deutschen Verhältnisse als den meisten zeitkritischen Romanciers.

Seine späten Lebensjahre sind von der Einsamkeit des Alters erfüllt. 1855 übersiedelt er zu seiner Tochter Therese, deren Mann in der schlesischen Stadt Neiße die Kadettenanstalt leitet. Unmittelbar nach der Rückkehr in die engere Heimat stirbt Luise von Eichendorff, des Dichters Gattin, deren Verlust er bei allem Trost, den er in seinem Glauben findet, nicht verwinden kann. Den Schmerz um die dahingegangene Gefährtin verschließt er in sich, seine persönlichen Bedürfnisse von nun an einer fast schon mönchischen Askese unterordnend. Die späten Verserzählungen «Julian», «Robert und Guiscard» und «Lucius» vermögen nur noch wenige Leser zu erreichen. Aber seine Übersetzungen der geistlichen Schauspiele Calderóns und die beiden autobiographischen Kapitel «Der Adel und die Revolution» und «Halle und Heidelberg», in denen er von den eigenen Anfängen erzählt, bestätigen die alte und ungebrochene Meisterschaft. Mitten in den Vorarbeiten für eine Lebensgeschichte der Heiligen Hedwig, der Schutzpatronin Schlesiens, ereilt ihn eine Lungenentzündung. Bei vollem Bewußtsein und in würdiger Haltung empfängt der Dichter die Sterbesakramente. Am 26. November 1857 stirbt er, still und gefaßt – ganz so, wie er es sich einst gewünscht hat: «O weiter, stiller Friede! / So tief im Abendrot / Wie sind wir wandermüde – / Ist das etwa der Tod?»

Als der Sarg mit den sterblichen Überresten Joseph von Eichendorffs an der Seite seiner Frau in die Erde des Friedhofs zu Neiße gesenkt wird, machen im fernen Paris zwei Bücher von sich reden, die deutlich anzeigen, wie weit sich die literarische Welt schon von den lerchendurchsungenen Ideallandschaften des deutschen Romantikers entfernt hat: Baudelaires «Blumen des Bösen», das lyrische Credo einer neuen Generation, und Flauberts «Madame Bovary», die Geschichte einer Frau, die inmitten einer bereits bourgeoisen Gesellschaft ihre angelesenen romantischen Ideale nicht mehr verwirklichen kann. Aber über alle Veränderungen in Gesellschaft und Literatur hinaus, über Mißbrauch und Trivialisierung hinweg erweist Eichendorffs aus Bild und Klang gewobenes Werk immer wieder seine Vitalität, wenn es auch noch lange dauern wird, bis die Nachgeborenen die Grundspannungen ermessen können, aus denen sowohl die innere Harmonie als auch die innere Polarität Eichendorffs erwachsen ist:

Da lauschen alle Herzen,
Und alles ist erfreut,
Doch keiner fühlt die Schmerzen,
Im Lied das tiefe Leid.

Magie des Horns
Carl Maria von Weber

Chromatik einer Jugend

Am Anfang der deutschen Romantik löst sich die schwebende Kantilene eines Waldhorns aus der «mondbeglänzten Zaubernacht». Der zwanzigjährige Student Ludwig Tieck, der gemeinsam mit seinem Freunde Wackenroder auf Streifzügen durch das Frankenland die Landschaft als Spiegelung der menschlichen Seele entdeckt, ruht in einem kleinen Dorf von langer Wanderung aus. Sein Herz ist von den «ewig jungen Märchen und Wundern» angerührt, die ihm und dem Gefährten vor dem Hintergrunde einer als chaotisch empfundenen Gegenwart begegnen: von der vergessenen Kunst des Mittelalters und der Dürerzeit, von dem Zauber einer als beseelt erlebten Natur. Tieck öffnet das Fenster und ergibt sich den Wonneschauern der Sommernacht. Da klingen «mild und beruhigend» die Töne eines Waldhorns durch das Dunkel zu ihm herüber. Die rein und feierlich aufsteigenden Töne haben für den Jüngling etwas Orphisches, fast die verwandelnde Kraft einer inneren Erweckung. Tieck fühlt sich, wie er noch als Greis seinem Biographen erzählt, «wehmütig bewegt und doch unendlich glücklich». Mehr noch: zu den Sprachgespinsten und Bildvisionen, wie sie von den Romantikern bald darauf verwirklicht werden, ist hier gleichsam die Melodie gefunden, die sich dann den lyrischen Landschaftsräumen eines Eichendorff und den ins Unendliche schweifenden Fernsichten eines Caspar David Friedrich hinzugesellen kann.

Carl Maria von Weber, der dem Horn bisher ungehörte Klänge ablauschen und in seine Partituren bannen wird, ist noch keine sieben Jahre alt, als der Studiosus Tieck im fränkischen Bischofsgrün das Instrument vernimmt, das die Aufbrüche und Sehnsüchte der Romantiker wie kaum ein anderes zu intonieren vermag. Das Horn ist bisher in Konzert und Oper lediglich als tragendes «Orchester-Pedal» benutzt worden; jetzt fallen ihm, nach bedeutenden technischen Verbesserungen, zentrale Wirkungsmöglichkeiten zu, die ihm aus der Welt der Romantik erwachsen. Gerade Weber wird dem Horn und dem Hornquartett ausgedehnte und sehr unterschiedliche Aufgaben stellen, die der Konfiguration des Unheimlichen und der Sehnsucht, des Heimwehs und des Fernwehs, der Jägerlust und der Waldeinsamkeit gleichermaßen gelten. Schon der Sechsundzwanzigjährige spricht von der «herrlichen Kraft und Fülle der tieferen Töne» und den «singenden höheren Regionen» des Horns, das für ihn bei der musikalischen Gestaltung romantischer Sinngehalte höchstens noch in der Klarinette seinesgleichen hat. Das Horn wird mit seinen Rufen und Signalen, mit seinen feierlichen und dämonischen Klanggebärden die Lebensbahn Carl Maria von Webers begleiten.

Musik ist vom ersten Tage um ihn: vieltönig und vieldeutig umspielt sie das Dunkel, in das seine Kindheit und frühe Jugend gehüllt bleiben. In seiner kurzen Autobiographie gibt er den 18. Dezember 1786 als seinen Geburtstag an, während das Taufregister der Stadtkirche im holsteinischen Eutin schon den 20. November als Tauftag nennt. Viel später wird er den 19. November als seinen Geburtstag feiern, um ihn mit demjenigen seiner Frau zusammenklingen zu lassen. Das Zwielicht, das Carl Marias Ankunft und erste Schritte in der Welt umgibt, wird durch den Vater Franz Anton vermehrt, eine jener schillernden Cagliostro-Typen, wie sie das ausgehende 18. Jahrhundert in so verwirrendem Maße kennt. Er hat zur Zeit von Carl Marias Geburt bereits die Fünfzig überschritten, ist nach seiner Teilnahme am Siebenjährigen Krieg Amtmann in Steuerwald bei Hildesheim gewesen, hat aber diesen einträglichen Posten seinem Enthusiasmus für Musik und Theater geopfert. Nach dem Tode seiner ersten Frau ist ihm deren Hinterlassenschaft in fehlgeschlagenen Theaterunternehmungen zerronnen. Auf seinen schwer nachvollziehbaren Kreuz- und Querzügen legt er sich das Adelsprädikat zu, das, wie er vorgibt, einige seiner Ahnen geführt haben, und läßt sich als Herr *von* Weber, gelegentlich auch als Major, ja als Freiherr und Kammerherr ansprechen. Unbehaust zieht er von Ort zu Ort, das Podium eines Musikanten und die Bretter der Wanderbühne zuweilen mit dem Spieltisch des Hasardeurs vertauschend. Jetzt steht er als Stadtmusikus im Dienst des Eutiner Magistrats, mit dem sich die obligaten Zerwürfnisse anbahnen.

Das einzige Licht, das die erste Lebenszeit des Knaben erhellt, kommt von der Mutter, der blondhaarigen Genovefa aus Bayern, die Franz Anton 1785 geheiratet hat. Die junge, stets zu Milde und Ausgleich neigende Sängerin vermag das sanguinische Temperament des Gatten kaum zu beeinflussen, der unter einer nie zu tilgenden Schuldenlast seufzt. Als die Meinungsverschiedenheiten mit dem Fürstbischof und dem Magistrat von Eutin nicht zu schlichten sind, quittiert Franz Anton den Dienst, versetzt seine Instrumente und gründet die «von Webersche Schauspielergesellschaft», mit der Carl Maria durch Deutschland zieht. Von den ersten Wochen an zeigt sich die Kränklichkeit des Knaben, dem ein Leiden an der linken Hüfte angeboren ist; erst mit vier Jahren kann er selbständig laufen und behält einen lahmenden Gang für immer. Fast ständig von Schmerzen gequält, von zarter und zerbrechlicher Gestalt, ist der Junge der hochfahrenden Tyrannei des Vaters ausgesetzt, der den Sprößling zu einem Wunderknaben à la Mozart abrichten möchte. Das väterliche Regiment beeinträchtigt die kindliche Liebe jedoch kaum. Mit einer Art von Bewunderung, später mit beschönigendem Mitleid blickt der Sohn zu dem allgewaltigen, im Alter dann ins Schäbige und endlich Kindische verfallenden Vater empor.

In seiner «Autobiographischen Skizze» spricht Weber glättend von der «eingezogenen» Lebensweise seiner Familie und von der «sorgfältigen Erziehung», die er durch seinen Vater genossen haben will. Tatsächlich ist seine Ausbildung ganz und gar ungeordnet. Wie viele Romantiker verfügt er über eine früh auffallende Doppelbegabung. Er malt in Öl und Pastell und «weiß auch die Radiernadel zu führen», wozu noch der gewandte Umgang mit der Schreibfeder kommt. Musikalische Unterweisungen erhält er immer dort, wo der Vater mit seinen Komödianten gastiert, die fast ausschließlich aus Familienangehörigen bestehen. Dem ersten Unterricht durch den Vater und dessen Halbbruder Fridolin, der an der Begabung seines Eleven zweifelt, folgen Studien bei dem Kammermusikus Johann Peter Heuschkel im thüringischen Hildburghausen. Kurz darauf geht er in Salzburg beim Domorganisten Johann Michael Haydn, Joseph Haydns Bruder, in die Lehre. Der Tod der Mutter überschattet das Erscheinen von Carl Marias Opus 1, der «Sechs Fughetten», die den Beifall des einflußreichen Musikkritikers Johann Friedrich Rochlitz finden.

Im gleichen Jahr erhält der Zwölfjährige, der von seinem

prahlsüchtigen Vater um ein Jahr jünger ausgegeben wird, bei dem Münchner Hoforganisten Kalcher Kompositionsunterricht und bei Johann Evangelist Wallishauser, der unter dem Namen Valesi ein schon legendärer Gesangsstar ist, eine fundierte Schulung seiner sonoren Baritonstimme. In dieser Zeit entstehen weitere Kompositionen: die später verschollene Oper «Die Macht der Liebe und des Weins», eine Große Messe Es-Dur, dann das Singspiel «Das Waldmädchen», das im sächsischen Freiberg das Licht der Bühne erblickt und sogar einige Verbreitung findet. In Freiberg soll Carl Maria, wiederum einer phantastischen Laune des Vaters folgend, das Handwerk eines Lithographen erlernen, um «diese Sache ins Große zu treiben» und so die technischen Voraussetzungen für die Verbreitung seiner Kompositionen zu schaffen. Der Plan zerrinnt so schnell, wie ihn Franz Anton geschmiedet hat: wieder geht es hinaus auf die Landstraße, wieder ins Salzburgische, wieder zu Johann Michael Haydn, der nun das dritte Bühnenwerk seines «lieben Zöglings», die Oper «Peter Schmoll und seine Nachbarn», «vollkommen nach den wahren Regeln des Kontrapunktes bearbeitet» findet. Die Oper gibt ein erstes Vorgefühl von Webers nachher so oft bewunderter Kunst, die Tonarten zur musikalischen Gestaltung der Bezüge zwischen menschlichen Gefühlen und der Natur zu benutzen, wobei auch den Hörnern bereits besondere Aufgaben zugewiesen sind.

In Wien wird der Jüngling, der auch ein exzellenter Klaviervirtuose zu werden verspricht, vom Abt Vogler unterrichtet, einem strengen Lehrer, der den musikalischen Intellekt seines Pfleglings regelrechten Exerzitien unterwirft. Durch Voglers Vermittlung wird der erst Achtzehnjährige Kapellmeister am Breslauer Theater, wo er, getrieben bereits vom Leitgedanken einer radikalen Opernreform, ein Musterrepertoire aufzubauen sucht. Er begnügt sich nicht mit dem Amt des Dirigenten, sondern greift auch als Regisseur in das Geschehen auf der Bühne, ja sogar in die Ausstattung und ins Maschinenwesen ein. Schon steht Mozart im Zentrum des Spielplans: «Cosi fan tutte», «Don Giovanni» und «Titus», den der zwei Jahre jüngere Joseph von Eichendorff im Parterre miterlebt. Auch der Komponist ruht in Breslau nicht: neben Klavier- und Violinstücken beginnt er mit der Oper «Rübezahl», von der lediglich die später umgearbeitete Ouvertüre «Beherrscher der Geister» erhalten bleibt. Doch der jugendliche Feuerkopf hat den Schlendrian der Sänger und die Arroganz des Adels gegen sich, der es dem Herrn von Weber nicht vergessen will, daß er aus dem Milieu der «Schmiere» kommt. Im Jahre 1806 verläßt er Breslau, in die Flucht geschlagen von einer ungeduldigen Gläubigerschar, die ihn und den Vater mit dem Schuldgefängnis bedroht.

Weber tritt als Musikintendant in die Dienste des kunstliebenden Herzogs Eugen Friedrich Heinrich von Württemberg, der auf seinem Schloß Carlsruhe in Oberschlesien einen kleinen Musenhof unterhält. Inmitten der schlesischen Forste, in denen er bereits von «Freischütz»-Romantik umgeben zu sein scheint, mag er selbst glauben, daß nun der vielfach gebrochene chromatische Ablauf seiner Jugend zur Ruhe kommt. Hier entstehen seine beiden einzigen Sinfonien, hier kommen ihm die Eingebungen zur ersten Fassung seines Concertinos für Horn und Orchester, das der Franzose Dautrevaux, seines Zeichens Kanzlist und Solohornist der herzoglichen Kapelle, aus der Taufe hebt. Aber Weber bleibt nicht, wie Eichendorffs Glücksritter Siglhupfer, «fortan in den Wäldern selig verschollen». Die Lebensbahn des verheißungsvollen jungen Virtuosen senkt sich unaufhaltsam einem Abgrund zu: der von seinen Gläubigern hartnäckig verfolgte Musikant wird Sekretär des Herzogs Ludwig Friedrich Alexander von Württemberg, eines Bruders seines bisherigen Brotherrn.

Zwar sind auch die Jahre in Stuttgart, die nun folgen, von kompositorischer Arbeit erfüllt. Weber schreibt ein Klavierquartett, eine Ouvertüre zu Schillers «Turandot», dazu

Kammermusik, Chorwerke und Lieder. Aber der Umgang mit den flotten Kavalieren am königlichen Hof macht den unerfahrenen «Geheimsekretär» leichtsinnig: statt seine alten Schulden zu bezahlen, nimmt er neue auf, hält sich Pferde und Reitknechte, spielt, zecht und schlittert in ein auf die Dauer unerschwingliches Verhältnis mit der verwöhnten Sopranistin Margarethe Lang hinein. Am 9. Februar 1810 erscheint der Gerichtsbüttel während einer Probe im Theater und verhaftet Weber unter der Anklage der Hinterziehung herzoglicher Gelder und des fürstlichen Tafelsilbers, auch unter dem Verdacht, für die Nichteinberufung eines wehrpflichtigen Gastwirtssohnes 1000 Gulden einkassiert zu haben. Über zwei Wochen lang muß der Untersuchungshäftling im Stuttgarter Gefängnis seine weitere Musikerkarriere für verloren ansehen. Als ihm der Prozeß gemacht wird, rettet ihn nur die Furcht des Königs vor dem Bekanntwerden der Korruption und des Ämterschachers am württembergischen Hof. Nachdem Weber sich zur schnellen Entfernung aus dem Lande bereit erklärt hat, droht ihm neuer Arrest, da jetzt über vierzig Gläubiger ihre Forderungen geltend machen. Als er sich feierlich zur allmählichen Rückzahlung seiner Schulden verpflichtet hat, kann er, begleitet nur von dem Vater, Ende Februar 1810 unter Schimpf und Schande nach Heilbronn verschwinden.

In der Tasche hat er nicht mehr als ein paar Gulden, einige Empfehlungsschreiben des Stuttgarter Hofkapellmeisters Franz Danzi und die Partitur seiner Oper «Silvana». In der Eingangsszene dieses seines neuen Opus künden Hornrufe und huschende Streicherläufe von einer Jagd, während der Chor singt: «Das Hifthorn schallt durch Berg und Wald, verbreitend Tod und Schrecken.» Jetzt aber ist Carl Maria von Weber der Gejagte, der in panischer Flucht mit den Schlagbäumen des Königreichs Württemberg zugleich seine eigene Jugend hinter sich läßt.

Der Vierundzwanzigjährige geht aus dem Stuttgarter Fegefeuer als ein Geläuterter hervor, der jetzt fast planmäßig damit beginnt, Leben und Kunst auseinanderzuhalten. Beredte Belege dieses für einen Romantiker ungewöhnlichen Vorsatzes sind die Tagebücher, die Weber mit seinem Abschied von Württemberg zu führen beginnt und bis zu seinem Lebensende sorgfältig fortsetzt. In den siebzehn Oktavheften registriert er ganz unpathetisch und sachlich zahllose Details aus seinem Leben: Einnahmen und Ausgaben, Besuche, Reisen, die Stationen der Arbeit am künstlerischen Werk und später die Operntriumphe. Weber zieht von nun an tägliche Bilanz, auch seine wachsenden körperlichen Gebrechen mit der Genauigkeit eines Arztes protokollierend. So weiten sich die Tagebücher zu einzigartigen Bestandsaufnahmen, die unter den Lebenszeugnissen anderer Romantiker höchstens noch in den Diarien E.T.A. Hoffmanns ihresgleichen haben. Wie dieser hält Weber nur für sich selbst tägliche Rückschau und verfügt später testamentarisch die Vernichtung der Tagebücher. Seine Frau hält sich nicht an die Bestimmung und rettet so einige der redlichsten, genauesten und menschlich anrührendsten Dokumente der Epoche.

Seine künftige Frau, die Sängerin Caroline Brandt, lernt er im September 1810 in Frankfurt am Main kennen, wo sie seine Silvana gibt. Aber noch ist von einer tieferen Bindung nicht die Rede. Weber schweift zwischen Heidelberg, Darmstadt, Mannheim hin und her, unternimmt ausgedehnte Konzertreisen, ist aber jetzt stärker als bisher auf der Suche nach sich selbst und den ihm gemäßen künstlerischen Ausdrucksmöglichkeiten. Auf Schloß Neuenburg bei Heidelberg kommt ihm Johann August Apels und Friedrich Launs soeben erschienenes «Gespensterbuch» in die Hände, das als ersten Beitrag die Volkssage «Der Freischütz» enthält, in dem der nach einem Opernstoff Ausschau haltende Komponist sofort ein ideales Sujet entdeckt.

Im zeitigen Frühjahr 1811, auf der Reise nach München, macht er in dem Bamberger Theaterlokal «Zur Rose» die Bekanntschaft E. T. A. Hoffmanns, der eben dabei ist, auf dem Umweg über die Musik die Sprache als das ihm gemäße künstlerische Medium zu entdecken. Hoffmann unterstreicht in seinem Tagebuch den Namen Webers doppelt und versieht ihn mit einem Ausrufungszeichen: Beweis für den tiefen Eindruck, den der um zehn Jahre jüngere Kunstgenosse auf ihn macht. Einige Monate später erlebt im Münchner Residenztheater das einaktige Singspiel «Abu Hassan» seine Uraufführung, eine tumultuarische Komödie um Rollentausch, Wuchererränke und Geldverlegenheiten, getaucht in die pittoreske Märchenwelt von Tausendundeiner Nacht und in eine Musik, die Webers Bewunderung für Mozarts «Entführung aus dem Serail» mit einer beinahe noch graziös daherkommenden musikalischen Frühromantik in Melodieführung und Instrumentation zu origineller Einheit verbindet. Der junge Meister, der den zweifelhaften Ruf eines Pumpgenies noch nicht losgeworden ist, parodiert hier nicht ohne Galgenhumor sich selbst, wenn er als erstes Stück der Oper den bizarren Chor der Gläubiger vertont: «Geld, Geld, Geld!» Die Premiere geht unter anhaltendem Beifall, nur unterbrochen durch einen irrtümlich ausgelösten Feueralarm, in Szene. Im Tagebuch äußert sich Weber «zufrieden» – bis auf das Erste Horn!

Dieser Erfolg und Auftritte in allen bedeutenden Städten Deutschlands festigen seinen Ruf als Pianist und Komponist. So ist es kein Wunder, daß ihm im Januar 1813 der Prinzipal Liebich vom Ständischen Theater Prag das Amt des Operndirektors anbietet. Weitgehende Befugnisse, 2000 Gulden Jahresgage und das Wissen um die Tradition des Hauses erleichtern Weber die Entscheidung, haben doch hier die Uraufführungen von Mozarts «Don Giovanni» und «Titus» stattgefunden. Der neue Opernchef beginnt mit dem fanatischen Enthusiasmus und dem ungestümen Eifer, die für die Aufbruchssituationen seines Lebens charakteristisch sind, Ensemble und Spielplan zu reformieren, eine neue Sitzordnung für das Orchester einzuführen und sich um Bühnenbilder und Probenablauf zu kümmern. Da viele seiner Kollegen aus Böhmen stammen, lernt er Tschechisch, um sich schnell mit ihnen verständigen zu können. Eine «Rebellion» der Kapelle bändigt er mit der Autorität, die er sich durch seine Leistungen schnell erwirbt. Er verpflichtet begabte Sänger und Instrumentalisten, baut die in Unordnung geratene Theaterbibliothek neu auf, korrigiert Partituren, besänftigt die Primadonna und den konfusen Garderobier, gibt dem Maschinisten Anweisungen und glättet die Wogen der immer wieder aufflammenden Mißstimmung, da sich glatte Routiniers durch ihn aus dem altvertrauten Trott geworfen sehen. Ein großer Tag ist die erste Aufführung von Beethovens «Fidelio» außerhalb Wiens. Weber resümiert das Experiment, das in die Musikgeschichte eingehen wird, nicht ohne Bitterkeit: «Ich habe hier den Fidelio gegeben, ... aber – sie verstehen's nicht. – Man möchte des Teufels werden! Kasperle, das ist das Wahre für sie!»

Die täglich vom frühen Morgen bis zum späten Abend bewältigte Arbeitslast ist um so erstaunlicher, als sie einem widerstrebenden und zu bedrohlichen Krankheiten neigenden Körper abgerungen ist. Da der Kreis der Freunde und überzeugten Gefolgsmänner klein bleibt, sucht er menschliche Geborgenheit in den Armen der nymphomanischen Soubrette Therese Brunetti, die mit dem Tanzmeister des Theaters verheiratet ist und fünf Kinder hat. Nach dem Ende dieses erotischen Intermezzos findet Weber beständige Erfüllung in dem beginnenden Liebesfrühling mit der Sängerin Caroline Brandt, seiner einstigen Frankfurter Silvana. Auch die Romanze mit ihr verläuft in wechselnden Aufschwüngen und Peripetien. Das junge Mädchen, das bald zur Favoritin des Prager Publikums aufsteigt, ist eifersüchtig und rechthaberisch, zuweilen auch theatralisch, während Weber im Falle einer Eheschließung von ihr kategorisch den Abschied von der Bühne verlangt. Als er mit der Vertonung von Theodor Körners Lützow-Lied und ähnlichen patriotischen Gesängen über Nacht zum meistgesungenen Komponisten Deutschlands geworden ist, muß er sich von Caroline, der Verehrerin Napoleons, einen peinlichen Tadel gefallen lassen. Dann aber finden die noch nicht einmal mündige Sängerin und der bereits Dreißigjährige für immer zusammen.

Als sie sich November 1816 in Berlin verloben, ist Weber schon nicht mehr in Prag. In Dresden soll neben der italienischen Operntruppe eine deutsche Oper gegründet werden, um deren Leitung sich der inzwischen weithin bekannte Musikdirektor bewirbt. Wenige Wochen nach der Verlobung überrascht er die Braut mit seiner neuen Anschrift: «An den Königl. Sächs. Kapellmeister Herrn Carl Maria von Weber, Dresden, poste restante.» In der Verbindung mit Caroline und mit der Musenstadt an der Elbe will der unstete Romantiker zur Ruhe kommen und bisher unausgeführt gebliebene Pläne in die Tat umsetzen.

Triumph der deutschen Oper

Als Weber am Nachmittag des 13. Januar 1817 von den Elbhöhen her die sächsische Residenz vor sich liegen sieht, «in deren Mauern ich einen festen Stützpunkt für mein ganzes Leben finden muß», ist ihm beinahe feierlich zumute. Und wie in einer ersten Vorahnung denkt er auch schon an den «Verdruß, ... der mir in der Kunst- und Geschäftswelt allenfalls begegnen kann». Dresden wird der Ort seiner künstlerischen Vollendung, aber auch unerwarteter Herausforderungen und Leiden sein.

Graf Vitzthum, der für Theaterangelegenheiten zuständige Hofmarschall, holt ihn aus seinem Quartier ab und stellt ihn dem Ensemble vor. Klein, schwächlich, lahmenden Schrittes, in einem löwengelben Mantel und fast deplaziert wirkenden Kanonenstiefeln, mit viel zu lang anmutenden Armen und Händen und einem freundlichen Blick aus den blau-grauen Augen, erscheint er vor Solisten, Chor und Kapelle – und erfährt erst jetzt, daß er Francesco Morlacchi, dem Kapellmeister der italienischen Oper, unterstellt ist. Während er noch zögert und einen Moment überlegt, ob er nicht gleich wieder abfahren soll, findet er seine Geistesgegenwart wieder und richtet eine kurze, geradezu apodiktische Ansprache an das Personal, die in dem Satz gipfelt: «Dagegen erwarte ich aber auch, als Ihr *Vorgesetzter*, Ihren unbedingten Gehorsam; ich werde gerecht, aber auch, ohne Ansehen der Person, gegen jeden, am meisten gegen mich selbst, unbestechlich streng sein.» Weber hat schon nach wenigen Minuten gewonnen: der Hofmarschall erkennt ihn ausdrücklich als «Kapellmeister» und «Musikdirektor» der deutschen Oper an, während ihn die traditionsreiche Kapelle bald als ebenbürtigen Nachfolger so bedeutender Vorgänger wie Johann Adolf Hasse und Johann Gottlieb Naumann schätzt.

Die Oper ist wie das Schauspiel im alten Komödienhaus etabliert, das vor über einem halben Jahrhundert der Theaterunternehmer Moretti nach Entwürfen des Oberlandbaumeisters Schwarze am Italienischen Dörfchen hat errichten lassen. Durch wiederholte An- und Umbauten stark verändert, ist das nunmehr Königliche Hoftheater alles andere als ein Prachtbau. Der aus Parkett und drei Rängen bestehende Zuschauerraum ist in einem matten Grün gestrichen, was ihm bei den Dresdnern den Spottnamen «angeschimmelte Pastete» einträgt. Vor der Bühne und unterhalb der Proszeniumslogen befindet sich der enge Orchesterraum. Hier vollbringt Weber sein bleibendes Werk der Erschaffung der deutschen Nationaloper, die Prager Aktivitäten auf einer höheren Ebene von neuem beginnend. Gleich in den ersten vierzehn Tagen vermag er wahre Berge zu versetzen. Während er Bälle besucht und Einladungen absolviert, um sich den Honoratioren der Dresdner Gesellschaft vorzustellen, bereitet er seine erste Premiere vor. Schon am 30. Januar 1817 hebt sich der Vorhang über Méhuls «Joseph», den Weber nach nur elf Proben mit einer noch ganz ungeschulten Solistentruppe riskiert.

Bereits die Wahl eines französischen Werkes als Auftakt seines Dresdner Wirkens zeigt, daß es dem Propheten der deutschen Oper nicht um nationalistische Ziele geht. Anders als sein späterer Jünger Richard Wagner redet Weber nie chauvinistischer Hybris das Wort. Die deutsche Oper soll sich unmittelbar ans Volk wenden: im Gegensatz zur italienischen, die eine althergebrachte Domäne des Hofes ist. Dergleichen Intentionen machen den neuen Kapellmeister dem König Friedrich August nur noch verdächtiger, dem schon «Lützows wilde verwegene Jagd» suspekt genug ist. In Webers Spielplan stehen denn neben Beethovens «Fidelio», Spohrs «Jessonda» und Marschners «Heinrich IV.» auch die Opern Cherubinis, Rossinis und Boieldieus. Gekrönt wird das Repertoire durch die anhaltenden Bemühungen um Mozart, der deutsche und italienische Traditionen zu einmaliger Symbiose vereint hat. Gleichzeitig tritt der Dresdner Opernreformator publizistisch für seine Absichten ein. Die Feder des Musikfeuilletonisten vermag er ebenso gewandt zu führen wie den Taktstock.

Aber Dresdens noch unverletzte Canaletto-Atmosphäre, der Zauber von Elbstrom, Weinhängen und Sächsischer Schweiz lassen auch den Komponisten einen neuen Anfang finden. In der Geborgenheit der Ehe mit Caroline, die er am 4. November 1817 heiratet, in der Zurückgezogenheit seiner Wohnung am Altmarkt und später in der Galeriestraße kann er sein lange unterbrochenes eigenes Opernschaffen endlich fortsetzen. Seine glücklichsten und produktivsten Stunden erlebt er in einem Winzerhäuschen, das er in Hosterwitz an der Pillnitzer Allee jeweils für die Sommer-

Ende der Partitur der «Freischütz»-Ouvertüre in der Handschrift Carl Maria von Webers, 1820

monate mietet. Nachdem er von dem Dresdner Advokaten und «Wasserpoeten» Friedrich Kind das «Freischütz»-Textbuch erhalten hat, wird das idyllische Hosterwitz zum Schöpfungsort seiner schönsten Oper. Die Anregung zum Lachchor der Bauern in der Eingangsszene erhält er in der Pillnitzer Kapelle, in der einige Greisinnen die Responsorien einer Litanei falsch und schrill herunterplärren. Während einer nebelverhangenen Fahrt durchs Elbtal steigen aus den brodelnden Dünsten und Schwaden die ersten Fetzen der Wolfsschluchtmusik vor ihm auf, die er sofort notiert.

Kinds Dichtung überträgt Apels und Launs Gruselgeschichte in die Zeit nach dem Dreißigjährigen Krieg, obwohl Bauernlegen, Waldfrevel und fürstliche Selbstherrlichkeit auch für das Publikum des frühen Biedermeier noch Quellen akuter Auseinandersetzungen sind. Das Stück wird in die Jahre nach dem Dreißigjährigen Krieg verlegt, um es dem Zugriff der Zensur zu entziehen – in eine Nachkriegszeit, wie es für die beiden Autoren die eigene nach dem Befreiungskrieg auch ist. Sie stellen ihre Menschen hinein in eine Landschaft, die mit ihnen vielfältig zu korrespondieren vermag. Nicht Wald und Wolfsschlucht, nicht Mitternachtsspuk, Sternenglanz, geheimnisumwobene Haine und Gehölze sind die Helden der Oper: die Menschen sind es, deren Niederlagen und Triumphe sich in Landschaft und Natur beziehungsreich spiegeln. Landschaft und Aufruhr der Elemente als bewegender Widerschein menschlicher Not und menschlichen Glücks – vor allem in dieser grandios gestalteten Einheit besteht die romantische Essenz des «Freischütz». Erst sie rückt die Oper in die Nähe der Landschaftsallegorien Caspar David Friedrichs und der lyrischen Natur-Evokationen Eichendorffs.

Dies geschieht freilich erst im Raum der Musik, während Kinds Textbuch bereits Züge der Schauerromantik trägt. In Webers Komposition aber wird das seelisch grundierte Naturerlebnis der Romantiker mit einer bis dahin beispiellosen Suggestivkraft hörbar. Wenn man jene schwebende Hornkantilene, die der junge Tieck vor über einem Vierteljahrhundert in einer unvergeßlichen Mondnacht vernommen hat, als Leitmotiv der deutschen Romantik gelten lassen will, so findet dieses Urerlebnis nun in den ersten Takten der «Freischütz»-Ouvertüre seine ergreifende Verdichtung. Feierlich, melodisch, magisch schwingt sich der Gesang des Hornquartetts auf, tröstlich kündend von den lichten und dunklen Herrlichkeiten der Natur. Besäße die Nachwelt nicht mehr als zwei oder drei Bilder Caspar David Friedrichs, ebenso viele Gedichte Eichendorffs und diese wenigen Hörnertakte Webers: sie würde doch von der inneren Vereinigung des romantischen Menschen mit der Natur einen tiefen Eindruck haben. Allein die Ouvertüre ist ein sinfonisches Meisterwerk, das den Kampf des Lichtes mit der Finsternis vorwegnimmt, dabei die wichtigsten Motive der Oper verarbeitend. Von der derben Breughel-Humoristik der walzenden Bauern bis zur psychologisch vertieften Folkloristik des Jägerburschen Max, von den zerklüfteten Racheproklamationen seines zurückgesetzten Kontrahenten Kaspar bis zur beschwingten Burschikosität Ännchens, von der berückenden Klangsinnlichkeit der «frommen Weise» Agathes bis zum pastosen Eintritt des Eremiten, vom glänzenden Hörnerbrio des Jägerchores bis zur volksliedhaften Anmut des «schönen, grünen Jungfernkranzes», von den gaukelnden Schattenbildern, grellen Uhui-Rufen und der spektakulären Entfesselung der Elemente in der Wolfsschlucht bis zum erhabenen Largo maestoso und der jauchzenden Stretta des Finales gelingt es Weber, romantisches Empfinden in eine einfache, unmittelbar eingängige musikalische Sprache zu übertragen.

Die Uraufführung am 18. Juni 1821, dem sechsten Jahrestag des endgültigen Sieges über Napoleon, in Schinkels neuem Schauspielhaus am Berliner Gendarmenmarkt wird für immer denkwürdig bleiben und von Augenzeugen und Nachgeborenen stets aufs neue beschrieben werden. Kurz zuvor ist in Knobelsdorffs Opernhaus Unter den Linden Gasparo Spontinis, des neuen königlichen Generalmusikdirektors, «Olimpia» unter Allerhöchster Protektion mit dem Maestro am Pult und Elefanten, Triumphwagen und einem pompös aufgetakelten Statistenheer nach 42 Proben über die Bühne gegangen. Weber, der auch vom Berliner Hof argwöhnisch beobachtet wird, billigt man für den «Freischütz» nur 16 Proben zu, die kaum für die Wolfsschlucht ausreichen. Aber die Augen der patriotisch gestimmten Jugend sind hoffnungsvoll auf ihn gerichtet. Am Abend des 18. Juni nehmen unter sympathisierenden Studenten, unter mißmutigen Hofjunkern und bezahlten Spontini-Claqueuren auch

«Freischütz»-Karikatur von George Cruikshank, 1824

E.T.A. Hoffmann, Heinrich Heine und der zwölfjährige Felix Mendelssohn Bartholdy Platz. Die Ouvertüre muß wiederholt werden, aber nach dem ersten Akt ist das Rennen noch offen; schon melden sich Gegner und hämische Nörgler zu Wort. Erst die große Arie der Agathe entscheidet den Abend. Der Jubel steigert sich von nun an bis zu den Schlußovationen. Fassungslos und erschöpft, aber glücklich nimmt Weber die auf der Bühne niedergehenden Huldigungsgedichte und Lorbeerkränze entgegen. Die Premiere hat nicht nur der deutschen Oper zum Durchbruch verholfen: sie ist inmitten der Hauptstadt eines von den Karlsbader Beschlüssen geknebelten Landes zu einer einzigartigen Demonstration nationalen Selbstbehauptungswillens geworden. Bevor Carl Maria von Weber nach langer Feier zu Bette geht, vermerkt er im Tagebuch den beispiellosen Erfolg: «Soli Deo Gloria!» – «Gott allein die Ehre!»

Der sogleich als historisch empfundene Berliner «Freischütz»-Sieg stärkt das Prestige des Meisters, nicht zuletzt im heimischen Dresden, wo Weber im Jahr nach der Uraufführung eine Musterinszenierung herausbringt. Aber er fühlt sich «sehr ermüdet und krank». Bald stellt sich bedenklicher Husten ein, der nicht mehr von ihm weicht. Im Juli setzt er sein Testament auf, nachdem er auf einem Fährschiff bei Pirna ein schweres Gewitter erlebt hat. Während er zwischen «Freischütz»-Euphorie und trüben gesundheitlichen Aussichten schwankt, erreicht ihn der Auftrag, für das Wiener Kärntnertortheater eine Oper zu komponieren.

Da sich Weber mit Friedrich Kind überworfen hat, muß er einen neuen Textdichter suchen. Seine Wahl fällt auf die nicht unbekannte, aber oberflächliche und exzentrische Literatin Helmina von Chézy, die nach einem ziemlich turbulenten Leben mit ihren Söhnen in Dresden wohnt. Schon vor zwei Jahrzehnten hat sie für Friedrich Schlegels «Sammlung von Memoiren und romantischen Dichtungen des Mittelalters» die «Geschichte der tugendsamen Euryanthe von Savoyen» übersetzt und herausgegeben. Jetzt schlägt sie Weber diesen Stoff für seine neue Oper vor und verfaßt das Libretto, das von Verworrenheiten und Trivialitäten nur so strotzt.

Immer wieder versucht der Komponist in das entstehende Buch einzugreifen. Ludwig Tieck, der ganz in seiner Nähe am Altmarkt wohnt, schlägt ihm die Verbindung der alten Fabel mit Shakespeares «Cymbeline» vor, aber Weber lehnt ab, um die Chézy nicht zu brüskieren. Sehr zum Nachteil des Werkes: die Geschichte der getreuen Euryanthe und ihres Geliebten Adolar, des finsteren Grafen Lysiart und der Intrigantin Eglantine, gruppiert um einen fatalen Giftring, ist so abstrus, daß schon Franz Grillparzer nach der Uraufführung konstatiert: «Diese Oper kann nur

Narren gefallen oder Blödsinnigen oder Gelehrten oder Straßenräubern und Meuchelmördern!»

In klassischen Traditionen befangen, hält Grillparzer auch die Musik für «scheußlich» und «polizeiwidrig» und übersieht dabei, daß Weber hier Neuland betritt, auf dem später das Musikdrama Richard Wagners gedeihen wird. Weber verzichtet auf gesprochene Dialoge und komponiert das ganze Werk durch. Konsequent unterwirft er die Musik einer bis dahin nicht gekannten Psychologisierung, wenn er etwa den Hochzeitsmarsch für Lysiart und Eglantine, die Träger des Unheils und des Verbrechens, nicht zum schmetternden Opernspektakel geraten läßt, sondern durch chromatische Überleitungen den festlichen Charakter auflöst und ins Nächtige und Dissonante verkehrt. Die strahlend lyrischen Partien Euryanthes, der heroische Glanz Adolars, besonders das kühne Racheduett Eglantines und Lysiarts und die im Dienste großartiger seelischer Vertiefung stehende sinfonische Orchesterbehandlung antizipieren «Tannhäuser» und «Lohengrin» nicht nur im Sinne einer Vorwegnahme, sondern verwirklichen bereits die spätromantische Oper.

Der Erfolg der Premiere im Wiener Kärntnertortheater am 25. Oktober 1823 unter Webers persönlicher Leitung, mit der siebzehnjährigen Henriette Sontag in der Titelpartie, ist trotz Grillparzers verdrießlichem Urteil außerordentlich und steht dem Berliner «Freischütz»-Triumph nur wenig nach. Drei Wochen vor diesem neuerlichen Sieg besucht Weber in Baden bei Wien den bewunderten Beethoven. Inmitten von Notenheften, Geldstücken und Kleidern, die auf dem Fußboden umherliegen, vor einem verstaubten Klavier und einem unordentlichen Bett kommt ihm in einem abgewetzten Morgenrock der Meister des «Fidelio» entgegen. Noch bevor sich der Gast aus Dresden vorstellen kann, ruft ihm Beethoven zu: «Da bist du ja, du Kerl, du bist ein Teufelskerl! Grüß dich Gott!» Das Gespräch mit dem schon nahezu Ertaubten ist nur mit beträchtlichem

Stimmaufwand und mit Hilfe einer Schreibtafel möglich. Als sich Beethoven über die Theaterverwaltung, die Konzertunternehmer, das Publikum und die Undankbarkeit seines Neffen beklagt, rät ihm Weber zu einer Konzertreise durch Deutschland. «Zu spät!» ruft Beethoven und vollführt unter grimmigem Kopfschütteln die Gebärde des Klavierspielens. «So gehen Sie nach England, das Sie bewundert!» schreit Weber. «Zu spät!» schreit Beethoven zurück und begibt sich mit seinem Besucher, vor dem er ungeniert Toilette gemacht hat, in den nahen Sauerhof zum Mittagessen. Dort macht er ihm, wie Weber nach Hause berichtet, «ordentlich die Cour» und bedient ihn bei Tische «mit einer Sorgfalt wie eine Dame». Als die Rede auf das «Euryanthe»-Libretto kommt, lacht Beethoven laut auf und ruft mit Löwenstimme: «Immer die alte Geschichte! Die deutschen Dichter können keinen guten Text zusammenbringen!»

Die Ermutigung, die Weber durch diese Sternstunde empfängt, hält nicht lange an, denn immer häufiger setzen ihn die Attacken des Halsleidens und der Schwindsucht in Schrecken. Auch sein lahmender Gang tritt immer mehr hervor, eine wachsende Ermüdung läßt den noch nicht einmal Vierzigjährigen an den baldigen Tod denken. Dem Knaben Richard Wagner, der das vergötterte Idol im Theater aus geringer Entfernung beobachtet, fallen die «häufig umschleierten Augen» auf. Als Weber im Sommer 1824 von einer Kur in Marienbad nach Dresden zurückkehrt, ist der trockene Husten schlimmer denn je. Von seinem Arzt weiß er, daß er noch etwa sechs Jahre vor sich hat, wenn er so oft wie möglich nach Italien reist. Da bekommt er die Anfrage, ob er wohl gesonnen sei, für das Opernhaus Covent Garden in London ein neues Werk zu schreiben und es dort neben dem «Freischütz» zu dirigieren. Die 2400 Pfund Sterling, die Weber für die Oper und für die Reise nach London verlangt, sind ihm allein noch zur Versorgung seiner Frau und seiner Kinder erstrebenswert. Er wirft mit letzter Kraft den Rest seines Lebens in die Bresche, erhält dann aber nur ein Drittel des geforderten Betrages.

Das Libretto des englischen Archäologen James Robinson Planché ist nach Wielands Versmärchen «Oberon» gefertigt, dessen poetischer Charme aber in dem Textbuch fast ganz verlorengeht. Zudem erhält Weber die einzelnen Akte nur nach längeren Zeitabständen und bleibt, während er schon mit ersten Kompositionsskizzen beschäftigt ist, über den Fortgang des Ganzen im unklaren. Unter solch mißlichen Umständen beginnt er mit der Arbeit und absolviert 153 Lektionen, um Englisch zu lernen. Planchés kunterbunte Revue, die Reminiszenzen an Wielands Epos und an Shakespeares «Sommernachtstraum», an Tausendundeine Nacht und an den altfranzösischen Sagenkreis um Karl den Großen recht unbedenklich durcheinandermischt, will Weber zu einem wundersamen musikalisch-szenischen Bilderbogen mit tieferer Bedeutung steigern, auch wenn ihm dabei die viel zu breiten gesprochenen Dialoge im Wege sind. Weit holt er aus und verschmilzt ferne Erinnerungen an orientalische Klangwelten mit dem Glanz eines romantisch gesehenen Rittertums, Anklänge an den eigenen «Abu Hassan» und an Mozarts «Zauberflöte» mit der Opulenz des großen Balletts, die Kantabilität der Barockarie mit dem Vorausgriff auf die strahlende Hymnik von Wagners Brünnhilden-Monologen. «Oberon» wird, vorwärtsweisende Züge mit traditionellen verbindend, zum Schwellenwerk der Operngeschichte des 19. Jahrhunderts.

Als der Todkranke am 16. Februar 1826 in banger Ahnung Abschied von Caroline nimmt und in Dresden den Reisewagen besteigt, ist die Partitur noch nicht fertig: ihr wird er in der Fremde seine schwindenden Kräfte zuwenden. Am 5. März kommt er in London an, wo er im Hause von Sir George Smart, dem Leiter der königlichen Kapelle, absteigt. Sofort beginnt er mit der Probenarbeit in Covent Garden und entfaltet dabei eine Energie, die, wie ein Augenzeuge berichtet, «einen Mann von robusterer Gesundheit erledigt hätte». Erschüttert beobachten Freunde und Besucher, wie er zwischen den Proben nach Luft ringt, «von einem trockenen, stoßweisen, schwindsüchtigen Husten beinahe in Stücke gerissen» wird und in kalten Schweiß gebadet ist. Mit dankbarem Lächeln beantwortet er jeden Versuch der rührend um ihn bemühten Engländer, «ihm die grauenhafte Agonie des Erstickens zu lindern».

Am Abend des 12. April tritt er ans Pult von Covent Garden, um sein Abschiedswerk zum ersten Male erklingen zu lassen. Die zweieinhalbtausend Zuschauer erheben sich wie ein Mann, um den todkranken deutschen Meister zu ehren, und empfangen ihn mit Vivat- und Hurrarufen, mit Hüte- und Tücherschwenken. Dann tritt tiefe Stille ein, aus der sich die ersten Takte der Ouvertüre lösen: Oberons magischer Hornruf. Wird er in diesem Augenblick für seinen Schöpfer zur musikalischen Chiffre der Sehnsucht, die ihn nach Hause, heim nach Deutschland und Dresden treibt?

Der ungeheure Jubel am Ende der Vorstellung vermag sein Heimweh nicht zu beschwichtigen, von dem das Tagebuch und die letzten an Caroline gerichteten Briefe ergreifende Kunde geben. Elfmal dirigiert Weber im Laufe der nächsten Wochen den «Oberon», während er in den Nächten Blut auswirft und vom Krampfhusten geschüttelt wird. Noch am 30. Mai dirigiert er die «Freischütz»-Ouvertüre; die feierliche Weise der Hörner am Beginn sind sein Schwanengesang. Am Morgen des 5. Juni, kurz vor der geplanten Rückreise, findet man ihn in seinem Londoner Zimmer: in der Nacht ist er einem letzten Ansturm seiner Leiden erlegen. In fremder Erde, in der Kapelle St. Mary zu Moorfields, wird er bestattet. Aber der schwebende Hornruf, den Carl Maria von Weber so oft beschworen hat, verstummt nicht: er schwingt über das Grab hinaus und zurück in die Heimat. Erst achtzehn Jahre später kann ihm der Sarg folgen, als er am 14. Dezember 1844 in der von Gottfried Semper entworfenen Gruft auf Dresdens Altem Katholischem Friedhof zur ewigen Ruhe gebracht wird.

Rezepte und Sonette

David Ferdinand Koreff

Von den Nachtseiten der Natur

In einem elegant eingerichteten Zimmer sind die rosafarbenen Gardinen fest zugezogen, so daß die Strahlen der Abendsonne das Gemach in einen zauberischen Schimmer tauchen. Ein junges Mädchen liegt auf dem Diwan und hält die Augen wie in tiefem Schlaf geschlossen. Um sie herum haben sich die Zuschauer versammelt: Backfische, die beinahe sehnsüchtig die Schlafende betrachten, und Matronen, die durch die Lorgnette nach dem Sofa spähen. Nur einige Leutnants teilen ihre Aufmerksamkeit zwischen dem ruhenden Mädchen auf der Ottomane und den jungen Damen im Auditorium. Da tritt ein würdevoller Herr ins Zimmer, der leise mit der Schlummernden zu sprechen beginnt. Es ist der «Magnetiseur», der mit ausgestreckten Armen einen unsichtbaren «Rapport» zwischen sich und der «Somnambulen» herzustellen bemüht ist, wie er die Schlafende nennt. Ohne zu erwachen, antwortet sie ihm langsam, mit nur mühsam artikulierender Stimme. Der Magnetiseur beginnt nun, einige Kunststücke mit der Somnambulen aufzuführen: sie niest, wenn er Tabak nimmt, und liest einen Brief, den er ihr auf die Herzgrube legt. Dann richtet sie sich auf, ohne ihren Schlaf zu unterbrechen. Ihre geschlossenen Augenlider vibrieren, ihre Lippen zucken, ihre Stimme wird lauter – sie hat, wie der Magnetiseur raunend erläutert, den «fünften Grad» des magnetischen Schlafs erreicht, sie kann alle Teile und Nervenfasern ihres Körpers wahrnehmen, die kranken Organe bestimmen und selbst Hinweise für ihre Heilung geben. Darauf läßt sie den Oberkörper wieder auf den Diwan gleiten und fährt mit fast wohlklingender Stimme in ihren Reden fort, sonderbare Sentenzen ausstoßend, die den anwesenden Leutnants unsinnig erscheinen, aber die phantasievollen Zuschauerinnen an die Fragmente des Novalis erinnern. Die Somnambule hat den «sechsten Grad», den höchsten Zustand des Hellsehens, erreicht. Die Umstehenden reagieren unterschiedlich auf den Einbruch des «Numinosen» in ihre festgefügte biedermeierliche Welt: einige verlassen unwillig den Schauplatz des fragwürdigen Geschehens, während das eine oder andere junge Mädchen seinerseits in magnetischen Schlaf gefallen ist. Nur wenige Zeugen werden von Erbarmen mit der Somnambulen ergriffen, deren «trostlose Abhängigkeit von einem fremden geistigen Prinzip» sie mit Entsetzen erfüllt.

Mit unserer Erzählung folgen wir den Gesprächen der «Serapionsbrüder» E. T. A. Hoffmanns, die von den Phänomenen des «tierischen Magnetismus» fasziniert sind. Doch nicht nur Poeten wie Hoffmann, Tieck oder Kleist zeigen sich von den «Nachtseiten der Natur» beeindruckt. Selbst besonnene Persönlichkeiten wie Fichte und Wilhelm von

Humboldt stehen im Banne der Versuche, menschliche Krankheiten mit Hilfe von Telepathie, Hellsehen und parapsychologischen Methoden zu heilen. Schon das ausgehende 18. Jahrhundert und mehr noch die Jahre nach den Befreiungskriegen werden geradezu von einem Fieber des «animalischen Magnetismus» geschüttelt. Etwa zur gleichen Zeit, in der Galvani die Berührungselektrizität entdeckt, macht der Schweizer Arzt Franz Anton Mesmer von sich reden, der den Einfluß der Planeten auf den menschlichen Körper für gewiß hält. Er ist davon überzeugt, in der magnetischen Kraft das «magische Band» gefunden zu haben, das den Makrokosmos mit allen irdischen Körpern verbindet. Er berührt mit einem Magneten, später nur noch mit der Hand den Körper seiner Patienten, versetzt sie in «magnetischen Schlaf» und kann mit solchen «sympathetischen Kuren» tatsächlich Erfolge verbuchen. In Paris gelingen ihm spektakuläre Behandlungen, die beträchtliches Aufsehen erregen, allerdings auch auf den erbitterten Widerstand der etablierten Schulmedizin stoßen. Inzwischen wird der Mesmerismus in Straßburg durch den Arzt Puységur weiter perfektioniert: durch den bewußten Einsatz der Hypnose versetzt er den Kranken in «Clairvoyance», einen dämmergleichen Trancezustand, in dem der Patient seiner Bindungen an den Kosmos innewerden, seine Leiden diagnostizieren und selbst Wege zu ihrer Behandlung finden soll.

Die junge romantische Bewegung, die seit den Gedankenexperimenten des Novalis auf der Suche nach der Einheit von Geist und Materie ist, bemächtigt sich mit Vehemenz der wissenschaftlich noch völlig ungeklärten Phänomene, die die Verknüpfung des einzelnen Menschen mit dem Weltganzen zu verbürgen scheinen. Dieses neue medizinische Selbstverständnis erhält seine wichtigste, freilich weitgehend irrationale Stütze in der romantischen Naturphilosophie. Bereits Schelling postuliert eine ursprüngliche Einheit von Materie und Geist im Absoluten, aus dem die

Natur, beflügelt durch Elektrizität, Magnetismus und chemische Prozesse, zu immer höheren Zuständen aufsteigt. Die wirkenden Kräfte der Natur beruhen danach auf dualistisch verstandenen Polaritäten, die sich ebenfalls aus dem Absoluten entfalten: auf den Gegensätzlichkeiten von Geist und Materie, Sauerstoff und Wasserstoff, Licht und Schwere, männlich und weiblich, Freiheit und Notwendigkeit.

Die von den Naturphilosophen konstruierte Entwicklungsspirale erlaubt auf allen Stufen Analogieschlüsse, die in den romantischen Zirkeln zu immer verwegeneren Hypothesen vom Bau des Kosmos und des menschlichen Organismus gesteigert werden. Paracelsus, der «Luther der Medizin», wird wiederentdeckt, dessen Hinweise auf die Heilungsmöglichkeiten der Natur im Sinne der romantischen Naturphilosophie gedeutet werden. Krankheitsbekämpfung richtet sich nun auf die Erneuerung des Gleichgewichts von Natur und Seele, Organismus und Geist. Wie sich die Adepten Schellings Geschichte und Religion, Kunst und Recht als lebendige Organismen vorstellen, sind auch die Krankheiten für sie ein natürliches und einheitliches Ganzes. Es gibt Erkrankungen, die nur in den Kinderjahren, in der Mitte des Lebens oder im vorgerückten Alter auftreten. So aber gibt es auch Krankheiten der Menschheit, die nur in bestimmten Phasen ihrer geschichtlichen Entwicklung vorkommen: von ihrer richtigen Diagnostizierung und Behandlung ist der Fortschritt des Menschengeschlechts abhängig.

Das romantische Ganzheitsdenken schlägt Brücken zwischen Medizin und Geschichte, ja zwischen Medizin und Religion, denn bald werden Analogien zwischen den Erbkrankheiten und der Erbsünde gefunden. Durch die Anrufung des Unbewußten im magnetischen Schlaf sollen die seelischen Störungen kuriert werden, die stets auf einen gestörten Weltzustand verweisen.

Eine Flut einschlägiger Bücher trägt die abenteuerliche

neue Lehre ins Publikum, allen voran der «Versuch einer Darstellung des animalischen Magnetismus, als Heilmittel» von dem Berliner Arzt Carl Alexander Ferdinand Kluge. Magnetische Behandlungen, wie die von uns eingangs beschriebene Szene, werden zu allenthalben bestaunten Sensationen. In Berlin eröffnet Karl Christian Wolfart einen regelrechten magnetopathischen Salon. In der Mitte des Saals, in dem die Kranken auf Sofas und Armsesseln sitzen, befindet sich das schon von Mesmer benutzte «Baquet», eine magnetische Batterie, aus der eine nach oben zugespitzte Eisenstange aufragt. An ihr sind bunte Wollbänder befestigt, deren Enden die Patienten mit den Händen ergreifen und regelmäßig streichen. So soll das «magnetische Fluidum», das aus dem Eisenstab aufsteigt und sich durch die leitenden Bänder ausbreitet, den Nerven zugeführt werden. Zwischen den Kranken schreitet der Magnetiseur wie ein magischer Wundertäter einher, mit den leidenden Damen flüsternd oder die dunklen Worte der in Schlaf Gefallenen deutend.

Viele Mediziner, die noch in der pragmatischen Heilkunde des 18. Jahrhunderts wurzeln, wenden sich mit aller Entschiedenheit gegen die romantischen Lehren, zumal sich kaum Grenzen zur Scharlatanerie und zu offenkundigem Betrug ziehen lassen. Aber die Faszination, die von den prophetischen Attitüden der Magnetiseure ausgeht, ist zu groß, als daß ihr weite Kreise des Publikums widerstehen könnten. In historischen Krisenzeiten wie den napoleonischen Kriegen und der beginnenden Restaurationsära haben solche Heilslehren ihre große Stunde. Zahlreiche Schriftsteller bedienen sich des pittoresken Bilder- und Geschichtenvorrats der Lehrbücher des Magnetismus, die zum phantastischen literarischen Ausspinnen geradezu herausfordern. Dann aber kommen die bedenklichen Theorien und Experimente in Verruf: die Medizin des 19. Jahrhunderts geht andere Wege. Die Trennung von Naturwissenschaften und idealistischer Philosophie kann von der Romantik auf die Dauer nicht aufgehalten werden. Aber hundert Jahre später wird man zu begreifen beginnen, daß die romantischen Ab- und Ausschweifungen in die noch dunklen Bereiche der Zusammenhänge zwischen Seele und Krankheit erste Ansätze zu einer Psychotherapie gebracht haben – nur eben beladen mit den Unvollkommenheiten, Irrtümern und Fehlleistungen, die oft für die frühe Stufe einer neuen Wissenschaft charakteristisch sind.

Denn die romantische Medizin sucht ihre Erfüllung nicht in der exakten Beobachtung der Natur und in der kritischen Überprüfung der von ihr vorgeschlagenen Methoden, sondern in einer für die ganze romantische Bewegung charakteristischen Weise der spekulativen Grenzüberschreitung. Bezüge zur Religion werden angestrebt: der Begriff des «Priesterarztes» gewinnt eine problematische Aktualität. Vor allem aber wollen die romantischen Ärzte ihr Metier als Kunst betreiben, nach des Novalis programmatischem Wort als «höhere Kunst – als synthetische Kunst». Der romantische Mediziner versteht Diagnose und Therapie als ingeniöses, auf das Ganze der menschlichen Psyche und Physis gerichtetes Gesamtkunstwerk.

Auch für David Ferdinand Koreff, einem der bekanntesten Heilkünstler der Zeit, sind nach dem Zeugnis seines Freundes Varnhagen ein Sonett und ein Rezept «nur verschiedene Ausflüsse derselben Göttlichkeit». Wie ein mehrfach geschliffener Spiegel sammelt Koreff die Gegensätze seiner Epoche und reflektiert sie in vielfältigen Brechungen und überraschenden Kombinationen. Als Arzt möchte er Künstler sein, als Christ wird er das Stigma des geborenen Juden nicht los, als ein ins französische Exil getriebener Preuße wirkt er unermüdlich als Propagandist der deutschen Kultur. Koreff ist Arzt aus Berufung und Scharlatan, orakelnder Magnetiseur und skeptisch sprühender Witzbold, Günstling eines Kanzlers und Emigrant, universell gebildeter Gelehrter und frivoler Hochstapler, Jude und Christ, Deutscher und Franzose. Die Lebensgeschichte des in die Medizin entlaufenen romantischen Künstlers, des in den preußischen Protestantismus verirrten Juden liest sich wie die Skizze zu einem ungeschriebenen Roman von Lion Feuchtwanger.

Der Arzt als Künstler

Am 1. Februar 1783 kommt David Ferdinand Koreff als Sohn eines jüdischen Arztes im schlesischen Breslau zur Welt. Der Vater, ein überzeugter Anhänger des «animalischen Magnetismus», ist mit dem verschrienen Franz Anton Mesmer persönlich bekannt. Während der Vierzehnjährige vom Vater in die geheimnisvolle neue Heilmethode eingeführt wird, macht ganz in seiner Nähe ein Ereignis von sich reden, das wie ein warnendes Zeichen auch für Koreffs spätere Schicksale gelten könnte: ein verkrüppeltes Breslauer Mädchen, an dem man «somnambule» Eigenschaften entdeckt haben will, wird König Friedrich Wilhelm II. zugeführt, der sich von den einstudierten Prophezeiungen des «Mediums» umstricken läßt. Der Arrangeur des betrügerischen Manövers, der Propst und Rosenkreuzer Heinrich Daniel Hermes, erhält zum Lohn Sitz und Stimme in der berüchtigten Immediat-Untersuchungskommission, die das geistige Leben in Preußen reglementiert. Die Stickluft von pathologischer Mystik und raffiniertem Betrug großen Stils weht früh um den jungen Arzt Koreff. Es ist die schwüle Atmosphäre, in der er sein an Licht und Schatten so reiches Leben verbringen wird.

Später werden seine erstaunlichen Diagnosen und sein seltenes Einfühlungsvermögen für die Psyche der Patienten ebenso bewundert wie seine musischen Talente. Bereits dem Zwanzigjährigen, der finanziell durch das Vermögen des Vaters gesichert ist, öffnen sich, in den rhapsodischen Vorlesungen des Naturphilosophen Steffens zu Halle, die farbigen Horizonte der Romantik, die auch den Mesmerismus in einem höheren Sinne zu rechtfertigen scheinen. Als er 1803 nach Berlin kommt, steht er ganz unter dem Eindruck romantischer Vorstellungen, macht aber auch schon als Arzt von sich reden. Obwohl noch nicht promoviert, nehmen ihn bekannte Berliner Mediziner mit zu ihren Kranken. Daneben übersetzt er die Aphorismen des Hippokrates aus dem Griechischen, eine Komödie des Plautus aus dem Lateinischen und schließt sich einem Kreis junger Poeten an, die sich auf seinen Vorschlag hin «Nordsternbund» nennen – nach des Naturphilosophen Franz von Baader «pythagoreischem Quadrat», in dem die Wissenschaften dem Norden zugewiesen sind.

Koreff ist bald der Mittelpunkt der Runde, zu der auch der französische Emigrant und jetzige preußische Leutnant Adelbert von Chamisso, dessen Freund Louis de la Foye, der Hauslehrer und Medizinstudent Karl August Varnhagen von Ense, der Theologe Franz Theremin, der Kontorist Wilhelm Neumann und der jüdische Referendar und spätere Verleger Julius Eduard Hitzig gehören. Hingerissen lauschen die jungen Leute den Vorlesungen August Wilhelm Schlegels und debattieren darüber nächtelang in Chamissos Wachhäuschen am Brandenburger Tor. Unangefochtener «Meister des Bundes» ist nach Varnhagens Bericht der genialische jugendliche Arzt aus Breslau, der «an Kenntnissen und Geistesregsamkeit» sie alle übertrifft und «durch seine verschwenderische Phantasie» fesselt. Auch in den Publikationen des Nordsternbundes, den Grünen Musenalmanachen, meldet er sich zu Wort, etwa mit dem Sonett «Blütenkuß», in dem er die Befruchtung eines Blumenkelches durch Schmetterlinge mit dem Blütenstaub einer anderen Blume als «geheimnisvolle Brautnacht» feiert.

Nach der Promotion in Halle wendet sich der frischgebackene Doktor nach Paris, wo er beinahe über Nacht zum gesuchten Virtuosen der romantischen Heilkunst avanciert. Wohlhabend durch das vom Vater ererbte Kapital, kann er es sich anfangs leisten, seinen Beruf unentgeltlich auszuüben und die Armen der Riesenstadt kostenlos zu behandeln. Beim Brand des österreichischen Gesandtschaftspalais rettet er den russischen Botschafter Kurakin und verzichtet auf jegliche Belohnung. Daneben geht er weiterhin seinen musischen Ambitionen nach. So assistiert er dem dänischen Schriftsteller Oehlenschläger bei der deutschen Übersetzung eines seiner Märchendramen, befreundet sich mit den französischen Dichtern Chateaubriand und Benjamin Constant, mit dem jungen deutschen Poeten Ludwig Uhland, den Brüdern Schlegel, dem italienischen Komponisten Spontini, schreibt Gedichte und läßt eine Übersetzung der Elegien des Römers Tibull erscheinen, die Goethe zu den «bedeutenden, wirksamen Büchern» des Jahres 1810 zählt. Die in jener Zeit entstehenden Gedichte, etwa das Poem «An einen deutschen Jüngling in Paris», zeigen, daß sich der kritisch beobachtende Gast aus Deutschland von dem imperialen Glanz Napoleons nicht blenden läßt. Madame de Staël, die von dem Korsen des Landes verwiesen ist, nennt den geschäftigen, an einen beweglichen Italiener erinnernden preußischen Juden den «geistvollsten Deutschen, den ich kennengelernt habe». Der Zusammenbruch Preußens beraubt ihn zwar des größten Teils seines Vermögens, aber unbekümmert und leichtsinnig bleibt er auch künftig ein kecker Jongleur und Lebenskünstler.

Im Sommer 1811 bricht er nach Italien auf, begleitet von der verwitweten Marquise Delphine de Custine, deren Schwiegervater, der berühmte Revolutionsgeneral, achtzehn Jahre früher von den Jakobinern guillotiniert worden ist. Die dreizehn Jahre ältere Aristokratin, die noch immer eine Schönheit ist, fesselt ihn vorübergehend, was ihm die Eifersucht ihres Sohnes Astolphe einträgt, der später einer der Jünger Rahel Varnhagens wird. Mit feierlicher Gebärde begrüßt Koreff die Ewige Stadt, die er in der Manier von Goethes «Römischen Elegien» besingt: «Sei Jerusalem-Rom mir gegrüßt, du Sproß in der Wüste, / Selbst dein eigenes Grab, selber dein Grabmonument.» Aber auch solche weihevollen Strophen sowie der Umgang mit dem Bildhauer Canova und dem Archäologen Millin füllen seine Reisekasse nicht. So muß er in Rom zeitweilig als Arzt praktizieren, ja er muß sich von dem Präfekten Norvins sogar eines Autographendiebstahls bezichtigen lassen. Ein Abstecher in die Pontinischen Sümpfe veranlaßt ihn zu einer Schrift über die Malaria, die später Aufsehen in der wissenschaftlichen Welt erregt.

Inzwischen ist sein Name auch in Preußen bekannter geworden. Im April 1812 findet in Berlin die Aufführung des Singspiels «Don Tacagno» von Friedrich von Drieberg statt, dessen Libretto aus Koreffs gewandter Feder stammt – Grund genug, nach Jahren der Abwesenheit das Vaterland wiederzusehen. Auf der Heimreise nehmen ihm die Franzosen Paß und Kreditbrief ab und wollen ihn zwingen, als Chefarzt in die Grande Armée einzutreten, deren aufgelöste Trümmer gerade aus den Schneewüsten Rußlands zurückkehren. Mit Mühe vermag sich der patriotisch eingestellte Koreff diesem Ansinnen zu entziehen. Nach dem Abschied von der Marquise und dem monatelangen Dienst in den Lazaretten der Verbündeten geht er im November 1813 nach Wien, um dort den Beginn des Kongresses der Siegermächte abzuwarten.

In der Kaiserstadt an der Donau behandelt Koreff zunächst die Gattin des preußischen Gesandten Wilhelm von Humboldt und findet so schnell Zugang zur Gesellschaft der Würdenträger des Ancien régime. Ein vielbeachteter Zwischenfall ist der Stockhieb, den Koreff, wenn auch versehentlich, auf offener Straße dem Zaren Alexander versetzt. Durch Humboldt gelangt er schließlich zu dem preußischen Staatskanzler Hardenberg, den er ärztlich betreut, magnetisiert und dessen uneingeschränktes Vertrauen er bald gewinnt. Als Napoleon von Elba zurückkehrt und der Krieg aufs neue ausbricht, nimmt der zu unverhofftem Einfluß gelangte Leibarzt an der Seite des Kanzlers an dem Feldzug teil und zieht in der Uniform eines Majors der

Wolfsschluchtspuk. Radierung von George Cruikshank, 1824

Carl Maria von Weber um 1823

David Ferdinand Koreff

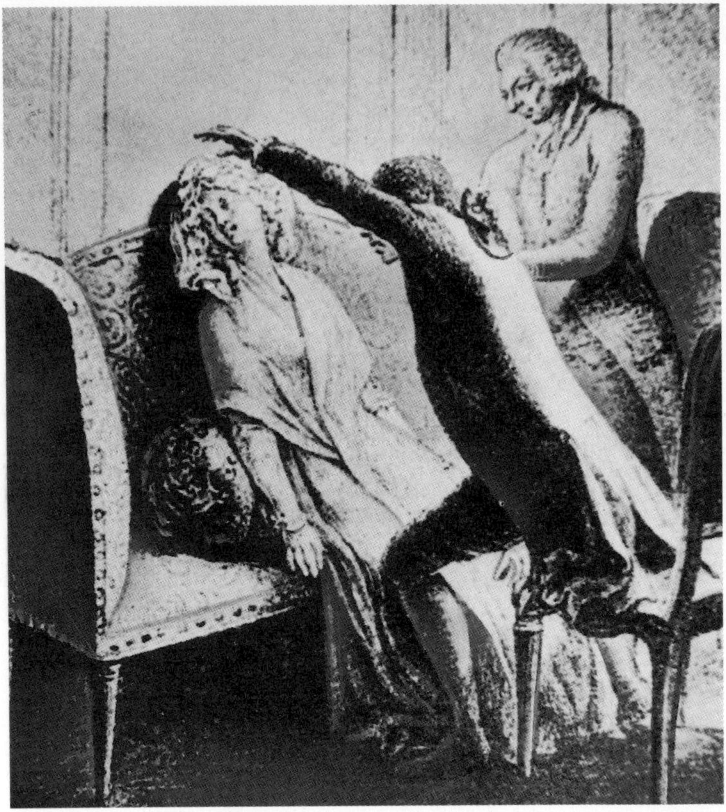

Ein Magnetiseur

Der Mond-Doktor

Ansicht der Bühne des Berliner Schauspielhauses
mit dem Gendarmenmarkt als Hintergrund

Ludwig Devrient als Franz Moor

Ludwig Devrient

preußischen Garde in Paris ein, wo er bei dem Verleger Firmin Didot ein Bändchen «Lyrische Gedichte» herausgibt. Es enthält auch das «Gebet eines Magnetiseurs», in dem Koreff sein kosmisches Medizinverständnis poetisch verklärt: «Hoch aus eurer sel'gen Ferne / Steiget nieder, lichte Sterne, / Senkt euch in des Menschen Bau, / Wie ihr auf der Wandrung irret / Und doch nie die Bahn verwirret, / Wogend in des Himmels Blau! ...»

Der Jude beim Kanzler

Mit der Rückkunft des Zweiunddreißigjährigen als Leibarzt, Günstling und zeitweiliger Hausgenosse des Staatskanzlers nach Berlin beginnt der bedeutendste, freilich auch umstrittenste Abschnitt von Koreffs Laufbahn. Eine königliche Kabinettsorder ernennt ihn am 8. Juni 1816 zum Professor der Physiologie an der Berliner Universität. Da aber erhebt sich ein Sturm der Entrüstung unter den medizinischen Fachgenossen, die den jüdischen Konkurrenten und Mesmer-Apologeten nicht dulden wollen. Koreffs kometenhafter Aufstieg wird von dem sich verstärkenden Antisemitismus nach den Befreiungskriegen verdüstert. Als Hardenberg erfährt, daß sein Protegé noch immer der mosaischen Glaubensgemeinschaft angehört, besteht er auf dessen sofortiger Taufe, die vortäuschen soll, daß er zum Zeitpunkt seiner Ernennung zum Professor bereits Christ gewesen ist. Die Taufe wird im sächsischen Meißen vollzogen: der nunmehr in die evangelisch-lutherische Kirche aufgenommene Koreff geht zum Abendmahl. Ein zweideutiges Attest des Pfarrers läßt die Auslegung zu, daß der Kommunikant schon längere Zeit zuvor Christ war. Wenn auch Koreff, der seinen ersten Vornamen «David» nun gegen den christlichen «Johann» vertauscht, in seinem Hang zu übermütigem Mummenschanz bei dem operettenähnlichen Coup voll auf seine Kosten kommt, so bleibt doch ein

Stachel in ihm zurück. Der Anatom und Physiologe Rudolphi will ihm immer noch nicht die Benutzung der Universitätssammlungen gestatten, und die erste Vorlesung des neuen Professors wird durch das Pfeifen und Pochen antisemitischer Studenten gestört.

Die Feindschaft, auf die Koreff in seinem Auditorium stößt, kann durch den von ihm vertretenen Mesmerismus nur zum Teil erklärt werden, denn er hält auch Kollegs über allgemeine und spezielle Physiologie, epidemische und kontagiöse Krankheiten, Vergiftungen und Gemütserkrankungen. In einem denkwürdigen Briefwechsel mit Hufeland bekennt er sich allerdings zur Anwendung des Magnetismus, bestreitet aber, ihn zur «Divination», zur Voraussage kommender Ereignisse, zu benutzen. Hufeland, der dem Magnetismus mit vorsichtiger Distanz, jedoch nicht grundsätzlich ablehnend gegenübersteht, will den neuen Kollegen warnen. Doch der weist die wohlmeinende Geste zurück und tritt mit einem enthusiastischen Erguß, der eher einem religiösen Schwärmer als einem Wissenschaftler anstehen mag, für die Entzifferung der «symbolischen Hieroglyphenschrift des ewigen Geistes» ein, wie er die Gesamtheit der Naturerscheinungen nennt.

Der Kongreß von Aachen, zu dem der Leibarzt den Staatskanzler begleitet, zeigt ihn in der vielbeneideten Rolle des allmächtigen Favoriten, der in Hardenbergs Vorzimmer Bittsteller empfängt und abweist, Denkschriften entgegennimmt, Ernennungen von Beamten unterstützt oder verwirft. Gleichermaßen gutmütig und leichtsinnig, hilft er antichambrierenden Kreaturen in den Sattel, die später seinen Sturz bewirken, unter ihnen dem Grafen Pückler, Hardenbergs ungeliebtem Schwiegersohn. Wilhelm von Humboldt nennt den Emporkömmling «den einzigen Vertrauten, aber den Vertrauten über alles».

Koreff ist von einer hektischen, sich fast überschlagenden Betriebsamkeit. Neben den Vorlesungen an der Universität, der ärztlichen Praxis und der häufigen Präsenz beim Kanzler wird er Vortragender Rat für die wissenschaftlichen und künstlerischen Angelegenheiten und endlich Geheimer Oberregierungsrat. Er ist maßgeblich an der Gründung der Universität Bonn beteiligt und setzt die Berufung August Wilhelm Schlegels als Professor dorthin durch. Während in der Umgebung des Königs schon die Reaktion dazu ansetzt, die Hoffnungen von 1813 für immer zu zertreten, sucht der Bildungspolitiker Koreff die letzten Reste preußischen Reformgutes zu retten, womit er sich den Haß der restaurativen Hofpartei zuzieht. Daneben bemüht er sich um staatliche Pensionen für Ludwig Tieck und Jean Paul, schreibt Opernlibretti, führt den neuen Generalmusikdirektor Spontini beim Berliner Publikum ein, konversiert mit Hegel und Alexander von Humboldt und schickt seiner Patientin Rahel Varnhagen Bücher, Theaterbilletts und Austern, was ihm die Seelenfreundin mit den Worten dankt: «Sein Herz hat die größte Geistesgegenwart, es ist immer gleich da.» In ihrem Salon lernt Koreff auch den Jurastudenten Heine kennen, dem er, der Jude, unfreiwillige Christ und künftige Exulant, durch ein verwandtes Schicksal verbunden bleibt.

Wahre Oasen inmitten dieser Aktivitäten sind die Begegnungen mit dem bedeutendsten Freund und Geistesgefährten, der Koreffs Lebensbahn kreuzt: mit dem Kammergerichtsrat und Dichter E. T. A. Hoffmann. Im «Prunkzimmer» von dessen Wohnung, Taubenstraße 31, versammeln sich am Abend des 14. November 1818 jene geselligen Literaten, die bald als «Serapionsbrüder» in die deutsche Literatur eingehen werden – unter ihnen der Doktor Koreff, der, wie der Augenzeuge Hitzig berichtet, den lebhaften Kammergerichtsrat «an sprudelndem, lebendigem Witz oft und an Kenntnissen immer» übertrifft. Mit dem geschäftigen Gefolgsmann des Magnetismus, der «bei seinen herrlichen lichtvollen Kenntnissen, bei seinem steten, in Brillantfeuerwerk auflodernden Humor an allem Mystischem mit ganzer Seele hängt und es auch reichlich in seine Wissenschaft hineinträgt», kann sich Hoffmann über die «Nachtseiten» der menschlichen Existenz, über Wahnsinn und Identitätskonflikte unterhalten, deren literarische Gestaltung ihm selbst den Ruf des «Gespenster-Hoffmann» einträgt. Koreff schenkt dem Freund zu dessen vierundvierzigstem Geburtstag die phantastische Blattfolge der «Balli di sfessania» des französischen Radierers Callot und gibt mit diesem Präsent die Anregung zu dem Capriccio «Prinzessin Brambilla», der betörendsten und verwirrendsten Faschingsgeschichte der Weltliteratur. Hoffmann porträtiert den sprühenden Gefährten in seinen «Serapionsbrüdern» als Vinzenz, damit «es dem Bunde nie an lobenswerter Tollheit fehlen soll», und weist ihm dort die parodistische Märchengroteske «Die Königsbraut» zu.

Indessen ziehen sich dunkle Wolken über dem Haupt Koreffs zusammen. Die gewagten Eskapaden, die sein Geistesbruder Hoffmann so an ihm bewundert, werden ihm im Dunstkreis von Hof und Kabinett zum Verhängnis, als er sich in die wüsten Familienverhältnisse des alternden Hardenberg verstricken läßt. Der Leibarzt, Serapionsbruder und ohnehin umstrittene Emporkömmling steht der dritten Gattin des Fürsten bei, mit der dieser in Scheidung lebt. Koreff wird ein Opfer seiner Sorglosigkeit und seines blinden Vertrauens in den Magnetismus. Er führt der Fürstin die Neubrandenburger Bäckers- oder Uhrmacherstochter Friederike Hähnel als Gesellschafterin zu, ein Mädchen von offenbar geradezu diabolischer Häßlichkeit, das im Zirkel des magnetopathischen Arztes Wolfart als «Somnambule» einen zweifelhaften Ruf genießt. Koreff ist von den krampfhaft zur Schau gestellten Ekstasen dieses «Mediums» wie geblendet: für ihn ist die Hähnel «ein Phänomen, das unter ähnlichen Umständen in Jahrhunderten nicht wiederkehrt». Im Hause des Fürsten, der nur noch ein Schatten seiner selbst ist, spielt sie nun die Rolle seiner Pflegerin – «Geliebte kann man es nicht nennen», wie Varnhagen ironisch kommentiert. Diese Intrigantin wird zum gefügigen Werkzeug zu Koreffs Sturz, den die Junkerclique am Hof längst beschlossen hat.

Der Günstling, dessen Position bereits erschüttert ist, will nicht begreifen, daß ihn die antisemitisch verhetzte öffentliche Meinung für die allgemeine Mißwirtschaft verantwortlich macht und daß sich Hardenberg unter den Einflüsterungen der Hähnel von ihm abzuwenden beginnt. «Man schimpft entsetzlich auf Koreff. Der Jude beim Kanzler sei an den letzten Sachen meistens schuld!» notiert Varnhagen schon im Januar 1820 in seinem Tagebuch. Als in Paris eine angeblich von dem Leibarzt ins Französische übersetzte Flugschrift über die Administration Hardenberg und über die versprochene preußische Verfassung erscheint, schlägt die Reaktion zu: der bisher fast Allmächtige wird aus der Umgebung des Kanzlers entfernt, degradiert, ins Kultusministerium abgeschoben und endlich, unter Zusicherung einer Pension, zum Verlassen der Hauptstadt aufgefordert. «Koreff ist gänzlich aus dem Sattel gehoben», schreibt Pückler frohlockend nach Muskau, «und man hört jetzt am Tische nur über Juden schmähen und witzeln.»

Verbittert resümiert der Gestürzte sein Schicksal: «Der politische Himmel ist umwölkt; die magnetische Sonne hat Flecken bekommen, die ein Jahrzehnt nicht auslöscht. Gemeinheit und Bosheit triumphieren und glauben recht zu haben und erheben ihre widrigen Stimmen.» Dem bereits gelähmten und ebenfalls von der preußischen Obrigkeit gemaßregelten Gefährten Hoffmann schickt er noch einen Geburtstagsgruß, den er mit der Bitte beschließt: «Denke manchmal Deines pilgernden Freundes!» Dann hat er noch die Genugtuung, die von ihm gedichtete und von dem Berliner Musikdirektor Georg Abraham Schneider vertonte Oper «Aucassin und Nicolette» auf der Bühne zu sehen. Am 23. April 1822, zwei Monate vor dem Tode des Serapionsbruders Hoffmann, schüttelt David oder, wie er sich jetzt nennt, Johann Ferdinand Koreff den Staub der Residenzstadt an der Spree von den Füßen, wo er Geist und Macht, romantisches Unendlichkeitsstreben und preußische Wirklichkeit, Rezepte und Sonette nicht hat miteinander in Einklang bringen können.

Ein Deutscher in Paris

Von nun an führt der in die Fremde Verschlagene noch fast drei Jahrzehnte lang, bis zu seinem Tode, das Dasein des Emigranten. Wie sein Schicksals- und Leidensgenosse Heine befindet sich Koreff in einem mehrfachen Exil: den Juden gilt er als Christ, den Christen als Jude, den Preußen als Franzosenfreund, den Franzosen als Deutscher, gelegentlich sogar als preußischer Spitzel. Der Polizeipräfekt von Paris beschuldigt ihn in seinen an den Minister des Innern gerichteten Geheimberichten abwechselnd der Spionage für Preußen und des Verkehrs in Kreisen, «wo man sich zu den demagogischen Grundsätzen bekennt», obwohl diese Vorwürfe kaum auf einen Nenner zu bringen sind. In einem Gartenhäuschen haust der Exulant wie in einem Käfig, in seinem Arbeitszimmer «umstellt mit Büchern in allen Sprachen, vom Chaldäischen und Sanskrit bis zum Rotwelsch der Bettler und Gauner», wie eine Besucherin erzählt.

Umstellt ist er aber auch vom Konkurrenzneid der französischen Ärzte, die in dem erfolgreichen deutschen Kollegen einen unerwünschten Rivalen sehen. Nur die Intervention des bekannten Anatomen Cuvier ermöglicht ihm die ständige Ausübung seiner Praxis, in der noch immer die magnetischen Heilverfahren eine bedeutende Rolle spielen. Seine Ansichten dazu legt er in einem Beitrag zu einer französischen Schrift nieder, die er sogar an Goethe schickt. Wieder phantasiert er, der romantische Rhapsode, von seinen «gefahrvollen Fahrten auf dem stillen Ozean des Schlafes, auf dem uns noch der Kompaß der Wissenschaft fehlt», hält aber die höhere Hellsichtigkeit der Somnambulen mit den rationalen Fragestellungen des Arztes im Grunde für unvereinbar. Dennoch präsentiert er sich den Parisern nicht nur als Magnetiseur, sondern auch als ein Praktiker, der die modischen Hungerkuren und Aderlässe bekämpft, der kräftige Nahrung, Stärkungsmittel und frische Luft verordnet, da er der Meinung ist, «daß die alten Rassen durch Bleichsucht aussterben». Im Jahre 1832 erreicht die europäische Cholerawelle auch die französische Hauptstadt. Das Volk schöpft Mißtrauen gegen die Ärzte und beginnt auf offener Straße auch den skurril anmutenden, mit einer roten Lodenperücke bekrönten deutschen Doktor zu bedrohen. Der springt beherzt auf einen Prellstein und hält in seinem fremdländisch akzentuierten Französisch eine flammende Rede: «Seid ihr nicht mehr das Volk, das man als das tapferste und klügste der Welt ansah? Ihr wollt den Namen *grande nation* tragen und benehmt euch so töricht und feig wie die nordischen Barbaren!» Als er von einem Cholerakranken, der auf einer Bahre liegt, das Tuch zurückschlägt und diesen zum Eideshelfer seines selbstlosen ärztlichen Dienstes aufruft, schlägt die Stimmung um: Koreff wird von einigen Männern auf die Schultern gehoben und unter beständigem Vivatrufen bis zur Pforte des Spitals getragen. Seine Frau, befragt nach dem Spezialgebiet ihres renommierten Mannes, antwortet: «Die verzweifelten Fälle.»

Denn inzwischen ist der Sonderling den Bund der Ehe eingegangen. Er heiratet die deutsche Jüdin Therese Mathias, die, meistens mit Goldketten, Gürtelschnallen und Ringen aufgeputzt, den Straßenpassanten wie ein «zu einem Opferfeste geschmücktes Götzenbild» erscheint, wenn sie, in einem viel zu niedrigen Landauer wie in einer Badewanne sitzend, durch die Rue de Rivoli fährt: so jedenfalls berichtet Maxime Du Camp, der Freund Flauberts. In der Pariser Boheme ist der Leumund der Frau Koreff nicht ganz ungetrübt, wobei es freilich als übertrieben gelten muß, wenn ein Lästerer wie der Graf de Viel-Castel sie des zweifelhaften Umgangs mit den Mobilgarden bezichtigt. Doch auch der bereits gelähmte Heine äußert sich in einem Brief über die Gattin seines Exilgenossen: «Bei alledem bin ich sentimental wie ein Mops, der zum erstenmal liebt. Warum kann ich nicht all diese Sentimentalität den Reizen der Frau Koreff widmen!»

Heinrich Heine ist nun zugleich Koreffs Patient und Freund, dem er die Türen der Pariser Literatenzirkel öffnet, Bücher leiht und gar bei einem Duell beisteht. Koreff dient den aus Deutschland kommenden Intellektuellen als kundiger Fremdenführer, macht Grillparzer mit Alexandre Dumas bekannt, stellt den Berliner Musikkritiker Ludwig Rellstab dem prominenten Altertumswissenschaftler Letronne vor und setzt sich für die Anerkennung Rahel Varnhagens in Frankreich ein. Im Salon des Barons Gérard trifft er den Journalisten Alexandre Loeve-Veimars, den er nachdrücklich auf die Notwendigkeit der französischen Übersetzung von E. T. A. Hoffmanns Werken hinweist. Loeve-Veimars macht sich sofort an die Arbeit und läßt von 1829 bis 1833 Hoffmanns «Œuvres complètes» in zwanzig Bänden erscheinen. Die Ausgabe, von Koreff auch sonst tatkräftig gefördert und mit einem Porträt des unvergeßlichen Berliner Freundes versehen, wird ein beispielloser Erfolg und begründet den von nun an sprichwörtlichen Ruhm des Kammergerichtsrates in Frankreich. Hoffmann-Editionen werden in schneller Folge herausgegeben, Balzac beginnt seine Laufbahn unter dem Eindruck des «conteur berlinois», Théophile Gautier und Gérard de Nerval zeigen sich von ihm angeregt, und noch Charles Baudelaire, der den «divin Kreisler» preist, und Offenbachs Oper sind ohne den französischen Enthusiasmus für den großen deutschen Romantiker nicht zu denken.

Der Inaugurator dieser fruchtbaren Begegnung – bizarr, nervös, mit deutschem Tonfall französisch parlierend, kurzbeinig, augenzwinkernd, verschroben gekleidet – erinnert die Pariser an den Rat Krespel in den «Serapionsbrüdern» und gilt nun selbst als Hoffmanngestalt. Der «médecin hoffmannique», wie er genannt wird, verkehrt in den Salons der Virginie Ancelot und der Comtesse Dash, wo er Freundschaft mit dem Romancier Stendhal, dem «Carmen»-Dichter Prosper Merimée, den Brüdern Musset und dem Maler Delacroix schließt. Er zecht mit dem Philosophen Victor Cousin, bringt Giacomo Meyerbeer an die Grand Opéra und unterhält den russischen Schriftsteller Iwan Turgenjew mit Anekdoten über deutsche Professoren. Er behandelt den alten Talleyrand, was den Fürsten zu dem Bonmot veranlaßt: «Dr. Koreff ist eine Fundgrube des Wissens; er versteht alles – selbst etwas von Medizin.» Während er von seinen begüterten Patienten Stargagen verlangt, betreut er die Kranken in den Armenvierteln kostenlos.

Gleichwohl wird die Presse nicht müde, seine Geldgier anzuprangern. Im Sommer 1837 magnetisiert er mit Erfolg die Gräfin Lincoln, eine nervenkranke Tochter der Herzogin von Hamilton. Als Koreff den Verdacht schöpft, daß er um sein Honorar betrogen werden soll, übergibt er dem Gericht eine Forderung auf 400000 Franken! Aber er verliert den sensationellen Prozeß und steht über Nacht am Rande des Ruins. Zehn Jahre später behandelt er die berühmt-berüchtigte Kurtisane Marie Duplessis, die nach ihrem frühen Tod als die «Kameliendame» des jüngeren Dumas und als Verdis «La Traviata» unsterblich bleiben wird. Das Leben dieser schwindsüchtigen Blüte der Pariser Halbwelt, in deren Haus er auch Franz Liszt kennenlernt, vermag er nicht zu retten. Den Erben präsentiert er eine Rechnung in Höhe von 1400 Franken, denen die Zeitungen sogleich eine weitere Null anhängen. Wieder verliert Koreff den Skandalprozeß, der auch von den Berliner Blättern durchgehechelt wird.

Zurück bleibt ein nahezu bankrotter, gescheiterter Greis, der bei Varnhagen während ihres letzten Wiedersehens den Eindruck eines «Veralteten, Ermüdeten, Herabgekommenen» hinterläßt. In einer Welt, in der die erste Äthernarkose und bald auch die erste Blinddarmoperation von sich reden machen, ist kein Platz mehr für den romantischen Heilkünstler. Er verliert die ihm von Preußen gezahlte Pension, wird vom preußischen Gesandten ignoriert, seine Gesundheit ist zerrüttet. Im Revolutionsjahr 1848 muß er seine Pferde verschenken, da er das Futter nicht mehr bezahlen kann. Als seine Schwester stirbt, setzt sie ihn zum Erben von 100 000 Franken ein, vergißt aber, das Testament zu unterzeichnen, so daß es nicht rechtskräftig wird. Am 15. Mai 1851 erlöst ihn der tödliche Schlaganfall bei einem Krankenbesuch von einem Dasein, das am Ende öde und anachronistisch geworden ist. Die ahasverische Unrast, die sein Leben beherrscht hat, weicht auch im Tode nicht von ihm. Nachdem man ihn zunächst auf dem Friedhof am Montmartre beerdigt, werden seine sterblichen Überreste sechs Jahre später nach dem Père-Lachaise überführt, wo eine schlichte Steinplatte nur die Inschrift trägt: *«Le docteur Koreff.»*

Ist es ein Wunder, daß sich um das Hinscheiden des «médecin hoffmannique» unverzüglich die schauerlichsten Legenden zu ranken beginnen? Die Pariser, die noch immer im Banne ihres Hoffmann-Erlebnisses stehen, wollen wissen, Koreffs Pakt mit dem Teufel sei nun abgelaufen, der Satan habe sich seiner bemächtigt. Schon vor Jahren, noch auf dem Höhepunkt seines Ruhmes, verglich ihn die Comtesse Dash mit dem Abenteurer und Mystagogen Cagliostro. «So, so», hat damals der unergründliche Wundertäter aus dem Breslauer Judenviertel mit «einem seiner durchdringenden Blicke» geantwortet, «ich habe ihn vielleicht gekannt.»

Der Genius des romantischen Theaters *Ludwig Devrient*

Romantisches Schauspielerleben

Der junge Schauspieler, der am 18. Mai 1804 bei der Langeschen Wandertheatertruppe in Gera als Bote in der «Braut von Messina» mit vor Lampenfieber bebender Stimme die Worte «Heil mir!» haucht, sich dabei krampfhaft an einem Stab festhaltend, steht zum ersten Male auf den Brettern, die ihm fortan die Welt bedeuten werden. «Ein Bote – Herr Herzberg» meldet lakonisch der Theaterzettel. Als der junge Mann deprimiert die Bühne verlassen hat, bricht er zusammen. Einige Tage später wird er in einer ersten Liebhaberrolle eingesetzt, bleibt aber hölzern und befangen, so daß er schließlich weinend in der Kulisse steht, aus der er mit sanfter Gewalt wieder aufs Podium gedrängt werden muß. Keiner von den im Parterre sitzenden Geraer Musenfreunden kann auch nur ahnen, daß er hier dem Debüt des größten komödiantischen Genies beiwohnt, das dem deutschen Theater des neuen Jahrhunderts beschieden sein wird. Und kein Zuschauer kann wissen, daß sich hinter «Herrn Herzberg», dem scheinbar unbegabten Anfänger, der entlaufene Sproß eines soliden Kaufmanns verbirgt, der in der Berliner Brüderstraße einen redlichen Handel mit Glacéhandschuhen, Schnürbrüsten und Eau de Lavande betreibt. Die rote Theaterschminke, die er in seiner Galanteriewarenhandlung feilbietet, dürfte das einzige Erzeugnis sein, das ihn mit jener Sphäre verbindet, in der sein durchgebrannter jüngster Sohn dereinst Triumphe feiern wird.

Der saturierte und jeder Abschweifung vom rechten Wege abholde Berliner Bürger heißt Philipp Devrient, sein am 15. Dezember 1784 geborener Jüngster ist auf die Vornamen Louis Daniel getauft. Die Familie gehört der Französischen Kolonie an, obgleich sie flämischer Herkunft ist. Die feierlich daherrollenden Predigten des Pfarrers in der Französischen Kirche sind es denn auch, die den Knaben früh zur Nachahmung animieren, obwohl er des Französischen kaum mächtig ist. Der höhnischen Kopie ungeliebter Lehrer an der Hartungschen Schule folgen spektakuläre Deklamationsübungen auf einer einsamen Bank im Tiergarten, dann aber auch schon erste Fluchtversuche aus dem väterlichen Hauswesen. Zum ersten Male kommt der Knabe nur bis Charlottenburg, etwas später jedoch, als ihn der Vater zu einem Potsdamer Posamentier in die Lehre gibt, gelangt er bis nach Wittenberg, wo er als Ausrufer bei einem Obstweib erste Erfolge hat. Der neuerlichen zwangsweisen Rückführung in die Bande der Familie sucht der junge Ludwig als Kanonier bei der preußischen Artillerie zu entkommen. Wieder wird er zurückgeholt und ins Büro des Stiefbruders Emanuel abgeschoben, der im polnisch-russischen Brody einer Filiale des Handelshauses Devrient vorsteht.

Die Stationen, die nun folgen, reichen aus, um einen der beliebten Romane von Cramer oder Grosse zu füllen: als Ludwig von dem Bruder auf eine Reise geschickt wird, um Geldforderungen der Firma einzutreiben, gerät er in eine Runde leichtblütiger russischer Offiziere, in der er nicht nur das kassierte Geld verjubelt, sondern außerdem beträchtliche Summen verspielt, für die er auf den Namen des als zahlungsfähig bekannten Vaters unbedenklich Kredite aufnimmt. Von dem Intermezzo wird ihm die – in des Wortes doppelter Bedeutung – Passion für starke alkoholische Getränke bleiben.

Wieder holt ihn die Familie ein: mit Gewalt wird der Liedrian nach Deutschland geschafft und muß den Bruder nach Leipzig zur Messe begleiten. Dort sieht er auf den Brettern der Secondaschen Schauspielergesellschaft den großen Ferdinand Ochsenheimer, den späteren Star des Wiener Burgtheaters, der ihn so fasziniert, daß er beschließt, auf dem Theater eine letzte Chance zu suchen. Als er dem Bruder den verwegenen Plan offenbart, gibt der ihn für immer verloren. Heimlich verläßt er den Gasthof, schlägt sich nach Naumburg durch, wird vom Theaterdirektor Lange aufgenommen und zieht mit den Komödianten nach Gera weiter, wo er, um der Devrient-Sippe nicht den ehrlichen Namen zu verunglimpfen, als «Herr Herzberg» die ersten zagenden Schritte auf der Bühne tut.

Zunächst scheint nichts auf eine bedeutende Karriere hinzuweisen. Nach erfolglosen Versuchen im Fach des jugendlichen Liebhabers bleibt es vorläufig bei kurzen Auftritten, die in Sätzen wie «Heil mir!» oder «Die Pferde sind gesattelt!» gipfeln. Als er in Rudolstadt in einem der obligaten Kotzebue-Stücke einen Herzog von Cumberland mimt, muß er sich bei dem Ruf «Der Herzog von Cumberland ist jederzeit willkommen!» das protestierende Zischen des Publikums gefallen lassen. Aber schon ein knappes Jahr nach dem wenig versprechenden Start gelingt der entscheidende Durchbruch, als er in Zeitz kurzfristig den Rudenz im

«Tell» übernimmt. Mit flammender Leidenschaft tritt er in der Apfelschußszene dem Geßler entgegen und schleudert ihm Schillers Worte der Empörung ins Gesicht. Parterre und Galerie sind außer sich vor Begeisterung, und als der frischgebackene Publikumsliebling nach der Vorstellung von den Zeitzer Leinewebern und Tuchmachern in einem Bierkeller vehement gefeiert wird, erklärt er, der an diesem Abend seine Bestimmung gefunden hat: «Die Liebe auf dem Theater lasse ich anderen Leuten – Empörer will ich spielen – Empörer!»

Von da an geht es schnell nach oben. Schon bald vermag er dem pittoresken Wandertheaterdasein zu entrinnen, in Dessau wird er als Einundzwanzigjähriger bereits Hofschauspieler an dem bekannten Theater des Herzogs Leopold Friedrich. Hier und bei Gastspielen der Dessauer in Leipzig gewinnt er ersten Ruhm, söhnt sich mit dem Vater aus und heiratet eine Tochter von Beethovens Musiklehrer Neefe, die aber kurze Zeit später bei der Geburt eines Töchterchens stirbt. Als Devrient, der nun unter seinem richtigen Namen auftritt, die künstlerischen Aufgaben, die ihm Dessau zu bieten hat, nicht mehr genügen, wird er kurzerhand kontraktbrüchig und nimmt einen Ruf nach Breslau an. In abenteuerlicher Fahrt gelangt er nach Dresden, wird dort von der Polizei aufgegriffen und nach Leipzig zurückgebracht, wo die Dessauer gerade gastieren, wird von seinem alten Prinzipal mit einer Paraderolle geködert, flieht, nachdem er sie gespielt hat, erneut, erwirkt beim Dessauer Erbprinzen die Lösung seines Vertrages und steht am 9. Februar 1809 zum ersten Male auf der Bühne des Breslauer Stadttheaters.

Hier erlangt er im Laufe der nächsten fünf Jahre bereits den Ruf eines der exzellentesten deutschen Schauspieler, der sowohl als Schillers Franz Moor als auch in den großen Charakterrollen Shakespeares, aber ebenso in den unvermeidlichen Kotzebue- und Ifflandfabrikaten ein unerhörtes Pandämonium menschlicher Charaktere ausbreitet. Schon seine Breslauer Debütrollen, in denen er sogleich wahre Triumphe feiert, deuten an, daß dieser unerschöpfliche Menschendarsteller in keines der herkömmlichen Fächer einzuzwängen ist: dem als Empörer angelegten Franz Moor folgen innerhalb von vierzehn Tagen der dümmliche Hofmann Balken in Heinrich Becks Lustspiel «Die Schachmaschine», der dämonische Posert in Ifflands «Spielern», der Herr von Hayfisch in Kotzebues vielgespieltem Einakter «Das Strandrecht» und der komödiantisch ergiebige Pfifferling in Kotzebues «Schauspieler wider Willen». Gerade in der Vermenschlichung schablonenhafter Figuren erfolgreicher trivialer Stücke, etwa des populären Rochus Pumpernickel oder der «Drillinge», in denen Devrient gleich in drei Rollen brilliert, zeigt sich seine bald als einmalig erkannte psychologische Differenzierungskunst, sein stupender Verwandlungsreichtum und seine die feinsten Verästelungen der menschlichen Seele ausleuchtende Nuancierung, die das Personal der zeitgenössischen Possen und Rührstücke zu Individuen erheben. Aber erst in den zerklüfteten Gestalten Shakespeares, etwa im Lear und im Shylock, findet er monumentale und würdige Aufgaben.

So ist es fast schon selbstverständlich, daß ihn der alte Iffland kurz vor seinem Tod nach Berlin ruft, wo man Devrients erstem Auftritt wie einer Sensation entgegenfiebert. Als er am 1. April 1815 im alten, noch von Langhans erbauten Schauspielhaus am Gendarmenmarkt wiederum als Franz Moor das Publikum erobert, ist die Begeisterung ungeheuer, obgleich die Rolle eine fast schon legendäre Erfolgspartie Ifflands gewesen ist. Devrients Kunst erhebt jeden Theaterabend zu einem exzeptionellen Ereignis, das den Zuschauern für einige Sternstunden lang die Empfindung suggeriert, nur an diesem Abend erfülle sich das Schicksal Lears, nur an diesem Abend kugele der feiste Falstaff durch die Schenke «Zum wilden Schweinskopf» oder ziehe der schäumende Richard III. in seine letzte Schlacht. Selbst Rahel Varnhagen, die seit dem Tode des vergötterten Ferdinand Fleck das Theater gemieden hat, applaudiert so enthusiastisch, daß sie auf der Stelle Migräne bekommt: «Ein Maler gehört dazu, dies aufzufassen, bis in die Haltung der Finger; und das *nicht* wie Iffland, sondern von *innen* her: erfüllt von seinem Vorbild, nicht vom Parterre ...»

Devrients enorme Verwandlungskunst, die es ihm erlaubt, in Shakespeares «Was ihr wollt» innerhalb einer Woche den dicken Junker Tobias Rülp und den klapperdürren Junker Bleichenwang zu spielen, hat ihren wesentlichsten Grund in dem von Richard Wagner an ihm konstatierten «fast dämonischen Hang zur Selbstentäußerung». Hier ist der Quell von Devrients zutiefst romantisch geprägtem Künstlertum, das auf die völlige Verwandlung dieses einzigartigen Menschen in immer wieder andere Individuen angelegt ist: auf insgesamt 513 verschiedene Rollen, die er in seinem noch nicht einmal fünfzig Jahre währenden Leben verkörpert! Hinter diesen Metamorphosen, die nie in gaukelhafter Virtuosität verpuffen, stehen nicht nur Emotionen und eine phantastische Einbildungskraft, sondern ebenso auch ein genaues, oft jahrelang minutiös betriebenes Rollenstudium, bei dem er sich alle psychologischen Facetten einer Figur, ihre Beziehungen zu den anderen Gestalten des Stücks, ihr historisches und soziales Umfeld sorgfältig zu vergegenwärtigen sucht. Der Glücksfall des Menschenformers Devrient liegt in der exemplarischen Einheit von seltener Imaginationskraft, genialer mimischer Verwandlungsfähigkeit und unerhörtem Fleiß. Aus diesen Elementen erwächst seine romantisch intendierte Schauspielkunst. Wenn nach des Novalis programmatischen Worten die Romantisierung der Welt eine «qualitative Potenzierung» ist, die darin besteht, daß «ich dem Gemeinen einen hohen Sinn, dem Gewöhnlichen ein geheimnisvolles Ansehn, dem Bekannten die Würde des Unbekannten, dem Endlichen einen unendlichen Schein gebe», dann wird in der komödiantischen Gestaltenwelt Devrients die romantische Schauspielkunst par excellence zum Ereignis. Sie gip-

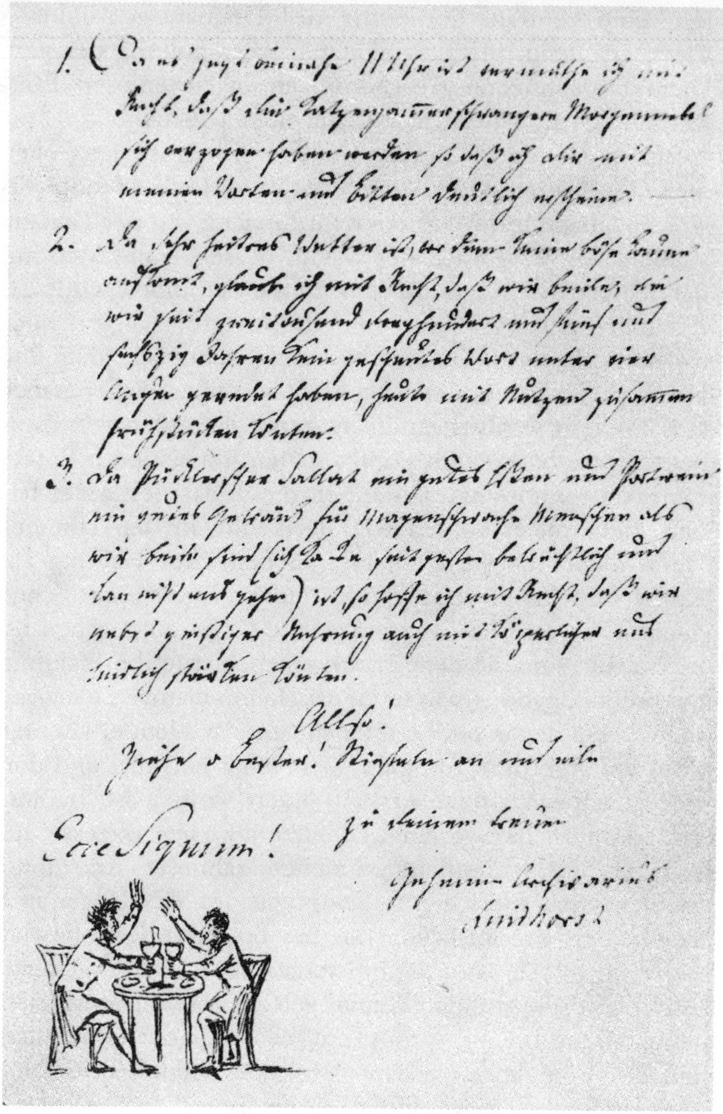

Brief E.T.A. Hoffmanns
an Ludwig Devrient mit Karikatur der beiden zechenden Freunde,
vermutlich Frühjahr 1817

felt, eine zentrale Forderung des Dramaturgen Ludwig Tieck erfüllend, in der völligen Anverwandlung des vom Dichter ersonnenen Geschöpfs, im schlackenlosen Einswerden des Künstlers mit der gespielten Figur.

Eine geräumige Wohnung findet er im Hause des Geheimen Oberbaurates von Alten, Charlottenstraße 38/39. In das gleiche Gebäude, jedoch mit dem Eingang von der Taubenstraße, zieht bald auch der Mann, dessen Name sich mit demjenigen Devrients für alle Zeiten verbinden wird: der Kammergerichtsrat Hoffmann, dessen groteske, oft auch makaber-phantastische Märchen und Nachtstücke dem Philister die Gänsehaut über den Rücken treiben. Selten haben sich zwei so wahlverwandte Naturen gefunden wie diese beiden unbehausten, aus einer schier grenzenlosen Einbildungskraft schöpfenden Männer, die in das Berlin des frühen Biedermeier passen wie Beelzebub in den Himmel. Denn nicht nur die Gemeinsamkeiten ihrer Haltung zur Kunst sind frappierend. Beide seufzen unter einer Schuldenlast, die ernsthaft abzutragen sie längst aufgegeben haben. Beide sind sie dem Trunk ergeben, wie die Pfahlbürger mißbilligend einander zutuscheln: manch einer von ihnen weiß davon ein Lied zu singen, nachdem er von den zwei Poltergeistern in einen Weinkeller entführt und dort mit Champagner oder Arrak traktiert worden ist, bis ihm Hören und Sehen verging. Die alkoholischen Exzesse, die bald zu unerschöpflichen Quellen zahlloser Anekdoten werden, sind freilich nur Symptome für das Ungenügen der beiden Bacchusbrüder an der bornierten Bürgerwelt. Devrient ist schon zu Beginn seines Berliner Engagements ein vom fortwährenden Genuß geistiger Getränke gezeichneter Mann. Immer wieder muß er vom Generalintendanten der Königlichen Schauspiele, dem Grafen Brühl, mit Geldstrafen belegt werden, da er bei einem Zechgelage die anberaumte Probe oder gar Vorstellung vergessen hat.

Im Hauptquartier der beiden pokulierenden Kumpane, dem ebenfalls in der Charlottenstraße befindlichen Weinkeller von Lutter und Wegner, erscheint häufig der Theaterdiener Zäger, um den Herrn Königlichen Schauspieler drohend oder flehend auf die Bühne zu nötigen. Bei Lutter und Wegner erhält auch, natürlich durch Devrient, der Champagner seinen deutschen Namen. Nach Aufführungen von Shakespeares «Heinrich IV.» pflegt er mit den Worten Falstaffs: «Gib mir ein Glas Sekt, Schurke! / Ist keine Tugend mehr auf Erden?» schallend das Lokal zu betreten, woraufhin ihm der Kellner Karl eine Bouteille Champagner aufträgt, der damit seine fortan in Deutschland geläufige Bezeichnung gefunden hat. Den Aufforderungen zum Zahlen, die der Kellner Karl allnächtlich an ihn richtet, setzt er die Worte von Schillers König Philipp entgegen: «Der Knabe / Don Karl fängt an mir fürchterlich zu werden!»

Am Beginn einer vom König besuchten «Räuber»-Vorstellung ist Devrient so berauscht, daß er gleich beim Aufgehen des Vorhangs zu Füßen des alten Moor niederstürzt. Erst ein ermunternder Zuruf des Souffleurs Wolf bringt ihn zur Besinnung: schnell die Unhaltbarkeit der Situation ermessend, erhebt er sich aus dem Staube, deutet auf den Brief, der soeben «von unserm Korrespondenten aus Leipzig» gekommen ist, und stammelt, Schillers Introduktion ebenso kühn wie geistesgegenwärtig variierend: «Nicht wahr, mein Vater, eine solche Nachricht konnte mich, den Bruder, wohl zu Boden schmettern.» Dem vom Publikum lebhaft akklamierten Extempore, dem selbst der humorlose Friedrich Wilhelm III. den Beifall nicht versagen kann, folgt ein Theaterabend, an dem Devrient mit höchster Intensität die Rolle des Franz Moor spielt, die eine seiner Meisterleistungen ist.

Franz Moor

Schillers greller Bösewicht wird erst durch Devrient zu einer psychologisch überzeugenden Theaterfigur erhoben: erst durch diesen Schauspieler widerfährt diesem vielleicht extremsten Geschöpf des Dichters künstlerische Gerechtigkeit. Devrients Franz ist keine schleichende Kanaille mit rotem Wams und roter Perücke, er ist – Empörer, Rebell gegen das ihm auferlegte Schicksal des Zweitgeborenen, dessen er sich mit verwerflichen und schließlich verbrecherischen Mitteln zu entledigen sucht.

Gleich wenn der Vorhang zum ersten Akt aufgeht, tritt dieser Franz vor den Vater hin und kann mit schlecht bezwungenem Beben in der Stimme nur mühsam verbergen, daß sein skrupelloses Spiel um die Macht schon begonnen hat: «Aber ist Euch auch wohl, Vater? Ihr seht so blaß.» Nur mit Anstrengung vermag er die «Larve des Heuchlers» zu wahren, leidenschaftlich und unbedacht offenbart er sich fast dem bestürzten Vater: «Ihr seht, ich kann auch witzig sein, aber mein Witz ist Skorpionstich.» Beinahe kann er den Abgang des Alten nicht erwarten, um in seinem ersten großen Monolog rückhaltlos die Maske abzuwerfen: «Ich habe große Rechte, über die Natur ungehalten zu sein, und bei meiner Ehre! ich will sie geltend machen.» Wo Iffland in die Attitüde des grimassierenden Intriganten verfallen war, schreit Devrient die Passage mächtig heraus, den Satz in dem Wort «Rechte» schrill akzentuierend, die er geltend zu machen entschlossen ist. Er schenkt seinem Franz nicht die «Lappländernase», das «Mohrenmaul», die «Hottentottenaugen», die Ifflands dezentem Rotstift zum Opfer gefallen waren. Er fordert die Natur, die ihm seine Rechte versagt, dreist in die Schranken: «Wer hat ihr die Vollmacht gegeben, jenem dieses zu verleihen und mir vorzuenthalten? … Warum ging sie so parteilich zu Werke?» Devrient steigert das Tempo seiner Rede zu furioser Rasanz: obgleich er zum ersten Male weite Textpartien spricht, die bisher immer gestrichen waren, sind «Räuber»-Vorstellungen mit ihm eine halbe Stunde früher zu Ende als mit seinem Vorgänger Iffland!

Es wird stets ein Geheimnis seiner Kunst bleiben, wie er immer weniger als ein infamer Schurke erscheint, je mehr er sich in seine Verbrechen verstrickt. Dieser von der Natur und vom feudalen Gesetz hintangesetzte Adelssproß ist so hochgradig der fordernde und herausfordernde, wenn auch ins Negative gewendete Held des Sturm und Drang, daß er selbst in den Augenblicken seiner abscheulichsten Missetaten einen Hauch von Größe behält. Als er den Vater, der ihn endlich durchschaut, in den Sessel zurückschleudert, richtet er sich wie ein erzenes Denkmal der Empörung vor dem Alten auf und dröhnt ihm die Worte entgegen: «Reizt meinen Grimm nicht. Ich verlaß Euch im Tode!»

Im fünften Akt gibt dann Devrient der visionären Erzählung vom Jüngsten Tage und von der Auferstehung der Toten die Gewalt eines überzeitlichen Tribunals, von dem sich Franz verworfen und verdammt sieht. Auf ergreifende Weise vermag er in dieser Szene hervorzuheben, daß hinter allen Ränken und Greueln Franz Moors Gewissen lebendig geblieben ist, das nun in seiner letzten Stunde aus einer langen Verdrängung erwacht und ihn zermalmt. Wo Iffland sein Publikum mit den Kunstgriffen seiner virtuosen Rhetorik verblüfft hat, erschafft Devrient die flakkernde Studie eines umgetriebenen, in den Wahnsinn strauchelnden Menschen: er wirft sich auf einen Stuhl, fährt wieder auf, jagt wie von Furien gehetzt über die Bühne, stürzt zu Boden, spricht ganze Sätze im Liegen und setzt Schillers leidenschaftliche Sprache in die Dynamik seiner fliegenden Bewegungen um, die von Todesangst, Schicksalstrotz und der rächenden Wiederkehr des Gewissens diktiert sind. Devrient läßt die Szene in Franzens Gebet kulminieren, das er monoton herunterlallt und in dem er sich noch einmal zu seiner Absage an alle Normen der Gesellschaft bekennt: «Ich bin kein gemeiner Mörder gewesen, mein Herrgott –». Bis er auch die Anrufung des Herrgotts als unvereinbar mit dem eigenen inneren Bilde begreift und, mehr ein Nachfahre des Prometheus als ein Schandbube, ausruft: «Ich kann nicht beten – ... Nein, ich *will* nicht beten –». Devrients Franz geht unter nach dem Gesetz, nach dem er angetreten: trotz aller Schrecken, die er heraufbeschworen hat und die ihn am Ende selbst verschlingen, als ein Rebell, der gleichermaßen groß und gräßlich ist. Sein Sprung in die Flammen, die das väterliche Schloß verzehren, läßt das Ende Franz Moors zur Höllenfahrt werden, bei der ihn beinahe schon die Bewunderung der Zuschauer begleitet.

Shylock

Ein Empörer ist er auch, wenn er als Jude Shylock im «Kaufmann von Venedig» auftritt, wie er denn überhaupt im wimmelnden, alle menschlichen Typen und Charaktere erfassenden Figurenensemble Shakespeares am ehesten seine phänomenale Verwandlungskunst entfalten kann. Ferdinand Fleck hatte den Shylock als König der Juden gegeben, Iffland sich in einem jüdelnden und possenhaften, wenn auch vielbelachten antisemitischen Zerrbild gefallen. In Devrients Nachgestaltung erscheint der rechtlose Angehörige eines ebenso auserwählten wie verstoßenen Volkes auf der Bühne, der rebellierende Repräsentant einer Minderheit, der die Christen den Handel mit Geld als einzige Basis für eine wirtschaftliche Existenz gelassen haben. Devrient deutet die jüdische Redeweise nur an, Shylocks Reichtum läßt er allenfalls durch sein ehedem vornehmes, jetzt aber schäbig gewordenes Gewand anklingen, dessen zerschlissene Pracht gleichermaßen auf die biblische Auserwähltheit und spätere Ächtung des jüdischen Volkes verweist.

Bald steigert er den mosaischen Geldverleiher zu jenem «bittern religiösen Ernste», von dem Karl Friedrich Zelter seinem Freunde Goethe gleich am Tage nach der Berliner Premiere bewundernd berichtet. Shylocks Haß auf die christlich-venezianischen Lichtgestalten, die ihn und seinesgleichen nach Gutdünken peinigen dürfen, gipfelt in den bitteren Fragen, bei denen Devrients Stimme zum Ingrimm der Verzweiflung anschwillt, den tragischen Hintergrund von Shakespeares Komödie wie eine Wunde bloßlegend: «Wenn ihr uns stecht, bluten wir nicht? Wenn ihr uns kitzelt, lachen wir nicht? Wenn ihr uns vergiftet, sterben wir nicht? Und wenn ihr uns beleidigt, sollen wir uns nicht rächen?»

Die Gerichtsszene hatte Iffland für die burlesken Gags eines geprellten Teufels genutzt, über die sich die Berliner vor Lachen ausschütteten. Devrient spricht die Worte Shylocks, der sich auf das Gesetz wie auf den Talmud beruft, mit rigoroser Unerbittlichkeit beinahe in einer einzigen Tonlage – wähnend, mit jedem Wort einen Schritt weiter auf die Erfüllung seiner Rache zuzugehen: «Ein Eid! ein Eid! Ich hab' 'nen Eid im Himmel: / Soll ich auf meine Seele Meineid laden?» Als ihm die Gewißheit des Betrugs aufdämmert, dessen Opfer er geworden ist, stößt er den Schrei aus, in dem sich der Rest seiner Lebenskraft mit einem Male verzehrt: «Ihr nehmt mein Leben, / Wenn ihr die Mittel nehmt, wodurch ich lebe.» Von da an beginnt Shylocks Rückzug in die Stille und endlich ins Schweigen. Den «Gnadenspruch» des Dogen quittiert er nur noch flüsternd: «Ich bin's zufrieden.» Dann wankt er, an Leib und Seele gebrochen, mit fast tonlos geraunten Worten davon, die aber noch die Zuschauer auf den entferntesten Plätzen der Galerie mit dem Eiseshauch eines hoffnungslos gewordenen Lebens berühren: «Ich bitt', erlaubt mir, weg von hier zu gehn: / Ich bin nicht wohl, schickt mir die Akte nach, / Und ich will zeichnen.» Zelter bemerkt im Auditorium den «Effekt eines Versöhnungsakts»: «Ein unwillkürliches Mitleiden drängt sich auf.» In dem Berlin, auf dessen Straßen bald die ersten Hep-Hep-Rufe gellen werden, ist Devrients Shylock eine mutige humanistische Tat, die Shakespeares Komödie zum bewegenden Aufruf für Menschlichkeit und Toleranz werden läßt. Als sich nach dem Abgang des geschlagenen Juden vor dem Publikum die Vereinigung dreier glücklicher Paare vollzieht, kann dieser Märchenschluß nicht vergessen machen, daß die Seligkeit der Liebenden viel zu teuer erkauft ist.

Falstaff

Aus Devrients Gestaltenfülle ragt eine Figur heraus, die er, nach Ludwig Rellstabs Bericht, mit «unnachahmlicher Vollendung» gibt: der Falstaff in Shakespeares Doppelschauspiel «König Heinrich IV.». Mitten unter seinen scheiternden und triumphierenden Helden ist der dicke Falstaff gleichsam die hinreißende Verleiblichung berstender barocker Lebenskraft, zugleich aber der in Kriegszeiten auftretende Antiheld, der fortwährend mit dem Degen fuchtelt, mit seinen Mannestaten renommiert, der sich jedoch in offener Feldschlacht aus dem Staube macht oder totstellt und alle viere von sich streckt. Mit breitem Grinsen sich über den voluminösen Bauch streichend, verkündet Devrient das Glaubensbekenntnis seines aufs Überleben bedachten Ritters: «Gut, es mag sein: Ehre beseelt mich vorzudringen. Wenn aber Ehre mich beim Vordringen entseelt? Wie dann? Kann Ehre ein Bein ansetzen? Nein. Oder einen Arm? Nein. Oder den Schmerz einer Wunde stillen? Nein. Ehre versteht sich also nicht auf die Chirurgie? Nein. Was ist Ehre? Ein Wort. Was steckt in dem Wort Ehre? Was ist diese Ehre? Luft. Eine feine Rechnung! … Ehre ist nichts als ein gemalter Schild beim Leichenzuge …» Falstaff-Devrients ad spectatores gesprochenes Abwägen der Kriegerehre, die sich nicht lohnt, rückt des dicken Sirs unheroische Gedankengänge unversehens in die Nähe der Reflexionen Hamlets. Sind unter den Berlinern, die das Theater füllen, auch einige, die in den Befreiungskriegen ein Bein oder einen Arm verloren haben und nichts mit nach Hause gebracht haben als das Eiserne Kreuz?

Dabei ist dem drall-pausbäckigen Ritter auch eine gewisse Grazie, eine beinahe schwebende Anmut der Gebärden und des Geistes eigen. Wie ein imposantes Weinfaß kugelt er über die Bühne, spreizt sich mit seinen Heldentaten vor der Wirtin der Schenke zu Eastcheap, führt gröhlend ein ganzes Ensemble von versoffenen Rekruten, schwankenden Küfern und sonstigem zwielichtigem Gesindel an, macht mit der draufgängerischen Grandezza des Landsknechts Dortchen Lakenreißer den Hof, bestellt mit einer Stimme, die er nach eigenem Geständnis «mit lautem Chorsingen verdorben» hat, unübersehbare Flaschenbatterien mit spanischem Sekt, auf den er eine zündende Lobrede hält, läßt sich schwer auf Tisch und Bänke fallen, schleudert die genial verrutschte Halskrause, den speckigen Federhut und den verrosteten Degen in die Ecke – und ist doch von einer schwerelos dahertänzelnden Eleganz, die der ungefügen Körperlichkeit gewissermaßen Flügel leiht. In dem hochrot aufgelaufenen, gedunsenen Gesicht zwinkern zwei Äuglein, deren sprühender Witz den grobschlächtigen Fleischmassen gebietet. Dieser Falstaff ist der Genießer schlechthin, aber einer, der sich seine Räusche mit Sekt anzutrinken pflegt! In der Gerichtsszene in der Schenke «Zum wilden Schweinskopf» parodiert Devrient täuschend genau seinen Kollegen Mattausch, der den König gibt, und den Schauspieler Krüger, der den Prinzen vorstellt, und ahmt sogar ihre Stimmen nach.

Der Erfolg der Aufführung ist gewaltig, obgleich Freund Hoffmann mit der Anlage des Falstaff im zweiten Teil von «Heinrich IV.» nicht einverstanden ist. Ein zwischen den beiden Getreuen eingeführter Brauch erheischt, daß der Kammergerichtsrat dem Mimen schweigend ins Bein kneift, wenn dessen Spiel seinen Beifall gefunden hat. Je stärker er kneift, desto zufriedener ist Devrient, desto stattlicher wächst die Menge der Sektflaschen auf dem Tisch bei Lutter und Wegner. Als sich nach der Premiere des zweiten Teils Hoffmann nicht von der Stelle rührt und das vertraute Zeichen ausbleibt, kommt es fast zum Handgemenge zwischen dem enttäuschten Schauspieler und seinem stummen Kritiker, der ihm aber dann die Gründe für seine Zurückhaltung nennt. Devrient zieht sogleich die Konsequenzen aus dem hilfreichen Tadel. Er korrigiert den Aufbau seiner Rolle, setzt andere Akzente und verbindet die Gestalt schlüssiger mit dem Falstaff des ersten Teils von Shakespeares Drama. Wie ein Augenzeuge berichtet, ist Hoffmann nach der Wiederholung des Stücks von der Leistung des Freundes so entzückt, «daß Devrient mehrere Tage lang mit sonderbarem Lächeln sein Bein» reibt.

Der junge Weimarer Schauspieler Eduard Genast lernt den «größten dramatischen Darsteller» am Nachmittag vor einer Vorstellung von «Heinrich IV.» bei Lutter und Wegner kennen. Die Stunden vergehen unter dem Erzählen von Anekdoten und dem unausbleiblichen Leeren der Sektflaschen. Auf dem Wege zum Theater erfaßt Genast eine «namenlose Angst», als er bemerkt, daß Devrient einen «tüchtigen Spitz» hat. Seine Angst steigert sich zum Entsetzen, als er beim Abhören der Rolle konstatieren muß, daß das bewunderte Vorbild kein Wort des Textes mehr beherrscht. Dann aber geschieht das Außerordentliche: gleich bei seinem Erscheinen auf der Bühne wird Falstaff vom Publikum mit einem Beifallssturm begrüßt, der bis zum Schluß zu endlosem Jubel wächst. Der große Komödiant stellt die für Genast von da an unvergeßliche Figur mit der «größten Sicherheit» und fabelhaftem Elan auf die Bühne – die zuvor verschütteten Worte sprudeln nur so hervor. Zwischen seinen Auftritten leert Devrient an diesem Abend in seiner Garderobe noch eine Flasche Rum ...

Das Ende eines Komödianten

Das nicht nur von Genast beklagte «Wüten des Meisters gegen seine Gesundheit» verbindet sich mit der künstlerischen Leistung, der Devrient wie keiner anderen den Ruf verdankt, der überragende Schauspieler seiner Epoche zu sein: mit Shakespeares König Lear. Immer dann, wenn er den Untergang dieses vielleicht tragischsten Helden des Welttheaters alle Stadien durchlaufen läßt, ist die eigene Erschöpfung nicht fern, und einige Male, so bei Gastspielen in Hamburg und Leipzig, müssen «Lear»-Vorstellungen abgebrochen werden. Schon in Breslau wird eine Aufführung nach dem zweiten Aufzug beendet, da Devrient, von Krämpfen zu Boden geworfen, nicht mehr imstande ist, weiterzuspielen. Der junge Karl von Holtei steht am Bühnenausgang, als man den bewußtlosen Künstler, «noch halb im Kostüm des greisen Königs», nach Hause trägt: «Die Stücke des zerrissenen Anzugs, das bleiche Gesicht, der helle Tag ... es war, als trügen sie einen Toten aus der Schlacht ...» Oft nimmt er zu einem Unmaß von Alkohol seine Zuflucht, um den Spannungsbogen eines «Lear»-Abends durchzustehen.

Wo Ludwig Devrient mit der Kraft genialer Selbstentäußerung das Schicksal des Königs Lear zum Ereignis werden läßt und zu seiner tragischen Vollendung führt, weht immer ein Hauch des Außerordentlichen. Nach dem Zeugnis Richard Wagners bleibt das Publikum nach einer solchen Aufführung noch eine Zeitlang auf seinen Plätzen festgebannt sitzen, «nicht etwa unter dem sonst blühenden Schreien und Toben eines enthusiastischen Beifalles, sondern kaum flüsternd, schweigend, fast regungslos, ungefähr wie durch einen Zauber gebunden, wider welchen sich zu wehren keiner die Kraft fühlte, wogegen es jedem etwa unbegreiflich dünken mochte, wie er es nun anfangen sollte, ruhig nach Hause zu gehen und in das Geleis einer Lebensgewohnheit zurückzutreten, aus welcher er sich undenklich weit herausgerissen empfand.»

Im letzten Jahrzehnt seines Lebens, schon um sein vierzigstes Jahr, beginnt sich des Künstlers Bahn unübersehbar bergab zu neigen. Zwar feiert er in Berlin und auf Gastspielreisen noch immer Triumphe, aber seine Gesundheit ist untergraben: immer öfter zwingen ihn Gichtanfälle aufs Krankenlager, immer bedenklicher verfällt er dem Trunk. Zu den häufigen gesundheitlichen Krisen kommen die künstlerischen; schon Richard III. spielt er mit sinkender Kraft. Andere große Figuren des Welttheaters, um die er sich jahrzehntelang bemüht, werden ihm vorenthalten. Während er den Lämmermeier in dem Lustspiel «Künstlers Erdenwallen» des Julius von Voß, den Rochus Pumpernikkel, den Schneider Kakadu und die larmoyanten Typen in den sentimentalen Schmarren eines Ernst Raupach unzählige Male spielen muß, bleiben ihm Shakespeares Jago und Goethes Mephisto versagt. Auch menschliche Leere beginnt sich um ihn auszubreiten: nach der Scheidung von seiner zweiten Frau, einer mittelmäßigen Schauspielerin, heiratet er 1825 die egozentrische Tänzerin Auguste Brandes, die an der Seite des berühmten Gatten nur um die eigene Geltung besorgt ist. Schon 1822 stirbt der Mensch, mit dem er sich am engsten verbunden fühlt, der Kammergerichtsrat Hoffmann – während Devrient nun oft einsam hinter seiner Sektflasche vergangenen Zeiten nachhängt. Eines Nachts schwankt er, zwei Bouteillen im Arm, nach dem Friedhof der Jerusalems-Gemeinde vor dem Halleschen Tor, um auf Hoffmanns Grabhügel wehmütig-heitere Zwiesprache mit dem Dahingeschiedenen zu halten, ihm immer wieder zuprostend und noch einmal aus der Erinnerung die irrlichternden Nächte bei Lutter und Wegner heraufbeschwörend. Am nächsten Morgen findet der Totengräber den Bewußtlosen.

Was ihn mit dem Kammergerichtsrat über dessen Ende hinaus verbindet, ist der geradezu gigantische Schuldenberg, an dessen Tilgung nicht zu denken ist. Zwar gehört Devrient zu den am besten honorierten Bühnenkünstlern der Zeit und kann bei Gastspielen die Höhe seiner Gage oftmals selbst bestimmen. Häufig aber verzichtet er auf jedes Honorar, gastiert kostenlos zugunsten fast bankrotter Theaterdirektoren und lädt dann auch noch das Ensemble zu opulenten Diners ein, verschenkt Unsummen, trägt beträchtlich zum Wohlstand der Berliner Gastwirte bei und weiß doch am Monatsersten nicht, wo er das Geld für die Miete hernehmen soll. Noch immer wird er in Berlin und auf Gastspielreisen umjubelt. Im Herbst 1828 feiert ihn das Wiener Publikum, als er am Burgtheater auftritt, so anhaltend, daß Franz Grillparzer mehrmals keine Eintrittskarten bekommen kann. In Leipzig erscheint der exaltierte Schicksalsdramatiker Adolf Müllner in seiner Garderobe, um sich als Reliquie den Kranz zu erbitten, den Devrient als Lear in der Szene auf der Heide getragen hat. Um die Jahreswende 1830/31 steht er endlich auf der Weimarer Bühne und wird sogar vom greisen Goethe empfangen, der allerdings seit seinem Zwist mit Karoline Jagemann das Theater nicht mehr betritt. Dort aber ist Wölfchen, des Dichterfürsten zehnjähriger Enkel, so hingerissen, daß er den «trefflichen» Künstler begeistert herausruft. Im Haus am Frauenplan spricht Devrient Partien seines Falstaff und Shylock vor dem verehrten Meister, der davon dem Freunde Zelter in Berlin berichtet: «Devrient hat den Vorteil, daß er ein merkwürdiges Individuum ist, freilich jetzt in Trümmern, doch immer noch respektabel; und so läßt er die Ahnung, was er war, entstehen, anzüglich für einen jeden, der etwas dergleichen noch fühlen kann. Was haben wir nicht um alte Burgen herumgesessen, um ihnen künstlerische Ansichten abzugewinnen.»

«In Trümmern» liegt der große Schauspieler in der Tat, obgleich er erst achtundvierzig Jahre zählt. Die gefürchteten Gichtanfälle und Brustkrämpfe erzwingen immer längere Pausen zwischen seinen Auftritten. Am 1. Dezember 1832 steht er, von schwerem Leiden bereits unübersehbar gezeichnet, als Schewa in Richard Cumberlands «Juden» zum letzten Male auf der Bühne des Berliner Schauspielhauses. Als er nach dem Fallen des Vorhangs vom Publikum mit Ovationen bedacht wird, tritt er, wie Karoline Bauer berichtet, mit «erloschenen Augen» noch einmal aufs

Podium, dankt mit «zitternder Stimme» für den Applaus und sucht seine «Hoffnung auf ein neues, frisches Leben und Blühen und Wachsen seiner Kunst» in Worte zu fassen. Aber schon in der Kulisse bricht er zusammen: «Es ist mit mir vorbei – für immer – alles!»

Unmittelbar darauf wirft ihn eine Lungenentzündung auf sein letztes Lager. Am späten Abend des 29. Dezember wird er von einer ihm unbekannten Angst ergriffen. Auf seine Bitte hin muß das Klavier in sein Zimmer gebracht werden, auf dem ihm seine Frau den «Don Giovanni» vorspielen soll. Während die ersten Akkorde der Ouvertüre erklingen, beginnt Devrient regungslos auf das Konterfei Hoffmanns an der Wand zu schauen. Ergreifen ihn, wie einst auch den Freund, beim Hören des Andante der Ouvertüre die «Schauer des furchtbaren, unterirdischen *regno all pianto*», die ihn an Dantes «Göttliche Komödie» gemahnen? Klingt ihm die «jubelnde Fanfare im siebenten Takte des Allegro wie ein jauchzender Frevel»? Vernimmt er, wie ehedem der unvergeßliche Wahlverwandte, den «Konflikt der menschlichen Natur mit den unbekannten, gräßlichen Mächten, die ihn, sein Verderben erlauernd, umfangen»? Immer weiter muß Auguste spielen, während der Sterbende unter den Klängen von Mozarts Oper auf des Ernst Theodor Amadeus Bildnis blickt. Erst in der vierten Morgenstunde des 30. Dezember 1832, unter den unerbittlich heranstapfenden steinernen Schritten des Komturs, bricht ihm das Auge.

Wilhelm und Amadeus oder Lebensbeschreibung eines königlich preußischen Kammergerichtsrates nebst fragmentarischer Biographie eines romantischen Kunstenthusiasten in zufälligen Makulaturblättern

E. T. A. Hoffmann

Ein Wort zuvor

Was sollen wir wohl von einem königlich preußischen Kammergerichtsrat halten, der Opern komponiert, Märchen erzählt und während der Gerichtssitzungen mit flüchtig hingeworfenen Strichen seine Vorgesetzten karikiert? Der die Zubereitung eines Punschs mit der gleichen Akribie betreibt wie die Abfassung von amtlichen Protokollen? Der am Tage aufsässige «Demagogen» vernimmt und des Nachts loyale Untertanen des Königs von Preußen dazu zwingt, ihm bei seinen berüchtigten Zechgelagen in Berliner Weinkellern Gesellschaft zu leisten, so daß sie einen lebenslangen Abscheu gegen Arrak und Champagner davontragen? Der, um den Ungereimtheiten die Krone aufzusetzen, auch noch dichtet und in seinen wundersamen Märchen und Nachtstücken Doppelgänger, Geisterfürsten und Verstorbene erscheinen läßt, die ihren genauen Aufenthaltsort mit Straße und Hausnummer anzugeben imstande sind? Was also ist von ihm zu halten? Ist ihm überhaupt zu trauen? Und wie soll man sein Leben erzählen, dies mehrfach gespaltene, sich gleichsam auf zwei gegensätzlichen Ebenen vollziehende Leben eines preußischen Staatsbeamten und romantischen Kunstenthusiasten?

Der Kammergerichtsrat, Dichter, Musiker, Maler und Zeichner Hoffmann, der auf die Vornamen Ernst Theodor Wilhelm getauft ist, tauscht als Schriftsteller den preußischen «Wilhelm» gegen den musischen «Amadeus» aus. Der vielsagende Tarnname ist eine Huldigung Mozarts, in dessen klingendem Vermächtnis er die reinste künstlerische Konfiguration eines romantisch-humanistischen Utopia erblickt, das sich weitab von den «Armseligkeiten des bedürftigen Lebens» eröffnet. Hoffmann, der nicht müde wird, inmitten und zugleich jenseits der widrigen preußischen Wirklichkeit das poetische Atlantis zu observieren, bleibt dennoch der gewissenhafte, die Realitäten des Lebens genau protokollierende Beamte: Amadeus vermag Wilhelm nie völlig aus dem Felde zu schlagen. Unheimliche und doch vertraute Zwiesprache haltend, gehen die beiden nebeneinander her, im freundschaftlichen, ironischen, haßerfüllten Disput, der von stiller Intimität bis zu offener Feindschaft reicht. Wenn der eine allein zu sein glaubt, blickt ihn der andere aus dem Spiegel an, schneidet ihm höhnische Grimassen oder fordert ihn gar zum Zweikampf heraus. Als Amadeus den Doppelgänger ein für allemal losgeworden zu sein meint und nun sein Leben ganz unter die Gebote der Kunst stellen möchte, steht Wilhelm nach Jahren wieder neben ihm, ergreift seine Hand und nötigt ihn abermals in die trockene Luft preußischer Amtsstuben. Oft genug scheint die Lebensbahn E. T. A. Hoffmanns in zwei miteinander unvereinbare Lebensläufe zu zerfallen – bis sich erst spät die Kapriolen und Zirkel, die Wilhelm und Amadeus schlagen, als Manifestationen eines einzigen, unteilbaren Lebensgesetzes erweisen.

Hoffmann ist sich dieses dualistischen Prinzips nur zu bewußt: bis hinein in die Dramaturgien seiner Meisterwerke reicht die prägende Kraft dieser Grundstruktur seiner Existenz. Das Versteckspiel mit dem Doppelgänger, die verborgene Anrufung des anderen Ichs durchzieht leitmotivisch sein Schaffen. So erzählt der Kapellmeister Johannes Kreisler, Hoffmanns verschlüsseltes Spiegelbild, von seiner Ankunft in der Welt: «Am Tage Johannis Chrysostomi, das heißt am vierundzwanzigsten Januar des Jahres Eintausendsiebenhundert und etzliche dazu, um die Mittagsstunde, wurde einer geboren, der hatte ein Gesicht und Hände und Füße.» Mit dem 24. Januar ist ganz richtig des Kammergerichtsrats, Ernst Theodor Wilhelms, Geburtstag angegeben, während doch der Tag des Johannes Chrysostomus auf den 27. Januar, Mozarts Wiegenfest, fällt. Die alchimistische Verschmelzung der beiden Geburtstage spielt auf die geheime Identität der beiden getrennten Wesen an: wo Wilhelm ist, da kann auch Amadeus nicht weit sein!

Kreislers doppelsinnige Benennung seines Geburtstages steht in Hoffmanns persönlichstem Buch, dem Roman «Lebensansichten des Katers Murr nebst fragmentarischer Biographie des Kapellmeisters Johannes Kreisler in zufälligen Makulaturblättern.» Höchst kunstvoll sind hier die Lebensbeschreibungen eines sich selbstgefällig spreizenden Katers, der im Einvernehmen mit seiner Umwelt lebt, und eines ingeniösen romantischen Künstlers, der ein Außenseiter der Gesellschaft ist, voneinander abgesetzt und gleichzeitig miteinander verschränkt. Bei der Erzählung von E. T. A. Hoffmanns ungewöhnlicher Laufbahn wollen wir uns dieses vertrackten Arrangements bedienen. Möge der geneigte Leser, wie schon bei der Lektüre des «Katers Murr», beachten, daß *«Biograph fährt fort»* stets auf die Biographie des Kammergerichtsrates Wilhelm, *«Makulatur-*

blatt» hingegen auf die fragmentarische Lebensgeschichte des Künstlers Amadeus verweist, welch letztere, wenigstens aus der Sicht der preußischen Obrigkeit, ohnehin nur auf wertlosen Makulaturblättern erzählbar ist! Bis endlich, zum Beschluß unserer Geschichte, Wilhelm und Amadeus sich untrennbar miteinander verbünden, Beamtenbiographie und Makulaturblätter unentwirrbar ineinander auf- und übergehen.

Lebensbeschreibung

Es ist doch etwas Schönes, Herrliches, Erhabenes um das Leben eines königlich preußischen Kammergerichtsrates! So möchte man den ersten Satz von Kater Murrs Lebensansichten aufnehmen und zugleich, im Hinblick auf den Protagonisten unserer Biographie, ergänzen, wenn uns dieser Beginn nicht sogleich den Vorwurf einer ganz unangemessenen Ironie eintragen würde. Denn in einer ehrenfesten Beamtenfamilie von solider Humorlosigkeit kommt Ernst Theodor Wilhelm Hoffmann am 24. Januar 1776 im ostpreußischen Königsberg zur Welt. Mit einem Makel ist lediglich der Vater, Christoph Ludwig Hoffmann, behaftet, der zwar Anwalt am Königsberger Hofgericht, aber auch ein Musikant und Trinker ist: gottlob verschwindet er schon nach zwei Jahren aus unserer Geschichte, als 1778 die Ehe der Hoffmanns geschieden wird!

Die Mutter, Lovisa Albertina Hoffmann, geborene Doerffer, eine sehr fromme und verschlossene Frau, zieht daraufhin ins Haus ihrer Verwandten, wo sie sich von jeder Geselligkeit absondert. Der kleine Ernst teilt mit seinem Onkel, dem honetten und pünktlichen Justizrat Otto Wilhelm Doerffer, das Zimmer und wird von ihm mit Strenge und Nüchternheit hinein in die preußische Wirklichkeit geleitet. Von 1782 an besucht er die reformierte Burgschule, in der er sich mit dem um ein Jahr älteren Pfarrerssohn Theodor Gottlieb von Hippel anfreundet. Die auffallende musikalische und zeichnerische Begabung des Knaben wird von der Verwandtschaft kaum beachtet. In einer alteingesessenen Königsberger Juristenfamilie und auch für den jungen Mann ist es nur selbstverständlich, daß er sich ebenfalls der Jurisprudenz verschreibt: so einfach ist das in Preußen! Der Sechzehnjährige bezieht die berühmte Universität, um die Rechte zu studieren, und legt drei Jahre später das Erste juristische Examen ab. Der frischgebakkene Auskultator bei der Regierung zu Königsberg scheint am Beginn einer geradlinigen Karriere zu stehen.

Makulaturblatt

Die «Andacht und Frömmigkeit, die immer mit goldenem Szepter in unsrer Familie geherrscht haben», werden von dem Studiosus der Rechtsgelehrsamkeit freilich sogleich ad absurdum geführt, wenn er in vertraulichen Briefen an den Freund Hippel auf den gleichermaßen verhaßten und verachteten Oheim Otto Wilhelm zu sprechen kommt, den er den «O-weh-Onkel» nennt, damit nicht nur auf die Initialen des Vornamens anspielend. Für dessen pedantische Kunstübungen und Marotten hat der Neffe nur Spott übrig, der ihn zu maliziösen Streichen treibt. Die zum Trocknen aufgehängten Hosen des unausstehlichen Präzeptors übergießt er mit dem Inhalt von drei Nachttöpfen, «daß der Bindfaden, woran sie hingen, sie kaum zu halten vermochte». Woraufhin der Neffe seinen Erzieher ausdrücklich in der Annahme bestärkt, daß «häßliche Teile und verderbliche Dünste» vom Himmel gefallen seien, die auf Mißwachs und Landplagen schließen lassen. Dergleichen Schelmenstücke verbergen nur schwer eine früh hervortretende renitente Neigung zu Unbotmäßigkeit und Grimassenschneiden und verraten sein Unbehagen an der spießbürgerlich-engen Umwelt. Lediglich «Tante Füßchen», die Schwester der Mutter und des Onkels, vermag sich auf den bei allem zur Schau getragenen Spott empfindsamen Knaben einzustellen. Während sie Lieder zur Laute singt, erwacht in dem kleinen Ernst der spätere «Amadeus», Wilhelms Doppelgänger und Gegenbild.

Aus den Romanmanuskripten «Cornaro, Memoiren des Grafen Julius von S.» und «Der Geheimnisvolle», die der Student nur für die Schublade produziert, kann er allein dem Freunde Hippel einige Kostproben mitteilen. Sind schon diese ersten, bald darauf verschollenen Schreibübungen für den Stammhalter einer Königsberger Juristensippe eigentlich unschicklich, so kann sein Liebesverhältnis mit der um zehn Jahre älteren Kaufmannsgattin Dora Hatt erst recht nur einem Makulaturblatt anheimgegeben werden. Die Liaison, die keinen Raum in der Biographie eines königlich preußischen Kammergerichtsrates beanspruchen darf, ist es denn auch, die zur Abschiebung des bereits skandalumwitterten Jünglings aus Königsberg führt. Die Familie beschließt, den noch nicht mündigen Sprößling mit Gewalt den Armen seiner Angebeteten zu entreißen und ins Haus des Onkels Johann Ludwig Doerffer im schlesischen Glogau zu geben.

Biograph fährt fort

Der Glogauer Regierungsrat ist nun gleichzeitig Hoffmanns Hausvater und dienstlicher Vorgesetzter, in dessen unerbittlicher Zucht er sich auf sein Referendarexamen vorbereiten muß. Und da er sich kurz darauf auch mit des Onkels Tochter Minna verlobt, scheinen sowohl des jungen Mannes Verwurzelung im Familienkreis als auch seine Beamtenkarriere sicher zu sein. Die Freundschaft mit dem geigespielenden Zöllner Johannes Hampe und die Begegnung mit dem vagabundierenden Maler Aloys Molinary mögen von der Warte der Verwandten her als belanglose Episoden gelten. Können sie ihn denn noch vom rechten

Pfade abbringen, der ihn nach menschlichem Ermessen in die geheiligten Bezirke des Staatsdienstes und einer ehrenwerten Ehe führen wird?

Bereits mit zweiundzwanzig Jahren kommt Hoffmann als Referendar ans Berliner Kammergericht, wo er, ganz wie das Gesetz es befiehlt, sich für die Dritte juristische Staatsprüfung präpariert. Neugierig durchschweift er die schnell wachsende Residenz, die ihm so gemäße Großstadtluft in vollen Zügen genießend. Dem inzwischen zum Obertribunalsrat aufgerückten Onkel mag es mißfallen, daß der künftige Schwiegersohn mindestens so oft im Opernhaus Unter den Linden und in Kunstausstellungen anzutreffen ist wie in den Sitzungen des Kammergerichts, daß er sich mit einem dubiosen Schauspieler und Gitarrevirtuosen namens Franz von Holbein anfreundet, daß ihn Porträtstudien und die Kopien antiker Kunstwerke mehr beschäftigen, als man das sonst von Referendaren gewöhnt ist, ja daß er sogar ein Singspiel mit dem Titel «Die Maske» komponiert und an die Königin Luise schickt. Aber alle diese Betriebsamkeiten mögen für den Onkel noch Bekundungen eines unbestimmten jugendlichen Dranges sein, denn im März des Jahres 1800 besteht sein Schützling glänzend das Assessor-Examen. Die Versetzung an die Regierung im westpreußischen Posen ist die Folge, die Ernennung zum Regierungsrat nur noch eine Frage der Zeit.

Makulaturblatt

Die beiden Posener Jahre müssen allerdings einem Makulaturblatt vorbehalten bleiben, denn Hoffmann fährt im Komponieren munter fort und setzt Goethes Singspieltext «Scherz, List und Rache» in Musik, obgleich ihn die Emphasen der Wachstumsjahre beim besten Willen nicht mehr entschuldigen können. Noch untauglicher für eine vorzeigenswürdige Lebensbeschreibung ist aber das ärgerliche

Faktum, daß der Assessor Hoffmann, offenbar doch nicht glücklich im nüchternen Beamtendasein, in der «Ressource», einem geselligen Posener Verein, seine fortan nie mehr kurable Neigung zum Alkohol entdeckt. Hier legt er den stattlichen Grund zu der später geradezu legendären Batterie von Arrak-, Rum-, Wein- und Sektflaschen, aus denen er sich ein Monument eigener Art errichten wird, das keine Zierde von Preußens Pantheon ist. Damit aber nicht genug: auf einer Karnevalsredoute verteilt der offenbar von Sinnen gekommene Anwärter auf den höheren Staatsdienst selbstgefertigte Karikaturen, die seine Vorgesetzten und den Kommandierenden General der Posener Garnison in respektlose Zerrbilder verwandeln. Jedoch auch diese folgenschwere Kollision mit der Obrigkeit genügt augenscheinlich noch nicht! Während ein reitender Bote des vor aller Welt kompromittierten Generals nach Berlin unterwegs ist, um den ihm angetanen Affront der obersten Behörde anzuzeigen, geht ein Brief Hoffmanns an seine Verlobte ab, der ihr den Brautstand aufkündigt. Der Sechsundzwanzigjährige möchte endlich der über ihn verhängten Familienbande ledig werden und zieht es vor, Marianna Thekla Michaelina Rorer, die hübsche Tochter eines polnischen Magistratsschreibers, zu ehelichen, mit der er sich am 26. Juli 1802 in der Posener Corpus-Christi-Kirche trauen läßt – ein erster Ausbruchsversuch aus einem Dasein, dessen Enge und Nüchternheit, dessen Perspektivlosigkeit für seine geistige Entwicklung er nicht zu ertragen vermag.

Die Konsequenzen dieses doppelten Zusammenstoßes mit der Staatsräson und mit dem Familienprestige grenzen an eine Katastrophe. Hoffmanns Ernennung zum Regierungsrat wird widerrufen und er selbst in das weltabgeschiedene Nest Płock an der Weichsel strafversetzt, das bei der letzten Teilung Polens an Preußen gefallen ist. Inmitten vor sich hin bröckelnder Häuser und Kirchen, isoliert von den bescheidensten geistigen Anregungen, umgeben von demoralisierten preußischen Offizianten, getröstet nur von seiner jungen Frau Mischa, kann der Verbannte über die Einsichten nachdenken, die ihm das Posener Desaster eingebracht hat. Er muß begreifen, daß die Gesellschaft, der zu dienen er angehalten ist, seine juristischen Fähigkeiten zu ihrem Nutzen gebrauchen möchte, während sie sein künstlerisches Talent nicht nur nicht fördert, sondern sogar unter Strafe stellt, da es diese Gesellschaft keinesweg verherrlicht, sondern ad absurdum führt. Diese ebenso bestürzende wie fundamentale Erkenntnis wird durch das öde Dasein in Płock noch vertieft: am Tage hat Hoffmann verarmte polnische Landleute und jüdische Hausierer zu bestrafen, in der Nacht bannt er am Klavier den Geist Mozarts in seine Wüstenei. Wilhelm und Amadeus, die Inkarnationen der Wesenheiten, die beide in ihm angelegt sind und miteinander im Hader liegen, stehen sich gegenüber, blicken sich unverwandt an und kommen nicht los voneinander. Ins Tagebuch, das Zeugnis einsamer und qualvoller Selbstverständigungsversuche, trägt Wilhelm-Amadeus am 6. Januar 1804 ein: «Anwandlung von Todesahndungen – Doppeltgänger –»

Der Doppelgänger, von Hoffmann in seinem späteren literarischen Werk so oft gestaltet und von der Weltliteratur des 19. und 20. Jahrhunderts aus seinen Händen empfangen, ist nicht die Ausgeburt eines kranken oder berauschten Hirns. Er ist die Personifikation einer existentiellen Erfahrung. Der Doppelgänger verweist auf einen Weltzustand, in dem der einzelne Mensch nicht mehr im reinen mit sich ist, in dem er von Ichspaltung und Identitätskrisen erschüttert wird, in dem das Schicksal eines Individuums nicht mehr in linearem Ebenmaß erzählbar ist, sondern in eine offizielle Biographie und heimlich beschriebene Makulaturblätter zerfällt. Hoffmann erlebt das Phänomen der Entfremdung mit schmerzhafter Unerbittlichkeit am eigenen Leib. Wilhelm hat preußische Disziplin zu exerzieren und sich zu bewähren. Amadeus verfaßt den Essay «Schreiben eines Klostergeistlichen an seinen Freund in der Hauptstadt», beteiligt sich an einem von Kotzebue ausgeschriebenen Lustspielwettbewerb, komponiert Messen und Motetten, kann aber auch von grotesken Spottbildern auf seine Kollegen nicht lassen. Erst im Frühjahr 1804, nach fast zweijähriger Leidenszeit, findet Wilhelm endlich Gnade bei seinen Oberen, die meinen, daß der Denkzettel genügt hat und Hoffmann jetzt reif ist für die Beamtenkarriere: er wird als Regierungsrat nach Warschau versetzt.

Biograph fährt fort

Wenigstens kommen wir nun wieder ein Stück in der Lebensbeschreibung voran! Wie es scheint, haben die Oberen ihr Ziel erreicht: der Regierungsrat Hoffmann gehört schnell zu den geachteten Beamten der zur südpreußischen Provinzialhauptstadt degradierten ehemaligen polnischen Metropole. Zwar dilettiert er weiterhin in den Künsten, aber das mag in den Augen der Vorgesetzten allein schon dadurch gemildert werden, daß sich auch andere Angehörige der preußischen Bürokratie in Warschau der Literatur verschreiben, ohne deshalb aufsässig zu werden. Da ist der Königsberger Landsmann Zacharias Werner, der beim Kammerpräsidium angestellt ist und monströse Dramen schreibt, und da ist vor allem der jüdische Assessor Julius Eduard Hitzig, der den Neuankömmling aus dem Płocker Exil mit den Schriften der Romantiker bekannt macht. In Tiecks «Sternbald» entdeckt Hoffmann nun, wie fast ein jeder seiner Generationsgefährten, das «wahre Künstlerbuch».

Unter dem Eindruck der neuen geistigen Welt, die sich ihm hier auftut, komponiert er Clemens Brentanos Singspiel «Die lustigen Musikanten», das sogar in der Regie des bedeutenden polnischen Theatermannes Bogusławski aufgeführt wird, eine Sinfonia Es-Dur, eine Messe d-Moll, dazu die Bühnenmusik zu Zacharias Werners Trauerspiel

«Das Kreuz an der Ostsee», das Singspiel «Liebe und Eifersucht» nach Calderón und mehrere kammermusikalische Werke. Zusammen mit anderen Enthusiasten gründet er die «Musikalische Gesellschaft», an deren Spitze er sich zum ersten Male als kunstfertiger Dirigent produziert. Das Domizil dieser Sozietät, ein polnisches Adelspalais, malt er mit närrischen Fresken «im ägyptischen Stil» aus. Wollen streitende Parteien den Regierungsrat Hoffmann sprechen, so werden sie nach jenem Hause gewiesen, wo sie den Gesuchten in besudeltem Malerkittel, neben sich eine Flasche Wein, auf hohem Gerüst sitzen sehen. Behende wie ein Gnom springt er herab, wäscht die Hände, läuft gestikulierend vor seinen Klienten her zum Gerichtssaal, wo er, wie Hitzig berichtet, «mit gleicher Fertigkeit die Feder als den Pinsel führend», ein Protokoll aufsetzt oder die Verhandlung eröffnet. Die Präzision, mit der Hoffmann auch in solchen Situationen seine Amtsgeschäfte versieht, scheint zu beweisen, daß es möglich ist, das Beamtendasein mit künstlerischen Ambitionen zu vereinen.

Ein guter Stern scheint über ihm zu walten, als in jenen Tagen Mischa das Töchterchen Caecilia zur Welt bringt. Dann aber verdunkelt sich schnell der Horizont: nach dem Zusammenbruch des alten Preußen bei Jena und Auerstedt ziehen am 28. November 1806 französische Truppen in Warschau ein. Die kopflos gewordene preußische Obrigkeit überläßt ihre Beamten in den ehemaligen polnischen Landesteilen einem ungewissen Schicksal. Hoffmann, der über Nacht Dienst und Brot verloren hat, vermerkt in seinem Briefbuch: «Große Katastrophe!»

Makulaturblatt

Die «große Katastrophe», die über den Staat und ihn selbst hereingebrochen ist, will Hoffmann als Chance nutzen, die Kunst zum ausschließlichen Lebensinhalt zu erheben:

Amadeus möchte sich den Doppelgänger Wilhelm ein für allemal vom Halse schaffen und in der Tonkunst zeigen, daß er mehr als ein Dilettant ist. Der Entschluß steht für ihn fest, auch wenn er bald darauf in Berlin erfahren muß, daß inmitten der durch die Niederlage verarmten Stadt die Musikalienverleger dem unbekannten Amateur aus der Provinz die Tür weisen. Geplagt vom Nervenfieber, niedergebeugt durch die Nachricht vom Tode der kleinen Caecilia, ohne Geld und fast den Hungertod vor Augen, fristet Amadeus sein kümmerliches Dasein mit trockenem Brot und schattenhaften Illusionen, die ins Nichts verrinnen. Erst eine Annonce im «Reichsanzeiger» trägt ihm die Berufung als Musikdirektor am Bamberger Theater ein.

Aber seine Hoffnungen werden bald wieder enttäuscht, als er im September 1808 zusammen mit Mischa in der bayerisch-fränkischen Bischofsstadt eintrifft. Das Theater erweist sich als Schmiere, mit deren unfähigem Prinzipal der Kapellmeister schon nach wenigen Wochen in Streit gerät. Wieder wirft er den Bettel hin, schreibt aber weiterhin Bühnenmusiken für das dubiose Unternehmen. Als Gesangs- und Klavierlehrer von Bambergs höheren Töchtern verdient er sich ein bescheidenes Zubrot, das die Zechabende in der Theaterwirtschaft «Zur Rose» nicht annähernd finanzieren kann. Dort sitzt der kleine, fortwährend Fratzen schneidende, mit den Händen fuchtelnde Kobold beinahe allabendlich. Dort steigert er sich mit dem dicken Weinhändler Kunz in jene wilden Räusche hinein, die den Bambergern unvergeßlich bleiben. Dort disputiert er mit den Ärzten Marcus und Speyer über menschlichen Wahnsinn und «animalischen Magnetismus». Dort sitzt er rittlings in seinem abgeschabten Frack auf dem Stuhl, die Lehne nach vorn gekehrt, und fletscht die Philister an, wenn sie ihm vollends unerträglich werden – kein Zoll mehr ein königlich preußischer Regierungsrat!

Vor allem aber beginnt Hoffmann in Bamberg das Wort als die ihm gemäße künstlerische Ausdrucksmöglichkeit zu

Selbstkarikatur E.T.A.Hoffmanns mit dem Verleger C.F.Kunz und dem Bamberger Stadtphysikus Pfeufer

entdecken. Er schreibt Musikkritiken, für die er, der geborene Geschichtenerzähler, bald novellistische Einkleidungen ersinnt. Um die mangelhaften Aufführungen der Opern Glucks, die er in Berlin gesehen hat, zu brandmarken, läßt er in einer zwischen Traum und Wirklichkeit schwebenden Erzählung den Komponisten von «Orpheus und Eurydike» im Berlin des Jahres 1808 auftreten, obwohl der schon seit einundzwanzig Jahren in seinem Wiener Grab liegt. Hoffmann verschränkt zwei verschiedene Epochen, um das Elend der modernen Kunstpflege am hohen Anspruch der großen Meister zu messen. Weit über eine geläufige Musikkritik hinausgehend, entsteht hier eine Groteske, die ihren Autor sogleich als Virtuosen einer ganz neuartigen phantastischen Erzählkunst ausweist. Auch der unbehauste Kapellmeister Kreisler, dem der Dichter viele Züge der eigenen gespaltenen Persönlichkeit verleiht, ist zunächst ein Medium, das seine musikalischen Passionen auszusprechen berufen ist. Aber bald bildet er sich zum Ebenbild seines Schöpfers aus, zum romantischen Alter ego des Kapellmeisters Amadeus, der nun wie der Regierungsrat Wilhelm stellungslos ist.

Noch einmal kehrt er ans Theater zurück, als der ihm von seinem ersten Berliner Aufenthalt her bekannte Franz von Holbein die Leitung der Bamberger Bühne übernimmt. Hoffmann stellt sich nun als Direktionsgehilfe, Regisseur, Dramaturg und Bühnenbildner in den Dienst einer romantischen Schauspielkunst, inszeniert Calderón-Dramen und Kleists «Käthchen von Heilbronn»: die Aufführungen gehen in die Theatergeschichte des 19. Jahrhunderts ein. Dennoch bleibt Hoffmann für die Bamberger eine obskure Randfigur, die allenfalls gut genug dazu ist, das Geschwätz der städtischen Patrizier mit kurzweiliger Tafelmusik zu akkompagnieren.

Im Hause der Konsulin Mark lernt er deren fünfzehnjährige Tochter Julie kennen, die von ihm Gesangsstunden erhält und die ihm bald als holde Verkörperung einer reineren, von Kunst und Schönheit erfüllten Welt erscheint. Seine glühende Leidenschaft für das ihm unerreichbare Mädchen wagt er in dunklen Verschlüsselungen nur dem Tagebuch und dem literarischen Werk anzuvertrauen, durch das Julia fortan in dualistischen Spiegelungen geistern wird: als unschuldsvolle Jungfrau und als gleißnerische Höllenrose, die den romantischen Künstler gleichermaßen zu erlösen und zu verderben vermag. Julie Mark wird von ihrer Mutter zur Sanierung des Familienvermögens an einen begüterten, aber verkommenen Hamburger Bankier verschachert, der sich von dem empörten Hoffmann bei einem spektakulären Auftritt im Schloßpark von Pommersfelden grobe Injurien an den Kopf werfen lassen muß.

Die ihm während der Affäre zugewachsenen Einsichten werden in den «Fantasiestücken in Callots Manier» poetisch gestaltet, die Hoffmann für den Verlag des Weinhänd-

Der Kapellmeister Kreisler im Wahnsinn,
Zeichnung von E. T. A. Hoffmann, um 1820

lers Kunz zu schreiben beginnt. Denn seine krausen literarischen Gespinste sind so ziemlich das letzte Besitztum, das er noch verkaufen kann, nachdem er, wie das Tagebuch vermeldet, Ende November 1812 «in der höchsten Not den alten Rock» losgeschlagen hat, «um nur fressen zu können». Am 1. Januar notiert der nun auch sozial Geächtete: «Unter den schlechtesten Auspizien, im höchsten Druck der Umstände ist das Neujahr angegangen – wie wird das werden?» Da erhält er einen Brief von dem sächsischen Operndirektor Joseph Seconda, der ihn als Kapellmeister nach Dresden ruft. Noch einmal scheint der Glücksstern des Musikers Amadeus zu steigen!

Mitten im Getümmel des Kriegsjahres 1813 dirigiert Hoffmann am Pult von Secondas wandernder Operntruppe die Meisterwerke Mozarts und Cherubinis, Glucks und Dittersdorfs, während er gleichzeitig an den «Kreisleriana», dem Fantasiestück «Der Magnetiseur» und dem Aufsatz «Der Dichter und der Komponist» schreibt. Ende August durchstreicht er das Schlachtfeld von Dresden und hält das Grauen des soeben beendeten Gemetzels mit schockierender Objektivität im Tagebuch fest. In der belagerten Stadt, umgeben von Verwundeten, Typhuskranken und Hungernden, dirigiert er die «Zauberflöte» – der Misere der Gegenwart sein humanistisches Utopia entgegensetzend. Bald wird das romantische Atlantis das einzige Gut sein, das ihm angehört. Während er es in seiner Märchendichtung «Der goldne Topf» visionär feiert, überwirft er sich mit dem banausischen Direktor, der ihm daraufhin die Stelle kündigt. Hoffmann steht definitiv vor dem Nichts, aus dem ihn weder das Erscheinen der ersten beiden Bände der «Fantasiestücke» noch das Zeichnen antinapoleonischer Karikaturen retten können.

Aus den gaukelnden Schatten der Fieberträume und Depressionen taucht eine vertraute Gestalt vor ihm auf: Wilhelm, der wohlbekannte und verhaßte Doppelgänger, der des Amadeus Hand mit der alten Gewalt erfaßt und ihn zurück zur «Staatskrippe» führt, der er für immer entkommen zu sein wähnte. Am 26. September 1814 trifft Hoffmann zusammen mit Mischa in Berlin ein, um sich bei der Behörde zu melden. Unnachgiebig setzt Wilhelm den Schlußstrich unter ein Makulaturblatt, das in den Lebensläufen königlich preußischer Staatsbeamter seinesgleichen sucht.

Biograph fährt fort

Zwar muß Hoffmann zunächst als «Hülfsarbeiter mit beratender Stimme» unentgeltlich am Kammergericht tätig sein, um sich die eingetretenen Veränderungen in Administration und Gesetzgebung anzueignen. Aber die Vorgesetzten wissen bald seine Gründlichkeit, die «lichtvolle Darstellung und elegante Ausführung» seiner Berichte zu schätzen. Der Vizepräsident des Kammergerichts findet sogar verständnisvolle Worte dafür, daß der Unbesoldete «die Stunden der Muße und der Nacht dazu verwenden» muß, «sich durch literarische und musikalische Arbeiten die nötigsten Subsistenzmittel zu verschaffen», zumal es sich dabei um harmlose, keineswegs renitente künstlerische Produkte zu handeln scheint. Schon Anfang 1815 erhält Hoffmann volles Votum und von da an mehrfach eine kärgliche Vergütung. Im April 1816 erfolgt die Ernennung zum Kammergerichtsrat, verbunden mit einem Jahresgehalt von 1000 Reichstalern, das später noch zweimal um jeweils weitere 300 Taler erhöht wird.

Wilhelm hat mit Mördern und Brandstiftern, mit Falschmünzern und Majestätsbeleidigern zu tun. In seiner Wohnung im zweiten Stock eines Eckhauses am Gendarmenmarkt verhört er die Schriftstellerin Helmina von Chézy, die auf die haarsträubenden Verhältnisse in den preußischen Lazaretten aufmerksam gemacht hat und daraufhin wegen Verleumdung angezeigt worden ist. Mit seinem Gutachten gibt Hoffmann den entscheidenden Anstoß zum

Freispruch der Delinquentin, der das kleine bewegliche Männchen mit seinen «Funkelaugen» wie ein «gespenstisches Wesen» erscheint, «an welches die Natur nur das unentbehrlichste Quantum an Fleisch und Bein gewendet hatte, um es unter die Körper reihen zu können». Binnen kurzem ist der Kammergerichtsrat unter seinen Kollegen eine unverwechselbare Gestalt, ja ein Phänomen, das auch außerhalb des Gerichtssaales weithin von sich reden macht.

Makulaturblatt

Seinen Ruf verdankt Wilhelm allerdings dem Doppelgänger Amadeus, der seit dem jähen Ende von Hoffmanns Künstlerlaufbahn nicht zu rumoren aufgehört hat. Am hellen Tag führt Wilhelm im Kriminalsenat des Kammergerichts das Wort, aber in den Stunden der Dämmerung und der Nacht, wenn die Schatten wachsen und sich von den Leibern der Menschen zu lösen drohen, hebt des Amadeus große Zeit an, die mit preußischen Uhren nicht zu messen ist. Er verbringt sie in Theatern und Weinkellern, nur gelegentlich in seiner Wohnung, in die er dann gleichgestimmte Gäste einlädt, oder gar in Dschinnistan und Famagusta, den schwebenden poetischen Welten, in denen die Helden seiner Dichtungen zu sich selbst gelangen können.

Hoffmanns Oper «Undine», die noch im alten Schauspielhaus am Gendarmenmarkt uraufgeführt wird, trägt dem Komponisten nicht nur das Lob Carl Maria von Webers, sondern sogar seiner Mitarbeiter am Kammergericht ein. Aber längst weiß Amadeus, daß er die Spannungen und Kollisionen, die sich zwischen ihm und seiner Umwelt ereignen, nur in der Sprache und Bilderwelt einer phantastischen Prosa sinnfällig gestalten kann. Schon die «Fantasiestücke in Callots Manier» zeigen ihn im Vollbesitz seiner neuartigen literarischen Mittel, mit denen er die Erzählkunst der ersten Romantiker aufnimmt, weiterführt und

Ludwig Devrient als Shylock

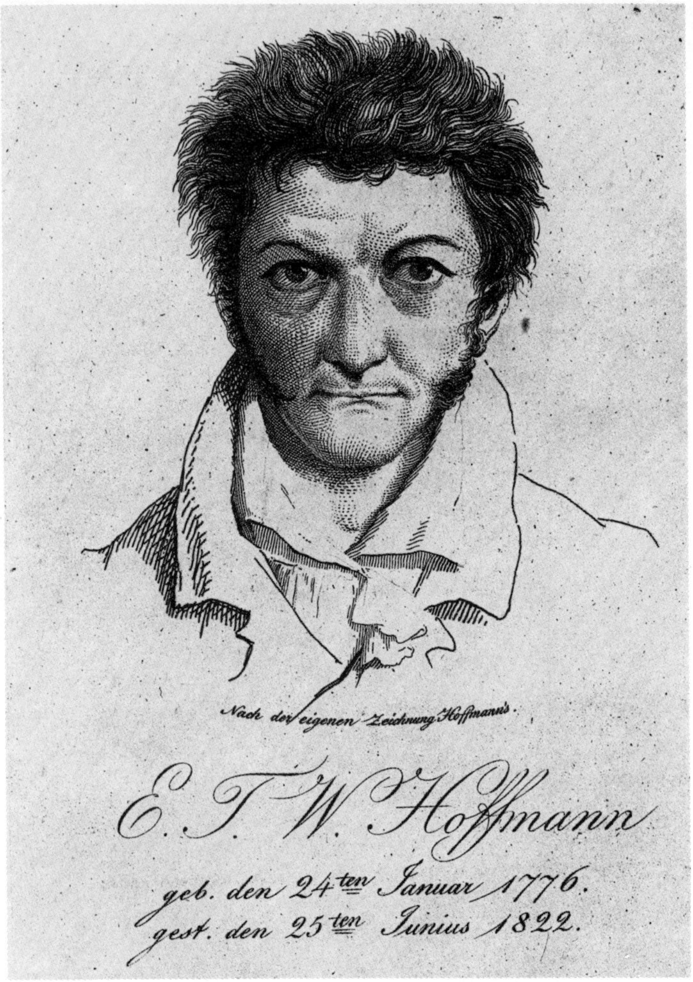

E. T. A. Hoffmann

E.T.A. Hoffmann und Ludwig Devrient
in der Weinstube Lutter und Wegner

Anfangsvignette E.T.A. Hoffmanns zu seinem Märchen «Nußknacker und Mausekönig», 1816

Ludwig Richter. Fotografie, um 1880

Ludwig Richter: Die Christnacht

Ludwig Richter: Hausmärchen

Ludwig Richter: Überfahrt über die Elbe am Schreckenstein bei Aussig

vollendet. Der Roman «Die Elixiere des Teufels», um die seit frühen Tagen gewohnten Persönlichkeitsspaltungen kreisend, ist ebenso ein Zeugnis der Krise wie die zweibändigen «Nachtstücke», deren infernalischer Reigen mit der Novelle «Der Sandmann» eröffnet wird. Neben den Doppelgänger tritt hier das Motiv des Automaten, der den Homo sapiens höhnisch äfft, wie denn oft genug die Menschen dieser mit durchdringendem Rabenblick gesehenen Restaurationsgesellschaft nicht weit entfernt von an- und abstellbaren Automaten sind.

Schon machen die Klischees vom «Gespenster-Hoffmann» und vom «Humoristen» die Runde, als den eine ahnungslose Kritik den Dichter herabsetzt. Aber seine Geister, Revenants, Automatenwesen und Vampire hausen nicht in der Ferne eines romantisch stilisierten Mittelalters, sondern im jedermann bekannten Berlin des ersten Biedermeierjahrzehnts. Nicht verfallene Ritterburgen und entlegene Köhlerhütten sind ihre Tummelplätze, sondern die belebte Gegend zwischen den Berliner Zelten und der Straße Unter den Linden. Und auch dort, wo der Autor auf einen historischen Stoff zurückgreift, wie in dem erfolgreichen «Fräulein von Scuderi», geht es ihm um die Konfiguration eines abgründigen Doppellebens, dem die harmonische innere Mitte abhanden gekommen ist. Vollends geraten ihm die Märchen zu poetischen Parabeln einer vielfach gespaltenen Welt: ganz gleich, ob diese Märchen, wie «Nußknacker und Mausekönig», die Bedrohung des Humanen als scheinbar schwerelos inszeniertes heiteres Spiel mit tieferer Bedeutung zeigen oder, wie in «Klein Zaches genannt Zinnober», die hergebrachte Märchenform zum Vehikel einer bitterbösen Satire auf die Wiederherstellung des Ancien régime nach den Befreiungskriegen werden lassen.

Würden schon die anhaltenden literarischen Ausschweifungen in die Regionen des Unheimlichen oder Phantastischen genügen, um den königlichen Richter als suspekt erscheinen zu lassen, so sind die Eskapaden des Nacht-

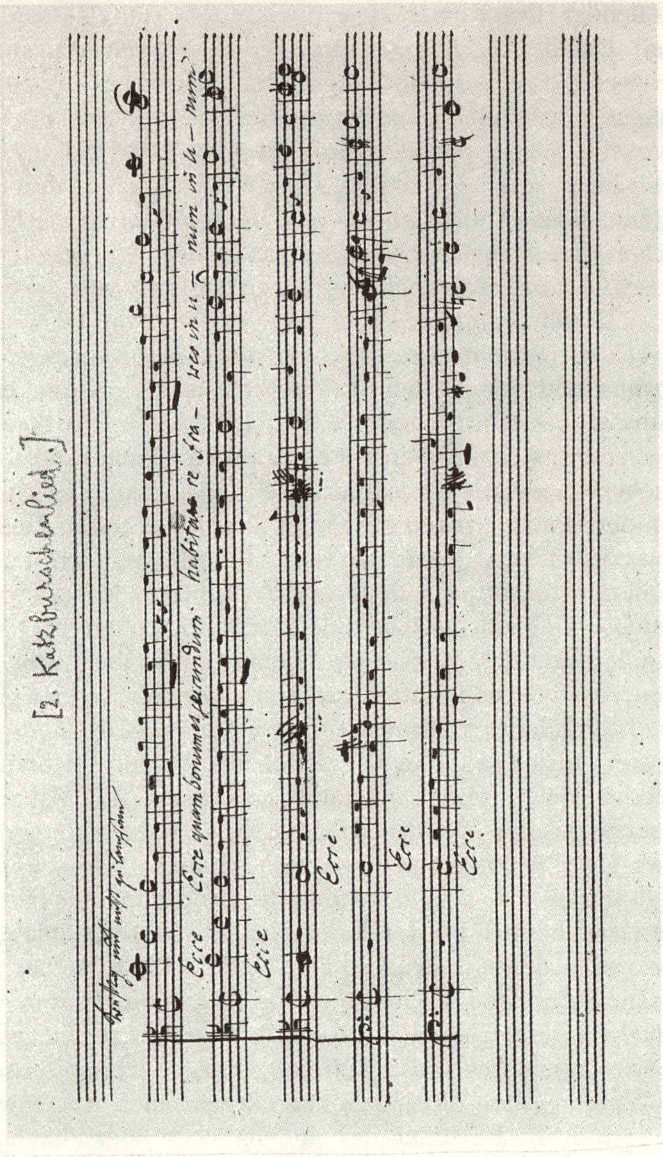

Das «Katzburschenlied» aus dem «Kater Murr», Autograph von Hoffmanns Komposition, 1821

schwärmers und Trunkenboldes Hoffmann den ehrenfesten Biedermännern noch mehr ein Greuel. Die Versammlungen der Serapionsbrüder, die bald darauf einer vierbändigen Sammlung von Märchen und Erzählungen des Amadeus den Namen geben, mögen dabei noch hingehen, denn sie finden in Hoffmanns Wohnung statt. Schlimmer ist es um die fast allabendlichen Bacchanale in den Berliner Weinkellern bestellt, in denen er zur vielbeschwatzten Sehenswürdigkeit auf- oder vielmehr niedersteigt, debattiert, grimassiert und pokuliert. Mit dem Schauspieler Ludwig Devrient, dem intimsten Freund seiner letzten Lebensjahre, schlägt er sein nächtliches Hauptquartier im Weinrestaurant von Lutter und Wegner in der Charlottenstraße auf, wo er die Gäste mit seinen skurrilen Improvisationen irritiert. Die Sekt-Bouteillen und Punsch-Terrinen, die er leert, sind von dem Gehalt eines Kammergerichtsrates nicht mehr zu bestreiten, so daß er für die Gastwirte reißerische Werbeaufsätze und Speisekarten verfaßt, die er mit «Kleophas Wenzel, Ehrenmitglied der gastronomischen Gesellschaften zu Berlin und Pecking» unterschreibt. Aber auch der Tribut, den er den gängigen unterhaltenden Taschenbucherzählungen entrichtet, kann nicht verhindern, daß ihm die Schulden beängstigend über den Kopf wachsen.

Im Sommer 1819 beginnt Hoffmann mit der Arbeit an dem Roman «Lebensansichten des Katers Murr», für dessen kontrapunktisch gebaute Dramaturgie er die Gespaltenheiten seines bisherigen Daseins benutzt und in dem er sein literarisches Alter ego, den Kapellmeister Kreisler, einem gesellschaftlich vielfach abgestuften Ensemble einfügt. Da aber tritt ein Ereignis ein, das dem Leben dieses merkwürdigsten aller preußischen Staatsdiener wieder eine unverhoffte Wende gibt: am 1. Oktober 1819 wird der Kammergerichtsrat von König Friedrich Wilhelm III. in die «Immediat-Untersuchungskommission zur Ermittlung hochverräterischer Verbindungen und anderer gefährlicher

Umtriebe» berufen, denn trotz aller Eskapaden hält man ihn noch immer für einen Beamten, dessen Staatstreue vertraut werden kann.

Beschluß

Wilhelm scheint nun wieder in seine Rechte zu treten, da er durch den Allerhöchsten Vertrauensbeweis seiner Aufnahme in die Untersuchungskommission vor vielen anderen seiner Amtsgenossen ausgezeichnet wird. Aber weit gefehlt! Auf das letzte Makulaturblatt dieser Lebensdarstellung folgt kein Fortgang der Biographie mehr, die sich in den «Preußischen Jahrbüchern» veröffentlichen ließe. Die beiden Sphären, die wir bisher auseinanderzuhalten bestrebt waren, kommen nun heillos durcheinander und lassen sich nicht mehr voneinander scheiden. Es geschieht, was weder Wilhelm noch Amadeus für möglich gehalten haben: die beiden Freund-Feinde, von denen jeder der Doppelgänger des anderen ist, finden für immer zusammen.

Die «Immediat-Untersuchungskommission» hat Order, die von den restaurativen deutschen Regierungen erlassenen Karlsbader Beschlüsse im Königreich Preußen zu vollstrecken und aufsässige Professoren und Studenten hinter Schloß und Riegel zu bringen. Von den Kommissionsmitgliedern wird erwartet, daß sie den Anspruch auf Konstitution, nationalstaatliche Einigung und innenpolitische Demokratisierung als kriminelle Handlungen werten. Aber bald müssen die ministeriellen Auftraggeber und der Hof bemerken, daß die Kommission und namentlich «Unser Kammergerichts-Rat Hoffmann» streng auf dem Boden des geltenden Rechts bleiben und sich nicht zu einem juristischen Alibi der von der Polizei begangenen brutalen Gesetzeswidrigkeiten mißbrauchen lassen. Hoffmann plädiert für die Freilassung inhaftierter Studenten und Burschenschafter und wird dabei von seinen Kollegen unterstützt.

Bringen Wilhelm schon diese Aktivitäten bei den Vorgesetzten in Verruf, so gerät er schließlich selbst in eine heikle Lage, als er sich für den verhafteten Turnvater Jahn einsetzt, der wegen «Verhetzung der Jugend» und eines angeblich von ihm geplanten Attentats auf den Polizeichef strenge Strafe zu gewärtigen hat. Während sich Jahn noch in der Untersuchungshaft befindet, läßt der Polizeichef von Kamptz in den Zeitungen die Nachricht verbreiten, die dem Arrestanten zur Last gelegten Missetaten dürften als erwiesen gelten. Daraufhin reicht Jahn eine Beleidigungsklage gegen Kamptz beim Kammergericht ein, die von Hoffmann vertreten wird. Ein in der Geschichte der Justiz dieses Landes beispielloser Vorgang ereignet sich: ein Kammergerichtsrat, der sich als Schriftsteller, Bohemien, Bürgerschreck und «Demagogenanwalt» längst verdächtig gemacht hat, lädt Karl Albert von Kamptz, Direktor des preußischen Polizeiministeriums und Mitglied des Staatsrates, zum Verhör vor! Die vom Justizminister und endlich vom König höchstselbst angeordnete Niederschlagung des Verfahrens ruft wiederum einen von Hoffmann aufgesetzten Protest hervor, «weil auch die höchsten Staatsbeamte nicht außer dem Gesetz gestellt, vielmehr demselben wie jeder andere Staatsbürger unterworfen sind».

Schon bei der Niederschrift des umfangreichen Votums, das die Haftentlassung Jahns fordert, führt Amadeus dem Wilhelm die Feder. Das Schriftstück ist nicht nur ein juristisches, sondern auch ein literarisches Meisterwerk. Andererseits kommen die Einsichten, die Wilhelm in das Räderwerk der Herrschenden und ihrer Polizei gewinnt, dem Schaffen des Amadeus zugute, der Wilhelms mutigen Kampf für Recht und Menschenwürde aufnimmt und auf einer anderen Ebene fortsetzt. Die bisher so schmerzlich vermißte Einheit von Richter und Dichter stellt sich ein. Wilhelm und Amadeus, bislang dualistisch geschiedene Welten vertretend, finden nun zueinander.

Das tolle Faschings-Capriccio «Prinzessin Brambilla» läßt

den römischen Karneval zur irrlichternden Parabel für das menschliche Leben werden und bringt ein junges Paar, das in einer Welt des falschen Scheins gelebt hat, durch den Humor zur Besinnung auf die Wirklichkeit. Der vierte Band der «Serapionsbrüder» enthält das Märchen «Die Königsbraut», das die Mittel des romantischen Kunstmärchens zur grotesken Persiflage auf gesellschaftliche Mißstände benutzt. In den zweiten Band des «Kater Murr» gehen die Erfahrungen mit den Demagogenjägern ganz unmittelbar ein. Ist dort der bestialische Fleischerhund Achilles mit seinen «topfhohlen Redensarten» schon ein ridikül verschlüsseltes Porträt des Polizeichefs von Kamptz, so bildet Hoffmann in seinem letzten Märchen «Meister Floh» den verhaßten Gesinnungsschnüffler und Inquisitor als Hofrat Knarrpanti ab, ja er zitiert sogar aus den Akten, die ihm nur auf dem Dienstwege zugänglich sind, wortgetreu die Randbemerkungen des Herrn von Kamptz!

Als der Obrigkeit diese literarische Attacke ihres Kammergerichtsrats zu Ohren kommt, liegt er bereits auf seinem letzten Krankenlager. Während ein Agent der Regierung bei Hoffmanns Frankfurter Verleger das druckfertige Manuskript des «Meister Floh» konfisziert, der Innenminister die Verbannung des Verfassers ins ostpreußische Insterburg vorschlägt und der König dessen umgehende Vernehmung befiehlt, ringt der Todkranke mit der schnell fortschreitenden Lähmung, die ihm schon nicht mehr den Gebrauch der Feder gestattet. Am 23. Februar 1822 diktiert er, im Bett liegend, seine Verteidigungsschrift, in der er nicht nur mit exzellenten dialektischen Manövern seine poetische Verfahrensweise mit dem geltenden Recht zu rehabilitieren sucht, sondern auch ausdrücklich Freiheit für das Schaffen des Schriftstellers fordert: «Dem humoristischen Dichter muß es freistehen, sich in dem Gebiet seiner fantastischen Welt frei und frisch zu bewegen. Soll er sich in tausend Rücksichten, in mißtrauische Zweifel darüber, wie seine Gedanken gemißdeutet werden könnten, wie in ein Bett des Prokrustes einengen?» Erst jetzt, im Augenblick der höchsten Gefahr und bereits im Angesicht des Todes, führt der Sterbende Wilhelm und Amadeus endgültig zusammen. In der Versöhnung der beiden Doppelgänger gewinnt dieses Leben, kurz bevor es verlöscht, seine innere Einheit und Unteilbarkeit.

Kein Zweifel: die virtuos formulierte Verteidigungsschrift könnte E. T. A. Hoffmann vor strenger Bestrafung nicht schützen, aber schon bald stellt sich sein Zustand als unheilbar heraus. Noch einmal erhebt er seine leiser werdende Stimme: in dem von höherer Heiterkeit und tapferer Resignation erfüllten Dialog «Des Vetters Eckfenster», der den Poeten auf die Maßstäbe der Wirklichkeit verpflichtet. Mit dem Blick auf das pittoreske Gewimmel des Gendarmenmarktes, das ihm zum bunten Sinnbild des Lebens geworden ist, nimmt der große Schriftsteller Abschied. Mitten im Diktat an der Dürer-Erzählung «Der Feind», am 25. Juni 1822, in der elften Vormittagsstunde, stirbt er, das Gesicht gegen die Wand gekehrt.

Auch der Biograph wendet sich ab, drängt sich nicht in diese letzte Stunde und will auch nicht wissen, ob dem scheidenden Kammergerichtsrat Hoffmann durch jene Wand an seinem Sterbebett noch Wilhelm und Amadeus, nun vielleicht in enger Umarmung, erscheinen und einen Gruß entbieten ...

Patriarch und Bildermann
Ludwig Richter

Patriarch der Spätromantik

Der alte Mann im schlohweißen Haar rückt mit peinlicher Sorgfalt einige Bogen auf dem Tisch zurecht, während seine müde gewordenen Augen einen nachdenklichen Blick hinaus auf die Loschwitzer Höhen und hinunter auf den Elbstrom bei Dresden werfen. Es ist Dezember, den er so oft auf seinen Holzschnitten verherrlicht hat – ganz gleich, ob er den Weihnachtstraum eines frierenden Mädchens, die Winterfreuden der Kinder oder das «Ehre sei Gott in der Höhe!» der weihnachtlichen Turmbläser als bildkünstlerische Einkleidung gewählt hat. Jetzt steht ihm eher nach winterlicher Abgeschiedenheit und Grabesstille der Sinn, denn er weiß, daß der Winterszeit seines Lebens kein neuer Frühling und Aufbruch mehr folgen wird. Kalt ist es um ihn her in diesem Dezember des Jahres 1869, wenn er hinunter nach dem kleinen Loschwitzer Friedhof sieht, auf dem nun schon seit anderthalb Jahrzehnten seine Frau, die unvergeßliche Auguste, ruht. Sein immer stumpfer gewordenes Augenlicht erlaubt ihm kaum noch die Arbeit an seinen Zeichnungen. Nur selten, wenn er die Lupe ins Auge klemmt und den Stift mit beträchtlicher Anstrengung regiert, gelingt ihm noch eines jener Blätter, die beispiellose Popularität beim deutschen Publikum genießen.

Doch heute ist Adrian Ludwig Richters mühevolles Trachten nicht auf das beschwerlich gewordene Zeichnen gerichtet. Zögernd streicht er die Bogen glatt, um ihnen den Beginn seiner «Lebenserinnerungen» anzuvertrauen, damit dem ständigen Drängen seines Sohnes gehorchend, obwohl er dem eigenen Dasein nie einen überpersönlichen Rang zuerkannt hat. Bescheiden und in beinahe kindlicher Frömmigkeit hat er sein Leben hingebracht, so daß er den Aufzeichnungen den demütigen Titel «Führung des Höchsten» geben möchte. Aber je älter er geworden ist und je mehr sich eine beinahe schon legendäre Volkstümlichkeit mit seinem Namen verbindet, desto eindringlicher ist ihm bewußt, daß mit ihm eine Epoche zur Neige geht. Die Rolle des Patriarchen der romantischen deutschen Kunst hat er nicht gesucht. Sie ist ihm zugefallen, er ist in sie hineingewachsen: mögen die Seiten, die er füllen wird, beredtes Zeugnis ablegen von einer Zeit, die versunken ist!

Kürzlich ist er von einer Reise zurückgekehrt, die ihn bis in sein früheres Sehnsuchtsland Italien geführt hat. Aber der Lärm der Bahnhöfe und das Tempo der Eisenbahnen haben ihn, den passionierten Wanderer, nur verstört und mit Wehmut an Dresden denken lassen. Unterwegs hört er von einer Sozialdemokratischen Arbeiterpartei Deutschlands, die sich in Eisenach konstituiert hat, vom Bau des Suezkanals, von der Errichtung einer «Transkontinental-Eisenbahn», die den Osten mit dem Westen der Vereinigten Staaten von Amerika verbindet. Und was soll er, der genügsame Liebhaber von Bauernbrot, Landwein und Ziegenmilch, von einem butterähnlichen Speisefett halten, das die Franzosen jetzt unter der Bezeichnung «Margarine» herzustellen vorgeben?

Überhaupt, die Franzosen! Sie haben der Romantik längst den Garaus gemacht, auch auf dem Felde der Malerei. Auf der Rückreise nach Dresden hat Ludwig Richter in München Station gemacht, wo gerade die «Große Internationale Kunstausstellung 1869» die Öffentlichkeit beschäftigt. Verstört irrt der Greis durch die Säle des Glaspalastes, steht ratlos vor den Bildern Édouard Manets und Camille Corots und ist vollends konsterniert, als ihm die «Steinklopfer» des französischen Realisten Courbet zu Gesicht kommen. Aber auch die neueste deutsche Kunst sieht er auf der Münchner Monstreschau in heillosem Abfall vom romantischen Erbe, das ihm selbst so teuer ist. Moritz von Schwind, einer seiner letzten noch lebenden Generationsgefährten, fragt ihn nach dem Rundgang: «Sag, hast du ein Bild gesehen, auf dem man Jugend sah?» – «Leider nicht eines!» erwidert der betagte Romantiker aus dem Sächsischen, der jetzt weiß, daß die Zukunft, die ihm zutiefst fremd ist, schon begonnen hat.

Wenn seine Augen schlecht geworden sind und seine Hand so unsicher, daß sie den Stift nicht mehr in die Bahnen seiner Phantasie zu lenken vermag, dann will er mit der Schreibfeder Kunde geben vom eigenen künstlerischen und menschlichen Wachstum, von seinen Anfängen, Träumen und Wanderungen. Gleichsam als der letzte Chronist der romantischen Kunst, als ihr letzter Zeuge und Gewährsmann ruft er die Erinnerung herauf – nicht um seiner selbst, sondern um der Epoche willen, in der er noch wurzelt und deren geistigem Vermächtnis er wie kein anderer Künstler zu weitester Verbreitung im deutschen Volk verholfen hat. Getrost schreibt er nun den ersten Satz der Lebensbeichte nieder: «Am 28. September 1803 erblickte ich das Licht dieser Erde, und zwar in der Friedrichstadt, einer Vorstadt Dresdens, welche die Hautevolee zu ihrem Sitz nicht erkoren hatte.»

Aussaat

Die frühesten Erinnerungen, die aus dem Gedächtnis des alten Mannes aufsteigen, sind Bilder von Ludwig Richter. Da ist der kleine Kaufmannsladen der Eltern seiner Mutter in der Dresdner Schäferstraße, wo es schon für einen Pfennig Ingwer, Zuckerplätzchen und Johannisbrot gibt. Der Ladentisch präsentiert stets einen Stapel grell kolorierter Bilderbogen, auf denen die bunten Uniformen der sächsischen Infanterie und Kavallerie zu bewundern sind. Der Drucker dieser kaleidoskopischen Elaborate, der Schrift- und Formschneider Rüdiger, promeniert mit gewaltigem Dreimaster, Haarwülsten und Haarbeutel, apfelgrünem Frackrock, Schnallenschuhen und spanischem Rohr in der Weißeritzstraße auf und ab. «Requiescas in pace, Freudenspender der Jugend, du Adam und Stammvater der Dresdner Holzschneider, ehrwürdiges Vorbild und Vorläufer!» ruft ihm Ludwig Richter einst über sieben Jahrzehnte hinweg in die Ewigkeit nach.

Da sind die Richter-Großeltern, die unweit der Frauenkirche in einem dunklen Hinterhaus leben; im Stockwerk unter ihnen ist eine Judenschule untergebracht. Der Großvater betreibt eine kleine Kupferdruckerei, deretwegen er in jungen Jahren zur katholischen Kirche konvertiert ist: als ihm ein Kaplan den Druck der kirchlichen Kassenbilletts in Aussicht stellt, tritt er zur «alleinseligmachenden» Konfession über, sehr zum Kummer seiner Frau, deren Bruder protestantischer Pastor ist. Sohn und Enkel wachsen daraufhin in den katholischen Glauben hinein, obgleich Ludwig Richter sich später im lutherischen Bekenntnis ebenso zu Hause fühlt wie im römischen. Die blinde Großmutter betastet das Enkelkind bei jedem Besuch, ob es auch gewachsen ist und «ob die Ärmel an dem Jäckchen noch lang genug seien». Hier trifft der Knabe die kuriosesten Dresdner Originale, die seinen späteren Holzschnitten entstiegen sein könnten, etwa den alten Schuhmann, der als Noten-, Pauken- und Baßgeigenträger den Stadtpfeifern dient und bei den Gartenkonzerten im Linkeschen Bade als Büchsenhalter, das Eintrittsgeld kassierend, an der Pforte steht.

Da ist der Vater Carl August Richter, Zeichner, Kupferstecher und Maler, der für den berühmten Professor Adrian Zingg Landschaften in Sepia anfertigt und zur Vervielfältigung auf Kupferplatten überträgt. Zingg, der Nutznießer dieser an Selbstverleugnung grenzenden Fronarbeit, vertritt Gevatterstelle bei dem kleinen Ludwig, der ihm seinen zweiten Vornamen Adrian verdankt. Später wird der Künstler sich mit harten Worten über diesen Altmeister der Dresdner Landschaftskunst äußern, der ihm in der Rückschau nur als antiquierter Pedant erscheint. Um so inniger hebt sich von ihm das Bild des Vaters ab, dieses ständig über Papier und Kupferplatte gebeugten Kunsttagelöhners, der erst viel zu spät, als ihm bei der stupiden Plackerei für Zingg längst die Erfindungskraft abhanden gekommen ist, die Professur für Landschaftsmalerei an der stagnierenden Dresdner Kunstakademie erhält. An der Hand des Vaters wandert der Zehnjährige Ende August 1813 über das Schlachtfeld vor den Toren Dresdens. Seine entsetzten Kinderaugen können die Opfer nie mehr vergessen, die Napoleons letzter Sieg auf deutschem Boden gekostet hat.

Nach Beendigung des Besuchs der katholischen Schule tritt Ludwig als Eleve in die Werkstatt des Vaters ein, um Radieren und Zeichnen wie ein Handwerk zu erlernen. Ein Jahr später wird er in die erste Klasse der Kunstakademie aufgenommen, an der das Zeichnen in der Natur noch verpönt ist und nur nach bereits vorliegenden Kunstwerken oder Gipsmodellen betrieben werden darf. Die jungen

Leute sind schulmeisterlich dazu angehalten, kahle Umrisse zu skizzieren und «eine schöne Schraffierung herauszubekommen». Hinter dem Rücken der Professoren begeben sich die Älteren hinaus nach dem nahen Tharandt und lassen Licht und Luft in ihre Blätter strömen. Der junge Richter, dessen Begabung schnell auffällt, ist vom Ungenügen an dem verzopften Klassizismus besessen und möchte ein wirklicher Maler werden, fürchtet aber, als «elender Prospektradierer» zugrunde gehen zu müssen. Bescheidene, jedoch in der Erinnerung unverlierbare Fluchtversuche aus dem dürftigen Einerlei sind die Wanderungen hinaus nach dem noch recht entlegenen Plauenschen Grund, wo sich der Jüngling vom Klappern der Mühle und vom Rauschen der Weißeritz in eine poetische Eichendorff-Welt entrücken läßt. In einem kleinen Häuschen am Dippoldiswalder Schlage wohnt der Steuereinnehmer Ephraim Böttger mit seiner Pflegetochter Auguste, deren Schatten der angehende Künstler am abendlichen Fenster sucht: noch sieben Jahre wird es dauern, bis er das Mädchen als Gattin heimführen kann.

Zunächst besitzt er nichts, was ihm die Gründung eines Hausstandes erlaubt. Als in Dresden der Fürst Narischkin, der Oberkammerherr der russischen Zarin, auftaucht und einen Zeichner für seine Reise nach Frankreich sucht, nutzt der Siebzehnjährige die Gelegenheit und bricht Ende November 1820 im Gefolge des Fürsten nach einer ihm ganz neuen Welt auf. An einem nebelverhangenen Tage steht er erschüttert vor der «Riesenpyramide» des Straßburger Münsterturms und erlebt zum ersten Male, «was deutsche Art und Kunst sei». In Lyon bestaunt er die Malereien ihm ganz unbekannter neuerer französischer Meister, in Avignon den zerstörten päpstlichen Palast, in Marseille das von zahllosen Booten belebte tiefblaue Meer. Der Zuwachs seiner Weltkenntnisse findet eine bedeutsame Ergänzung in den Unterhaltungen, die er mit dem Reisebegleiter des Fürsten, dem russischen Dichter Wilhelm Küchelbecker, führt, der von geheimen demokratischen Verschwörungen im Reiche des Zaren zu berichten weiß. Allerdings wird die Fahrt für den jungen Kunstenthusiasten aus Dresden schnell zu einer neuen Mühsal, da ihn der Fürst wie einen Leibeigenen behandelt und von ihm eilig einen dicken Band mit Reiseskizzen gefüllt haben möchte. So ist Richter froh, als er im Sommer des Jahres 1821 wieder zu Hause ist – mit 100 Goldtalern in der Börse und einem Konvolut bemerkenswert selbständiger Zeichnungen in der Mappe.

Wie aber soll es mit ihm weitergehen? Da dringt in die Perspektivlosigkeit dieser Tage die dunkle Kunde von den deutschen Malern, die nach Rom ziehen und unter der italienischen Sonne das Erbe von Antike und Renaissance in ihre Bilder aufnehmen. Noch weiß Ludwig Richter nichts über die wegweisende Romfahrt von Tiecks Romanhelden Franz Sternbald, dessen leuchtender Spur seit anderthalb Jahrzehnten junge deutsche Künstler nach dem Süden folgen. Aber auf der Kunstausstellung des Jahres 1822 sieht er ein kleines Bild aus der Campagna di Roma seines Dresdner Landsmannes Carl Wilhelm Götzloff, dazu einige italienische Landschaften der Deutsch-Römer Franz Ludwig Catel und Johann Martin von Rhoden. Des Jünglings Drang nach dem Land der Pinien, der blühenden Oleanderbüsche und der mit Goldfrüchten beladenen Orangenbäume ist geweckt, aber noch weiß er nicht, ob er ihm nachgeben kann. Da stiftet ihm der Dresdner Buchhändler Johann Christoph Arnold, für den er soeben «30 An- und Aussichten zu dem Taschenbuch für den Besuch der Sächsischen Schweiz» gezeichnet und gestochen hat, ein generöses Stipendium für einen dreijährigen Aufenthalt in Rom. Überglücklich sieht er sich befreit «von dem Druck ägyptischer Dienstbarkeit», die alle seine Zukunftsaussichten verdüstert hat. Noch der Greis, der seine «Lebenserinnerungen» niederschreibt, erinnert sich bewegt des Hoffnungsstrahls, der nun den Zwanzigjährigen beseelt. Vielleicht wird er, Adrian Ludwig Richter aus der schlichten Dresdner Friedrichstadt, dereinst das stolze Wort ausrufen dürfen: «Anch'io sono pittore!» – «Auch ich bin ein Maler!»

Arkadien

Welcher Glanz ist noch in der Rückschau eines halben Jahrhunderts über die italienischen Kapitel von Ludwig Richters «Lebenserinnerungen» gebreitet! Ja gelegentlich kann der Leser fast den Eindruck gewinnen, als sei der ganze Bericht nur wegen der drei römischen Jahre geschrieben, die schließlich mehr als die Hälfte des Gesamtwerkes in Anspruch nehmen. Erst unter der südlichen Sonne, in der paradiesischen Luft über Tiber und Sabinerbergen lernt sein nordisches Auge das Sehen und den sensitiven malerischen Nachvollzug der zart und doch schwungvoll hingelagerten Berg- und Hügellinien. Wie genießt er die Befreiung von seinem bisherigen Brotbettelleben, von allen Bindungen und Konventionen, von seinem trüben Herkommen und seiner ehemaligen, nun abgelegten und fast schon vergessenen Existenz! Wie über ein Menschenalter vor ihm der verehrte Goethe, erlebt nun dieser Dresdner Maler unter italienischem Himmel eine innere Häutung, die ihn endlich zu sich selbst gelangen läßt.

Bis München benutzt er die Postkutsche, von dort strebt er, der rüstige Wanderer, zu Fuß den in blauer Weite lokkenden Alpen zu. In Salzburg bleibt er vier Wochen, um zu zeichnen. Dann geht es weiter über Berchtesgaden und das Zillertal nach Innsbruck, wo ihm der Zufall Friedrich Schlegels Aufsätze über die Gemälde alter Meister und die programmatischen frühromantischen Schriften Tiecks und Wackenroders in die Hände spielt. Bisher hat er nichts vom Kunststreben der Romantiker gewußt. Jetzt wird ihm, bevor er den Brenner überschreitet, der Schlüssel zur romantischen Sehnsucht nach einer Vereinigung nordischer und südlicher Kunst geschenkt. Schon bei Bozen tritt ihm, wie er später bekennt, «der veränderte Charakter der Berglinien bedeutsam entgegen». In den Tavernen schlägt die «dolcetta» italienischer Sprachlaute an sein Ohr, als sich ihm die mit Weinlauben übersäte lombardische Ebene öffnet. Über Mantua und Bologna erreicht er die Apenninen, von wo er nach Florenz weiterzieht. Dort trifft er den Historienmaler Rehbenitz aus Kiel, der dem Neuankömmling aus Sachsen die Kostbarkeiten der altflorentinischen Malerei erschließt. Nach einer Woche ist er nicht mehr zu halten. Er nimmt einen Lohnkutscher, der ihn durch die Campagna fährt. Von dort aus sieht er am 28. September 1823, seinem zwanzigsten Geburtstag, in der Ferne die Kuppel von St. Peter aufsteigen. Als der Wagen durch die Porta del Popolo rollt, verkünden Kanonendonner und Glockenschall supra urbem die Wahl Leos XII. zum Pontifex maximus.

Richter kommt zu einem Zeitpunkt in die Ewige Stadt, als der Kreis der deutsch-römischen Maler bereits merklich gelichtet ist. Schon vor elf Jahren ist der junge Franz Pforr an der Schwindsucht gestorben, während der begabte Carl Philipp Fohr einen ebenso frühen Tod beim Baden im Tiber gefunden hat. Peter Cornelius ist inzwischen dem Ruf des bayerischen Kronprinzen Ludwig nach München gefolgt. Auch in dem Kloster San Isidoro leben die deutschen Künstler nicht mehr, denen gleichwohl ihr Beiname «Nazarener» geblieben ist: er soll auf ihre bis zu den Schultern reichende, an Jesus von Nazareth erinnernde Haartracht anspielen. Schon ist der Kreis, der sich abseits der etablierten Akademien zusammengefunden hat, auf dem Wege in eine neue Erstarrung, die manchen dieser Kunstjünger zum Herold der Restauration und des politischen Klerikalismus werden läßt. Der Katholik Ludwig Richter verschließt seine Augen vor den Torheiten der Nazarener nicht. Er findet seine geistige Heimat in Rom keineswegs unter den katholischen «Trinitasten», wie ihn auch die pompösen Messen im Petersdom nahezu unbeeindruckt lassen. Er schließt sich den protestantischen «Kapitolinern» an, die sich in der preußischen Gesandtschaft im Palazzo Caffarelli auf dem Kapitol versammeln. In einer Zeit des militanten Katholizismus bekennt er sich mit bemerkenswerter Toleranz zu dem Wort Augustins: «Im Notwendigen Einheit, im Zweifelhaften Freiheit, in *allem Liebe*!»

Unter den römischen Malergenossen fesselt ihn zunächst der wesentlich ältere Joseph Anton Koch, dessen heroische Landschaften gleich bei Richters erstem Ölbild, dem «Watzmann», Pate stehen. Dann befreundet er sich mit dem Leipziger Julius Schnorr von Carolsfeld, dessen Meisterschaft in der figürlichen Darstellung des Menschen für ihn vorbildlich wird. Mit Gefährten aus Dresden durchstreift er die Campagna und die Sabinerberge. Im Café Greco, dem Treffpunkt der deutschen Maler in Rom, durchsucht er das zwischen einigen Zuckerbüchsen eingeklemmte Päckchen mit Briefen, die täglich von den zahlreichen Bayern und Sachsen, Brandenburgern und Schwaben, Österreichern und Rheinländern sehnsüchtig erwartet werden.

Über die Via Appia bricht Richter nach dem Albanergebirge auf. Nach Studien im Vatikan und in der Villa Borghese geht es nach Tivoli und in die Sabinerberge. Mit Schnorr steht er auf hohem Gerüst in der Villa Massimo und beobachtet den Freund bei der Arbeit an den Ariost-Fresken. Mit dem baltischen Maler Ludwig von Maydell und anderen Kameraden durchwandert er das alte Latium und das Volskergebirge, gelangt nach Pompeji und Herculaneum, kämpft sich vor Sonnenaufgang durch den Schwefeldampf des Vesuvkraters, fährt in einer Barke bis Amalfi. Eines Tages steht er vor den Tempeln von Paestum. Ein noch halbwüchsiger Kalabreserhirt, nur mit Lumpen um die Lenden und einem Lammfell über dem Rücken bekleidet, hat sich malerisch auf einige antike Quadersteine gelagert und scheint, wie eine griechische Bronze, mit der Schönheit und dem Ebenmaß des Neptuntempels zu wetteifern. Jahrtausende werden in dieser Stunde zunichte, die der Gast aus dem Norden nie mehr vergessen wird.

Dennoch hat er in Rom auch seine nordischen Stunden, die ihn empfinden lassen, daß er im heiteren südlichen Licht doch nur ein Fremder ist. Mit der Abenddämmerung bricht das Heimweh in sein römisches Atelier ein: die Sehnsucht nach dunklen Wäldern und rauschenden Bächen, nach Auguste. Und wie Goethe einst unter römischem Himmel das «nordische Phantom» des Mephisto in der «Hexenküche» seines «Faust» beschworen hat, begegnen nun dem Spätromantiker Ludwig Richter in der Sammlung seines römischen Freundes Philipp Veit die Kupferstiche und Holzschnitte Albrecht Dürers, von denen ihn bezeichnenderweise Blätter wie die «Melancholie», «Ritter, Tod und Teufel» und der «Heilige Hieronymus im Gehäus» am meisten berühren. Das kleine Bild «Heimkehrender Harfner», das als zweites Ölstück nach dem «Watzmann» in Civitella bei Olevano entsteht, atmet bei aller Klarheit der südlichen Landschaft die Schwermut eines greisen fahrenden Sängers, dessen Heimkehr auch auf die Vergänglichkeit und das nahende Ende verweist.

Als Ludwig Richter im Frühjahr 1826 zur Rückkehr ins Vaterland rüstet, kann er sich stolz auf eine imponierende Anzahl von Zeichnungen berufen, auch auf seine gewachsene Souveränität beim Umgang mit der Farbe in der Ölmalerei. Er fühlt sich jetzt ganz zu der von den Nazarenern postulierten «idealen» oder «historischen» Landschaft hingezogen, in die er den Menschen nur als Staffage oder Stimmungsträger einfügt. Groß ist die Versuchung, für immer in Italien zu bleiben, und er muß an Dürers vor über drei Jahrhunderten niedergeschriebene Worte denken: «Oh, wie wird's mich nach der Sonnen frieren! Hier bin ich frei, daheim ein Schmarotzer.» Vor allem weiß er, daß seiner zu Hause kleinliche und reglementierte Kunstzustände harren, die er sich in seinem Tagebuch illusionslos vergegenwärtigt: «Deutschland! Das Wort mit allen seinen großen Erwartungen war es, welches vor zehn bis zwölf Jahren Kunst und Wissenschaft emporhob. Der Geist des Volkes rauschte auf wie eine Welle. Die Erwartungen des deutschen Volkes wurden von den Fürsten nicht erfüllt, die schöne Welle brandete und verlor sich. Wo ist denn jetzt das schöne begeisterte Treiben hin? Alles verloren und verschwunden.»

Am Morgen des 1. April 1826 nimmt er in der Osteria am Ponte Molle von seinen römischen Freunden Abschied. Ludwig von Maydell gibt ihm noch bis in die Nähe des Klosters San Oreste das Geleit. Dann geht es zurück nach dem Norden: über Perugia und Florenz in die Schweiz, wo Richter noch wochenlang im Berner Oberland zeichnet. Dann kann er, gereift und verwandelt, in der Dresdner Schießgasse seine Auguste wieder in die Arme schließen.

Sächsisches Künstlerleben

Über ein Jahr nach der Heimkehr findet Ludwig Richter sein lange erstrebtes Glück, als er am Morgen des 4. November 1827 in der Dresdner Kreuzkirche Auguste die Hand zum Ehebunde reicht. Aber der erste Schnee, der an diesem Tag fällt, scheint sein ferneres berufliches Fortkommen symbolisch zu verhüllen, denn nirgendwo winkt ihm eine Anstellung, niemand braucht ihn. Im März 1828 gelingt es ihm, als Lehrer an der Zeichenschule der Porzellanmanufaktur in Meißen unterzukommen. Die nächsten sieben Jahre fristet er dort das Dasein seiner schnell wachsenden Familie nur kümmerlich und hätte wohl mehr als einmal buchstäblich Not zu leiden, wenn ihm nicht der Sächsische Kunstverein einige Bilder abkaufen würde. Mit diesen Gemälden aber träumt er sich in das Land seiner Sehnsucht zurück, die Ausbeute der italienischen Skizzenbücher zu immer wieder neuen erinnerungsschweren Schöpfungen verdichtend. «Civitella», «Ariccia», «Die Rocca di Mezzo im

Sabinergebirge», «Palestrina» sind die Themen dieser Arbeiten, die ihm die heimischen Nebel für wenige an der Staffelei verbrachte Stunden bannen sollen. Schon spart er auf eine neuerliche Romfahrt, als eine Erkrankung Augustes den Einsatz seiner finanziellen Rücklagen fordert. Im September 1834 bleiben ihm gerade noch so viel Geld und Zeit, um eine kleine Reise ins benachbarte Böhmen unternehmen zu können.

An einem Herbstmorgen setzt er bei Sebusein über die Elbe, den Zauber der böhmisch-sächsischen Mittelgebirgslandschaft wie zum ersten Male genießend. Fast ist es, als ob er abermals erwachte: Ludwig Richter entdeckt in dieser Morgenstunde die sanfte Schönheit der heimatlichen Natur, holt den Zeichenblock hervor und notiert seine ersten Impressionen. Nach Sonnenuntergang sieht er am Schrekkenstein bei Aussig ein Boot mit einem alten Harfner und einem rudernden Fährmann über die Elbe fahren, in der sich der goldne Abendhimmel spiegelt. Bald wird sich ihm dieses Erlebnis zur Allegorie jenes Lebenskahns steigern, in dem Menschen aller Altersstufen versammelt sind. Er kehrt nach Meißen wiederum als ein Verwandelter zurück, der nun seines Fernwehs nach Italien ledig ist.

Erst mit diesen in der heimischen Landschaft angesiedelten, oft in die Bereiche des Märchens übergleitenden bildkünstlerischen Volksliedimprovisationen wird Ludwig Richter zum «Maler des deutschen Volkes». Erst jetzt findet in seinem Werk eine späte Romantik ihre abendliche Apotheose. Dabei beschwört der schlichte, auf Volkstümlichkeit bedachte Meister die Natur nicht als magische Spiegelung der ins Unendliche schwingenden menschlichen Seele im Sinne Caspar David Friedrichs: die heroischen Tage der Romantik sind längst vorüber. Für ihn ist die Landschaft, die er nach dem Hintergrund zu stets begrenzt, eine Stätte heiterer Geborgenheit. Nicht Friedrichs «Tragödie der Landschaft» liegt ihm im Sinn, wohl aber eine Natur, die für die kleinen Leute des Biedermeier bewohnbar ist. Die «Überfahrt über die Elbe am Schreckenstein» ist trotz aller Melancholie doch auch von der Gewißheit einer großen Ordnung getragen, aus der die Menschen in dem Lebenskahn nicht fallen können. Die betenden Schnitter auf dem Bild «Abendandacht» knien wie im Bühnenbild zu einer Lortzing-Oper, in der auch der fiedelnde «Dorfgeiger» vor dem Loschwitzer Bauerngehöft auftreten könnte. «Genoveva in der Waldeinsamkeit» überträgt die Waldestiefen Eichendorffs und Webers ins Malerische, ohne sich auf deren Dämonie einzulassen. Der «Brautzug im Frühling» erscheint als ebenso anmutige wie beschwingte farbenfrohe Volksliedparaphrase.

Diese stimmungsvollen, aus dem Geiste des Märchens schöpfenden Kompositionen tragen den Namen Ludwig Richters weit über die Grenzen des Deutschen Bundes hinaus. Der «Brautzug im Frühling» gewinnt sogar eine Goldmedaille auf der Pariser Weltausstellung, allerdings erst Mitte der fünfziger Jahre. Als Ende 1835 die Meißner Zeichenschule geschlossen wird, eröffnen sich für den jungen Meister bald auch bessere berufliche Auspizien. Er erhält die Position seines Vaters für Tier- und Landschaftsmalerei an der Dresdner Kunstakademie und wird 1841 zum Professor ernannt.

In jenen Jahren tut der Künstler, der die Mitte der Dreißig erreicht hat, einen Schritt, der ihm höchste Popularität in breiten Volkskreisen eintragen wird: er beginnt sich mit dem weiten Feld der Buchillustration zu beschäftigen. Ein Leipziger Verleger beauftragt ihn mit Entwürfen für den Holzschnitt, der gerade von englischen Grafikern aus mehrhundertjährigem Dornröschenschlaf erweckt worden ist. Zu Gotthard Oswald Marbachs Neudrucken der «Deutschen Volksbücher des 15. und 16. Jahrhunderts» fertigt Richter Vorlagen an, bei deren Umsetzung auf die Holzplatten er anfangs beträchtliche Qualitätseinbußen hinnehmen muß. Erst als ihm im Laufe der Jahre hervorragend ausgebildete Xylographen zur Verfügung stehen, die seine

Entwürfe in Holz schneiden, und er schließlich selbst auf die weißgrundierten Holzstöcke zu zeichnen beginnt, entstehen Bilder von höchster handwerklicher und poetischer Virtuosität, die Ludwig Richter zum beliebtesten deutschen Künstler seiner Zeit werden lassen.

Sein kaum überschaubares Œuvre von mehr als 2600 Holzschnitten entfaltet sich unter der Aufbietung einer überquellenden Phantasie, aber auch unter der radikalen Hintansetzung aller persönlichen Belange. In dem Vierteljahrhundert der Ausführung seiner Bildergeschichten tritt der Künstler ganz hinter das wimmelnde Spielzeug-Ensemble seiner zahllosen Blätter zurück. Schon für die Mitlebenden wird er zum zeitfernen Geschichtenfabulierer, dem man eine Teilhabe an den dramatischen Ereignissen des Tages kaum zutraut. Als er 1848 Mitglied der «Akademischen Legion» wird und sich zusammen mit Kollegen und Schülern täglich zwei Stunden lang auf dem Exerzierplatz tummelt, mit dem Gewehr auf der Schulter und der schwarz-rot-goldenen Kokarde am Hut, bekommt ihm dieser Ausflug in die spektakulären Zeitläufte gesundheitlich so schlecht, daß er bald seinen Abschied nehmen muß. Während dann im Mai 1849 Dresdner Bürger dem Ruf der Sturmglocken zum Barrikadenbau folgen, steht er im Hauspelz gelassen am Arbeitstisch, um Rübezahl und Genoveva auf die Kupferplatten zu übertragen.

Drei Jahre später verbringt er zum ersten Male einen Sommer in den Loschwitzer Weinbergen, die nun bis zu seinem Tode das geliebte Ferienparadies bleiben. Dort stirbt 1854 seine Frau, die er auf dem kleinen Loschwitzer Friedhof bestattet. Schon bei dem Fünfziger tritt das gütige, von schlohweißem Haar umrahmte Antlitz des Märchengreises hervor, als der er nun ins Bewußtsein der Deutschen eingeht. Bereits 1859 verabschiedet er sich von der Ölmalerei mit der «Junilandschaft mit dem Regenbogen»: noch einmal läßt er ein ruhendes Liebespaar Geborgenheit unter einem Rosenstrauch finden, während ein in den Anblick des Regenbogens versunkener Hirt beziehungsvoll an das über dreißig Jahre vorher entstandene Bild «Tal bei Amalfi» erinnert. Von da an ergießt sich der unerschöpfliche Strom von Ludwig Richters Imagination nur noch in das fortgesetzt weiterwachsende Holzschnittwerk – solange Augen und Hände diesen Strom aufzufangen vermögen.

Der Bildermann

Das «ABC-Buch für kleine und große Kinder», erschienen 1845, enthält den Holzschnitt «Der Bildermann»: ein Herr in biedermeierlichem Hausrock und aufragender Zipfelmütze ist von jubelnden Kindern umgeben, die sich an den feilgebotenen illustrierten Fibeln und Kalendern erfreuen. Ein wenig später geschriebener Brief zeigt, wie nachdrücklich sich der Künstler mit diesem «Bildermann» identifiziert. Richter verläßt gleichsam die Abgeschiedenheit seines Ateliers und die esoterischen Hallen der Akademie. Er tritt hinaus auf den öffentlichen Markt und schlägt wie ein Bänkelsänger sein Brettergerüst auf, von dem aus er die kleinen und großen Kinder ergötzt. Einst hatten die römischen Nazarener eine Kunst angestrebt, die mit der erwachenden deutschen Nation auf du und du stehen sollte. Noch Peter Cornelius, einer der Wortführer jener frühromantischen Enthusiasten, hatte zwischen dem Volk und den «Fürsten und Großen» schroff unterschieden, denn «ihre Herzen sind nicht, wo die Herzen des Volkes sind». Indessen ist der Kreis der Nazarener längst zerstoben: ihre Repräsentanten gehen früh zugrunde oder enden, wie Philipp Veit und Schnorr von Carolsfeld, bezeichnenderweise als Museumsdirektoren. Nur Ludwig Richter, ihr ehemaliger Adept und Gefolgsmann, erreicht mit seinem Holzschnittwerk die «Herzen des Volkes».

Mit seiner aus Italien nach Hause gebrachten Landschaftsmalerei war der junge Meister zu sich selbst gelangt,

«Der Bildermann», Holzstich nach Ludwig Richters Illustration zum «ABC-Buch für kleine und große Kinder», 1845

mit seiner Entdeckung der böhmisch-sächsischen Natur und der deutschen Märchenwelt hatte er seiner Kunst eine spätromantisch gestimmte Poetisierung hinzugewonnen. Aber erst mit seinen Holzschnitten findet er den Weg zum Volk, womit er ein bisher uneingelöst gebliebenes Postulat seiner romantischen Vorläufer und Weggenossen erfüllt. Dieser bedeutsamen Gewichtsverschiebung innerhalb seiner künstlerischen Entwicklung entspricht eine immer eindringlichere Zuwendung hin zum Menschen. Auf den italienischen Landschaftsbildern war der Mensch nur belebende Staffage gewesen, auf den romantischen Allegorien der späteren Jahre – etwa der «Überfahrt über die Elbe am Schreckenstein» – trat der Mensch gleichberechtigt neben die Natur. Jetzt, im späten Holzschnittschaffen, wird die menschliche Figur zum Angelpunkt und Herzstück erhoben, während die Landschaft in den Hintergrund rückt.

Denn was für eine Gestaltenfülle ist auf diesen Blättern ausgebreitet, welcher Reigen an menschlichen Individualitäten und Typen eröffnet sich hier! Da sind vor allem die Kinder mit ihren Katzen und Hunden, ihren Puppen, Steckenpferden und improvisierten Musikinstrumenten, ihren auf die Tummelplätze der Phantasie hinausführenden Träumen und Beglückungen. Aber da gibt es auch Kinder, die frieren, die Pflaumenmänner auf dem Dresdner Striezelmarkt verkaufen oder gar dem Bauern den Pflug ziehen müssen. Meistens ist diese Kinderwelt freilich vergoldet und verklärt, wenn die Kleinen am Johannistag tanzen, wohlgemut ihren Habermus löffeln, jauchzend aus der Schule laufen, Blindekuh spielen, sich mit Schneebällen bewerfen oder achtsam am Munde der Großmutter hängen, während gleich über dem Kachelofen eine Fee auf vogelumschwirrtem Muschelwagen durch ihr Luftreich dahinfährt.

Die Großmütter und Großväter sind es denn auch, die dieses bunte Kindergetümmel gleichnishaft flankieren, die von alten Zeiten zu fabulieren und das Vaterunser zu lehren wissen. Am Sonntagmorgen heben sie die Enkel zum Fenster empor und lassen sie einen ersten Rundblick hinaus ins Freie tun, am Sonntagabend sitzen sie mit ihnen vor der Laube und singen: «Der Mond ist aufgegangen ...» Ein Schimmer der gemütvoll-melodischen Welt des Matthias Claudius liegt gerade über diesen Alten, wenn sie, eingehüllt in warme Mäntel, den ersten Schnee vom Himmel fallen sehen oder hinter dem Ofen den Erinnerungen an den eigenen, längst vergangenen Lebensmorgen nachhängen. Da ist aber auch der glatzköpfige Krämer neben dem Heringsfaß, der mit Grandezza einem Dreikäsehoch «um een Pfennig Pfeffer» in spitzer Tüte hinunterreicht; da ist der blinde Greis, der die herabfallenden Frühlingsblüten nicht mehr bemerkt; da ist die bebrillte Käsefrau, die mit dem Messer so lange ihre Ware ab- und zuschneidet, bis die Waage das gewünschte Gewicht anzeigt. Gar nicht zu übersehen ist die Schar der vagabundierenden Handwerksburschen, tutenden Nachtwächter, schnupfenden Schulmeister, behenden Barbiere, verlotterten Lumpensammler, gestikulierenden Pferdehändler, adrett uniformierten königlich sächsischen Briefträger und feisten Schankwirte ...

Der Bildermann ist ein Geschichtenfabulierer: so folgt er zunächst den unterschiedlichsten Erzählern der Weltliteratur und versieht sie mit seinen Bildern. Er illustriert die deutschen Volksbücher und Goldsmiths «Landprediger von Wakefield», Musäus' «Volksmärchen der Deutschen» und den sozialkritischen «Sächsischen Volkskalender» des Gustav Nieritz, Johann Heinrich Campes «Robinson der Jüngere» und Johann Peter Hebels «Alemannische Gedichte», Ludwig Bechsteins «Märchenbuch» und Klaus Groths «Voer de Goern». Dann aber genügen ihm die Illustrationen bereits vorliegender Texte nicht mehr. In seinen «Familien-Bilderbüchern», die unter Titeln wie «Beschauliches und Erbauliches», «Für's Haus» und «Der Sonntag» erscheinen, gibt er lockere Folgen aus dem Alltag und Festtag der kleinen Leute, der Provinzbürger und Bauern: ein ebenso

«Meine Mittel erlauben mir das!»
Holzstich von Ludwig Richter, 1853

zwanglos wie poetisch arrangiertes Karussell von beschaulichen Spaziergängen und behaglichen Punschabenden, deftigen Schlachtfesten und schwungvollen Erntetänzen, von herbstlichem Kartoffelfeuer und weihnachtlichem Kirchgang.

Nichts ist leichter, als der Welt Ludwig Richters eine innere und äußere Enge anzukreiden, sie einer dezidierten Beschränktheit, ja gelegentlichen Philistrosität zu bezichtigen. Das hereinbrechende Maschinenzeitalter und die mit ihm anhebenden sozialen Konflikte, die auch das Königreich Sachsen erschüttern, bleiben so gut wie ganz außerhalb dieses Orbis pictus. Nur selten meldet sich die soziale Frage aus weiter Ferne, wenn etwa ein zigarrepaffender Dickwanst mit einem Eselskopf auf den Schultern den Anblick eines schwerbepackten Lastträgers mit den Worten kommentiert: «Meine Mittel erlauben mir das!» Sonst aber sind Satire, Anklage oder gar Aufruhr aus der Sphäre des Bildermannes ausgeschlossen. Und doch erkennt sich gerade der kleine Mann auf diesen Blättern wieder, die seine schlichten Wonnen und Bedürfnisse, seine Lustbarkeiten und seine Trauer mit dem Hauch einer einzigen großen Verklärung umgeben. In der unbezweifelbaren Enge dieser Bildwelt tut sich schließlich doch eine unendliche Fülle auf, die von der mitfühlenden Güte einer hohen menschlichen Gesinnung und dem Reichtum einer schier überströmenden künstlerischen Phantasie gespeist ist. Das einfache Volk wird Ludwig Richter diese Erhebung zur Würde der Kunst nie vergessen – gerade auch dann nicht, wenn sich hochmütiger Intellektualismus von ihm abwendet.

Abendläuten

Zehn Jahre lang hat der alte Maler an seinen «Lebenserinnerungen» fortgeschrieben, zuerst zögernd, dann beinahe mit Eifer und wachsender Freude. 1879 schließt er das Manuskript ab, den Rückblick mit dem Tode der Tochter Marie im April 1847 beendend. Aber noch immer bleiben die eng beschriebenen, häufig korrigierten und zuweilen mit Randzeichnungen versehenen Seiten im Sekretär verwahrt. Von einer anhaltenden Scheu vor der Drucklegung kann sich der Greis nicht lösen, während ihn doch die Deutschen, vielleicht zu geräuschvoll, feiern: mit Ordensverleihungen, Ehrenbürgerschaften, Ausstellungen und Ludwig-Richter-Festen. Soll er den Schwall dieser oft genug fragwürdigen und nationalistisch drapierten Honneurs durch die womöglich unbescheidene Zurschaustellung des eigenen Lebensmonuments noch vermehren?

Ein imposantes Denkmal zu Lebzeiten setzt ihm sein Schüler Johann Friedrich Hoff, als er 1877 das Verzeichnis von Ludwig Richters grafischen Arbeiten herausgibt und darin 3336 Blätter erfaßt: eine bewunderungswürdige Ernte! Ein Jahrhundert nach der Geburt der ersten Romantiker, acht Jahrzehnte nach Tiecks und Wackenroders folgenreichem Besuch der Dresdner Gemäldegalerie, siebzig Jahre nach Philipp Otto Runges «Petrus auf dem Meer» und Caspar David Friedrichs «Kreuz im Gebirge» wird hier das Gesamtwerk des letzten Künstlers überschaubar, der noch im Boden der Romantik wurzelt. Noch einmal hat er den Zauberklang der romantischen Utopie entfaltet, die Harmonie des Menschen mit der Natur gesucht, der romantischen Freude am Phantastischen Ausdruck gegeben, die Wirklichkeit stilisiert und Volkslieder gemalt.

Man mag in diesem auf die Verklärung der Realität angelegten Werk das romantische Erbe verengt und auf die Sonntagswelt biedermeierlicher Bürger und Landleute reduziert finden. Aber die alten Volksbücher, die von den Romantikern gesammelten Volks- und Studentenlieder kehren oft erst mit den ebenbürtigen Illustrationen des Dresdner Bildermannes ins Volk zurück. Seine Gestalten werden von erzgebirgischen Schnitzern in Holz übertragen, der Lebenskahn aus dem Gemälde «Überfahrt über die Elbe am Schreckenstein» findet Eingang ins Repertoire eines wandernden sächsischen Marionettenspielers. Und wer wollte nach auch nur flüchtiger Betrachtung seiner Holzschnitt-Phantasmagorien noch an der Existenz der hier so oft aufgebotenen Engel, Heinzelmännchen und Elfenwesen zweifeln?!

Eine heitere Abendstimmung geht von diesem Werk aus, das milde Licht einer Zeit, deren Sonne schon hinter den Horizont einer neuen Epoche gesunken ist. Die weiße Haarmähne des alten Malerpoeten ist schütter geworden, das Gesicht spitz, fast durchsichtig. Niemand traut diesem Manne mehr zu, daß er einmal nach Rom gelaufen und durch die Pontinischen Sümpfe gezogen ist. Wie so manche Tugend aus den Tagen der Romantiker kommt auch das Wandern ganz aus dem Brauch: seit 1881 können die Berliner eine elektrische Straßenbahn benutzen. Aus den Zeitungen kann sich der Greis Nachrichten vorlesen lassen, die er überhaupt nicht mehr versteht, von Wolkenkratzern in Chicago, von der Gewinnung des Aluminiums, gar von der Erfindung des Maschinengewehrs. Auch in der Kunst machen ungewöhnliche Sujets und Ausdrucksformen die Runde. Man spricht von Cézanne, Renoir, van Gogh, und ein gewisser Max Liebermann malt eine Schuhmacherwerkstatt und sogar das Waisenhaus in Amsterdam. In Paris beginnen die Romane des Émile Zola zu erscheinen, in London wird der Begriff «Industrielle Revolution» geprägt. Karl Marx und Richard Wagner sind schon gestorben, selbst Édouard Manet, der Wegbereiter der Impressionisten. Aus dem noch immer beschaulichen Dresden ist gottlob der verdächtige Dramatiker Henrik Ibsen verschwunden, nur aber, um sich in München niederzulassen, das doch noch vor kurzem eine Zufluchtstätte der letzten romantischen Maler gewesen ist. Dort liegt schon seit dem Reichsgründungsjahr 1871 der Freund Moritz von Schwind begraben, dessen Bilder zu Tiecks «Schöner Melusine» Ludwig Richter als das «wehmütige Ausklingen einer großen, herrlichen Kunstepoche» preist.

Bereits zwei Jahre nach dem Heimgang des Münchner Gesinnungsgenossen nimmt der Bildermann 1873 Abschied von seiner Kunst: mit dem Aquarell «Ruhe auf der Flucht nach Ägypten», über dem ein stilles Abendläuten zu schwingen scheint, das bald auch die «Lebenserinnerungen eines deutschen Malers» erfüllt. Die Ehrungen der letzten Lebensjahre, die Feiern zu seinem überall in Deutschland festlich begangenen 80. Geburtstag gelten einem Scheidenden, dessen Werk wie aus der Vorwelt in die pulsierende Gegenwart hineinragt. Als man ihm den Komturstern Erster Klasse des königlich sächsischen Albrechtordens und noch manche andere Auszeichnung überbringt, winkt er wie immer zurückhaltend ab: «Meine Arbeiten waren doch meine eigne höchste Lust und Freude gewesen, und das Gute und Lobenswerte daran lag doch gerade in dem, was man nicht bloß lernen oder sich selber geben kann, sondern es war das, was uns geschenkt wird: die Gottesgabe, das Talent.»

Am 19. Juni 1884 empfängt er in seinem Haus in der Dresdner Johannesstraße, auf dem Sofa liegend, noch viele Besucher. Nach dem Abendessen geht er mit der Tochter Elisabeth im Zimmer auf und ab, klagt dann über Frost und begibt sich zu Bett. Kurz darauf stirbt er friedlich – wie es sich wohl die alten müden Wanderer auf seinen Bildern gewünscht haben könnten. Vier Tage später geben ihm beim Schein der Fackeln zahllose Menschen das letzte Geleit zum Neuen Katholischen Friedhof in der Friedrichstadt, in der er einst zur Welt gekommen ist. Sie tragen den volkstümlichsten deutschen Künstler des Jahrhunderts zu Grabe, zugleich aber auch die «große, herrliche Kunstepoche», zu der er sich bis an sein Ende bekannt hat. Und wie zur Bekräftigung dieses Abschieds läuten die Glocken von allen Türmen der Stadt.

Anhang

Nachbemerkung

Der vorliegende Band wurde nicht als Kompendium zur deutschen Romantik, sondern als eine lockere Folge von biographischen Essays konzipiert, die den Leser der Gegenwart auf eine Reihe von bedeutenden Vertretern des romantischen Erbes neugierig machen möchten. Die Beiträge wollen als literarische Feuilletons aufgefaßt werden, nicht als wissenschaftliche Abhandlungen. Daß dabei jeweils der neueste Forschungsstand berücksichtigt wurde, versteht sich von selbst. Wissenschaftlichkeit und Exaktheit gegenüber den Quellen waren der Ausgangspunkt, nicht aber das Ziel meiner Bemühungen. Sie möchten Ergebnisse der neueren Literatur-, Kunst- und Kulturgeschichtsschreibung einem größeren Leserkreis zugänglich machen. Dabei habe ich eine essayistisch-feuilletonistische Darstellungsweise angestrebt, die die ausgewählten vierzehn Gestalten der deutschen Romantik gleichermaßen in ihre Zeit stellt und dem heutigen Leser nahebringt. Die problematischen Seiten eines solchen Unterfangens sind mir bewußt: auf sie wurde bereits zum Schluß der Einleitung «Schattenbeschwörung – Reflexionen zur deutschen Romantik» hingewiesen. Das Anliegen dieses Buches ist aber schon erfüllt, wenn es gelungen sein sollte, kulturgeschichtlich interessierten Lesern fruchtbare und fortwirkende Anregungen zu geben. Ganz in diesem Sinne schien mir eine möglichst lebendige, auf unmittelbare Vergegenwärtigung bedachte Darbietung legitim zu sein, die auch Atmosphärisches und gelegentlich sogar Anekdotisches als Möglichkeiten der literarischen Vergegenständlichung mit einbezieht.

Die Auswahl der vierzehn Künstlerpersönlichkeiten ist durchaus subjektiv, wie ja auch die Erzählung und Deutung ihrer Lebensschicksale die persönliche Sicht des Verfassers nicht verschweigt. So fand er zu dem Opernkomponisten Carl Maria von Weber einen leichteren Zugang als zu dem vom Klavier herkommenden Robert Schumann, der als romantischer Komponist sich selbstverständlich ebenso in unsere Porträtgalerie eingefügt hätte. Ähnlich verhielt es sich mit Caspar David Friedrich, dem aus gleichem Grund vor dem genauso gewichtigen Philipp Otto Runge der Vorzug gegeben wurde. Andere Persönlichkeiten, die immer wieder vernachlässigt worden sind, fanden Berücksichtigung, um unsere Galerie nicht nur mit weithin bekannten Namen zu füllen. Hier seien besonders David Ferdinand Koreff und der Prinz Louis Ferdinand von Preußen, in gewisser Weise aber auch Achim von Arnim genannt, der von der einschlägigen Forschung bis in die jüngste Zeit hinein gegenüber seinem «Herzbruder» Clemens Brentano eindeutig zurückgesetzt worden ist. Obwohl es sich bei dem vorliegenden Versuch nicht um eine Überblicksdarstellung, sondern um eine lose komponierte Folge biographischer Essays handelt, erfolgte die Auswahl der behandelten Gestalten doch nicht willkürlich, da Wert darauf gelegt wurde, neben der Literatur auch Malerei, Musik, Schauspielkunst und Medizin präsent werden zu lassen. So soll der Abglanz einer geistigen Bewegung entstehen, die viele Bereiche der Kunst und Kultur, keineswegs nur die Dichtung, entscheidend geprägt hat. Dies schien vor allem im Hinblick darauf notwendig zu sein, daß fast alle Darstellungen der deutschen Romantik nur deren Leistungen auf einzelnen Gebieten untersuchen. Gerade in dieser Beziehung halte ich Ricarda Huchs zweibändige Gesamtdarstellung der Romantik noch immer für beispielhaft, so überholt sie in zahlreichen Details sonst auch sein mag.

Im Mittelpunkt meiner Versuche steht immer die Erzählung der Biographie, nicht die Exegese der Werke. Interpretationen der Werke werden, soweit dies der eng bemessene Raum gestattet, aus den Lebensbeschreibungen heraus entwickelt. Auch hier wollen die einzelnen Beiträge in erster Linie produktive Anregungen für die weitere Beschäftigung und Auseinandersetzung geben. Diesem Vorsatz entspricht auch die Auswahlbibliographie im Anhang, die den Leser mit weiterführenden Literaturhinweisen versorgen möchte. Gleichzeitig enthält sie eine Reihe von Titeln, aus denen ich dankbar geschöpft habe.

Die Einleitung «Schattenbeschwörung» will lediglich ein sehr summarisches Zeitbild und eine Darstellung übergreifender Aspekte geben. Dies erwies sich als praktikabel, da so Wiederholungen bei der Schilderung des historischen Hintergrundes in den folgenden Porträts weitgehend vermieden werden konnten. Eine facettenreiche und differenzierte Ausbreitung aller Verzweigungen der Romantik verbot sich von selbst, da der Charakter des Buches als einer Porträtgalerie nicht angetastet werden sollte.

Abschließend möchte ich eine Reihe von Persönlichkeiten nennen, die in Vergangenheit und Gegenwart der Erforschung, Erschließung und Standortbestimmung der deutschen Romantik vorbildlich und selbstlos gedient haben. Den Ergebnissen ihrer weitverzweigten Bemühungen fühle ich mich in tiefer Dankbarkeit verpflichtet. Stellvertretend für viele andere Autoren und Forscher nenne ich die Namen von:

Richard Alewyn, Ernst Behler, Naum Jakowlewitsch Berkowski, Fritz Böttger, Richard Brinkmann, Hans-Dietrich Dahnke, Dietrich von Engelhardt, Wolfgang Frühwald, Hannelore Gärtner, Willi Geismeier, Heinz Härtl, Wolfgang Hecht, Gerda Heinrich, Wolfgang Heise, Gerhart Hoffmeister, Thomas Höhle, Ricarda Huch, Eckart Kleßmann, Werner Krauss, Ulrike Krenzlin, Alfred Kurella, Karl Laux, Werner Leibbrand, Hans-Joachim Mähl, Karl Robert Mandelkow, Fritz Martini, Hans Mayer, Walter Müller-Seidel, Hans Joachim Neidhardt, Ernst Ribbat, Gerhard Schneider, Hartwig Schultz, Gerhard Schulz, Wulf Segebrecht, Fritz Strich, Claus Träger, Hans-Georg Werner, Benno von Wiese.

Sehr verbunden bin ich Frau Dr. Sigrid Damm, deren Gutachten wertvolle Hinweise für die Schlußredaktion gegeben hat. Mein Dank gilt in besonderem Maße dem Verlag der Nation Berlin, namentlich dem Cheflektor Bruno Brandl und dem verantwortlichen Lektor Joachim Lindner. Ihre freundschaftliche Anteilnahme und kundige Beratung sind für mich und für meine Arbeit an diesem Buch immer ein unschätzbarer Gewinn gewesen.

Klaus Günzel

Auswahlbibliographie

Zur Einleitung «Schattenbeschwörung»

Berkowski, Naum Jakowlewitsch: Die Romantik in Deutschland. Aus dem Russischen. Leipzig 1979

Brinkmann Richard (Hrsg.): Romantik in Deutschland. Ein interdisziplinäres Symposion. Sonderband der «Deutschen Vierteljahrsschrift für Literaturwissenschaft und Geistesgeschichte». Stuttgart 1978

Emrich, Wilhelm: Der Universalismus der deutschen Romantik. Mainz/Wiesbaden 1964 (Akademie der Wissenschaften und der Literatur. Abhandlungen der Klasse der Literatur. Jahrgang 1964, Nr. 1)

Geschichte der deutschen Literatur von den Anfängen bis zur Gegenwart. Band 7: 1789 bis 1830. Berlin 1978

Hess, Heide und Peter Liebers (Hrsg.): Arbeiten mit der Romantik heute. Berlin 1978 (Akademie der Künste der DDR. Arbeitsheft 26)

Hoffmeister, Gerhart: Deutsche und europäische Romantik. Stuttgart 1978 (Sammlung Metzler. Band 170)

Kleßmann, Eckart: Die Welt der Romantik. Mit Abbildungen und Farbtafeln. München 1969 (Große Kulturepochen)
Mandelkow, Karl Robert: Europäische Romantik I. In Verbindung mit Ernst Behler u. a. Wiesbaden 1982 (Neues Handbuch der Literaturwissenschaft. Band 14)
Peter, Klaus (Hrsg.): Romantikforschung seit 1945. Königstein/Ts. 1980 (Neue Wissenschaftliche Bibliothek, Band 93)
Prang, Helmut (Hrsg.): Begriffsbestimmung der Romantik. 2., durchgesehene Auflage. Darmstadt 1972 (Wege der Forschung. Band 150)
Romantik. Berlin 1967 (Erläuterungen zur deutschen Literatur)
Schneider, Gerhard: Studien zur deutschen Romantik. Leipzig 1962
Träger, Claus: Geschichte und Romantik. Berlin 1984 (Zur Kritik der bürgerlichen Ideologie. Band 103)

Zu Ludwig Tieck

Tieck, Ludwig: Schriften. Band 1–28. Berlin 1828–1854
Tieck, Ludwig: Schriften in 12 Bänden. Herausgegeben von Manfred Frank, Paul Gerhard Klussmann und Uwe Schweikert. Frankfurt/M. 1985 ff.
Tieck, Ludwig: Werke in vier Bänden. Herausgegeben von Marianne Thalmann. München 1963–1966
Tiecks Werke in zwei Bänden. Ausgewählt und eingeleitet von Claus Friedrich Köpp. Berlin/Weimar 1985 (Bibliothek deutscher Klassiker)
Günzel, Klaus (Hrsg.): König der Romantik. Das Leben des Dichters Ludwig Tieck in Briefen, Selbstzeugnissen und Berichten. Berlin 1981 sowie Tübingen 1981
Köpke, Rudolf: Ludwig Tieck. Erinnerungen aus dem Leben des Dichters nach dessen mündlichen und schriftlichen Mitteilungen. Teil 1–2. Leipzig 1855 (Reprografischer Nachdruck der Originalausgabe: Darmstadt 1970)
Minder, Robert: Un poète romantique allemand: Ludwig Tieck. Paris 1936
Paulin, Roger: Ludwig Tieck. A literary biography. Oxford 1985
Zeydel, Edwin H.: Ludwig Tieck. The German Romanticist. Princeton 1935 (Reprografischer Nachdruck: Hildesheim/New York 1971)

Zu Friedrich Schlegel

Kritische Friedrich-Schlegel-Ausgabe. Herausgegeben von Ernst Behler unter Mitwirkung von Jean-Jacques Anstett u. a. 35 Bände. Paderborn/München/Wien/Zürich 1958 ff.

Schlegel, Friedrich: Werke in zwei Bänden. Ausgewählt und eingeleitet von Wolfgang Hecht. Berlin/Weimar 1980

Athenäum. Auswahl. Herausgegeben und mit einem Vorwort von Gerda Heinrich. Leipzig 1978 (Reclams Universalbibliothek. Leipziger Ausgabe. Band 752)

Behler, Ernst: Friedrich Schlegel in Selbstzeugnissen und Bilddokumenten. Reinbek bei Hamburg 1966. (Rowohlts Monographien. Band 123)

Heinrich, Gerda: Geschichtsphilosophische Positionen der deutschen Frühromantik. Friedrich Schlegel und Novalis. Berlin 1976 (Literatur und Gesellschaft)

Peter, Klaus: Friedrich Schlegel. Stuttgart 1978 (Sammlung Metzler. Band 171)

Zu Caroline Schlegel-Schelling

Buchwald, Reinhard (Hrsg.): Carolines Leben in ihren Briefen. Eingeleitet von Ricarda Huch. Leipzig 1923 (Memoiren und Chroniken)

Damm, Sigrid (Hrsg.): Begegnung mit Caroline. Briefe von Caroline Michaelis-Böhmer-Schlegel-Schelling. Leipzig 1979 (Reclams Universalbibliothek. Leipziger Ausgabe. Band 807)

Schmidt, Erich (Hrsg.): Caroline. Briefe aus der Frühromantik. Nach Georg Waitz vermehrt herausgegeben. 2 Bände. Leipzig 1913

Waitz, Georg (Hrsg.): Caroline. Briefe an ihre Geschwister, ihre Tochter Auguste, die Familie Gotter, F. L. W. Meyer, A. W. und Fr. Schlegel. 2 Bände. Leipzig 1871

Brentano, Bernard von: August Wilhelm Schlegel. Geschichte eines romantischen Geistes. 4.–10. Tsd. Stuttgart 1949

Jäckel, Günter (Hrsg.): Der Freiheitsbaum. Die Französische Revolution in Schilderungen Goethes und Forsters 1792/93. Berlin 1983

Jaspers, Karl: Schelling. Größe und Verhängnis. München 1955

Kleßmann, Eckart: Caroline. Das Leben der Caroline Michaelis-Böhmer-Schlegel-Schelling 1763–1809. München 1975

Zu Novalis

Novalis: Schriften. Die Werke Friedrich von Hardenbergs. Herausgegeben von Paul Kluckhohn (†) und Richard Samuel. 2., nach den Handschriften ergänzte, erweiterte und verbesserte Auflage in vier Bänden und einem Begleitband. Stuttgart 1960 ff.

Novalis: Dichtungen und Prosa. Herausgegeben von Claus Träger und Heidi Ruddigkeit. Leipzig 1975. (Reclams Universalbibliothek. Leipziger Ausgabe. Band 394)

Novalis: Werke in einem Band. Ausgewählt und eingeleitet von Hans-Dietrich Dahnke. Berlin/Weimar 1983 (Bibliothek deutscher Klassiker)

Heinrich, Gerda: Geschichtsphilosophische Positionen der deutschen Frühromantik. Friedrich Schlegel und Novalis. Berlin 1976 (Literatur und Gesellschaft)

Kuczynski, Jürgen: Diltheys Novalisbild und die Wirklichkeit. In: Weimarer Beiträge 12 (1966), S. 27–56

Schulz, Gerhard: Novalis in Selbstzeugnissen und Bilddokumenten. Reinbek bei Hamburg 1969 (Rowohlts Monographien. Band 154)

Schulz, Gerhard (Hrsg.): Novalis. Beiträge zu Werk und Persönlichkeit Friedrich von Hardenbergs. Darmstadt 1970 (Wege der Forschung. Band 248)

Zu Rahel Levin-Varnhagen

Rahel-Bibliothek. Rahel Varnhagen: Gesammelte Werke. 10 Bände. Herausgegeben von Konrad Feilchenfeldt, Uwe Schweikert und Rahel E. Steiner. München 1983

Rahel Varnhagen: Briefwechsel. 4 Bände. Herausgegeben von Friedhelm Kemp. München 1979

Arendt, Hannah: Rahel Varnhagen. Lebensgeschichte einer deutschen Jüdin aus der Romantik. München 1959

Bruyn, Günter de (Hrsg.): Rahels erste Liebe. Rahel Levin und Karl Graf von Finckenstein in ihren Briefen. Berlin 1985

Scurla, Herbert: Begegnungen mit Rahel. Der Salon der Rahel Levin. 5. Aufl. Berlin 1971

Zu Ludwig Achim von Arnim

Ludwig Achim's von Arnim sämmtliche Werke. 22 Bände. Herausgegeben von Wilhelm Grimm. Berlin 1839–1856

Arnim, Ludwig Achim von: Gedichte II. Herausgegeben von Herbert R. Liedke und Alfred Anger. Tübingen 1976

Arnim, Ludwig Achim von: Die Erzählungen und Romane. 4 Bände. Herausgegeben von Hans-Georg Werner. Leipzig 1981–1984

Arnim, Ludwig Achim von: Werke in einem Band. Ausgewählt und eingeleitet von Karl-Heinz Hahn. Berlin/Weimar 1981 (Bibliothek deutscher Klassiker)

Arnim, L. Achim von und Clemens Brentano: Des Knaben Wunderhorn. Alte deutsche Lieder. 3 Bände. Mit einem Nachwort von Arthur Henkel. München 1963 (dtv-Gesamtausgabe)

Härtl, Heinz (Hrsg.): Arnims Briefe an Savigny 1803–1831. Mit weiteren Quellen als Anhang. Weimar 1982

Kastinger Riley, Helene M.: Achim von Arnim in Selbstzeugnissen und Bilddokumenten. Reinbek bei Hamburg 1979 (Rowohlts Monographien. Band 277)

Kratzsch, Konrad: Ludwig Achim von Arnim (1781–1831). Das Leben eines romantischen Dichters. Wiepersdorf 1980

Moering, Renate und Hartwig Schultz (Bearb.): Achim von Arnim 1781–1831. Ausstellung. Freies Deutsches Hochstift – Frankfurter Goethe-Museum 30. Juni bis 31. Dezember 1981. Frankfurt/M. 1981

Steig, Reinhold (Hrsg.): Achim von Arnim und die ihm nahe standen. 3 Bände. Stuttgart 1894–1913

Vordtriede, Werner (Hrsg.): Achim und Bettina in ihren Briefen. Briefwechsel Achim von Arnim und Bettina Brentano. Mit einer Einleitung von Rudolf Alexander Schröder. 2 Bände. Frankfurt/M. 1981.

Wolf, Gerhard (Hrsg.): Achim von Arnim. Mir ist zu licht zum Schlafen. Gedichte, Prosa, Aufsätze, Stücke, Briefe nebst einigen Kupfern aus der Zeitung für Einsiedler. Berlin 1983

Zu Prinz Louis Ferdinand von Preußen

Herold, Christopher: Madame de Staël. Herrin eines Jahrhunderts. Aus dem Amerikanischen. München 1980

Kleßmann, Eckart: Prinz Louis Ferdinand von Preußen 1772–1806. Gestalt einer Zeitenwende. 2. Aufl. München 1972

Kleßmann, Eckart: Prinz Louis Ferdinand – ein preußischer Mythos. In: Preußen – Versuch einer Bilanz (Westberliner Ausstellungskatalog), Band 4: Preußen, Dein Spree-Athen, S. 53–63. Reinbek bei Hamburg 1981

Kleßmann, Eckart (Hrsg.): Deutschland unter Napoleon in Augenzeugenberichten. München 1976 (dtv. Band 1131)

Langner, Thomas-M.: Prinz Louis Ferdinand. In: Die Musik in Geschichte und Gegenwart, Band 8, Sp. 1232–1238. Kassel 1960

Massenbach, Christian von: Historische Denkwürdigkeiten zur Geschichte des Verfalls des preußischen Staats seit dem Jahre 1794. / Friedrich Buchholz: Gallerie Preussischer Charaktere. Frankfurt/M. 1979

Poseck, Ernst: Prinz Louis Ferdinand von Preußen. Berlin 1938

Priesdorff, Kurt von: Prinz Louis Ferdinand von Preußen. Berlin 1935

Staël, Anne Germaine de: Über Deutschland. Vollständige und neu durchgesehene Fassung der deutschen Erstausgabe von 1814, in der Gemeinschaftsübersetzung von Friedrich Buchholz, Samuel Heinrich Catel und Julius Eduard Hitzig. Herausgegeben und mit einem Nachwort versehen von Monika Bosse. Mit einem Register, Anmerkungen und einer Bilddokumentation. Frankfurt/M. 1985 (insel taschenbuch. Band 623)

Scurla, Herbert: Begegnungen mit Rahel. Der Salon der Rahel Levin. 5. Aufl. Berlin 1971

Tarlé, E. W.: Napoleon. Aus dem Russischen. Leipzig 1961

Wahl, Hans: Prinz Louis Ferdinand von Preußen. Ein Bild seines Lebens in Briefen, Tagebuchblättern und zeitgenössischen Zeugnissen. Weimar 1917

Zu Caspar David Friedrich

Caspar David Friedrich und sein Kreis. Ausstellung im Albertinum vom 24. 11. 1974 bis 16. 2. 1975. Katalog. Dresden 1974

Emmrich, Irma: Caspar David Friedrich. Weimar 1964

Friedrich, Caspar David: Das gesamte graphische Werk. Nachwort von Hans H. Hofstätter. München und Berlin 1978

Geismeier, Willi: Caspar David Friedrich. Leipzig 1973

Geismeier, Willi: Die Malerei der deutschen Romantiker. Dresden 1984

Hinz, Sigrid (Hrsg.): Caspar David Friedrich in Briefen und Bekenntnissen. Berlin 1968

Katalog Caspar David Friedrich Ausstellung Kunsthalle Hamburg 1974

Kleßmann, Eckart: Die deutsche Romantik. Köln 1979 (Du-Mont-Taschenbücher, Band 74)

Neidhardt, Hans Joachim: Die Malerei der Romantik in Dresden. Leipzig 1976

Runge, Philipp Otto: Briefe und Schriften. Herausgegeben und kommentiert von Peter Betthausen. 2. Aufl. Berlin 1983

Schmied, Wieland: Caspar David Friedrich. 2., verbesserte Aufl. Köln 1976 (Du-Mont's Bibliothek Großer Maler)

Zu Joseph von Eichendorff

Eichendorff, Joseph von: Neue Gesamtausgabe der Werke und Schriften in vier Bänden. Herausgegeben von Gerhart Baumann in Verbindung mit Siegfried Grosse. Stuttgart 1957/58

Eichendorff, Joseph von: Gesammelte Werke. 3 Bände. Herausgegeben von Manfred Häckel. Berlin 1962

Eichendorff, Joseph von: Werke. Herausgegeben von Wolfdietrich Rasch. 4., durch Anmerkungen erweiterte Auflage. München 1971

Eichendorff, Joseph von: Das Marmorbild. Erzählungen und Gedichte. Herausgegeben und eingeleitet von Joachim Lindner. Berlin 1984

Brandenburg, Hans: Joseph von Eichendorff. Sein Leben und sein Werk. München 1922

Lämmert, Eberhard: Eichendorffs Wandel unter den Deutschen. In: Stef-

fen, Hans: Die deutsche Romantik. Poetik, Formen und Motive. 2. Auflage. Göttingen 1970, S. 219–252 (Kleine Vandenhoeck-Reihe. Band 250)
Stöcklein, Paul: Joseph von Eichendorff in Selbstzeugnissen und Bilddokumenten. 29.–33. Tsd. Reinbek bei Hamburg 1969 (Rowohlts Monographien. Band 84)
Stöcklein, Paul (Hrsg.): Eichendorff heute. Stimmen der Forschung mit einer Bibliographie. 2., ergänzte Auflage. Darmstadt 1966

Zu Carl Maria von Weber

Weber, Carl Maria von: Sämtliche Schriften. Herausgegeben von Georg Kaiser. Berlin/Leipzig 1908
Weber, Carl Maria von: Kunstansichten. Ausgewählte Schriften. Herausgegeben von Karl Laux. Leipzig 1969 (Reclams Universalbibliothek. Leipziger Ausgabe. Band 423)
Weber, Max Maria von: Carl Maria von Weber – ein Lebensbild. 3 Bände. Leipzig 1864–1866
Laux, Karl: Carl Maria von Weber. Leipzig 1966
Leinert, Michael: Carl Maria von Weber. Mit Selbstzeugnissen und Bilddokumenten. 14.–16. Tsd. Reinbek bei Hamburg 1985 (Rowohlts Monographien. Band 268)
Moser, Hans Joachim: Carl Maria von Weber. Leben und Werk. Leipzig 1955
Schnoor, Hans: Weber auf dem Welttheater. Ein Freischützbuch. Dresden 1942
Schnoor, Hans: Weber – Gestalt und Schöpfung. Dresden 1953
Warrack, John: Carl Maria von Weber. Eine Biographie. Hamburg 1972
Zentner, Wilhelm: Carl Maria von Weber. Olten/Freiburg i. B. 1952

Zu David Ferdinand Koreff

Artelt, W.: Der Mesmerismus in Berlin. Wiesbaden 1965 (Abhandlungen der geistes- und sozialwissenschaftlichen Klasse der Akademie der Wissenschaften und der Literatur Mainz. Jahrgang 1965, Nr. 6)
Köhler, Ingeborg: Ein Wegbereiter Hoffmanns in Frankreich: Der Doktor Koreff. In: Mitteilungen der E. T. A. Hoffmann-Gesellschaft e. V., Heft 26, Bamberg 1980, S. 69–72
Leibbrand, Wilhelm: Die spekulative Medizin der Romantik. Hamburg 1956 (erweiterte Fassung von: Leibbrand: Romantische Medizin. Hamburg 1937)
Oppeln-Bronikowski, Friedrich von: David Ferdinand Koreff. Serapions-

bruder, Magnetiseur, Geheimrat und Dichter. Der Lebensroman eines Vergessenen. Aus Urkunden zusammengestellt. 2. Auflage. Berlin/Leipzig 1928

Rothschuh, Karl Ed.: Naturphilosophische Konzepte der Medizin aus der Zeit der deutschen Romantik. In: Romantik in Deutschland. Ein interdisziplinäres Symposion. Herausgegeben von Richard Brinkmann. Stuttgart 1978, S. 243–266

Uhlendahl, Heinrich: Fünf Kapitel über Heinrich Heine und E. T. A. Hoffmann. Diss. Münster 1919

Zu Ludwig Devrient

Altman, Georg: Ludwig Devrient. Leben und Werke eines Schauspielers. Berlin 1926 (Deutsche Lebensbilder)

Bauer, Karoline: Aus meinem Bühnenleben. Herausgegeben von Karl von Hollander. Weimar 1917

Drews, Wolfgang: König Lear auf der deutschen Bühne bis zur Gegenwart. Berlin 1932 (Germanische Studien. Heft 114)

Drews, Wolfgang: Die Großen des deutschen Schauspiels. Berlin 1941

Drews, Wolfgang: Theater, Schauspieler, Regisseure, Dramaturgen. Wien/München/Basel 1961

Funk, Eva: E. T. A. Hoffmann und das Theater. Diss. Wien 1957

Kruse, Georg: Ludwig Devrient. Sein Leben und seine Schauspielkunst. Diss. München 1923

Rellstab, Ludwig: Ludwig Devrient. In: Rellstab: Gesammelte Schriften. Neue Ausgabe. Band 9, S. 352–357. Leipzig 1860

Smidt, Heinrich: Der große Devrient. Ein deutsches Schauspielerleben (Erstausgabe unter dem Titel «Devrient-Novellen», Berlin 1852). Herausgegeben und neu bearbeitet und mit zwei Schlußkapiteln versehen von Alfred Richard Meyer. Berlin o. J.

Der ungedruckte Nachlaß von Ludwig Devrient. Katalog. Bonn 1982

Zu E. T. A. Hoffmann

Hoffmann, E. T. A.: Sämtliche Werke. 6 Bände. Herausgegeben von Wulf Segebrecht und Hartmut Steinecke zusammen mit Gerhard Allroggen und Ursula Segebrecht. Frankfurt/M. 1985 ff.

Hoffmann, E. T. A.: Gesammelte Werke in Einzelausgaben. 10 Bände. Textrevision und Anmerkungen von Hans-Joachim Kruse. Berlin/Weimar 1976 ff.

E. T. A. Hoffmanns Briefwechsel. 3 Bände. Herausgegeben von Friedrich Schnapp. München 1967–1969

Hoffmann, E.T.A.: Tagebücher. Nach der Ausgabe Hans v. Müllers mit Erläuterungen herausgegeben von Friedrich Schnapp. München 1971
Hoffmann, E.T.A.: Juristische Arbeiten. Herausgegeben und erläutert von Friedrich Schnapp. München 1973
Schnapp, Friedrich: E.T.A. Hoffmann in Aufzeichnungen seiner Freunde und Bekannten. Eine Sammlung. München 1974
Günzel, Klaus (Hrsg.): E. T. A. Hoffmann. Leben und Werk in Briefen, Selbstzeugnissen und Zeitdokumenten. Berlin 1976 und Düsseldorf 1979
Safranski, Rüdiger: E.T.A. Hoffmann. Das Leben eines skeptischen Phantasten. München/Wien 1984
Segebrecht, Wulf: Autobiographie und Dichtung. Eine Studie zum Werk E.T.A. Hoffmanns. Stuttgart 1967 (Germanistische Abhandlungen)
Werner, Hans-Georg: E. T. A. Hoffmann. Darstellung und Deutung der Wirklichkeit im dichterischen Werk. 2., durchgesehene Auflage. Berlin/Weimar 1971 (Beiträge zur deutschen Klassik. Band 13)

Zu Ludwig Richter

Richter, Ludwig: Lebenserinnerungen eines deutschen Malers. Erweitert um einen Auszug aus den Ergänzungen von der Hand des Sohnes Heinrich Richter. Herausgegeben von Karl Wagner. 3. Auflage der Neubearbeitung. Berlin 1985
Geismeier, Willi: Die Malerei der deutschen Romantiker. Dresden 1984
Hoff, Johann Friedrich: Adrian Ludwig Richter. Maler und Radierer. Verzeichnis seines gesamten graphischen Werkes. 2. Auflage von Grund aus neu gearbeitet, sehr vermehrt und mit neuen Abschnitten bereichert. Unter Mitwirkung von Eugen Born (u. a.) herausgegeben von Karl Budde. Freiburg i. Br. 1922
Ludwig Richter und sein Kreis. Ausstellung zum 100. Todestag im Albertinum zu Dresden. März bis Juni 1984. Katalog. Leipzig 1984
Neidhardt, Hans Joachim: Ludwig Richter. Leipzig 1969
Neidhardt, Hans Joachim: Ludwig Richter. Dresden 1978 (Maler und Werk)
Neidhardt, Hans Joachim: Die Malerei der Romantik in Dresden. Leipzig 1976
Schmidt, Carl Walther: Ludwig Richter. Leben und Werk. Berlin 1946

Personenverzeichnis

Abbildungsverzeichnis

Im Text

Auf Kunstdrucktafeln

Nach Seite 48

Nach Seite 96

Bildnachweis

Folgende Institutionen stellten freundlicherweise Bildvorlagen zur Verfügung: Nationale Forschungs- und Gedenkstätten Weimar (1, 2, 3, 4, 6, 9, 10, 11, 14, 16, 20, 21, 22, 23, 24, 25, 29, 30, 32, 33, 34, 36, 37, 38, 39, 40, 48, 49, 53, 57, 58, 59, 62, 63); Sächsische Landesbibliothek Dresden, Abteilung Deutsche Fotothek (12, 15, 18, 19, 27, 28, 31, 44, 45, 46, 47, 50, 51, 56, 64, 65, 66, 67); Deutsche Staatsbibliothek Berlin (17)

Die Genehmigung zum Abdruck erteilten ferner: Staatliche Kunstsammlungen Dresden, Kupferstichkabinett (18, 19, 56, 65, 66); Staatliche Kunstsammlungen Dresden, Gemäldegalerie Alter Meister (45); Institut und Museum für Geschichte der Stadt Dresden (51); Deutsche Staatsbibliothek Berlin (12); Museum der bildenden Künste Leipzig (47)

Die Vorlagen für alle übrigen Abbildungen stammen aus der Sammlung des Verfassers (Fotoarbeiten: Willy Donath)

Inhalt

Anhang